CALEIDOSCOPIO

INTERMEDIATE ITALIAN

Daniela Bartalesi-Graf

Wellesley College

Colleen M. Ryan

Indiana University

PEARSON

Boston   Columbus   Indianapolis   New York   San Francisco   Upper Saddle River
Amsterdam   Cape Town   Dubai   London   Madrid   Milan   Munich   Paris   Montréal   Toronto
Delhi   Mexico City   São Paulo   Sydney   Hong Kong   Seoul   Singapore   Taipei   Tokyo

Editor in Chief: Bob Hemmer
Senior Acquisitions Editor: Denise Miller
Senior Digital Product Manager: Samantha Alducin
Editorial Assistant: Millie Chapman
Media Editor: Regina Rivera
Director of Program Management: Lisa Iarkowski
Program Manager: Annemarie Franklin
Team Lead Project Manager: Melissa Feimer
Project Manager: Lynne Breitfeller

Project Manager: Jenna Gray, Lumina Datamatics, Inc.
Senior Art Director: Kathy Foote
Cover Image: Getty Image, fotosol fotosol
Operations Manager: Mary Fischer
Operations Specialist: Roy Pickering
Marketing Director: Steve Debow
Director of Market Development: Kristine Suárez
World Languages Consultants: Yesha Brill, Mellissa Yokell

Credits and acknowledgments borrowed from other sources and reproduced, with permission, in this textbook appear on appropriate page within text (or on pages CR-1 to CR-2).

Library of Congress Cataloging-in-Publication Data
Ryan, Bartalesi-Graf.
    Caleidoscopio / Bartalesi-Graf Ryan.
        pages cm
    IIncludes bibliographical references and index.
    ISBN-13: 978-0-205-80516-7 (Student Edition : alk. paper)
    ISBN-10: 0-205-80516-7 (Student Edition : alk. paper)
    1. Italian language—Textbooks for foreign speakers—English.   2. Italian language—Grammar--Problems, exercises, etc.
        3. Italian language—Social life and customs.   4. Italy—Languages.   I. Title.
    PC1112.R93 2014
    458.2'421—dc23
                                                                    2014000298

10 9 8 7 6 5 4 3 2 1

Annotated Instructor Edition ISBN - 10:   0-205-78831-9
Annotated Instructor Edition ISBN - 13:   978-0-205-78831-6
Student Edition ISBN - 10:   0-205-80516-7
Student Edition ISBN - 13:   978-0-205-80516-7

Brief Contents

SCOPE & SEQUENCE

Preface

CALEIDOSCOPIO: INTERMEDIATE ITALIAN LANGUAGE AND CULTURE

Caleidoscopio offers a very innovative and interactive review of Italian grammar, while exposing students to a "kaleidoscope" of cultural subjects through a variety of arts and media. This broad perspective on Italian culture crosses many disciplines to capture the interest of intermediate-level students of Italian and inspire them to work towards ever higher levels of proficiency. *Caleidoscopio*'s outstanding features include the following:

- **Regional Organization:** Each of the **eight** chapters explores one Italian region. Specifically, *Caleidoscopio* features three regions from the north (Emilia Romagna, Lombardy, and Veneto); two from the center (Tuscany and Lazio); and three from the south (Apulia, Sicily, and Campania) of Italy. Italy's **twelve** additional regions are also explored, through the *Viaggio virtuale* (see **Student Activity Manual, SAM**), which fosters student-centered discovery learning through "percorso scritto" and/or "percorso orale" activities.

- **Unique Focus on Cultural Content and Interdisciplinary Orientation:** Each chapter explores a region through the lenses of literature, art, history, popular culture, and cinematography. However, the presentations of these topics are not simply "local" or "regional." For instance, Chapter 8, on the Veneto, does not merely present St. Marco's Square, gondolas, and Carnevale. Rather, these topics, and others pertinent to the region, intertwine with academic subjects and issues of general interest, such as gender (the first female gondolier), history (how Venice was founded), art history (the significance of works by Tintoretto, Tiziano, Veronese, and Palladio), the history of the language (the etymology of words such as "ciao" and "ghetto"), or current political/environmental issues (industrialization and global warming). Moreover, the literary and film selections address issues of general interest, such as class and gender relations (Goldoni's *La villeggiatura*, Soldini's *Pane e tulipani*), or the changing nature of friendship ("compagnia") throughout history (Meneghello's *Libera nos a malo*).

- **Thorough Interconnection of Culture, Literature, Cinema, and Grammar:** The five sections of each chapter integrate language and cultural content continuously: the cultural introduction (**La regione**) prepares students to contextualize the **authentic readings** (**Le letture**) through a guided analysis of photographs, vocabulary, and topics; and the authentic readings, in turn, offer different viewpoints on socio-cultural issues already raised in the introduction. The readings also present authentic examples of the grammatical structures in that chapter or others already reviewed, so that the **Tema grammaticale** and **Ripasso breve** sections are not detached or isolated from course content. The film (the first of the two in the **Percorsi cinematografici**) is yet another window on that region's unique identity and it strategically reintegrates the chapter's topics and themes.

- **Consistent Integration of Communicative and Drama-Based Activities:** *Caleidoscopio*'s focus on interactive, student-centered **strategies for linguistic and cultural proficiency** uniquely integrates communicative and drama-based activities that engage students in pairs and groups to explore the social and cultural concepts at hand, while practicing key vocabulary and structures in richly varied and dynamic ways.

- **Built-In Flexibility:** The organization within each chapter is highly flexible. Since each section refers back and forth to the others, instructors do not necessarily have to start with the cultural introduction, **La regione,** and end with one or both films from **I percorsi cinematografici.** Furthermore, as is the case with the authentic readings, the sub-sections within **La regione** are relatively independent; teachers may choose to integrate all of them or just a few, without compromising the coherency of the chapter's theme.

- **Adaptability to Different Academic Calendars:** *Caleidoscopio* can be treated in either two semesters (4-4) or three quarters (3-2-3; or 3-3-2), allowing for the in-depth treatment of all regions presented in the text, as well as those in the **Viaggio virtuale** sections.

Caleidoscopio was designed with these major pedagogical principles for successful Italian and Italian Studies programs:

- courses should have a strong cultural component, guiding students to explore a variety of disciplines such as contemporary and non-contemporary history, art, literature, cinema, popular culture, etc.
- courses should fully integrate the study of culture with the study of language;
- courses should afford numerous and varied opportunities for student-centered learning and communication-based practice across a variety of text types, approaches to literacy, and content areas.

Italian programs seeking a well-organized, flexible, and multifaceted text with strong intercultural foundations, able to prepare students for upper-division course work or study abroad, will find in *Caleidoscopio* a welcome addition to their curriculum.

CHAPTER ORGANIZATION

Caleidoscopio consists of **eight chapters,** each containing the following **five** sections:

1. **LA REGIONE: La regione** is developed in subsections, as follows:

Le immagini parlano. This colorful visual opening section draws students into the region by engaging them visually. It contains three parts. The first is *I paesaggi umani*, where students are guided through some questions to get acquainted with the region and its physical and human characteristics. Second is *Persone e ambienti*, which consists of one or two photos and a set of activities intended to help students observe and interpret the images' many possible meanings. The *Persone e ambienti* photos present people in non-staged situations and invite students to really "enter" the region. Finally,

Arte e architettura highlights an example of artwork from the region, with an accompanying set of questions.

Note culturali. These introductory readings explore the unique identity of the region and highlight some of the most intriguing aspects of its culture and history. This section does not offer a summary of tourist sites and regional landmarks, but develops three or four cultural themes that students will be able to discuss in greater depth over time. For example, Chapter 7 (Campania) examines, among other things, Eduardo De Filippo's creation of a "national theater," and Campania's unique role in being an "ambassador" of popular Italian culture in the world.

The style of the **Note culturali** sections is journalistic: the narration is often interrupted by personal reflections, interviews, and quotes from a variety of sources. The two listening activities (Ascolto 1 and Ascolto 2) expand on the cultural themes, bringing them to life with interviews, dialogues, and narrations.

La poesia regionale (Regional Poetry). Each chapter features a short poem / song in regional dialect selected from Pier Paolo Pasolini's *Canzoniere italiano*. Here students can observe and consider several facets of the region's dialect and gain further insight into popular regional culture.

2. LE LETTURE. Each chapter contains **three authentic readings** with the following features:
   - Authors come from the region in focus, but represent different time periods (some are very young and recently published, others are well-known writers from the 20th-century "canon") and genres.
   - Reading offer unique points of view on the socio-cultural realities of a given region.
   - Male and female writers are equally represented.
   - Readings vary in difficulty and length: some are as short as a single book page, others are longer.
   - Readings vary in style, tone, and purpose; they include unabridged and abridged short stories, excerpts from novels or plays, interviews, and news / media articles.

This section echoes many of the themes discussed in **La regione** and **I due percorsi cinematografici**; for example, in Chapter 7, many aspects of Neapolitan society from the film *L'oro di Napoli* are echoed each reading, and in Chapter 8 the cultural background of Goldoni and Scarpa's writing is recognizable in the **Note culturali** as well as Soldini's film.

Pedagogical support for Le Letture sections:

Each reading features pre-, during-, and post-reading activities for comprehension and personal extension or assimilation.

   - **Prima di leggere and Libera le parole!**: exercises to practice new vocabulary and to familiarize students with themes related to the new reading.
   - **Mentre leggi:** exercises that guide students through the reading process with different "micro" objectives or comprehension strategies in focus.
   - **A fine lettura:** exercises to check students' comprehension.
   - **Confronti e riflessioni:** questions that invite cross-cultural reflections between Italy and the learner's home country or most familiar living environment.
   - **Alla scoperta di …:** brief research / expansion activities to further the study of a given topic and help students relate to the region in a more personalized way.

- **Grammatica viva:** exercises to help students identify and then analyze one or more grammar structures found in the authentic readings, with particular attention to those discussed in the grammar sections (**Il tema grammaticale** and **Ripasso breve**) of the same chapter.

Each of these segments provides several opportunities for students to work on oral and written proficiency in ways that incorporate the chapter's active vocabulary, grammatical structures, cultural concepts, opportunities for personalized research, and overarching regional themes.

3. **IL TEMA GRAMMATICALE.** Each chapter provides an in-depth review of a verb tense or group of tenses. All grammar explanations are provided in a very clear and accessible Italian, so that students can read and study independently, or work with the guidance of their teacher in class.

   The initial approach to each structure is inductive or based on discovery learning, along the lines of the PACE framework developed by Donato and Adair-Hauck. The central idea is to engage students actively and analytically during grammar instruction, to foster deeper cognitive processing and longer-term acquisition. Structures are presented in a whole language context (in the dialogue, descriptive, or narrative text of the *Lingua in contesto* section), after which students lend their attention to specific language features, and then discover patterns in order to "co-construct" the rules for form and usage. What follows this segment is a carefully sequenced set of contextualized practice exercises that proceed from input-based practice to more open and communication-focused practice that prompts students to create longer, more personalized answers. Below is an outline of how we have "translated" this approach in *Caleidoscopio*:

   - **Lingua in contesto:** The presentation of a given language structure in a whole language context, followed by a task that helps students recognize patterns and formulate hypotheses about the structure's forms and uses.
   - **Forma e uso:** An explanation of the grammar structure in Italian with clear examples.
   - **Esercizi:** Exercises ranging from matching or categorization, to more traditional fill-in-the-blanks, sentence transformations, and full sentence translations. In this section, our objective is to address different teaching styles and pedagogical approaches. For each topic and sub-topic, a variety of options for additional practice can be found in both the SAM and *MyItalianLab*.
   - **Parliamo:** A rich array of conversational activities that encourage students to communicate and interact creatively. Activities include interviews, *scenette*, short presentations, and competitions; might involve pairs, small groups or the whole class. Some activity sheets are available online for free download will facilitate students' free movement in the classroom.

4. **RIPASSO BREVE.** This section contains a concise review of grammar structures other than verb tenses.

5. **I DUE PERCORSI CINEMATOGRAFICI.** This online companion feature offers a choice of two films per chapter :
   (1) A **feature film** (either classic or contemporary) connected to the historical and socio-cultural topics explored in the region, and easily available with English subtitles. The activities guide students to connect the contents of the film with some of the themes and concepts from the **Note culturali** and **Letture** in earlier segments of the chapter.

(2) An episode from the film *La meglio gioventù* di Marco Tullio Giordana. We have divided this six-hour film into eight episodes, and have developed one episode per chapter. Each episode can be seen and discussed as an alternative (or an addition) to the first, thematically oriented film. Whereas the first film relates directly to the region discussed in the chapter, *La meglio gioventù* follows the history of a family in the course of forty years of Italian history. As with the readings presented in each chapter, the film options provide teachers and students with a rich choice of authentic materials from which to create meaningful lessons.

An *Appendix* at the end of *Caleidoscopio* will summarize all major verb tenses and present a few relatively easy grammatical points that are not featured in the main text (i.e. numbers, suffixes, etc.).

PROGRAM COMPONENTS

Instructor Resources

Annotated Instructor's Edition (ISBN 0-205-78831-9)

This version of the textbook is a rich resource for both experienced and novice instructors. The annotations offer detailed suggestions for the presentation of new material and for the creative implementation of exercises and activities, including options for variation and expansion. Answers for textbook exercises are also provided (in addition to the Answer Keys for the Student Activities Manual).

Instructor's Resource Manual

The IRM provides the scripts for the listening comprehension activities within the text and the Student Activities Manual. The IRM is available in electronic format in the Instructor's Resource Center (IRC) and in *MyItalianLab*.

Online Activity Sheets (available online)

This set of pair / group work activities corresponds to the exercises throughout the textbook that are marked as: [ONLINE]. Since the activities are devised for student-to-student interaction, activity sheets are available in .pdf files to project or print as needed. These sheets can facilitate notetaking and movement. In addition, students and instructors will also find online activities related to the two films featured in **I due percorsi cinematografici** (see point 5 above).

Testing Program (available online)

By adopting a "modular" approach, the Testing Program allows for maximum flexibility. This bank of customizable exercises facilitates the creation of short quizzes or comprehensive exams for assessing listening, reading, and writing while integrating grammar and vocabulary, as well as cultural knowledge and options oral proficiency. The Testing Program is available in electronic formats (in the IRC and in *MyItalianLab*) to allows instructors to customize tests more easily.

Audio CD to Accompany the Testing Program (ISBN 0-205-25580-9)

All oral sections in the testing program are recorded for the instructor's use in a classroom or laboratory setting.

Student Resources

Audio CD to Accompany the Text (ISBN 0-205-25600-7)

Each chapter features two **Ascolto** listening activities, which are available on CD and on the companion website (CW). See below.

Student Activities Manual (SAM) (ISBN 0-205-80569-8)

The SAM for *Caleidoscopio* offers a unique combination of interactive written and oral exercises that allow students to continue to practice concepts and topics from various sections of the main text. Moreover, the SAM features these additional components:

I.   **L'atelier dei suoni** (oral section): practice with units of sound, including a fun, non-graded section for pronouncing words and phrases with the featured sets of sounds.

II. **L'atelier della scrittura** (writing): guided writing assignments on different topics and of different genres, divided into the following sections: (1) pre-writing (brainstorming and exploration of content ideas and vocabulary), followed by an organizational task to help facilitate (2) the actual "composition" or free writing phase. The composition phase is followed by (3) tips for recursive writing (editing, reflection, and revision) and, finally, a (4) self-evaluation guide to encourage further reflection on both the writing process and the final written product in this section.

III. **Il viaggio virtuale:** a "virtual journey" from the region studied in a one chapter to the region that will be featured in the next chapter. During this journey students travel through **one or two** new regions that have not been specifically featured in the text. For example, between chapter 7 (Campania) and chapter 8 (Veneto) students will stop over in the Marche region. In order to research, plan, and present their trips, students follow guidelines and suggestions (cultural tips, budget, length of stay, etc.) and they make choices about what cities and towns to visit, what kinds of activities to do, and what format (written or oral) their presentation will take.

By following the *Viaggio virtuale* sections and the cultural contents of each chapter, students using *Caleidoscopio* will explore all twenty regions of Italy.

Audio CDs to Accompany the Student Activities Manual (ISBN 0-205-25582-5)

Contains recordings for the listening comprehension activities in the SAM.

Answer Key to Accompany the Student Activities Manual (ISBN 0-205-25601-5)

This provides answers to all activities in the Student Activities Manual as well as feedback for wrong answers.

Online Resources

Companion Website (CW)

The Companion Website, located at www.pearsonhighered.com/caleidoscopio, is organized by chapter and offers the in-text and SAM audio programs.

My Italian Lab

MYITALIANLAB™ is part of the *MyLanguageLabs* suite. A first-of-its-kind digital learning environment, *MyLanguageLabs* has been used by over **1 million students** to learn a language! *MyLanguageLabs* is a powerful platform that:

- puts the instructor in the driver's seat. With flexible, powerful, and easy-to-use tools, *MyLanguageLabs* enables instructors to create a unique course experience tailored to their specific instructional needs;
- personalizes the learning experience for language learners with layered feedback and additional resources that are embedded right where students need them;
- provides a one-stop shop for all instructor and student resources, which are tightly integrated to create a completely immersive learning experience.

Instructor access is provided at no charge. Students can purchase access codes online or at their local bookstore.

Instructor's Resource Center (IRC)

The IRC located on www.pearsonhighered.com provides instructors access to an electronic version of the instructor resources. This material is available electronically for downloading.

Acknowledgments

We would like to thank Anthony Nussmeier, Carlotta Paltrinieri, and Carmen Merolla, for their invaluable contributions to the ancillary materials in this program.

Daniela wishes to thank Chiara, Livia and Michael. Colleen thanks Clara and Aeneas, and her grandmother, Theresa Santini Ryan, for the Italian roots and upbringing she provided.

Ultimately, we dedicate this book to our families and students—a kaleidoscope of love, inspiration, and support.

Reviewers

Chiara Dal Martello,
Arizona State University

Barbara Alfano,
Bennington College

Paola Servino,
Brandeis University

Cinzia Noble,
Brigham Young University

Cristina Abbona-Sneider,
Brown University

Clara Orban,
DePaul University

Nicoletta Marini Maio,
Dickinson College

Mary Ellen Eckhert,
East LA College

Silvia Valisa,
Florida State University

Scott Lerner,
Franklin & Marshall

Ida Giampietro Wilder,
Greece Athena High School,
Rochester, NY

Alessandra Garolla,
George Washington University

Contrada, Deborah,
Iowa University

Monica Seger,
Oklahoma University

Annalisa Mosca,
Purdue University

Elisabetta D'Amanda,
Rochester Institute of Tech.

Giannini, Stefano,
Syracuse University

Chiara Carnelos,
UC San Diego

Luisa Canuto,
University of British Columbia

Frank Nuessel,
University of Louisville

Piero Garofalo,
University of New Hampshire

Nadia Ceccacci,
University of Oregon

Virginia Picchietti,
University of Scranton

Paulluzzi, Fausto,
University of South Carolina

Cravens, Thomas,
University of Wisconsin Madison

Antonella Bassi,
University of California, Davis

Concettina Pizzuti,
University of Georgia

Laura Callegari-Hill,
University of Illinois, Urbana

Marina de Fazio,
University of Kansas

Carol Lazzaro-Weis,
University of Missouri

Alessia Blad,
University of Notre Dame

Flavia Brizio-skov,
University of Tennessee-Knoxville

Maria-Cristina Mazzoni,
University of Vermont

Bruna Boyle,
University of Rhode Island

Tracy Barrett,
Vanderbilt University

Jessica Greenfield,
Vanderbilt University

Flavia Laviosa,
Wellesley College

Samuel Ghelli,
York College

Gabriella Colussi-Arthur,
York University, Toronto

CALEIDOSCOPIO

INTERMEDIATE ITALIAN

Contenuti e obiettivi di apprendimento

1
Lazio

Angelo con la spugna di Antonio Giorgetti (1669) a Ponte Sant'Angelo, Roma

PRIMI PASSI NEL LAZIO: LE IMMAGINI PARLANO

I paesaggi umani

1.1 Commenti e riflessioni

1. Guarda le varie immagini di Roma in questo capitolo: scegli la foto che ti mostra una Roma diversa da quella che immaginavi o che conoscevi.
2. Osserva anche le altre immagini del Lazio: scegli due foto che presentano un forte contrasto, e spiega i motivi della tua scelta.

Persone e ambienti

1.2 Brainstorming In classe fai un elenco delle parole necessarie per descrivere queste foto (A e B).

Foto A

Foto B

 1.3 Foto A e B: Una telefonata Sei seduto/a in un caffè a Roma e osservi queste due scene, mentre parli al telefono con la tua amica Emily che vive negli USA e non è mai stata a Roma. Emily vuole avere da te delle descrizioni abbastanza dettagliate di quello che stai osservando. Che cosa le rispondi? Con un altro studente / un'altra studentessa, crea un dialogo di almeno sei o otto battute nel quale descrivi alla tua amica le tue impressioni di Roma basandoti su queste due foto. Sedetevi di schiena (*back-to-back*) parlandovi senza vedervi, come se foste al telefono (*as if you were on the phone*).

1.4 Il titolo Fra i seguenti titoli, scegli quello che ti piace di più per la foto A e motiva la tua scelta (*explain your choice*): "Roma variopinta (*multicolored*)" / "Motociclisti all'attacco" / "Il nuovo soffoca il vecchio" / "Visita Roma su due ruote" / "Il vecchio non muore mai".

1.5 Confronti e riflessioni

1. Che cosa usi per i tuoi spostamenti in città?
2. Immagina di fotografare un incrocio di un quartiere della città o del paese che conosci meglio.

   Descrizione della mia foto: _____
   Somiglianze della mia foto con la foto A: _____
   Differenze fra la mia foto e la foto A: _____

1.6 Cosa vedi? Immagina di andare in bicicletta nel centro della tua città o paese, come la donna nella foto B. Che tipo di persone vedi?

1.7 Completa il pensiero Completa ogni frase spontaneamente.

1. Oggi credo che noleggerò una vespa perché …
2. Oggi credo che noleggerò una bicicletta perché …
3. Oggi credo che andrò a piedi in centro perché …

Arte e architettura

Il Caravaggio fu (*was*) uno dei più grandi pittori del barocco italiano, e fu particolarmente attivo a Roma. I suoi quadri sono famosi per il loro realismo, per la drammaticità della composizione e per l'uso del *chiaroscuro*. Caravaggio amava usare come modelli gente del popolo che incontrava per strada: da qui il naturalismo alla sua pittura. Lo stile e la tecnica del Caravaggio ebbero (*had*) una grande influenza in Italia e nel resto dell'Europa.

1.8 Alla scoperta di … Scopri qualche altra notizia sulla vita del Caravaggio: Dove nasce e in quali città è attivo? Perché è chiamato "pittore maledetto"? Era famoso in vita? E dopo la sua morte?

1.9 Il soggetto del quadro: Bacco, nella mitologia romana Bacco (Dioniso in greco) è il dio della vendemmia (*grape harvest*) e al suo culto sono associati la produzione e il consumo del vino. Le prime immagini del dio mostrano un uomo maturo, vestito e con la barba. Immagini successive mostrano invece un giovane nudo o quasi nudo e senza barba. Il nome "Bacco", adottato dai Romani, deriva dal greco "bakkheia", il termine usato per la pazzia e il caos tipici delle feste rituali in onore del dio.

Autoritratto in veste di Bacco (Self-portrait as Bacchus), 1593 circa, di Michelangelo Merisi, detto Caravaggio (1571–1610). Galleria Borghese, Roma

Ora descrivi il quadro in tutti i suoi dettagli: il primo piano (*foreground*) e lo sfondo (*background*); la posizione di Bacco, il suo gesto e la sua espressione; gli oggetti ritratti; i colori usati.

1.10 L'interpretazione del quadro

1. Completa questa frase scegliendo fra una delle possibilità date, oppure a modo tuo (*in your own way*). Poi motiva la tua scelta:

   Il sentimento che ha ispirato questo quadro, secondo me, è …

   la malinconia / la gioia / la tristezza / il rimpianto / l'euforia / l'amore / la rassegnazione

2. Questo quadro è anche chiamato "Bacchino malato" (*Sick little Bacchus*). Perché, secondo te? È giustificato, secondo te, questo titolo?
3. Cerca su Internet o su un'altra fonte un'altra opera del Caravaggio che vorresti contrastare con questa, e presentala alla classe.

Il territorio della regione

 1.11 Alla scoperta di … Fai una breve ricerca su Internet, o usando altre fonti, per scoprire …

In quale parte dell'Italia si trova il Lazio? Con quali altre regioni confina? Com'è il suo territorio (prevalgono le montagne, le colline o le pianure)?

Da quale mare è bagnato il Lazio? Qual è il capoluogo regionale? Quali sono gli altri capoluoghi di provincia?

 1.12 Dati alla mano [ONLINE]

NOTE CULTURALI

Roma come scenario universale

 Lessico nuovo

il capoluogo	regional capital
circondare	to surround
il cristianesimo	christianity
l'Impero Romano	Roman Empire
il mondo occidentale	Western world
il ruolo	role
lo scenario	stage scenery, setting

"Lazio" e "Roma" non sono solo i nomi di una regione del centro Italia e del suo capoluogo: così si chiamano anche due squadre di calcio separate da una profonda rivalità. La stessa competizione divide i tifosi di questo sport—"laziali" e "romanisti"—storicamente in lotta per il primato della propria squadra nelle classifiche. Ma l'antagonismo fra le due squadre di calcio è solo una delle tante 5 espressioni di una divisione molto più profonda: il Lazio e Roma, la regione e la città, sono infatti due realtà completamente diverse.

Il nome "Lazio" deriva da *Latium vetus*, il territorio che in antichità, ancora prima della formazione dell'Impero Romano, circondava la città di Roma. "Lazio", quindi, è forse il più antico fra i nomi delle regioni italiane. Secondo lo scrittore 10 Corrado Alvaro, "la Roma primitiva è ancora nel Lazio", e il Lazio è "il ricordo di Roma prima che diventasse (*became*) scenario, uno scenario aperto sulla vita moderna".[1]

Nonostante le sue origini antiche, l'identità di questa regione è una delle più fragili, oscurata dalla presenza di Roma, 15 capitale d'Italia, oltre che capoluogo regionale.

Roma è, in latino, l'"Urbe" (città) o "caput mundi" (testa del mondo), due nomi ancora comunemente usati a ricordo del suo ruolo di capitale dell'Impero Romano e successivamente del cristianesimo. Infatti, dal V secolo d.C., Roma si trasformò 20 da capitale imperiale a centro della religione cristiana e successivamente diventò capitale di una teocrazia: lo Stato della Chiesa. La forza e l'identità di Roma derivano quindi dal suo ruolo come capitale non solo dell'Italia o del Lazio, ma del mondo occidentale e della cristianità. 25

Civita di Bagnoregio (Viterbo)

---

[1]Alvaro, Corrado. *Roma vestita di nuovo*. Milano: Bompiani, 1957, p. 129.

1.13 Controlla la comprensione Che cosa rappresenta Roma per l'Italia e per il mondo?

 1.14 Confronti e riflessioni

1. Osserva attentamente la foto di Piazza del Vaticano a Roma. Che cos'ha di unico questa piazza? Potrebbe spiegare il titolo *Roma come scenario universale*? Perché?
2. Puoi pensare ad una città con una forte identità, riconosciuta come "capitale" anche oltre i confini (*borders*) nazionali? Per esempio, Los Angeles potrebbe essere considerata la "capitale" di … Quali sono altri esempi?
3. Un famoso proverbio dice "tutte le strade portano a Roma". Che significa, secondo te?

Piazza San Pietro, Vaticano

Città dal cuore frantumato

Lessico nuovo

la bottega artigianale	*craftsman's shop, workshop*
la debolezza	*weakness*
l'impresa	*business, firm*
maestoso	*majestic*
il quartiere	*neighborhood*
lo sforzo	*effort*
il ventesimo secolo	*twentieth century*

Roma, diversamente da altre capitali europee quali Parigi o Londra, non ha mai avuto un ruolo trainante (*leading*) nell'economia della nazione. La sua economia è debole, e si basa principalmente sul turismo, sul commercio e sulla presenza di migliaia (*thousands*) di impiegati dei ministeri. Roma non ha l'aspetto di una vera metropoli: i suoi quartieri, con i piccoli negozi alimentari e le botteghe artigianali, 5
assomigliano a grosse città di provincia. Per molti aspetti, Roma è secondaria persino a Milano, spesso definita "capitale morale" della nazione: è a Milano infatti che sono nati, oltre alle industrie italiane più innovative del ventesimo secolo, molti dei movimenti politici e culturali più influenti della storia italiana contemporanea. 10

Lo scrittore Luigi Pirandello, attraverso uno dei personaggi del suo romanzo *Il fu Mattia Pascal*, riflette su questo paradosso romano: sulla centralità, eppure sui limiti e sulla debolezza, di Roma:

"Molti si meravigliano che nessuna impresa riesca [a Roma], che nessuna idea attecchisca (*catches on*) a Roma. Ma questi tali si meravigliano perché non 15
vogliono riconoscere che Roma è morta […] Ed è vano (*vain*), creda, ogni sforzo per farla rivivere. Chiusa nel sogno del suo maestoso passato, non ne vuol più sapere di questa vita meschina (*petty*). Quando una città ha avuto una vita come quella di Roma, con caratteri così spiccati e particolari, non può diventare una città moderna, cioè una città come un'altra. Roma giace (*lies*) là, col suo gran 20
cuore frantumato (*broken heart*)".[2]

---

[2]Pirandello, Luigi. *Il fu Mattia Pascal*. Milano: Fratelli Treves Editori, 1919, p. 149.

1.15 Controlla la comprensione

1. Per parlare di Roma, Pirandello usa una figura retorica, la "personificazione", cioè attribuisce a Roma delle qualità umane. Puoi trovare uno o due esempi di personificazione nella citazione che hai letto?
2. Perché nuove idee fanno fatica ad attecchire a Roma?

 1.16 Confronti e riflessioni In Italia si dice che Milano è la capitale morale, mentre Roma è la capitale amministrativa. Anche nel tuo paese d'origine, c'è una "capitale morale", o forse più di una? Spiega la tua scelta e discutine con i tuoi compagni.

I romani distruggono Roma: nasce la città a strati

 ### Lessico nuovo

aggiungere, *p.p.* aggiunto	*to add*	distruggere, *p.p.* distrutto	*to destroy*
l'architettura	*architecture*	il marmo	*marble*
avvicinarsi	*to draw near*	medievale	*medieval*
il barocco	*baroque*	rinnovarsi	*to be renewed*
contemporaneo	*contemporary*	la rovina	*ruin*
demolire	*to demolish*	lo strato	*layer*

Il Foro Romano con il monumento a Vittorio Emanuele II sullo sfondo e la Chiesa dei Santi Luca e Martina

L'Urbe non è solo la "città morta" di Pirandello. C'è anche un'altra Roma, una città che si rinnova continuamente, e che ricerca la modernità. Al contrario di Venezia, città ormai completamente invasa dai turisti, Roma appartiene ancora ai romani che continuano ad abitarci e a trasformarla aggiungendo il nuovo all'antico.

Questa passione per la modernità non è recente: Roma è una città a strati 5
che gli stessi romani hanno distrutto e costruito mille volte. Per il poeta Valentino Zeichen, camminare per Roma è come fare un viaggio indietro nel tempo: "Nella storia di Roma / si sovrastano tre città: / la Roma Imperiale, / la capitale della Cristianità, / e ultima quella d'Italia. / Straniero, supponi di pescare (*to fish*) / da un mazzo di carte (*deck of cards*): rovine, / catacombe, statue, fantasmi; ogni figura 10
funge da (*represents a*) ticket / e ti guida nel suo tempo, e altre in vari contempi, simili a tanti ascensori (*elevators*)".[3]

Il Colosseo, uno dei simboli più universalmente noti della città, è in rovina, ma non solo a causa dell'usura (*wear and tear*) del tempo; gli stessi romani lo demolirono in parte durante il Medioevo prelevandone i marmi che usarono per costruire palazzi 15
e chiese. La città quindi offre il costante spettacolo di una comunità dove vecchio e nuovo coesistono in perenne tensione. Percorrendo pochi passi passiamo dall'epoca romana, al periodo medievale per giungere al Barocco, ed infine all'architettura fascista e contemporanea. Lo scrittore americano Gore Vidal che amava Roma e visse a Roma per diversi anni, dichiarò in un'intervista al regista Federico Fellini: "Roma è 20
morta tante volte e tante volte rinata. Il mondo si avvicina alla fine: inquinamento, sovrappopolazione. Roma è il posto ideale per veder se tutto finisce o no".

---

[3]Valentino Zeichen, "Strati e tempi" in *Poesia, 1963–2003*, Milano: Mondadori, 2004: pp. 326–327.

1.17 Controlla la comprensione

1. "Roma è una città a strati": che cosa significa questa affermazione, secondo te? Scegli una foto in questo capitolo che ritrae (*portrays*) meglio l'idea della "città a strati".
2. Quali elementi trovi in comune fra la citazione di Zeichen e quella di Vidal?

Foto 1: Piazza del Campidoglio, Roma

Foto 2: *Apollo del Belvedere*, Musei Vaticani

Considera queste foto di opere d'arte e di edifici rappresentativi dei seguenti periodi storici ed artistici (non in ordine cronologico): Barocco, Rinascimento, Impero Romano, Medioevo.

Inserisci ogni periodo storico-artistico nella seguente linea del tempo, insieme al numero dell'opera d'arte / edificio / piazza del periodo corrispondente (vedi foto 1, 2, 3, 4).

Foto 3: Fontana di Trevi, Roma

Foto 4: Mosaici nella chiesa di Santa Cecilia in Trastevere, Roma

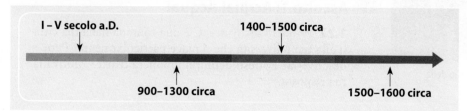

I – V secolo a.D.   1400–1500 circa

900–1300 circa   1500–1600 circa

1.19 Confronti e riflessioni

1. Hai mai visto in qualche museo uno o più esempi di arte di questi periodi? Spiega.
2. Hai la possibilità di fare un viaggio nel tempo: in quale periodo artistico decidi di vivere? Perché? Parlane in gruppo con i tuoi compagni.

Piazze come campagne

 Lessico nuovo

l'incrocio	*crossroads*
insostituibile	*irreplaceable*
il percorso	*route, path*
la roba da mangiare	*food*

Si può visitare Roma anche seguendo un percorso diverso: ad esempio, andando in cerca di piazze. In molte città, le piazze sono solo incroci congestionati dal traffico, ma a Roma sono qualcosa di molto diverso. Considera, ad esempio, la descrizione di Piazza Navona del poeta romano Giuseppe Gioacchino Belli: "questa non è una piazza, è una campagna, un teatro, una fiera, un'allegria 5 [...] ovunque trovi roba che si mangia, ovunque trovi gente che la porta via."[4]

Ma le piazze romane non sono solo un grande scenario di vita contemporanea: sono anche dei veri e propri musei all'aperto, grazie alle fontane che costituiscono l'elemento centrale ed insostituibile delle più belle piazze romane. Gore Vidal disse di Roma: "Roma è la città delle illusioni. Non a 10 caso qui c'è la chiesa, il governo e il cinema: tutte cose che producono illusione". Potremmo aggiungere che anche le fontane sono "illusioni", cioè tentativi di creare fiumi e laghi nel centro di una grande metropoli.

Piazza Navona, Roma

---
[4]Gioacchino Belli: i suoi versi dialettali sono stati tradotti in italiano standard.

1.20 Controlla la comprensione

1. Guarda su questa pagina la fotografia di Piazza Navona: ti sembra che la descrizione del Belli sia ancora valida? Motiva la tua risposta.
2. Come giustifica Gore Vidal l'affermazione che "Roma è la città delle illusioni"?

Fontana delle tartarughe di Giacomo della Porta e Taddeo Landini, 1584

 1.21 Confronti e riflessioni

1. Qual è una piazza famosa nel tuo paese o nella tua città? Che cosa la rende famosa?
2. Quando pensi a questa piazza, che immagine ti viene in mente (ad esempio: un incrocio pieno di traffico, un parcheggio di macchine, ...)?

 Ascolto 1: Acqua! Acqua!

 1.22 Prima di ascoltare C'è una fontana nella tua città o alla tua università che ti piace particolarmente? Puoi descriverla? Potresti definirla un'opera d'arte? Motiva la tua risposta.

Vocaboli utili alla comprensione

il bene pubblico	*public property*
la cornacchia	*crow*
dotare	*to equip*
fiutare	*to smell*
l'ingegneria idraulica	*hydraulic engineering*
la pietra	*stone*
radicato	*deep-seated, rooted*
raggiungere, *p.p.* raggiunto	*to reach*
la rana	*frog*
la tartaruga	*turtle*
il temporale	*storm*

1.23 Mentre ascolti Decidi se il brano sostiene (*supports*) le seguenti affermazioni.

	Sì	No
1. Spesso la fontana dà un significato all'intera piazza in cui si trova.		
2. Nell'antica Roma, i bagni pubblici non avevano acqua calda.		
3. Le fontane non sono tutte belle, ma hanno tutte una funzione pratica.		
4. Di solito l'acqua è un elemento fondamentale per le sculture che abbelliscono (*beautify*) una fontana.		
5. Secondo gli antichi Romani, fornire l'acqua ai cittadini era un compito importante dello Stato.		

 1.24 A fine ascolto

1. Qual è l'argomento principale del brano?
   a. le tecniche usate nella costruzione delle fontane romane
   b. il ruolo dell'acqua come elemento artistico delle fontane romane
   c. la storia delle fontane di Roma
2. Alla fine dell'ascolto, hai sentito la seguente frase: "Se togli l'acqua alle fontane di Roma, sentirai quelle pietre gridare da ogni poro: Acqua! Acqua!" Questo è un altro esempio di personificazione, una figura retorica discussa più sopra. Spiega con parole tue il significato della frase.

 1.25 Alla scoperta di …

1. Scopri le più belle fontane di Roma. Ritorna alle fotografie di questo capitolo oppure cercane altre su Internet. Ecco alcuni suggerimenti:

   La Fontana dell'Acqua Paola (o Fontanone del Gianicolo)
   La Fontana della Barcaccia a Piazza di Spagna
   La Fontana del Nettuno a Piazza Navona
   Le Fontane della Pigna
   La Fontana dell'Acqua Felice

   Vuoi proporre al tuo Comune (*Municipality*) di abbellire la piazza principale della città con un'imitazione di una di queste fontane. Quale proponi? Motiva la tua scelta.

2. Le fontane di Roma e il cinema. In una famosa scena del film *La dolce vita* di Federico Fellini, un'attrice si bagna nella Fontana di Trevi a Roma. Guarda questa scena su *YouTube* (parole chiave: Fellini, *La dolce vita*, Fontana di Trevi). Come si chiamano la protagonista e il suo compagno in questa scena? Chi sono gli attori che interpretano questi ruoli? Che cosa ti colpisce (*strikes you*) di questa scena? Discutine in classe.

Roma fra bello e brutto

 ### Lessico nuovo

accogliente	*welcoming*
allargarsi	*to widen*
l'ansia	*anxiety*
l'artigiano	*craftsman*
il commerciante	*shopkeeper*
la fatica	*effort, hard work*
miserabile	*poor, wretched*
la miseria	*poverty*
il palazzo	*apartment building*
la periferia	*outskirts*
trasferirsi	*to move to a new home or place*

Traffico in una strada di Roma; monumento a Vittorio Emanuele II, Altare della Patria, sullo sfondo

La Roma delle fontane, delle piazze belle come "campagne" non è sempre la Roma abitata dai romani; esiste l'altra Roma, quella delle periferie estreme: secondo lo scrittore e regista Pier Paolo Pasolini, "Roma sicuramente è la città più bella d'Italia—se non del mondo. Ma sicuramente è anche la più brutta, la più accogliente, la più drammatica, la più ricca, la più miserabile [...] Naturalmente bellezza e bruttezza sono legate: la seconda rende patetica e umana la prima, la prima fa dimenticare la seconda".[6]

Il "brutto" di Roma è cominciato in epoca fascista quando il regime ha distrutto gran parte dei quartieri popolari del centro storico per costruire grandi strade di collegamento; con questo piano urbanistico, il fascismo voleva anche *liberare* monumenti storici, quali il Colosseo e i Fori Imperiali, e creare intorno ad essi una scenografia grandiosa. Roma, infatti, secondo la propaganda fascista, doveva rinascere e ritornare allo splendore dell'antico Impero Romano. La popolazione che abitava i vecchi quartieri del centro ha dovuto trasferirsi nelle *borgate*, quartieri di nuova costruzione situati fuori Roma, lontani dal centro, privi di servizi e di trasporti. Per lo più si trattava di artigiani e commercianti che, nel corso dei secoli, avevano costruito le proprie abitazioni ed i propri negozi a ridosso dei (*close to*) monumenti; Roma mancava di una vera industria, e l'attività artigianale di questa gente costituiva la base dell'economia della città. Una volta trasferiti (*once they moved*) fuori città, questi artigiani sono caduti in miseria, e i quartieri da loro abitati si sono trasformati in veri ghetti. Pasolini, che abitava in una di queste borgate

5

10

15

20

25

[6]Pasolini, Pier Paolo (a cura di Walter Siti). *Storia della città di Dio*. Torino: Einaudi, 1995, p. 105.

nel dopoguerra (*post-war period*), descrive la sua condizione di emarginato nella poesia "Pianto della scavatrice":

> Povero come un gatto del Colosseo
> Vivevo in una borgata tutta calce (*quicklime*)
> E polverone (*dust*), lontano dalla città
> E dalla campagna, stretto ogni giorno
> In un autobus rantolante (*wheezing*)
> E ogni andata, ogni ritorno
> Era un calvario (*Golgotha [fig. trial, extreme suffering]*) di sudore e di ansie.

30

35

La città, a poco a poco, si è allargata fino a raggiungere le borgate: sono cresciuti altri quartieri di anonimi palazzi, abitati, a partire dal dopoguerra, da immigrati dal Sud Italia e, più tardi, da immigrati da tutte le parti del mondo, dal Nord Africa così come dall'Asia o dal Sudamerica. Per molti di loro, la vita di ogni giorno è ancora piena delle stesse fatiche sopportate (*endured*) da Pasolini nel dopoguerra: Sandro, un neo-laureato in biologia lavora come ricercatore a contratto all'Università di Tor Vergata di Roma e vive con quattro altri ragazzi in tre stanze, 300 euro al mese: "Un posto letto in un appartamento di borgata, tre mezzi pubblici per raggiungere il Consiglio Nazionale delle Ricerche, viaggio di un'ora e mezzo all'andata, due ore per ritornare, sette ore di laboratorio. Stipendio zero".[7] La Roma di Sandro, e di migliaia di altri giovani neo-laureati romani che non riescono a trovare lavoro, purtroppo, è molto diversa dalla Roma monumentale e turistica dei viaggi organizzati.

40

45

---

[7]Vecchio, Concetto. *Giovani e belli*. Milano: Chiarelettere. 2009, pp. 7–10.

1.26 Controlla la comprensione

1. Che cosa sono le borgate e qual è la loro origine?
2. Leggi attentamente la poesia di Pasolini. Troverai una similitudine (una somiglianza creata con l'uso della congiunzione "come"), una personificazione (l'attribuzione di qualità umane ad un oggetto), una metafora (la sostituzione di un oggetto o idea con un altro oggetto).

Similitudine _____

Personificazione _____

Metafora _____

 1.27 Confronti e riflessioni Conosci altre città o paesi con forti contrasti fra un centro "bello" ed una periferia "brutta", oppure viceversa, fra un centro "brutto" ed una periferia "bella"? Spiega la tua risposta.

Due nazioni in una città

 ### Lessico nuovo

abbattere	*to demolish, to topple*	ostacolare	*to hinder, to obstruct*
la caduta	*fall*	riconoscere	*to recognize*
cedere	*to give up, to yield*	il riconoscimento	*recognition*

Una guardia svizzera in Vaticano

Città vecchia e nuova, bella e brutta, ma anche religiosa e laica: la dualità di Roma si riflette anche nel suo essere capitale di due nazioni, la Repubblica Italiana e lo Stato della Città del Vaticano.

Il Vaticano non è sempre stato una nazione così piccola: fino al 20 settembre 1870, il territorio dello Stato della Chiesa (di cui il Papa era il sovrano assoluto [*absolute monarch*]) si estendeva a tutto il Lazio. Ma in quella data storica per l'Italia, le truppe dell'esercito italiano hanno abbattuto Porta Pia (una delle porte nelle mura che circondano Roma) ed hanno occupato la città: si è completato così il processo di unificazione nazionale che il Papa aveva sempre ostacolato perché minacciava di porre fine (*put an end to*) al suo potere temporale. La presa (*occupation*) di Roma da parte dell'esercito italiano ha significato la fine di una teocrazia (*theocracy*) vecchia di 1500 anni: Roma, non più capitale dello Stato della Chiesa, è diventata capitale della nuova nazione italiana. Secondo lo storico e giornalista Eugenio Scalfari:"la caduta dello Stato pontificio fu (*was*) un gran bene per la Chiesa. O almeno avrebbe potuto esserlo se il papato (*papacy*) l'avesse vissuto (*had considered it*) e accettato come una liberazione, come l'occasione per riconquistare la sua piena libertà di espressione, di predicazione, di testimonianza".[8]

La storia del rapporto conflittuale fra lo Stato italiano e la Chiesa Cattolica non finisce con la *Breccia di Porta Pia*. Dopo l'annessione di Roma e del Lazio all'Italia, il Papa non ha riconosciuto la nazione italiana e ha proibito ai cattolici italiani di partecipare attivamente alla vita politica della nuova nazione. La questione si è risolta solo nel 1929 con la firma del *Concordato* (detto anche *Patti Lateranensi*) fra il capo del governo Benito Mussolini e il Vaticano. Con questo trattato (*treaty*), lo Stato italiano ha ceduto (*gave up*) parte del territorio di Roma alla Chiesa Cattolica; è nata così una nuova nazione, lo Stato della Città del Vaticano. Da parte sua, il Vaticano ha riconosciuto, dopo più di mezzo secolo di conflitti, la legittimità dello Stato italiano; oltre a questo reciproco riconoscimento, il Concordato ha introdotto l'insegnamento della religione cattolica nelle scuole pubbliche, il valore civile dei matrimoni cattolici e l'ufficialità di alcune feste religiose.

5

10

15

20

25

---

[8]Scalfari, Eugenio. "Benedetta Porta Pia". *l'Espresso*, 2 ottobre 2008.

Al momento della sua firma, molti disapprovavano il Concordato perché 30
contraddiceva il principio di separazione fra Chiesa e Stato proclamato alla fine
del XIX secolo da Cavour, uno dei padri fondatori della nazione, con la famosa
frase "libera Chiesa in libero Stato". Nonostante questo, il Concordato ha avuto
lunga vita: è entrato a far parte della nuova Costituzione repubblicana approvata
nel 1948 ed è tuttora in vigore (*in force*), salvo (*except for*) alcune modifiche 35
operate nel 1984: ad esempio, l'ora di religione cattolica nelle scuole pubbliche è
diventata facoltativa (*optional*).

Il dibattito sul Concordato è ancora di grande attualità, e la presenza del
Vaticano a Roma rimane una testimonianza visiva e tangibile del ruolo di grande
influenza che la Chiesa Cattolica ha avuto ed ha tuttora nella società italiana. 40

1.28 Controlla la comprensione Come e quando Roma è diventata capitale
dello Stato italiano? Come è nato lo Stato della Città del Vaticano? Si può dire
che in Italia esiste una completa separazione fra Chiesa e Stato?

1.29 Alla scoperta di ... Vai sul sito ufficiale dello Stato della Città del
Vaticano per trovare alcuni dati interessanti sulla nazione più piccola del
mondo: Qual è la sua estensione? Quanti sono i suoi abitanti? Quali sono le sue
due lingue ufficiali? Potremmo definire il Vaticano uno "Stato democratico"?
Presenta in classe due o tre notizie interessanti.

1.30 Confronti e riflessioni

1. Il Concordato, secondo te, potrebbe diventare legge (*could become a law*) del
   tuo stato?
2. Immagina di essere un insegnante di storia di un liceo italiano. Spieghi ai
   tuoi studenti gli aspetti positivi e negativi del Concordato. Quali sono le tue
   argomentazioni? Prendi appunti usando una tabella come questa:

Concordato	
Aspetti negativi	Aspetti positivi

In conclusione, gli aspetti positivi hanno più peso, secondo te, degli aspetti
negativi?

Ascolto 2: Due nazioni in una città e una religione in una nazione?

1.31 Prima di ascoltare

1. Che cosa pensi della presenza di simboli religiosi in luoghi pubblici? Nel tuo
   paese o nella tua città hai mai seguito dibattiti di questo tipo (ad esempio,
   la presenza di un presepe [*nativity scene*] o di un monumento con i dieci
   comandamenti in un parco, una scuola, un tribunale, ecc.)?
2. Prendi appunti usando una tabella simile a questa:

Simbolo religioso	Luogo in cui è esposto	Significato del simbolo	Argomenti "pro"	Argomenti "contro"

Vocaboli utili alla comprensione

l'aula	classroom	la minoranza	minority
contestare	to object	la nazione laica	secular nation
il crocefisso	cross, crucifix	orgogliosamente	proudly
di gran lunga	by far	il paese multi-etnico	multi-ethnic country
il dibattito	debate	segnato	marked
il diritto	right	la sentenza	verdict
la fede	faith	svendere	to sell out
l'immigrato	immigrant	il valore	value
la maggioranza	majority		

 1.32 A fine ascolto

1. Riassumi le due opinioni sulla presenza del crocefisso nei luoghi pubblici, usando una pagina divisa in due: sulla sinistra scrivi "argomenti a favore" e sulla destra "argomenti contro".
2. Basandoti sul contenuto dell'ascolto, indica se queste frasi sono logiche o illogiche.

	Logico	Illogico
a. La sentenza della Corte Europea è stata influenzata dal Vaticano.		
b. Secondo Vittorio Gatti, il Corano non può essere insegnato nelle scuole pubbliche.		
c. Secondo Piero Ignazi, i diritti delle minoranze sono importanti tanto quanto i diritti della maggioranza.		
d. Secondo alcuni, il crocefisso è un simbolo non solo religioso, ma anche culturale.		

1.33 Ciak! Uno studente è una guida turistica al Vaticano, e l'altro è un turista che sa poco o niente di questo piccolo Stato. La guida prepara una breve introduzione al Vaticano, e il turista prepara alcune domande per la guida. Create una conversazione di almeno sei o otto battute che presenterete poi alla classe.

1.34 Un fine settimana a Tivoli [ONLINE]

1.35 Chi è? Che cos'è? [ONLINE]

Villa d'Este, Tivoli

La poesia regionale (dal *Canzoniere italiano* di Pier Paolo Pasolini)[1]

So' stato cor diavolo 'stanotte,   1
E mm'ha pportato a la cammera sua,
M'ha fatto le finesse da fratello,
E ppe' mmagnà mm'ha ddato pane e ua.

[1]Pier Paolo Pasolini, a cura di. *Canzoniere italiano. Antologia della poesia popolare.* Milano: Garzanti. 1992, p. 289, n. 382.

M'ha ddetto de restà cco' llui 'n'eterno,   5
Pe' mmoje me dava la sorella sua:
Ma ripensanno a tte, vviso ggiocondo,
Lasciai l'inferno e riabbracciai er monno.

[Sono stato con il diavolo stanotte, e m'ha portato in camera sua, mi ha fatto
delle gentilezze da fratello, e mi ha dato pane e uva da mangiare, mi ha detto
di restare con lui in eterno, per moglie mi dava sua sorella: ma ripensando a te,
viso giocondo (*happy, beautiful face*), lasciai l'inferno e riabbracciai il mondo.]

1.36 Scopri …

1. Nella versione in dialetto, identifica tutte le parole con le doppie
   consonanti: Quale particolarità noti?
2. Scrivi l'equivalente in italiano delle seguenti parole in dialetto
   romanesco: *cammera* _____, *mmagnà* _____,
   mmoje _____.
3. A chi parla l'autore della poesia? A che cosa ha rinunciato e per chi ha
   fatto questa rinuncia? Ti sembra una rinuncia molto importante o difficile?
4. C'è un aspetto ironico in questa poesia? Quale?

LETTURA 1

Certamen Ciceronianum, il latino che vive ancora
di Edoardo Sassi

Corriere della Sera, 4 maggio 2005

Introduzione

Arpino è un paese in provincia di Frosinone, luogo di nascita di Marco Tullio
Cicerone, il famoso politico e filosofo romano (106 a.C.–43 a.C.). Ogni anno,
Arpino è sede di una gara internazionale di traduzione e composizione in latino
(*certamen ciceronianum* significa "gara di Cicerone" in latino) alla quale possono
partecipare gli studenti delle scuole medie superiori di tutto il mondo.   5

1.37 Prima di leggere

1. Metti una crocetta (X) accanto alle parole o situazioni che associ con la
   parola "gara" o "competizione". Poi confronta le tue scelte con quelle di un
   compagno o una compagna.
   __ amichevole __ internazionale __ sport __ condizione fisica __ paura
   __ memoria __ scuola __ nemici __ amici __ dolorosa __ media
   __ individuale __ squadra __ viaggio __ premio __ divertimento __ fatica
2. Nella tua scuola media superiore si svolgevano sicuramente gare sportive, ma
   c'erano anche gare di tipo accademico? Hai mai partecipato ad una di queste
   gare, anche a livello regionale o nazionale?

🔊 Lessico nuovo

l'amicizia	*friendship*	l'etica	*ethics*
approfondire	*to examine, to probe*	fraternizzare	*to fraternize*
arricchire	*to enrich*	fuori dal comune	*out of the ordinary*
constatare	*to verify*	la gara	*competition*
diffuso	*common, wide-spread*	la giustizia	*justice*
emozionante	*exciting*	l'insegnamento	*teaching*
esaurirsi	*to run out*	la passione civile	*civic passion / engagement*
essere in grado di, *p.p.* stato	*to be able to*	precorrere, *p.p.* precorso	*to anticipate, to forerun*

Libera le parole!

1.38 Contrari Nella lista sopra cerca il contrario di ogni vocabolo e scrivilo accanto alla parola.

1. noioso _____
2. convenzionale _____
3. impoverire _____
4. ritardare _____
5. il disimpegno _____
6. raro _____

1.39 La parola giusta Completa le frasi con un vocabolo dalla lista più sopra. Coniuga il verbo se necessario.

1. Nella mia scuola abbiamo fatto una _____ di geografia. È stato _____! Peccato, però, perché io sono stato eliminato quasi subito!
2. La qualità dell' _____ in questa scuola è molto alta. I professori non fanno lezioni superficiali; al contrario, a loro piace _____ ogni argomento.
3. Le scuole devono formare dei cittadini responsabili, che partecipano attivamente alla vita sociale con una grande _____.
4. I principi morali, cioè _____, dovrebbero guidare tutte le nostre azioni.
5. Il professor Biancardi non riesce ad insegnare, semplicemente perché non _____ mantenere la disciplina.

1.40 Mentre leggi Mentre leggi, segna nel testo le frasi che sostengono e negano le seguenti affermazioni.

1. Il *certamen ciceronianum* è una gara nazionale per studenti universitari.
2. Cicerone, secondo Lorenzo Ciolfi, ha scritto cose bellissime ma ora è un po' superato.
3. Emanuele D'Amanti apprezza molto la musica pop contemporanea.
4. Il latino, secondo gli intervistati, è una vera passione, non solo una materia di studio.
5. Emanuele si rifiuta di dire all'intervistatore una parolaccia (*swear word, bad word*) in latino.
6. Emanuele si interessa al latino principalmente come lingua, piuttosto che alla storia o all'archeologia dell'antica Roma.

Certamen Ciceronianum, il latino che vive ancora di Edoardo Sassi

Gli italiani in lizza[1] sono 199, seguono i tedeschi con 45 candidati e i belgi (20). Ma tra gli studenti bravissimi in latino ce ne sono anche di moldavi, polacchi, serbi, lussemburghesi. "Il Certamen", ha spiegato il sindaco di Arpino Fabio Forte durante la presentazione ufficiale della gara, "ha precorso i tempi dell'unificazione europea. Qui da tempo fraternizzano studenti di Paesi e culture diverse, uniti dall'amore per una lingua tutt'altro che[2] morta". Latino, lingua viva. Né morta, né moribonda dunque: ne sono convinti anche tutti questi ragazzi tra i 17 e i 18

Iscrizioni in latino in una via di Roma

anni, che per Cicerone e gli altri autori della Roma antica nutrono una vera passione. "Il bellissimo latino", lo ha definito Lorenzo Ciolfi, terzo liceo classico al Benedetto da Norcia di Roma, uno dei ragazzi che aspirano al titolo quest'anno: "Marco Tullio Cicerone, più della TV, è in grado ancora oggi di darci insegnamenti fondamentali quanto a passione civile, giustizia, etica e amicizia".

Il campionissimo

"Amo Madonna, ma a letto leggo Kikero [Cicerone come veniva pronunciato dai Romani]" Nome: Emanuele. Cognome: D'Amanti. Età: 23 anni [...] una passione fuori dal comune per il latino, lingua che è in grado di tradurre all'impronta[3], senza vocabolario: "Nulla di strano. Una cosa elementare, logica, quasi scontata direi. Il vocabolario però è uno strumento imprescindibile, per sviscerare[4] le parole, per approfondire la complessità di un testo". Lui, il Certamen di Arpino, lo ha vinto. Anzi, lo ha stravinto[5], nel 2003: quando era ancora uno studente del liceo Cannizzaro di Vittoria, provincia di Ragusa. Oggi Emanuele studia invece Lettere Classiche all'Università La Sapienza di Roma. [...] "Sono un ragazzo normalissimo, alla moda. Mi piacciono anche molte altre cose: Madonna, Michael Jackson, Britney Spears, passeggiare, andare al pub. La sera però, anche quando rientro tardi, non rinuncio mai alla lettura di qualche pagina di uno dei miei autori preferiti. Kikero (Cicerone), Seneca o Tacito, per la prosa Virgilio e Catullo per la poesia". [...] "Emanuele, è leggenda o verità che lei è in grado di tradurre tutto in latino, parolacce comprese? E che le utilizza quando litiga con sua sorella? [...] Ora mi dica una parolaccia in latino". "Solo se non la scrive sul giornale. OK, *caput mintulae*. È un'espressione piuttosto volgare e particolarmente diffusa soprattutto in Sicilia" [...] "Lei ora vive a Roma. Ha un rapporto particolare con l'archeologia classica?" "Veramente no. Il mio interesse per la civiltà romana è soprattutto di tipo filologico testuale: lessico, morfologia, sintassi. Poi certo, mi capita di passeggiare per Roma, e allora inevitabilmente mi faccio accompagnare da un qualche passo di Svetonio o di un altro autore". "Ma il latino, per Emanuele, è o no una lingua morta?" "Assolutamente no. Una lingua non si esaurisce. Anzi, è emozionante constatare quanto il latino ancora arricchisca la cultura europea. L'italiano è figlio del latino. E i nostri genitori non muoiono mai, anche quando sembra che ci lascino".

---

[1]in lizza: *competing*
[2]tutt'altro che: *all but*, *everything but*
[3]tradurre all'impronta: *to do a sight translation*
[4]sviscerare: *to unravel (lit. to take out the innermost part)*
[5]stravincere: *to outmatch*

A fine lettura

1.41 La risposta migliore Basandoti su quanto hai letto e capito del brano sopra, scegli la risposta migliore. Poi confronta le tue risposte con quelle di un tuo compagno o una tua compagna.

1. Quale sarebbe il migliore titolo alternativo per questo brano?
   a. Cicerone fra di noi
   b. Il latino, lingua franca dei giovani
   c. Solo gare sportive per gli studenti liceali?
2. Qual è l'argomento principale dell'articolo?
   a. Il *certamen* è una gara che unisce giovani di nazionalità diverse.
   b. Il latino e gli autori latini sono ancora molto attuali.
   c. Molti giovani "normali" si appassionano ancora al latino.
3. In generale, il tono dell'articolo è ...:
   a. argomentativo.
   b. informativo.
   c. ironico.

1.42 Domande aperte Rispondi con frasi complete.

1. Perché, secondo il sindaco di Arpino, il *certamen* ha anticipato l'Unione Europea?
2. Che cosa vuol dire "fraternizzare" nel contesto della lettura? Non ti sembra in contraddizione con l'idea di "gara" o "competizione"?
3. Che cosa vuol dire "essere normalissimo" per Emanuele D'Amanti?

 1.43 Confronti e riflessioni

1. Ti ha sorpreso che ci siano ragazzi della tua età con una tale passione per il latino? Tu hai una forte passione?
2. In Italia, nei licei classici e scientifici, l'insegnamento del latino è obbligatorio per cinque anni. Nei licei classici si impara anche il greco classico per cinque anni. Pensa a due argomenti pro e contro l'insegnamento obbligatorio del latino nelle scuole medie superiori.
3. Chi è, secondo te, un autore non contemporaneo che è in grado ancora oggi di darci insegnamenti fondamentali? Quali sono questi insegnamenti?

Grammatica viva

1.44 *Si* impersonale In questo capitolo, studierai (o ripasserai) il *si* impersonale. In classe, con l'aiuto dell'insegnante, riscrivi queste frasi tratte dal testo, usando il *si* impersonale per le espressioni evidenziate.

1. Qui da tempo <u>fraternizzano studenti di paesi e culture diverse</u>.
2. [...] <u>tutti questi ragazzi tra i 17 e i 18 anni</u>, [...] per Cicerone e gli altri autori della Roma antica <u>nutrono</u> (*foster*) una vera passione.
3. La sera però, anche quando <u>rientro</u> tardi, non <u>rinuncio</u> mai alla lettura di qualche pagina di un autore latino.

1.45 Sostantivi plurali Scrivi il plurale di questi sostantivi e dei loro articoli determinativi.

1. l'amicizia _____
2. il vocabolario _____
3. la gara _____
4. la giustizia _____
5. l'insegnamento _____
6. la cultura europea _____

LETTURA 2

Il venditore ambulante di occhiali colorati
di Marco Lodoli

da *I fannulloni*, 1990

Introduzione

Marco Lodoli (Roma, 1956) risiede a Roma dove insegna lettere in una scuola media superiore. Ha pubblicato vari romanzi e saggi, e attualmente collabora come giornalista all'edizione romana del quotidiano *La Repubblica*. In questo racconto, Lodoli riflette sulla condizione dei pensionati e degli immigrati nella Roma del ventesimo secolo.

 Lessico nuovo

accorgersi, *p.p.* accorto	*to become aware, to realize*	la lente	*lens*
l'aspettativa	*expectation*	magari	*perhaps*
buffo	*funny, laughable*	malvolentieri	*unwillingly*
chinarsi	*to bend down*	il marciapiede	*sidewalk*
costretto	*forced*	la noia	*boredom*
il dubbio	*doubt*	la pastasciutta	*pasta served with a sauce*
estasiato	*delighted, enchanted*	saggio	*wise*
giungere, *p.p.* giunto	*to arrive*	togliersi, *p.p.* tolto	*to take off, to remove*

 1.46 Prima di leggere Leggi le domande e formula le tue risposte, poi confronta le tue idee con un compagno o una compagna.

1. Ti è mai successo di …
   a. cominciare a parlare a lungo con qualcuno appena incontrato per strada?
   b. fare amicizia con una persona di età molto diversa dalla tua o con una persona di una cultura completamente diversa dalla tua?
2. Leggi il titolo e cerca di spiegare in italiano chi è e che cosa fa un **venditore ambulante**. Considera che "ambulare" significa "camminare" in latino.

Libera le parole!

1.47 Alla ricerca della parola giusta

1. Cerca i sostantivi derivati dai seguenti verbi.
   a. annoiarsi _____ b. aspettare _____ c. dubitare _____
2. Nella lista più sopra, trova tre parole composte, cioè formate dall'unione di due parole.
   a. _____ b. _____ c. _____
3. Completa con il vocabolo giusto scegliendolo dalla lista più sopra.
   a. Come faccio senza occhiali? Li ho fatti cadere e ora una _____ si è rotta!
   b. Con quegli occhiali colorati mi fai ridere! Sei proprio _____!
   c. I vecchi, anche se hanno avuto molte esperienze diverse, in realtà non sono più _____ dei giovani. Sei d'accordo?
   d. Davanti ai monumenti di Roma tutti i turisti rimangono _____, spesso addirittura a bocca aperta!

1. Prendi alcune note essenziali sui protagonisti usando una tabella simile a questa.

	Nome	Età (conosciuta o probabile)	Professione	Nazionalità (conosciuta o probabile)
Protagonista 1				
Protagonista 2				

2. Nel racconto c'è un "prima" e c'è un "dopo". Il "dopo" comincia con il paragrafo "Da ieri è cambiato qualcosa". Segna almeno tre elementi che caratterizzano i due tempi.

Il prima	Il dopo
a.	a.
b.	b.
c.	c.

Il venditore ambulante di occhiali colorati di Marco Lodoli

La noia è il sentimento peggiore che ci sia. A settant'anni purtroppo si dorme poco e male, e dopo la giornata è lunga. Mi alzo che è l'alba, mi lavo, mi faccio la barba con cura […], scelgo una camicia pulita e non ho più niente da fare. Allora esco […] Mi capita di[1] arrivare fino al ponte sulla ferrovia, aspetto che passino quattro o cinque treni, cerco di leggere sulle targhe di fianco ai vagoni la città verso cui corrono. Oppure mi perdo volontariamente in quartieri che non conosco, sperando che laggiù accada[2] qualcosa di emozionante, di nuovo, che qualcuno gridi: "Lorenzo", e mi porti con sé verso una distrazione. Perché non è vero che i vecchi diventano saggi e osservano le confuse

5

---

[1]Mi capita di: *I happen to*
[2]accadere: *to happen*

Un venditore ambulante di collane e bracciali, Roma

storie del mondo come da un balcone altissimo, fiorito, celeste. Io per lo meno[3] non sono così: io vorrei stare ancora in mezzo alle cose, aggrapparmi a quello che passa, anche se non va da nessuna parte. È che i vecchi nessuno li vuole tra i piedi[4], e perciò sono costretti e diventare saggi, a sputare vuote sentenze[5]. Io certe mattine mi sento uguale a quando avevo vent'anni, pieno di fame, d'amore, di voglie stupide […]

    Da ieri è cambiato qualcosa. Sono arrivato a piedi fino alla stazione Termini […] C'è un bel clima, ecco: nessuno è sicuro di niente, ma tutti sperano in qualcosa, magari solo di essere giunti in un luogo migliore di quello che hanno lasciato, o di avere davvero un buon motivo per andarsene. È un posto pieno di aspettative e di dubbi, la stazione Termini […] mi sono fermato davanti a un ragazzo negro che aveva aperta su un foglio di cartone una piccola collezione di occhiali colorati, strepitosi […] Gli altri ambulanti vendevano le solite carabattole[6], cassette musicali, sigarette, foulard sintetici con la Fontana di Trevi, ventagli. Ma lui offriva lenti rosa, verdi, arancioni, incastrate in montature[7] allegre, da zitella impazzita[8]. […] Mi sono chinato (ahi, che dolore alla schiena …) e ho preso un paio di occhialetti quadrati, con due alette[9] agli angoli alti, le lenti gialle. Li ho infilati e tutta la stazione mi è parsa inondata da un bel sole estivo, la gente pronta a partire per le vacanze, nonostante i cappotti e le sciarpe. Quanto costano?—gli ho domandato senza togliermeli dal naso. Lui si è messo a ridere: forse ero buffo […] ma è così che per un po' volevo essere: buffo, contro ogni dignità. Mi ha messo un braccio robusto sulle spalle e mi ha dato un bacetto sulla fronte:

    —Ti stanno proprio bene, te li regalo, amico.

    —Posso offrirti un caffè?—ho osato.

    —Un cappuccino è meglio. Con la cioccolata sopra—. Ha chiuso la sua mercanzia in una scatola ed è venuto via con me.

    Ed è così che è iniziata la mia amicizia con Gabèn.

    Adesso la mattina vado a passeggio con Gabèn, e mi piace perché lui è speciale, è uno diverso, com'era Caterina. Subito il mondo diventa un'avventura. Non saprei dire quanti anni ha Gabèn, gliel'ho domandato, ma nemmeno lui lo sa di preciso: più o meno trenta, credo, ma potrebbero essere molti di meno, quando ride, e molti di più, quando gli prende la malinconia. Pure lui a casa ci sta malvolentieri, anche perché casa sua è una stanza con quattro letti, dietro Cinecittà. Oltre a Gabèn ora ci vivono due jugoslavi del Montenegro e un tunisino, ma la composizione cambia spesso, qualcuno finisce in galera, qualcuno viene rispedito alla frontiera, uno è in ospedale alcolizzato. Gabèn parla poco di queste faccende. È come chiamarsi addosso gli avvoltoi[10], mi ha detto.

    —Io ho abbastanza vita davanti, non voglio vendere sempre gli occhiali sul marciapiede, non mi basta avere un po' da mangiare e un po' da dormire …

    —E cosa vuoi?—gli dico sperando di poterlo aiutare.

    —Non lo so … tu lo sai cosa vuoi?

    Allora mi metto a pensare, cercando di tenere il passo delle sue gambe scattanti, e mi accorgo che anch'io non saprei dire niente di preciso. Vorrei Caterina, ma è impossibile. Vorrei volare, ma perché? Vorrei essere giovane, ma poi tornerei di nuovo vecchio, vedrei di nuovo la pelle che s'allenta, i denti che cadono, ed è la cosa più triste.

---

[3]per lo meno: *at least*
[4]tra i piedi: *in the way*
[5]sputare vuote sentenze: *to pass judgment*
[6]carabattola (r.): *knick-knack*
[7]incastrate in montature: *embedded in frames*
[8]zitella impazzita: *crazy spinster*
[9]alette: *little wings*
[10]avvoltoio (fig.): *buzzard*

(Continua)

Porto Gabèn ad ammirare i monumenti più belli della città: il Colosseo, San Pietro, Piazza Navona, Piazza di Spagna, le chiese piene di marmi e santi, i palazzi pieni di sale e saloni affrescati. Non è che gli sappia spiegare granché, la storia, gli stili, io non ne so quasi nulla; gli dico solamente: 55

—Guarda—. Lui rimane estasiato, si siede per terra e lascia che gli occhi si ricolmino[11].

—È come star fermi a prendere bastonate,—mi ha detto una volta. […]

La sera gli faccio la pastasciutta a casa mia, a Largo Preneste: mezzo chilo, la dose di Caterina. […] Gli domando le cose della sua esistenza. 60

—Da dove vieni, Gabèn?

Mi racconta che era l'ultimo di sessanta fratelli ed è dovuto andare via dalla sua terra, sua madre glielo ha ordinato con le lacrime agli occhi; che ha traversato il deserto del Sahara con una carovana di nomadi […]

—Naturalmente non è tutto verissimo, un po' mi confondo, —confessa alla fine 65 Gabèn, con gli occhi furbi che sorridono, e naturalmente io già lo sapevo, ma mi diverte lo stesso sentire quante storie riesce a congegnare, quant'è bugiardo. Una notte che aveva bevuto un secondo litro mi ha detto che è arrivato a Genova dentro a un container, schiacciato in una folla di altri negri […]

Ogni notte lo invito a rimanere a dormire da me, insisto a lungo, gli faccio 70 vedere la camera, il letto già pronto, il pigiama di cotone che posso prestargli. Non c'è verso[12] di convincerlo: mi abbraccia e se ne va. —Ci vediamo domani, Lorenzo —. Lo vedo dal balconcino che s'avvia in direzione della fermata dell'autobus: è bello Gabèn, scivola agile nella notte come un pesciolino. Io lo saluto con la mano, sperando che mi veda tra gli innumerevoli balconcini, perché io non lo vedo più. 75

---

[11]ricolmarsi: *to fill up*
[12]Non c'è verso: *it's absolutely impossible*

A fine lettura

 1.49 Controlla la comprensione

1. Indica se le seguenti frasi sono vere o false. Correggi le frasi false.
   a. Gabèn odia visitare i monumenti, le chiese e i palazzi antichi di Roma.   V   F
   b. Gabèn racconta molte storie diverse sul suo arrivo in Italia.   V   F
   c. A Lorenzo piacciono la routine e i programmi chiari e definiti.   V   F
   d. Lorenzo deve aver avuto una vita interessante e deve essere stato molto felice da giovane.   V   F
   e. Lorenzo è una persona depressa.   V   F
2. "Gli occhiali che Gabèn vende sono una metafora …" Spiega in un breve paragrafo.
3. Quali possono essere le difficoltà, o forse le gioie e le sorprese, di fare il venditore ambulante? Se tu fossi un venditore ambulante che cosa ti piacerebbe vendere?
4. Immagina di continuare la storia. Cosa succede a Gabèn, a Lorenzo e alla loro amicizia? Gabèn continua a fare il venditore ambulante? La vita di Lorenzo cambia?
5. "*È come star fermi a prendere bastonate*" dice Gabèn a Lorenzo. A cosa si riferisce Gabèn? Ora personalizza questa similitudine completando questa frase: _____ è come star fermi a prendere bastonate.
6. Secondo te, chi è Caterina?

1. Nella tua città ci sono immigrati arrivati di recente? Da quali paesi vengono? Indica i paesi di provenienza, il lavoro che svolgono e le zone dove abitano i tre gruppi più numerosi usando una tabella simile a questa.

	Paese di provenienza	**Lavoro**	**Quartiere dove abita**
Gruppo 1			
Gruppo 2			
Gruppo 3			

2. Che tipo di contatti hai con questi immigrati? Ad esempio, li vedi per strada, sui mezzi di trasporto, mentre lavorano? Hai mai parlato con qualcuno di loro? Hai mai assaggiato la cucina del loro paese d'origine?

Grammatica viva

1.51 *Si* impersonale

Considera l'uso del *si* impersonale in queste frasi tratte dal racconto:

1. *A settant'anni si dorme poco.*

Ora cambia la frase usando un soggetto specifico, non impersonale: _____

Considera ora questa frase:

2. *Perché non è vero che i vecchi diventano saggi e osservano il mondo come da un balcone altissimo, fiorito, celeste.*

Ora riscrivi la frase usando il *si* impersonale al posto delle parole sottolineate:

_____

LETTURA 3

Il Papa e l'Università La Sapienza di Roma
Introduzione

Nel gennaio 2008, il rettore (*Provost*) dell'Università La Sapienza di Roma (la più grande università statale d'Italia) ha invitato il Papa Joseph Ratzinger a pronunciare una *lectio magistralis* (*lecture that opens the academic year*) alla grande assemblea che tradizionalmente inaugura l'inizio dell'anno accademico. Questa decisione ha provocato reazioni molto dure da parte di un gruppo di 67 professori dell'Università che ha firmato una petizione di protesta. Secondo questi docenti, l'intervento del Papa in un'occasione così importante viola il principio di separazione fra Stato e Chiesa. La loro opposizione è rafforzata anche dal fatto che, in un discorso del 1990, il Papa (allora cardinale) aveva giustificato la persecuzione di Galileo, dichiarando: "All'epoca di Galileo la Chiesa rimase (*remained*) molto più fedele (*faithful*) alla ragione dello stesso Galileo. Il processo contro Galileo fu (*was*) ragionevole e giusto". Le proteste hanno successivamente convinto il Papa a declinare l'invito. I toni accesi e polemici del dibattito, prima e dopo la decisione del Papa, dimostrano che il rapporto fra Stato e Chiesa rimane uno dei nodi irrisolti (*unresolved issues*) della società italiana contemporanea.

(Continua)

Roberto Cotroneo è autore e giornalista. Ha scritto romanzi, racconti e saggi, ed è direttore della Luiss, una scuola di giornalismo che ha sede a Roma.

Maristella Iervasi è giornalista. Scrive per *L'Unità*, il quotidiano fondato nel 1924 da Antonio Gramsci come organo ufficiale del Partito Comunista Italiano. Dal 1991, *L'Unità* è un quotidiano indipendente.

20

Giovanna Melandri è una politica italiana, membro della direzione nazionale del Partito Democratico; Ministro per le politiche giovanili dal 2006 al 2008, attualmente deputato in parlamento.

 1.52 Prima di leggere Come si inizia l'anno accademico alla tua scuola o alla tua università? Ci sono delle cerimonie, attività o tradizioni particolari a cui studenti e professori partecipano?

 Lessico nuovo

l'assenso	*agreement*	il docente	*university professor*
ateo	*atheist*	la laicità	*secularism*
il confronto	*open debate or discussion*	laico	*lay, secular*
condividere	*to share*	il papa	*pope*
la conoscenza	*knowledge*	il pontefice	*pope*
il/la credente	*believer*	la sconfitta	*defeat*
dannoso	*harmful, detrimental*	la sfida	*challenge*
il diritto di parola	*freedom of speech*	la vicenda	*event*
il dissenso	*dissent*	vietare	*to forbid*

Libera le parole!

1.53 Abbinamenti

1. Abbina le parole della colonna A con quelle di significato molto simile della colonna B.

A	B
1. vietare	a. spirituale
2. credente	b. la professoressa
3. assenso	c. il pontefice
4. il papa	d. proibire
5. la docente	e. accordo

2. Completa le frasi con la parola giusta dalla lista dei vocaboli.
   a. Le organizzazioni studentesche dichiarano di essere _____, cioè non condizionate nelle loro attività da qualsiasi religione.
   b. L'interferenza della Chiesa nelle decisioni del Parlamento è _____ alla libertà ed ai diritti dei laici.
   c. Claire ha organizzato un incontro fra giovani credenti e _____, cioè non credenti. Le è sempre piaciuto il dibattito e il _____ aperto anche su tematiche molto controverse.

d. I miei migliori amici non sempre _____ il mio pensiero politico e spesso fra noi nascono dei _____ molto profondi. La _____ più grande è sempre spiegare il proprio pensiero senza offendere gli altri.

e. Il _____ garantisce ai cittadini la possibilità di esprimersi liberamente con qualsiasi mezzo.

1.54 Mentre leggi La seguente lettura presenta due punti di vista diversi. Prendi appunti sugli argomenti pro o contro l'invito al papa ad aprire l'anno accademico a La Sapienza, usando una tabella simile a questa.

	Cotroneo: "Non si invita il papa all'inaugurazione dell'anno accademico ..."	Melandri: "Il papa rinuncia all'invito: è una sconfitta ..."
Perché ...		
Perché ...		

Il Papa e l'Università La Sapienza di Roma
Cari docenti, *disertate* di Roberto Cotroneo

L'Unità, 15 gennaio 2008

Come non si invita Benedetto XVI, non si invita il Dalai Lama, e non si invita il Rabbino capo di Roma. Il pontefice può far visita all'Università di Roma, ma l'inaugurazione di un anno accademico è un evento laico, scientifico e intellettuale. E il Papa non è un intellettuale, è un papa, che è cosa assai 5 diversa. E allora? Allora si tratta di gaffe[1], di superficialità, di frivolezza intellettuale. Alla Sapienza si saranno chiesti[2]: da chi facciamo inaugurare l'anno accademico? Da uno importante, molto importante, forse il più importante. [...] Di Premi Nobel è pieno il mondo, e non fanno più effetto a nessuno. 10 Forse il Papa, certo, il Papa: intellettuale, colto, e soprattutto importantissimo. Perché non lui? E perché non affidargli la *lectio magistralis*? Peccato che l'Università è un'istituzione scientifica, dove insegnano atei e credenti, e tra i credenti ci possono essere cattolici o protestanti, buddisti o induisti, 15 anglicani o ebrei ... [Il Papa] È un signore che fa politica, che parla ex cathedra[3], e soprattutto *urbi et orbi*[4]. Non abbiamo bisogno di dargli visibilità. Ne ha moltissima da solo. [...] Non credo che l'Università di Harvard, di Friburgo, o la Sorbona inviterebbero mai il papa a inaugurare l'anno accademico. E 20 a Oxford o Cambridge nessuno chiamerebbe l'Arcivescovo di Canterbury. Ognuno faccia[5] il suo mestiere, ognuno mantenga la sua identità. Solo un Paese fragile, senza dei punti di riferimento saldi[6] può cadere in un errore come questo. [...]

Due sacerdoti passeggiano per una strada del Vaticano

[1]gaffe: *blunder, faux pas*
[2]si saranno chiesti: *they must have wondered*
[3]ex-cathedra (lat.): *with the authority that derives from one's position*
[4]urbi et orbi (lat.): alla città (Roma) e al mondo
[5]faccia: il congiuntivo presente di *fare*; qui ha la funzione di un imperativo: *Let everyone do his own job*
[6]saldo: *unshaken*

(Continua)

Il diritto di parola (Intervista a Giovanna Melandri)
di Maristella Iervasi

l'*Unità*, 16 gennaio 2008

Il Papa ha rinunciato a parlare alla Sapienza. È una sconfitta del pontefice o 25
dello Stato italiano e del governo?

"È una sconfitta per la laicità, per la democrazia e la libertà. Ha perso l'Italia laica
che costruisce i luoghi per il dialogo reciproco".

Ma Ratzinger non poteva legittimamente affrontare il dissenso?*

"[…] La laicità per me è sempre la costruzione di spazi di ascolto e di conoscenza. 30
La laicità contro, che non fa parlare, è invece laicismo[7] e santa inquisizione laica. Non
ho nostalgia per chi divideva l'Italia tra chi stava da una parte o l'altra di Porta Pia[8].
La sfida per il mondo globalizzato. È quella del confronto, del dialogo reciproco."

È stato davvero dannoso il dissenso dei 67 tra docenti e scienziati oppure tutta
la vicenda dell'invito al Papa poteva essere gestita in maniera diversa? 35

"Non condivido il divieto e l'intimazione. Se l'intento dei 67 era quello di riconfermare
i valori della laicità, hanno ottenuto il risultato opposto. Mai issare la bandiera[9] per
limitare la libertà di parola. Di nessuno […] La Chiesa come i leader spirituali hanno
diritto di parola. Esprimono l'evoluzione di un magistero[10], verso il quale si può avere
dissenso o assenso […] laicità non significa vietare o intimare il silenzio." 40

---

[7]laicismo: *extreme or intolerant secularism*
[8]Porta Pia: vedi il paragrafo **Due nazioni in una città** nell'introduzione sul Lazio.
[9]issare la bandiera (fig.): *to raise the flag, i.e. to start a battle*
[10]magistero: *school of thought*
*Nota: a seguito delle polemiche, il Papa ha deciso di non accettare l'invito.

 1.55 A fine lettura

1. Chi potrebbe pronunciare queste frasi, nel contesto di questo dibattito?
   Cotroneo o Melandri?

	Cotroneo	Melandri
a. Solo la ragione e la scienza devono guidare il dibattito accademico.		
b. Impedire a chiunque di pronunciare la *lectio magistralis* vuol dire limitare le libertà civili di tutti.		
c. Il papa rappresenta solo una religione tra le tante che vengono praticate in Italia.		
d. Il papa dovrebbe limitarsi ad esercitare la funzione di guida spirituale che mantiene da secoli.		
e. Non possiamo dirci democratici se non ascoltiamo idee diverse dalle nostre.		

2. Come si potrebbe evitare un conflitto del genere in futuro? Dai due suggerimenti
   al comitato delle cerimonie di inizio dell'anno accademico.

Secondo me, _____   A mio avviso, _____

1. Il papa o un'altra figura religiosa potrebbe essere invitato/a a tenere un importante discorso pubblico, come quello per inaugurare o concludere l'anno accademico, alla tua scuola o alla tua università?
2. Questa decisione avrebbe ripercussioni politiche nel tuo stato o paese? Perché sì o perché no?
3. Nell'italiano contemporaneo si usano ancora correntemente diverse espressioni in latino. Nel testo che hai appena letto hai incontrato le seguenti:

lectio magistralis = discorso per inaugurare l'anno accademico
ex-cathedra = con l'autorità che deriva dalla propria posizione
urbi et orbi = alla città (Roma) e al mondo

Eccone alcune altre di uso comune:

laurea onoris causa
in vino veritas
lupus in fabula

a. Cosa significano, secondo te?
b. Puoi pensare ad uno o due esempi di uso del latino in inglese o in un'altra lingua che conosci bene?

Grammatica viva

1.57 Plurale / singolare Considera i seguenti sostantivi presi dal testo (non nell'ordine in cui appaiono). Riscrivi ogni sostantivo con gli articoli indeterminativo, determinativo, al singolare e al plurale, seguendo l'esempio.

pontefice	un pontefice	il pontefice	i pontefici
1. identità			
2. errore			
3. papa			
4. cattolico			
5. intellettuale			
6. ateo			
7. dialogo			
8. valore			
9. credente			
10. anno accademico			

1.58 *Si* impersonale Considera l'uso del *si* impersonale nella lettura "Cari docenti, disertate": "Come non *si invita* Benedetto XVI, non *si invita* il Dalai Lama, e non *si invita* il Rabbino capo di Roma."
In questa costruzione, il soggetto non è specifico, ma generico, cioè impersonale e ha valore imperativo; quindi potremmo tradurre "non si invita Benedetto XVI" con *one should not invite* …, oppure *no one should invite* ….

Ora traduci le seguenti frasi usando il *si* impersonale.

1. No one speaks Latin.
2. Everyone respects a different opinion.
3. No one may interrupt anyone.

PRESENTE INDICATIVO

Lingua in contesto 1

Sarah è a Roma per un mese di corsi intensivi di lingua e cultura italiana con la sua università americana. Scrive una mail al suo ragazzo, Phil, anche lui studente nella stessa università; Phil non è fortunato come Sarah: quest'estate sta a casa dei genitori per risparmiare e ha accettato un lavoro a McDonald's …

Caro Phil,

sono a Roma ormai da una settimana e posso dirti che … non ho tempo per pensarti! Come passo le mie giornate? Allora: la mattina cerco di alzarmi alle sette, vado a prendere un espresso doppio al bar sotto casa, così mi sveglio completamente, poi vado a fare un po' di jogging lungo il Tevere; quando torno a casa, faccio la doccia, mi vesto velocemente, sveglio la mia compagna di stanza, e poi via! subito in università, dove seguo tre corsi. Durante i corsi di storia dell'arte e di lingua italiana ci divertiamo moltissimo, ma il prof di letteratura è un po' all'antica: non ti nascondo che spesso mi annoio, e ogni tanto mi addormento.

Ma forse questo non ti interessa molto e vuoi sapere che si fa a Roma la sera? Di sicuro non si sta in casa, specialmente d'estate; al contrario, si esce, si va a un caffè all'aperto, al cinema, si passeggia, o semplicemente si chiacchiera seduti attorno a una fontana. Noi, studenti americani a Roma, ci troviamo sempre al bar Metropolis vicino a Campo de' Fiori. E il fine settimana? Beh, ci si alza a mezzogiorno perché si è stanchi morti! Ora però devo scappare, ma voglio comprare una carta telefonica per le chiamate internazionali così ci sentiamo tutti i giorni. A presto!

Sarah

Mercato all'aperto a Campo de' Fiori, Roma

 1.59 Detective 1 Identifica tutti i verbi che esprimono un'azione al presente. Poi dividili in due gruppi (A. e B.) usando una tabella simile alla seguente.

A	B
Azioni abituali al presente	**Azioni abituali al presente**
(soggetto specifico: **io, tu, lei, lui, egli, ella, noi, voi, loro, essi, esse**)*	(soggetto generico o impersonale: *si*)

I verbi della colonna A sono al presente indicativo. I verbi della colonna B sono al presente indicativo impersonale.

*Note **egli** and **ella** are literary forms for **lui** and **lei** respectively; **essi** (m, p) and **esse** (f, p) are literary forms for **loro**.

PRESENTE INDICATIVO

Forme

1.60 Detective 2 Coniuga i seguenti verbi al presente indicativo usando gli esempi da *Lingua in contesto 1*.

	vietare	riconoscere	demolire	offrire
1. io				
2. tu				
3. lui / egli / lei / ella / Lei				
4. noi				
5. voi				
6. loro / essi / esse / Loro				

Verbi in *-are*

I verbi in **-are** hanno le seguenti terminazioni (*endings*):

diventare: **divent-o, divent-i, divent-a, divent-iamo, divent-ate, divent-ano**

Attenzione!

–Tutti i verbi che finiscono in **-care** e **-gare** (ad esempio: **allargare, cercare, dimenticare, legare, pagare, praticare**) usano una "h" con **tu** e **noi**:

tu **cerc-hi**; noi **cerc-hiamo**

tu **pag-hi**; noi **pagh-iamo**

–I verbi che finiscono in **-iare** (**cominciare, lasciare, mangiare, sbagliare, studiare**) non raddoppiano (*double*) la "i" con **tu** e **noi**:

tu **mang-i**; noi **mang-iamo**

–Se l'accento cade sulla "i", come nei verbi **sciare** o **inviare**, si raddoppia (*double*) la "i" alla seconda persona singolare.

tu **scii** (ma: noi **sciamo**)

tu **invii** (ma: noi **inviamo**)

Verbi in *-ere*

I verbi in **-ere** hanno le seguenti terminazioni (*endings*):

condividere: **condivid-o, condivid-i, condivid-e**
condivid-iamo, condivid-ete, condivid-ono

Attenzione! alla pronuncia dei verbi che finiscono in **-gere**.

Pronuncia a voce alta le forme di **distruggere** al presente. Nota la pronuncia diversa /g/ e /gh/: **distruggo, distruggi, distrugge**
distruggiamo, distruggete, distruggono

Identifica le forme al presente che hanno un suono /g/ e identifica le forme al presente che hanno un suono /gh/. Conosci altri verbi come **distruggere** (ad esempio: **dipingere, leggere, piangere, vincere**)?

Verbi in -ire

I verbi in -ire si dividono in due gruppi. Confronta:

> 1. trasferire: **trasfer-isco, trasfer-isci, trasfer-isce
> trasfer-iamo, trasfer-ite, trasfer-iscono**
> 2. offrire: **offr-o, offr-i, offr-iamo, offr-ite, offr-ono**

I verbi più comuni coniugati come **trasferire** sono:

> **capire, costruire, finire, preferire, pulire**

Attenzione! Per sapere se un verbo in -ire prende -isco oppure no, conta indietro cinque lettere dalla fine: se trovi una vocale è un verbo in -isco, se trovi una consonante, è un verbo -ire normale, come offrire. Questa regola funziona nel 95% dei casi (difatti non funziona con **costruire**).

Verbi irregolari al presente:

andare	vado, vai, va, andiamo, andate, vanno
avere	ho, hai, ha, abbiamo, avete, hanno
bere	bevo, bevi, beve, beviamo, bevete, bevono
dare	do, dai, dà, diamo, date, danno
dire	dico, dici, dice, diciamo, dite, dicono
essere	sono, sei, è, siamo, siete, sono
fare	faccio, fai, fa, facciamo, fate, fanno
morire	muoio, muori, muore, moriamo, morite, muoiono
sapere	so, sai, sa, sappiamo, sapete, sanno
uscire (riuscire)	esco, esci, esce, usciamo, uscite, escono

Verbi con irregolarità simili:

Primo gruppo (-**lgo**):

cogliere (accogliere)	colgo, cogli, coglie, cogliamo, cogliete, colgono
salire	salgo, sali, sale, saliamo, salite, salgono
scegliere	scelgo, scegli, sceglie, scegliamo, scegliete, scelgono
sciogliere	sciolgo, sciogli, scioglie, sciogliamo, sciogliete, sciolgono
togliere	tolgo, togli, toglie, togliamo, togliete, tolgono
valere (prevalere)	valgo, vali, vale, valiamo, valete, valgono

Secondo gruppo (-**ngo**):

porre (comporre, disporre, opporre, proporre):
  pongo, poni, pone, poniamo, ponete, pongono

rimanere: **rimango, rimani, rimane, rimaniamo, rimanete, rimangono**

tenere (appartenere, contenere, mantenere, sostenere, trattenere):
  tengo, tięni, tięne, tengono, tenete, tengono

venire (avvenire, convenire): **vengo, vięni, vięne, veniamo, venite, vengono**

Terzo gruppo (-**duco**):

tradurre (condurre, produrre, ridurre):
  traduco, traduci, traduce, traduciamo, traducete, traducono

Quarto gruppo (-**aggo**):

trarre (attrarre, contrarre, distrarre, protrarre, sottrarre):
  traggo, trai, trae, traiamo, traete, traggono

Uso

Il presente è usato ...

a. per tutte le azioni abituali al presente:

> *A Roma tutti i giorni* **prendo** *l'autobus per andare in centro: il viaggio è un calvario!*

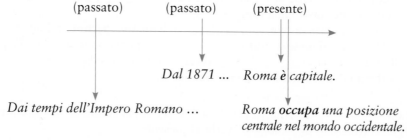

b. per le azioni in progresso al presente:

> *Che* **fai***, Rosanna?!*   **Bevi** *l'acqua della fontana del Bernini?!*
>
> (ora, adesso, in questo momento)   (ora, adesso, in questo momento)

c. per le azioni che sono cominciate nel passato e che continuano nel presente:

> *Dal 1871 Roma* **è** *capitale.*
>
> *Dai tempi dell'Impero Romano, Roma* **occupa** *una posizione centrale nel mondo occidentale.*

(passato)   (passato)   (presente)

> *Dal 1871 ...   Roma* **è** *capitale.*
>
> *Dai tempi dell'Impero Romano ...   Roma* **occupa** *una posizione centrale nel mondo occidentale.*

d. al posto del futuro semplice per le azioni dell'immediato futuro:

> *Domani* **vado** *a esplorare Roma.* = *Domani* **andrò** *a esplorare Roma.*

Esercizi

1.61 **Il verbo giusto** Completa le seguenti frasi scegliendo il verbo giusto.

1. Roma _____ tipicamente il turista colto per la sua arte.
   a. attrae   b. attragga   c. attraggono   d. attraggano
2. Studenti, non _____ durante l'interrogazione orale!
   a. suggerite   b. suggerisci   c. suggeriscono   d. suggerisca
3. Marco, tu ed io _____ stasera o domani sera? Non mi ricordo cosa abbiamo deciso.
   a. esci   b. uscite   c. usciamo   d. escono
4. Samanta, _____ spesso d'inverno? Io vado sempre al Terminillo.
   a. scia   b. sci   c. scii   d. sciate
5. Di solito Mariano _____ i carciofi (*artichokes*) alla romana quando mangia alla Trattoria Da Lorenzo.
   a. sceglie   b. scelga   c. scegli   d. scelgono
6. Gli abitanti di Ostia _____ di utilizzare il teatro romano per i concerti all'aperto.
   a. propone   b. propongono   c. propongano   d. proponete

Gaeta: Castello Aragonese

1.62 Impressioni di Roma Completa le affermazioni dei tuoi compagni coniugando il verbo più adatto tra parentesi.

1. In estate, Piazza di Spagna e Piazza Navona _____ (diventare / dormire) i luoghi più frequentati della città.
2. La strada che devo fare tutte le mattine per andare nel centro di Roma è un vero calvario: (io) _____ (uscire / andare) alle 8, _____ (entrare / salire) e _____ (scendere / uscire) dagli autobus per un'ora prima di arrivare all'università. In estate, _____ (divertirsi / morire) di caldo! Non _____ (produrre / condurre) certo una vita rilassante.
3. Da casa mia, io e le mie compagne di stanza _____ (suonare / sentire) le campane della chiesa di Santa Andrea della Valle che _____ (ascoltare / suonare) ogni ora.
4. È il compleanno di Mike, ma nessuno di noi _____ (sapere / conoscere) fare le torte. Tu, mamma, _____ (sciogliere / scegliere) il burro per preparare la torta, o lo _____ (aggiungere / raggiungere) a pezzi?
5. Ragazzi, vi _____ (avvenire / convenire) comprare una torta gelato a Gelarmony. È la migliore gelateria di Roma, secondo me!
6. Domani Damiano e Marisa _____ (dormire / rimanere) a casa a studiare per l'esame di storia dell'arte, ma _____ (venire / arrivare) sicuramente stasera alla festa.
7. Con che frequenza (voi) _____ (telefonare / partire) in Italia?
   —Due volte al mese ... (noi) _____ (sapere / preferire) fare *Skype*!
8. Ragazzi, che cosa _____ (bere / coltivare) il sabato sera?
   —Il vino dei Castelli, ma ... moderatamente!

1.63 Politica locale Abbina le colonne A, B e C per creare almeno **tre** frasi logiche. Ricordati di coniugare i verbi al presente.

A	B	C
I partiti dell'opposizione	rimanere sempre passivi	la fiducia degli elettori
Il sindaco	proporre di discutere	di politica tra le lezioni
I legislatori locali	riconquistare	al partito di maggioranza
Noi studenti	opporsi	alla nuova legge sul fumo
Voi tutti, cittadini	appartenere	durante le assemblee

1.64 Problemi con l'italiano Sarah parla con Paolo, il suo insegnante privato, delle difficoltà che ha a studiare gli aspetti più complessi della grammatica italiana. Completa il dialogo con i seguenti verbi:

bere, essere, avere (3×), andare, dire, riuscire, dovere, condurre, accogliere, venire, dormire, bere, rimanere, vedere, potere

SARAH: Paolo, tu (1) _____ bravissimo come insegnante. Non (2) _____ dubbi. Ma io non (3) _____ a capire proprio i concetti di base del congiuntivo (*subjunctive*).

PAOLO: Prima di tutto, Sarah, tu (4) _____ stare calma. Prima di ogni esame noi (5) _____ lo stesso problema. Si chiama nervi!

SARAH: Mia madre (6) _____ la stessa cosa, ma veramente io (7) _____ una vita tranquilla: non (8) _____ molta caffeina, (9) _____ a letto abbastanza presto e (10) _____ otto ore ogni notte.

PAOLO: Sì, ma poi io (11) _____ a casa tua per le ripetizioni e tu mi
(12) _____ quasi piangendo preoccupata per gli esami. Poi scopro che tu
(13) _____ fuori la sera fino a tardi con i tuoi amici italiani e americani!
Tutte le sere io vi (14) _____ seduti davanti al Pantheon! Altro che vita
tranquilla! Così tu non (15) _____ concentrarti sugli studi!

ANNA: Tu e Mamma (16) _____ ragione, Paolo. È ora di cambiare
qualcosa davvero ...

1.65 Traduzione Qual è l'equivalente delle seguenti frasi in italiano? Usa i
seguenti verbi.

> *morire, distrarre, opporsi, volere, nascere, tradurre,*
> *leggere, sapere, seguire, potere, guidare*

1. I don't translate from Italian to English when I read. It distracts me.
2. Some students from the **Università La Sapienza** contest authority in many ways.
3. Do you all know how to ride a scooter (**Vespa**) in Rome's traffic?
4. George and I want to take singing lessons, but we can't during the school year.
5. New ideas are born from stimulating conversations.
6. Great cities like Rome never die.

VERBI RIFLESSIVI

Alcuni dei verbi che hai inserito nella colonna A, sezione *Lingua in contesto 1*
(vedi p. 28) più sopra, sono riflessivi. Ad esempio:

mi sveglio, ci divertiamo, mi annoio, ecc.

Nei verbi riflessivi l'azione del soggetto ritorna sul soggetto stesso.

Confronta il verbo **svegliare** (non riflessivo) della frase 1., e il verbo **svegliarsi**
(riflessivo) della frase 2.

> 1. *Io **sveglio** la mia compagna di camera.*
> 2. *Io **mi sveglio**.*

Nella frase 1., il soggetto e l'oggetto del verbo sono due persone diverse (*io* e
la mia compagna di camera, rispettivamente), mentre nella frase 2., il soggetto
e l'oggetto sono la stessa persona, *io*. Considera questi altri esempi:

> *Il prof **alza** sempre la voce quando fa lezione.*
> ***Mi alzo** troppo tardi e non ho tempo di fare colazione.*
> *Quel prof **annoia** sempre gli studenti? Non ci credo: io **non mi annoio** mai.*

I verbi riflessivi sono coniugati come i verbi non riflessivi, ma sono preceduti
dal pronome riflessivo:

lavarsi: mi lavo, ti lavi, si lava, ci laviamo, vi lavate, si lavano

I più comuni verbi riflessivi sono:

accorgersi	*to notice, to realize*	**prepararsi**	*to get ready*
addormentarsi	*to fall asleep*	**rendersi conto**	*to be aware*
alzarsi	*to get up*	**riposarsi**	*to rest*
annoiarsi	*to get bored*	**sentirsi**	*to feel*
divertirsi	*to have fun*	**sposarsi**	*to get married*
fidanzarsi	*to get engaged*	**spostarsi**	*to move*
lamentarsi	*to complain*	**svegliarsi**	*to wake up*
laurearsi	*to graduate*	**trasferirsi**	*to move*
pettinarsi	*to comb one's hair*	**vestirsi**	*to get dressed*

*Marina **si laurea** fra un mese!*
*Ti **rendi conto** di essere noioso?*
***Mi accorgo**, giorno dopo giorno, che Roma sta diventando la mia città!*
*Perché **vi lamentate** sempre del caldo? Sapete che i musei di Roma non sono climatizzati (air conditioned)!*

Nota la posizione dei pronomi riflessivi nelle frasi con ***volere / potere / dovere***:

*Non **voglio trasferirmi** in periferia! Non **mi voglio trasferire** in periferia!*
*Dobbiamo **svegliarci** proprio alle sei? **Ci dobbiamo svegliare** proprio alla sei?*
*Potete **laurearvi** solo dopo tre anni? **Vi potete laureare** solo dopo tre anni?*

COSTRUZIONE RECIPROCA

Nella colonna A., sezione *Lingua in contesto 1* (p. 28), hai inserito almeno un verbo al presente con la costruzione reciproca. Ad esempio:

*Noi, studenti americani a Roma, **ci troviamo** sempre al bar Metropolis.*

La costruzione reciproca è usata quando un'azione fatta da una persona ad un'altra è restituita (*returned*) dall'altra persona, cioè è reciproca. Ad esempio:

*Io **vedo** Marco tutte le sere.*

                   *Noi **ci vediamo** tutte le sere.*

*Marco mi **vede** tutte le sere.*

Nella costruzione reciproca i verbi sono sempre al plurale perché l'azione coinvolge due o più soggetti (**noi, voi, loro**).

I pronomi usati nella costruzione reciproca sono uguali ai pronomi riflessivi:

Io lo amo. Lui mi ama. ⟶ **Noi ci amiamo.**

Tu gli telefoni. Lui ti telefona. ⟶ **Voi vi telefonate.**

Lui la saluta. Lei lo saluta. ⟶ **Loro si salutano.**

I verbi più comuni della costruzione reciproca sono:

abbracciarsi	*to hug*	incontrarsi	*to meet*
baciarsi	*to kiss each other*	parlarsi	*to talk to each other*
conoscersi	*to know each other*	telefonarsi	*to call each other*
darsi la mano	*to shake hands*	vedersi	*to see each other*
guardarsi	*to look at each other*	volersi bene	*to care for each other, lo love each other*

Esercizi

1.66 Raccomandazioni La nonna di Sarah le telefona dagli USA: è molto curiosa di sapere cosa fa Sarah in Italia, ma le fa anche tante raccomandazioni. Scegli il verbo giusto per completare le frasi.

1. —Tu e i tuoi compagni di stanza (pulite / vi pulite) la casa qualche volta?
   —Certo, nonna, una volta la settimana.

2. —Quando (si laureano / vi laureate) i tuoi compagni di corso?
   —Fra due anni, nonna!

Vista della campagna laziale dalla cittadina di Tarquinia

3. —Io (sveglio / mi sveglio) alle 7.00 tutti i giorni, e tu?

   —Io alle 9.00, ma è Marisa che deve (svegliarmi / svegliarla)!

4. —Tesoro, (si mette / ti metti) l'impermeabile quando piove?

   —No, nonna, non (si mette / mi metto) mai l'impermeabile perché in luglio a Roma non piove mai!

5. —Ma almeno, (ti vesti / vesti) bene per andare all'università?

   —Nonna, (ti annoi / mi annoio) ad ascoltare tutte queste domande!

1.67 Incontri La tua scuola ha organizzato una giornata di incontri internazionali. Segna con la "R" le frasi che hanno un verbo di significato reciproco.

1. ___ I francesi e i tedeschi si salutano cordialmente.
2. ___ I giapponesi si preparano per cantare l'inno nazionale.
3. ___ Noi tutti ci guardiamo per ammirare i costumi tradizionali che indossiamo.
4. ___ Signori Lin e Abdul, vi conoscete?
5. ___ Ci sentiamo bene in compagnia di tante persone diverse.

1.68 La routine e le novità Sarah ha deciso di fermarsi a Roma per l'intero anno accademico. Ecco quello che racconta nel suo diario.

1. La mattina, io _____ (lavarsi) la faccia e i denti, poi _____ (pettinarsi), vado in camera e _____ (vestirsi) rapidamente per non perdere l'autobus delle 8.00.

2. In agosto, io e Rachele _____ (trasferirsi) in campagna, vicino a Tivoli. Abbiamo voglia di _____ (riposarsi). In città noi _____ (alzarsi) sempre molto presto e _____ (lamentarsi) tutto il giorno che siamo stanche.

3. I miei compagni di corso, Mario e Maria, _____ (conoscersi) da tre anni. Loro _____ (amarsi) molto e vogliono _____ (sposarsi) già nel mese di agosto. Che assurdità!

1.69 Al liceo Gina va male a scuola, in parte perché passa troppo tempo al telefono con Laura, la sua amica del cuore. Completa il racconto con la forma corretta di questi verbi:

> *volersi bene, telefonarsi, diplomarsi, accorgersi, chiedersi,*
> *vedersi, ostinarsi, iscriversi, meravigliarsi*

Gina e Laura sono grandi amiche e (1) _____. [Loro] Se non possono (2) _____ di pomeriggio, ma (3) _____ da casa e passano delle ore a parlare. I genitori di Gina non (4) _____ di queste telefonate e (5) _____ che Gina vada così male (*perform so badly*) a scuola. Loro (6) _____ se devono trovare un altro liceo per Gina. Gina, però, (7) _____ a voler frequentare la stessa scuola di Laura. Se Gina (8) _____, dice che vuole (9) _____ alla stessa facoltà di Laura!

COSTRUZIONE IMPERSONALE CON *SI*

Ora considera gli esempi della colonna **B**, sezione *Lingua in contesto 1* (p. 28). Anche questi verbi esprimono azioni abituali e sono coniugati esattamente come i verbi della colonna **A**. L'unica differenza è il soggetto: mentre i verbi della colonna **A** hanno tutti un soggetto specifico e definito (*io, la mia compagna di camera, il prof*), i verbi della colonna **B** hanno un soggetto indefinito espresso con il *si*. Ad esempio: "Che **si fa** a Roma la sera?" significa: "Che cosa **fa la gente** in generale?" (non *io* o *tu e la mia compagna di stanza* o *i nostri amici*, ecc.).

Nella costruzione impersonale il verbo è sempre alla *terza persona singolare*, e il *soggetto non è mai espresso*. Quando i verbi **essere** o **diventare** sono seguiti da un aggettivo, questo aggettivo è sempre al plurale maschile.

> *Si è stanchi morti!*
>
> *Si diventa stupidi a parlare con te!*

Attenzione! Il *si* dei verbi riflessivi e della costruzione reciproca diventa **ci** nella costruzione impersonale:

> *Ci si alza a mezzogiorno. (Tutti si alzano a mezzogiorno.)*
>
> *Ci si vede in piazza, alla fontana. (Tutti si vedono in piazza, alla fontana.)*

*Nota: Per le forme del *si* impersonale al passato prossimo vai al *Capitolo 2*. Il *si* è anche usato in una costruzione passiva. Per studiare questa struttura, vai al *Capitolo 8*.

Esercizi

1.70 Generalizzazioni Tu ed i tuoi amici siete arrivati alle seguenti semplici generalizzazioni. Scegli l'espressione verbale giusta per completare ogni frase.

1. Diversamente da quello che (si pensa / ci si pensa), normalmente non (si annoia / ci si annoia) all'opera.
2. Quando (si va / ci si va) in bicicletta per tanti chilometri, (si è stanco / si è stanchi) e poi (si vuole / ci vuole) dormire tutto il giorno.
3. Se (si prepara / ci si prepara) bene agli esami, di solito (si è fiducioso / si è fiduciosi) di poter passare.
4. Quasi sempre (si interessa / ci si interessa) di politica quando (si cresce / ci si cresce) in una famiglia che ha una forte passione civile.
5. Se (si fa tardi / ci si dorme tardi) tutte le sere, generalmente non (ci si alza / si addormenta) volentieri l'indomani.

1.71 Vita da studenti a Roma Alcuni studenti riflettono insieme sulle loro abitudini di vita. Riscrivi le frasi usando il *si* impersonale.

Es.: Alla nostra facoltà, studiamo davvero tanto.
    Alla nostra facoltà, *si studia* davvero tanto.

1. Mangiamo sempre in una trattoria all'uscita da scuola.
2. I ragazzi dello stesso corso escono insieme ogni venerdì.
3. Tutti si trovano in Piazza Navona il sabato sera.
4. La gente del nostro quartiere si sposta ogni giorno per motivi di lavoro o di studio.
5. Quando i romani guidano nel traffico, si innervosiscono.
6. Non ceniamo mai prima delle nove di sera, specialmente d'estate!
7. Gli studenti arrivano in facoltà in Vespa.
8. È vero, spesso i giovani vivono in casa fino alla laurea!

1.72 Alla mensa Completa questi frammenti di conversazione fra studenti alla mensa universitaria, usando il *si* impersonale di uno dei due verbi fra parentesi.

1. Certo che conosco Paolo! _____ dai tempi del liceo! (accorgersi / frequentarsi)
2. Si dice che il professore di storia italiana contemporanea non boccerà (*will not fail*) nessuno. _____ (basarsi / parlarsi) sul fatto che è molto simpatico, ma non _____ essere sicuri (potere / sapere).
3. In primavera, qualche volta, _____ (stare / fare) lezione fuori, su un prato.
4. Se _____ (conoscere / essere) buoni amici, _____ (odiarsi / aiutarsi) prima degli esami, senza aspettarsi niente in ricambio.
5. Per arrivare all'Università di Tor Vergata, _____ (ostacolare / proseguire) per questa strada.

1.73 Traduzione Usa i seguenti verbi con il *si* impersonale per tradurre le frasi:

sopportarsi, volere, rispettarsi, abitare, provare, frequentare, americanizzarsi, riuscire

1. If one attends school in the US, one becomes Americanized very easily.
2. If you try, you succeed in doing everything you want to do.
3. During the school year, you usually live in a studio apartment (**monolocale**) or dormitory.
4. We put up with each other, even though we don't respect each other.

Parliamo

 1.74 Ciak! Rileggi il brano *Lingua in contesto* (vedi p. 28). Con un compagno o una compagna …

1. Scegliete insieme una città che entrambi conoscete.
2. Dividetevi le parti in questo modo: uno di voi è di quella città e ha molte informazioni e idee utili a portata di mano (*ready for use*); l'altro studente visita la città come turista. Usate il tempo presente, compreso il *si* impersonale, per parlare della giornata ideale nella città scelta.

   Lo studente che offre consigli, può usare la frase "Ti consiglio di + infinito") oppure "Sarebbe bello / interessante / conveniente + infinito")

   Es.:

   Studente 1:   Vorrei cominciare dalla Casa Bianca. Cosa ne pensi?

   Studente 2:   Non conosci la Casa Bianca a Washington, D.C.? Ti consiglio di fare la visita guidata. In genere, i biglietti si comprano online molto prima o si deve fare la fila molto presto la mattina …

1.75 Chi è il / la più originale? Su un foglio di carta, ogni studente scrive tre cose che fa …

1. almeno una volta al giorno
2. almeno una volta al mese
3. almeno una volta all'anno

Poi ognuno legge alla classe o al proprio gruppo le attività che ha scritto.
Le attività scritte da più di uno studente vanno cancellate. Alla fine rimarranno solo le attività più originali. Vince lo studente che ha più attività uniche o originali. (Un consiglio: se vuoi vincere non scrivere "studio tutti i giorni" perché sicuramente qualcun altro scriverà la stessa cosa!)

1.76 Intervista con i VIP

1. Il programma di studi della tua università a Roma ha invitato per una breve presentazione le seguenti personalità del mondo della politica e dello spettacolo. Chiedi loro "*how long they have been doing what they do*". Uno studente fa le domande e un altro studente fa la parte del VIP.

   - Ignazio Marino (sindaco di Roma)
   - Nanni Moretti (regista)
   - Margaret Mazzantini (attrice, scrittrice)
   - Eros Ramazzotti (cantante)
   - Nicola Zingaretti (presidente della Regione Lazio)

   Per formulare le domande e per rispondere, vedete le brevissime biografie a piè pagina.[1]

2. Ora scegliete tre VIP diversi (persone dello spettacolo, politici, scrittori, scrittrici) e immaginate conversazioni simili. Preparate una delle interviste da recitare per la classe.

1.77 Quali sono i nostri stereotipi?

1. Usando il *si* impersonale rifletti su quello che di solito si pensa o si dice riguardo all'Italia o agli italiani.

   Es.: Si dice che in Italia si guida in modo spericolato (*daring*). È vero?

   Scrivi almeno tre stereotipi sull'Italia e sugli italiani, usando il *si* impersonale, sugli USA o sugli americani, o su un altro paese di tua scelta e sui suoi abitanti poi discutili con i tuoi compagni e l'insegnante.

2. Ora considera gli USA o un altro paese dal punto di vista di un italiano, e pensa agli stereotipi che gli italiani possono avere sugli USA o sugli americani, o su un altro Paese ed i suoi abitanti.

   Es.: In America si mangia male!

   Scrivi almeno tre di questi stereotipi e discutili come hai fatto sopra.

1.78 Che si fa ragazzi?
Il tuo compagno di stanza è già a Roma da quindici giorni e gli chiedi delle informazioni su come passano il tempo libero gli studenti a Roma. Usa i seguenti verbi per formulare le tue domande:

incontrarsi, vedersi, mangiare la pizza, passare il fine settimana, andare a ballare, noleggiare uno scooter, fare lo shopping

Il tuo compagno / La tua compagna potrà usare i seguenti elementi nelle sue risposte:

Montefiascone, un paesino sul lago di Bolsena / Al mercatino di Porta Portese; oppure, se sei molto ricco, nelle boutique di Via Veneto! / Alla pizzeria Frontoni a Trastevere / A *Bici e Baci* per vedere Roma su due ruote

---

[1]Ignazio Marino (eletto sindaco il 12 giugno 2013); Nanni Moretti (il suo primo film *Io sono un autarchico* è uscito nel 1976); Eros Ramazzotti (il suo primo disco è uscito nel 1981); Margaret Mazzantini (*Il catino di zinco*, pubblicato nel 1994, è il suo primo romanzo); Nicola Zingaretti (è stato eletto Presidente della Regione Lazio nel febbraio 2013).

Una salumeria a Roma

Es.: Dove *ci si incontra* la sera dopo cena? Generalmente *ci si incontra* davanti al Pantheon, oppure ai piedi della scalinata (*steps*) di Piazza di Spagna.

 1.79 Paese che vai, usanza che trovi [ONLINE]

FORMA PROGRESSIVA: *STARE* + GERUNDIO

Lingua in contesto 2

Phil risponde alla mail di Sarah.

Cara Sarah,

sono le otto di mattina: ti sto pensando intensamente e sto rileggendo la tua mail ...

Mi parli di quello che fai tutti i giorni e ti invidio: tu, a Roma, mangi gelati e bevi cappuccini tutto il giorno; io qui, invece, vendo hamburger e patatine a McDonald's: una bella differenza! Spesso mi chiedo: che cosa sta facendo Sarah in questo preciso momento? Forse sta parlando con un bel ragazzo italiano, forse sta ascoltando una lezione interessante di storia dell'arte, forse mi sta pensando ... Lo sai da dove ti sto scrivendo? Dalla nostra panchina[2] preferita sul campus, quella vicino alla biblioteca. Ora devo scappare. Mi manchi moltissimo!

Ti amo,
Phil

---

[2]bench

1.80 Detective 3

1. Identifica tutti i verbi che esprimono un'azione al presente. Noterai che li puoi dividere in due categorie: il presente indicativo che già conosci (ad esempio: *mi manchi*), e il presente indicativo progressivo (ad esempio *ti sto pensando*). Dividi i verbi in una tabella simile a questa qui sotto.

A. Presente Indicativo	B. Presente Progressivo

Consideriamo ora i verbi della colonna B: esprimono azioni al presente, ma *non* si tratta di azioni abituali. Questi verbi descrivono azioni in progresso in questo preciso momento:

Ti sto pensando … ti sto scrivendo …

I verbi della colonna A, invece, esprimono azioni abituali. Ad esempio:

Io qui vendo hamburger …

2. Continua la coniugazione di **scrivere** al presente indicativo progressivo:

io sto scrivendo, tu _____, lui/lei _____

noi _____, voi _____, loro _____

Forme

La forma progressiva è composta da due parti, il verbo **stare** coniugato, seguito dal gerundio.

Il gerundio si forma aggiungendo le seguenti terminazioni (*endings*) alla radice dell'infinito:

suonare	-ando	suonando
prendere	-endo	prendendo
dormire	-endo	dormendo

Attenzione! I seguenti verbi hanno le seguenti forme al gerundio:

fare	facendo
dire	dicendo
bere	bevendo
tradurre (produrre, condurre, ecc.)	traducendo
trarre (attrarre, contrarre, protrarre, ecc.)	traendo
porre (opporre, disporre, ecc.)	ponendo

La forma progressiva completa del verbo **scrivere** quindi è la seguente:

**sto scrivendo, stai scrivendo, sta scrivendo
stiamo scrivendo, state scrivendo, stanno scrivendo**

Con i verbi riflessivi e con la costruzione reciproca, il pronome riflessivo precede il verbo **stare**. Ad esempio:

Ti stai domandando / Si stanno ripetendo / Vi state divertendo

Uso

La forma progressiva risponde alla domanda "cosa sta succedendo?" (*what is happening right now?*). Più sopra, abbiamo visto che anche il presente indicativo può descrivere un'azione in progresso. Allora, qual è la differenza fra il presente indicativo e il presente indicativo progressivo (**stare** + *gerundio*)? Solo una differenza di grado: il presente progressivo (**stare** + *gerundio*) è particolarmente enfatico: sottolinea (*stresses*) che l'azione ha luogo (*takes place*) proprio ora, nel momento in cui io parlo. Anche il presente indicativo può indicare un'azione in progresso, ma con minore enfasi. Ricorda che il presente indicativo è usato anche per le azioni abituali e per le azioni dell'immediato futuro.

In conclusione: qual è la differenza fra ...

A. *Che fai? Studio italiano.*

B. *Che stai facendo? Sto studiando italiano.*

La frase A. è ambigua: può descrivere un'azione abituale o un'azione in progresso. La frase B. *non* è ambigua: descrive un'azione che sicuramente ha luogo (*takes place*) proprio ora.

Esercizi

1.81 Le preoccupazioni dei giovani Abbina il soggetto con il verbo e il complemento giusto.

1. Rita   a. ci stiamo deprimendo a parlare del costo della vita.

2. Cosa   b. stanno pensando di trasferirsi in periferia.

3. Noi giovani   c. vi state preoccupando anche troppo.

4. Voi genitori   d. sta cercando un lavoro part-time.

5. Io   e. ci stai demoralizzando con i tuoi dati sulla disoccupazione!

6. Marta, tu   f. sta succedendo nel mercato del lavoro?

7. I vicini di casa   g. sto scrivendo il mio CV, quindi state zitti per favore!

1.82 Che stanno facendo? La zia Luisa chiama tutti i giorni per sapere cosa stanno facendo i suoi parenti. Completa la conversazione telefonica coniugando il verbo nella forma progressiva.

Ciao, zia! In preciso momento, papà (1) _____ (addormentarsi) sulla poltrona; mamma e Elena (2) _____ (discutere) della partita di calcio e Claudio (3) _____ (tradurre) l'*Eneide*. Io? Ma io (4) _____ (chiacchierare) con te, naturalmente. La nonna (5) _____ (tagliare) le cipolle e (6) _____ (piangere). E il cane? Daisy (7) _____ (mettere) le zampe (*paws*) sulle mie ginocchia; come sempre (8) _____ (chiedere) da mangiare.

1.83 Una giornata caotica La casa dei Bruni è abbastanza caotica. I vari membri della famiglia passano l'uno davanti all'altro facendosi domande varie al volo (*while running by*). Usa i seguenti verbi nella forma progressiva:

ammirare, mettere, giocare, tradurre, fare, discutere

1. —Cosa _____ in quel libro, Federico?
   —Un quadro dipinto da Caravaggio.

2. —Chi _____ tutto questo rumore?
   —Devo studiare!

3. —Bambini, _____ a posto i vostri giochi?
   —No, perché _____ ancora _____!
4. —Dove avete messo il dizionario di latino? Io _____ un brano di Cicerone e mi serve subito!
5. —Ragazzi, di cosa _____ così animatamente?
   —Di calcio come al solito: lui tiene (*he is a fan of*) alla Roma e io al Lazio!

1.84 Traduzione Riscrivi ognuna delle frasi in italiano usando la forma progressiva dove possibile, ed i seguenti verbi:

annoiarsi, dire (2×), andare, chiedersi, arrivarci, domandare, pensare

1. I am wondering whether we will arrive on time or not.
2. Stefano is asking if there is a bus to the stadium.
3. I am thinking it is better to go on foot.
4. Marco, are you saying something to us?
   —Yes, I'm saying that I'm getting bored! Let's go!

Parliamo

1.85 Ciak! Rileggi *Lingua in contesto 2* (p. 39). Nella sua mail, Phil cerca di indovinare quello che Sarah sta facendo in quel preciso momento a Roma. Come Phil, anche tu cerca di indovinare quello che un tuo compagno o una tua compagna sta facendo nelle seguenti ore di un giorno qualsiasi della settimana:

le 8.00 di mattina / le 11.30 di mattina / l'1.00 del pomeriggio / le 4.00 del pomeriggio / le 6.00 di sera / le 9.00 di sera / le 11.00 di sera / l'1.00 di notte

Usate il presente progressivo con **stare** + gerundio e create almeno quattro scambi di questo tipo da recitare di fronte alla classe.

Un artista di strada riproduce il quadro *Cena a Emmaus* del Caravaggio (1606)

Un incidente stradale a Roma   Manifestazione di donne contro l'allora primo ministro Silvio Berlusconi (Roma, 13 febbraio 2011)

Segui gli esempi:

Studente 1: Vediamo … alle 8.00 di mattina del lunedì … tu stai ancora dormendo!

Studente 2: Falso! Il lunedì alle 8.00 di mattina sto facendo colazione in mensa!

Studente 2: E tu alle 8.00 di mattina sei nel laboratorio di biologia!

Studente 1: Certo, a quell'ora sto già lavorando per il Prof. Germani.

 1.86 Radiocronaca Sei un / una giornalista e stai facendo una radiocronaca in diretta da Roma. Giri per la città e assisti a tre eventi:

- una manifestazione di protesta
- un incidente stradale
- il lavoro di un artista di strada

Con il tuo microfono intervisti protagonisti e passanti su quello che "sta succedendo". Le tue interviste stanno andando in onda!

Uno studente fa il giornalista (ricordati di presentare per i tuoi ascoltatori le persone che stai intervistando) e due / tre studenti sono gli intervistati. Usate la forma progressiva.

Dovete dare agli ascoltatori la sensazione di partecipare a questi eventi. Inizia, per esempio con: "Cari ascoltatori, trasmettiamo in diretta da Roma …"

SOSTANTIVI REGOLARI E IRREGOLARI

Sostantivi regolari e irregolari

I sostantivi maschili generalmente finiscono in **-o** al singolare e in **-i** al plurale.

I sostantivi femminili generalmente finiscono in **-a** al singolare e in **-e** al plurale.

il diritto ⟶ i diritti
la pietra ⟶ le pietre

Tutti i sostantivi femminili che finiscono in **-ca** e **-ga** hanno il plurale in **-che** e **-ghe**.

la banca ⟶ le banche   la bottega ⟶ le botteghe

Alcuni sostantivi che finiscono in **-co** e **-go** hanno il plurale in **-ci** e **-gi**, altri in **-chi** e **-ghi** (non esiste regola precisa):

l'amico ⟶ gli amici   il parco ⟶ i parchi
il lago ⟶ i laghi   l'archeologo ⟶ gli archeologi

I sostantivi che finiscono in **-e** si dividono in due categorie: alcuni sono maschili ed altri femminili. Ti consigliamo di impararli con l'articolo determinativo per ricordare il genere. Il plurale è sempre in **-i**:

il bene ⟶ i beni (maschile)   la fede ⟶ le fedi (femminile)

I sostantivi che finiscono in **-ista** hanno la stessa forma al singolare maschile e femminile:

l'attivista (m / f); il dentista / la dentista; il farmacista / la farmacista;
il giornalista / la giornalista

Il plurale di questi sostantivi, invece, ha due forme:

gli attivisti / le attiviste; i dentisti / le dentiste; i farmacisti / le farmaciste;
i giornalisti / le giornaliste

I sostantivi maschili che finiscono in **-ore** spesso si riferiscono a una professione. Le forme del femminile variano:

il dottore / la dottoressa; l'attore / l'attrice; il professore / la professoressa;
lo scultore / la scultrice

I sostantivi che non cambiano forma al plurale sono i seguenti:

I sostantivi che finiscono con un accento:

l'università ⟶ le università   il caffè ⟶ i caffè

I sostantivi di origine straniera:

il bar ⟶ i bar   il film ⟶ i film

I sostantivi abbreviati:

la moto (la motocicletta) ⟶ le moto (le motociclette)
il cinema (il cinematografo) ⟶ i cinema (i cinematografi)

I sostantivi che finiscono in **-ia** e **-io** raddoppiano (double) la **-i** solo se è accentata:

la faccia ⟶ le facce   la farmacia ⟶ le farmacie
lo scenario ⟶ gli scenari   lo zio ⟶ gli zii

Eccezioni

Alcuni sostantivi di derivazione greca terminano in -a al singolare, ma sono maschili. Il plurale è sempre in -i:

il poeta ⟶ i poeti   il tema ⟶ i temi;
il problema ⟶ i problemi;   il teorema ⟶ i teoremi;
il sistema ⟶ i sistemi;

Alcuni sostantivi di uso comune (specialmente le parti del corpo) sono maschili al singolare e femminili al plurale. Nota che il plurale finisce in -a:

il braccio ⟶ le braccia;   il labbro ⟶ le labbra;
il dito ⟶ le dita;   il paio ⟶ le paia;
il ginocchio ⟶ le ginocchia;   l'uovo ⟶ le uova

Attenzione! la mano ⟶ le mani;   l'orecchio ⟶ le orecchie

Articoli determinativi e indeterminativi

Sostantivi maschili:

un paese	il paese	i paesi	
uno sforzo	lo sforzo	gli sforzi	(sostantivi maschili che cominciano con **s** + una consonante)
uno zio	lo zio	gli zii	(sostantivi maschili che cominciano con **z**)
un impero	l'impero	gli imperi	(sostantivi maschili che cominciano con una **vocale**)

Sostantivi femminili:

una rovina	la rovina	le rovine	
un'aspettativa	l'aspettativa	le aspettative	(sostantivi femminili che cominciano con una **vocale**)

1.87 Prendila! Forma una pallina (*make a ball*) con un foglio di carta. Scegli una delle seguenti parole al singolare senza articolo, poi butta la pallina allo Studente 2, il quale la butta allo Studente 3, e poi allo Studente 4. Ognuno ripete la parola usando un articolo diverso e passando dal singolare al plurale. Segui il modello.

Es.: Studente 1	Studente 2	Studente 3	Studente 4
scenario	**uno scenario**	**lo scenario**	**gli scenari**

Vocaboli da usare:

1. bottega
2. impresa
3. strato
4. rovina
5. bene
6. scrittore
7. fede
8. paese
9. valore
10. pontefice
11. pianista
12. sconfitta
13. diritto

1.88 Traduzione Traduci in italiano queste frasi un po' assurde.

1. Poets and sculptors eat eggs with their hands (say: with the hands)!
2. The problem is that I am trying to put on two pairs of shoes!
3. In her free time, the dentist manages (**gestisce**) the system of parks in the cities.
4. The cafés near the lakes attract Sara's friends.

1.89–1.104 [ONLINE]

CATERINA VA IN CITTÀ
DI PAOLO VIRZÌ (2003) [ONLINE ACTIVITIES]

Caterina davanti allo specchio nel bagno della scuola, in una scena finale di *Caterina va in città* di Paolo Virzì (2003)

Introduzione

In questo film, diretto da Paolo Virzì nel 2003, seguiremo le vicende della famiglia Iacovoni (il padre Giancarlo, insegnante; la mamma Agata, casalinga; la figlia quattordicenne Caterina) nel suo trasferimento da Montalto di Castro a Roma, cioè da un paese in provincia di Viterbo alla grande metropoli. Qui la famiglia Iacovoni si stabilisce in un modesto appartamento di un caseggiato (*apartment building*) di periferia e Caterina comincia a frequentare la terza media nella scuola che aveva frequentato il padre, una delle più prestigiose di Roma. L'impatto con la grande città sarà pieno di sorprese belle e brutte per i personaggi di questa vicenda, ed in particolare per Caterina, la giovane protagonista.

Curiosità: Nota le brevi apparizioni di personaggi famosi in questo film (i cosiddetti "cameo"): Roberto Benigni, regista, attore comico e scrittore; Michele Placido, attore e regista; Maurizio Costanzo, conduttore di programmi televisivi; Giovanna Melandri, la deputata parlamentare per il Partito Democratico che hai già incontrato nella lettura *Il papa e l'Università La Sapienza di Roma*.

LA MEGLIO GIOVENTÙ
DI MARCO TULLIO GIORDANA (2003): [ONLINE ACTIVITIES]

Episodio 1

Nicola, Matteo e Giorgia in *La meglio gioventù* di Marco Tullio Giordana (2003)

Proponendoti questo film, ti invitiamo a intraprendere un tipo particolare di viaggio che ti porterà non solo a vedere diverse regioni e città italiane, ma anche a rivivere un pezzo di storia italiana recente.

Seguiremo le vicende di una famiglia italiana dal 1966 all'anno 2003. Nel corso di questi quarant'anni vedrai i personaggi di *La meglio gioventù* crescere, cambiare, soffrire, separarsi e ritrovarsi, innamorarsi e anche morire, come protagonisti o vittime di drammatici cambiamenti sociali e di vicende storiche spesso violente. Il film traccia un grande affresco della società italiana contemporanea e porta lo spettatore attraverso luoghi e vicende meno note della nostra storia recente.

Prodotto inizialmente per essere trasmesso in televisione ad episodi, *La meglio gioventù* dura sei ore: *Caleidoscopio* te lo propone in otto episodi di circa 35 minuti ciascuno, uno per ogni capitolo.

IL VIAGGIO VIRTUALE

Ora spostati in Emilia-Romagna, passando per l'Umbria e seguendo il *Viaggio virtuale* che ti proponiamo nello Student Activities Manual (SAM), oppure vai direttamente al Capitolo 2 di questo testo.

2

Emilia-Romagna

Contenuti e obiettivi di apprendimento

1 **La regione:** conoscere l'Emilia-Romagna, in particolare la città di Bologna, e alcune caratteristiche del territorio e dell'economia emiliana

2 **Le letture:** due brani di narrativa e il volantino di un club studentesco

3 **Il tema grammaticale:** raccontare e descrivere eventi e situazioni nel passato

4 **Ripasso breve:** pronomi personali

5 **I due percorsi cinematografici:** *I vitelloni* e *La meglio gioventù, Episodio 2*

Un caffè sotto i portici nel centro di Bologna

PRIMI PASSI IN EMILIA-ROMAGNA: LE IMMAGINI PARLANO

I paesaggi umani

2.1 Confronti e riflessioni Considera attentamente, in questo capitolo, le fotografie che rappresentano la campagna emiliana, la riviera adriatica, i portici e il centro storico di Bologna. L'Emilia è una regione "matematica", ha osservato uno scrittore italiano.[1] Quali sono, secondo te, gli aspetti "matematici" del paesaggio urbano e naturale di questa regione? Conosci un altro posto "matematico" in Italia o altrove (*elsewhere*)?

Persone e ambienti

2.2 Brainstorming Comincia a fare un elenco delle parole (sostantivi, aggettivi, verbi, ecc.) necessarie per descrivere queste foto (A e B), usando il dizionario quando necessario. Ad esempio: *gli edifici, la strada, i passanti, le biciclette*, ecc.

Foto A: Via Mazzini a Ferrara

Foto B: Una via nel centro di Bologna

2.3 Foto A: un semestre all'Università di Ferrara Tu e un tuo compagno / una tua compagna passerete un semestre all'Università di Ferrara, e avete appena ricevuto questa foto dalla vostra *host family*: è la strada dove abiterete! Insieme cercate di capire se il posto vi piace oppure no, e cercate di immaginare come sarà la vostra vita in questa città. Ecco alcune domande che potete farvi. Continuate a crearne altre.

- Secondo te, questa strada si trova in centro o in periferia?
- Si tratta di un quartiere popolare o benestante?
- Dove stanno andando queste persone?
- Secondo te, questi palazzi sono appartamenti o uffici?
- Vorresti camminare per questa strada di notte?
- Che cosa ti piace o non ti piace di questo quartiere?

---

[1]Carlo Levi (1902–1975), scrittore e pittore.

2.4 Foto B: compere nel centro di Bologna Con un compagno o una compagna "entrate" in questa foto: scrivete, praticate e poi recitate la conversazione fra queste due signore. Chi sono? Si conoscono da tanto tempo? Di che cosa parlano? Da dove vengono? Dove stanno andando?

2.5 Confronti e riflessioni Scegli una delle due foto. Immagina di fotografare una scena simile nel quartiere della città o del paese che conosci meglio. Quali elementi sarebbero diversi? Quali simili? Quali associazioni di pensiero fai tu quando pensi a "una strada nella mia città"? Quali associazioni pensi che facciano le persone in questa foto (A. o B.)? Completa una tabella simile a questa:

	Io (aggettivi, nomi, verbi)	Le persone di questa foto (A. o B.) (aggettivi, nomi, verbi)
Una strada nella mia città: libere associazioni di pensiero		

Arte e architettura

Queste foto rappresentano gli interni di due chiese di Bologna: la Basilica di Santo Stefano (VIII–XII secolo d.C.), in stile romanico, e la Cappella di San Domenico (dell'architetto Floriano Ambrosini, XVII secolo), all'interno della Basilica di San Domenico, in stile barocco.

Basilica di Santo Stefano a Bologna (interno)

Cappella di San Domenico, Basilica di San Domenico, Bologna

Due stili: romanico e barocco

Il nome "romanico" si riferisce all'architettura dell'antica Roma dalla quale gli architetti medievali presero in prestito alcune tecniche ed elementi (l'arco, le colonne, le volte). Lo stile romanico si sviluppò in Europa nell'XI e XII secolo, prima dello stile gotico, e caratterizza sia gli edifici religiosi (chiese, monasteri) sia le costruzioni civili (castelli, torri, case). I flussi sempre più crescenti di pellegrini che viaggiavano a Roma e la crescita di una classe di mercanti e borghesi nei liberi comuni furono due importanti fattori che favorirono lo sviluppo dell'architettura sia civile che religiosa: nuovi monasteri e chiese, torri e case nelle città in espansione furono costruiti in seguito all'espansione demografica che caratterizzò questi secoli. Due chiese in stile romanico fra le meglio preservate in Italia sono Sant'Ambrogio a Milano e San Miniato a Firenze. Lo stile barocco, si sviluppò dopo il Rinascimento, nel XVII e XVIII secolo nei paesi del sud Europa di religione cattolica (Spagna, Portogallo, ma soprattutto in Italia). Storicamente nacque come reazione all'austerità della riforma protestante. Fra le creazioni più alte dell'architettura barocca sono la Basilica di San Pietro a Roma e la Chiesa di Santa Maria della Salute a Venezia.

 2.6 Le tue osservazioni Osserva attentamente le due foto alla pagina 50. Si tratta di due spazi religiosi, creati con le stesse motivazioni ed obiettivi: la preghiera, la predicazione religiosa e la partecipazione dei fedeli ai rituali della religione cattolica. Eppure si tratta di due spazi completamente diversi, che riflettono una diversa concezione della religione e della spiritualità. Descrivili nei dettagli e condividi le tue impressioni con il tuo gruppo o il resto della classe.

Secondo te, l'esperienza di preghiera o di meditazione religiosa può essere diversa in questi due spazi? I due stili, secondo te, riflettono anche due diverse spiritualità?

Il territorio della regione

 2.7 Alla scoperta di ... Fai una breve ricerca su Internet, o usando altre fonti, per scoprire ...

- In quale parte dell'Italia si trova l'Emilia-Romagna? Con quali altre regioni confina? Com'è il suo territorio (prevalgono le montagne, le colline o le pianure)?
- Da quale mare è bagnata l'Emilia-Romagna? Quale grande fiume la attraversa?
- Dove si trovano le sue principali città? Qual è il capoluogo regionale?

2.8 Dati alla mano [ONLINE]

NOTE CULTURALI

La pianura più grande d'Italia

 ### Lessico nuovo

il confine	*border*
il fiume	*river*
l'inondazione	*flood*
la pianura	*plain*
pragmatico	*pragmatist, pragmatic*
il sognatore	*dreamer*
lo spazio	*space*
il viaggiatore	*traveler*
il vuoto	*emptiness, void*

Veduta aerea della pianura padana, Emilia-Romagna

Il paesaggio italiano più conosciuto all'estero è sicuramente quello delle dolci colline toscane, coperte da uliveti, vigneti e cipressi. Pochi conoscono un'Italia che assomiglia di più al *mid-west* americano, o alle campagne olandesi. È l'Italia della vasta pianura del 5 fiume Po (la pianura padana), che occupa la maggior parte del territorio dell'Emilia-Romagna. Due scrittori romagnoli hanno riflettuto sull'esperienza di vivere in una grande pianura, tutta lavorata dall'uomo e nella quale non sembrano esserci confini geografici. Eraldo 10 Baldini riflette sul paesaggio emiliano:

"Quanto è grande, questa pianura! Si è formata nei millenni con la terra portata dai fiumi e mi viene da pensare: ma quanta ne è servita per creare tutto questo? Quanto dovevano essere alte le montagne per cederne 15 (*to yield*) così tanta? [...] i fiumi, le piogge, il vento, le inondazioni. Ma non solo. L'uomo, anche. Il lavoro. Dove la meteorologia e la geologia non sono bastate, ci sono state mani e gambe, spalle e braccia, e attrezzi pensati, costruiti e usati allo scopo di creare altra terra e di rendere migliore e più amica quella che già c'era. Siamo così, noi emiliano-romagnoli, lo siamo sempre 20 stati: pragmatici e sognatori allo stesso tempo, altrimenti non avremmo potuto fare tutto questo."[1]

Il poeta romagnolo Roberto Pazzi riflette sull'esperienza di chi visita questa regione per la prima volta:

"... lo spaesamento (*feeling of being lost*), quella particolare incertezza 25 dei confini che offre al viaggiatore la vista aperta all'infinito della pianura del Po ... Attraversare l'Emilia vuol dire non poter avvalersi (*use*) di riferimenti che limitino, costringano e orientino come invece in Piemonte o in Liguria o nel Veneto, dove le montagne scandiscono (*determine the beat/rhythm of, outline*) spazi e tempi, vincendo il vuoto, il nulla dell'orizzonte, il non veder mai un 30 riferimento per l'occhio da nessuna parte del cielo che non fosse il cielo stesso (*except for the sky itself*)."[2]

---

[1]Baldini, Eraldo, et al., *Dal grande fiume al mare: trenta scrittori raccontano l'Emilia Romagna.* Bologna: Pendagron, 2003, pp. 20–1.
[2]Pazzi, Roberto, et al. *Dal grande fiume*, pp. 51–2.

2.9 Controlla la comprensione Secondo Baldini, quali fattori hanno contribuito a formare il paesaggio emiliano? Secondo Roberto Pazzi, che cosa prova il viaggiatore quando arriva in questa regione, e che cosa prova viaggiando in Piemonte o in altre regioni del nord Italia?

 2.10 Confronti e riflessioni Scegli due regioni del tuo paese d'origine: una che assomiglia all'Emilia-Romagna, come descritta da Baldini e Pazzi, e un'altra che ha caratteristiche opposte. Condividi le tue idee con due o tre compagni.

Ascolto 1: Una regione di strade

 2.11 Prima di ascoltare Che cosa può significare "una regione di strade"? Puoi creare, per analogia, definizioni simili per altre regioni? Ad esempio, "una regione di fiumi", "una regione di boschi", ecc. Scegli tre regioni o stati che conosci bene e crea delle definizioni adatte ad ognuno. Poi parlane con un compagno o una compagna.

Vocaboli utili alla comprensione

congiungere, *p.p.* congiunto	*to join*
disposto	*arranged, laid out*
il dopoguerra	*the postwar period*
l'epoca romana	*epoch of Ancient Rome*
finire per	*to end up*
fu costruita	*was built*
il letto di un fiume	*riverbed*
lo sviluppo	*development*

2.12 A fine ascolto Completa le seguenti affermazioni con una delle due scelte.

1. La Via Emilia percorre la regione da (sud-est a nord-ovest / da sud-ovest a nord-est).
2. La Via Emilia è una strada (di collina / di pianura), ed è lunga circa (100 / 200) chilometri.
3. La Via Emilia fu costruita nel (II secolo a.C. / II secolo d.C.), cioè in epoca (romana / normanna).
4. La Via Emilia unisce (diverse città / diversi piccoli paesi).
5. Il territorio da Piacenza al mare Adriatico è (come un'unica città estesa / una serie di piccoli paesi).
6. La regione attraversata dalla Via Emilia è una (delle più produttive / delle più inquinate) del mondo.

2.13 Confronti e riflessioni Ci sono strade di grande importanza storica nello stato o nella regione dove vivi e che conosci meglio? Discutine in gruppo.

2.14 Alla scoperta di ... L'Italia è attraversata da altre importanti vie romane, ad esempio la Via Appia, la Via Cassia, la Via Aurelia, la Via Ostiense e altre. Scegline una e individua le regioni italiane che attraversa.

Le quattro "capitali" dell'Emilia-Romagna

Lessico nuovo

arricchire	*to enrich*	l'opera	*work of art*
divertente	*fun* (adj.)	la pensione a conduzione	*family run hotel*
il divertimento	*fun* (n.)	familiare	
faticoso	*tiring*	il Rinascimento	*Renaissance*
frizzante	*sparkling, bubbly*	scottarsi	*to get burned*
il lungomare	*waterfront promenade*	lo stabilimento balneare	*beach club*
il luogo di villeggiatura	*vacation place*	stupendo	*amazing*
l'occidente	*Western world*		

L'Emilia-Romagna è forse l'unica regione italiana che può vantare (*boast*) fra le sue città molte "capitali", antiche e moderne.

Ravenna

Nel V e VI secolo d.C., è capitale dell'Impero Romano d'Occidente, e poi ultimo bastione in occidente dell'Impero Bizantino; il territorio che la circonda è chiamato

(Continua)

Una strada nel centro di Parma

Romagna proprio perché riesce a resistere alle invasioni barbariche che devastano 5
il resto della penisola.

Ferrara

Durante il Rinascimento, Ferrara è città-stato sotto la dinastia degli Este, alla cui corte operano per più di un secolo i più celebri artisti, scrittori e letterati dell'epoca.

Parma

Dal 1545 e fino al 1859, quando entra a far parte del Regno di Sardegna, Parma 10
è capitale del Ducato di Parma e Piacenza, controllato prima dalla dinastia Farnese e poi dai Borboni. Durante questo lungo periodo, Parma diventa centro di cultura ed arte a livello europeo: posta al crocevia (*crossroads*) fra il nord Europa e il resto dell'Italia, Parma attrae artisti che l'arricchiscono di importanti opere. 15

Rimini

Infine, non possiamo dimenticare una "capitale" meno ufficiale delle precedenti, eppure di grande fama: Rimini, la "capitale del divertimento", si trova al centro della riviera romagnola; è qui che nel secondo dopoguerra si sviluppò (*grew*) il primo grande turismo di massa: se altri luoghi di villeggiatura rimanevano accessibili solo a ristrette élite, la riviera romagnola, con le sue pensioni a 20
conduzione familiare, si apriva anche a famiglie operaie e piccolo borghesi.

Oltre alle spiagge e al mare, Rimini ha da offrire un'infinita scelta di discoteche, ristoranti, parchi d'acqua, gelaterie, fiere e feste di paese. Un recente sondaggio (*survey*) ha invitato i turisti che avevano soggiornato a Rimini a definire la città usando sette aggettivi; le risposte più comuni sono state: 25
frizzante, divertente, viva, fantastica, stupenda, solare e allegra. Alla domanda "se Rimini fosse un colore, che colore sarebbe?", la maggior parte degli intervistati ha risposto "l'azzurro o il giallo".

Un mosaico dell'Imperatore Giustiniano nella Basilica di San Vitale a Ravenna

Secondo lo scrittore emiliano Pier Vittorio Tondelli, la Rimini del lungomare è come una città disegnata da e per i bambini: gli stabilimenti balneari sembrano balocchi (*toys*) con i loro colori di "zuccheri filati e frutte candite" (*cotton candy and candied fruit*). In questa conversazione, tratta dal suo romanzo *Rimini*, Tondelli ci dà un ritratto conciso ed efficace della "capitale del divertimento". Un giornalista milanese, appena arrivato in Romagna, parla con Carlo e Susy, due colleghi di Rimini: 30 35

Entrata di due bagni sulla spiaggia di Rimini

"Ancora non ha preso il ritmo di questa città", disse Carlo. "La gente crede che sia un luogo di villeggiatura. 40 È al contrario un luogo faticosissimo. Si vive di notte, tutta la notte. Se ne accorgerà fra pochi giorni quando la riviera funzionerà nel pieno delle proprie possibilità: discoteche, locali di intrattenimento, feste per i turisti, sagre di paese (*village fairs*) … a qualunque ora potrà 45 trovare qualcuno con cui divertirsi (…)".

"Credevo fosse (*I believed it was*) il mare l'attrattiva maggiore".

"Quello è per le famiglie", sorrise Susy. "È dei bambini e delle nonne. Dei clienti delle pensioni tutto-compreso. Per gli altri c'è solo a metà pomeriggio. Il tempo per scottarsi un poco. Poi inizia la notte".[3] 50

[3]Tondelli, Pier Vittorio. *Rimini*. Milano: Bompiani, 1985, p. 40–2.

2.15 Controlla la comprensione

1. Quali sono le origini storiche del nome Romagna?
2. Perché Rimini è diversa dalle altre tre "capitali"?
3. Perché, secondo te, gli intervistati hanno associato questa città con i colori giallo e azzurro?
4. Quale fra queste città vorresti visitare?

2.16 Alla scoperta di …

1. Due delle città menzionate più sopra sono state dichiarate dall'UNESCO Patrimonio dell'Umanità. Quali? Scoprilo facendo una breve ricerca su Internet. Quali sono state le motivazioni di questo riconoscimento?
2. Quale tecnica artistica possiamo ammirare visitando le basiliche, i mausolei, i battisteri di Ravenna? Scopri quale monumento di Ravenna ispirò Cole Porter a comporre la canzone *Night and Day*.
3. Vai sul sito del Grand Hotel di Rimini e scopri perché questo albergo è stato dichiarato monumento nazionale. Confronta i prezzi e le offerte del Grand Hotel con quelli di una pensione a conduzione familiare a Rimini.
4. Per ogni città, scegli una chiesa, oppure un castello, un monumento o un'opera d'arte, possibilmente di tre periodi storici diversi, e presentali alla classe. Di tre periodi storici diversi, e presentali alla classe.

2.17 Sindaco per un giorno
Scegli di essere il sindaco di una delle città elencate sopra che non hanno ricevuto il riconoscimento dall'UNESCO. Prepara una breve presentazione della tua città all'UNESCO richiedendo che venga considerata Patrimonio dell'Umanità come le altre due "ex-capitali" dell'Emilia-Romagna.

2.18 *Confronti e riflessioni* Scegli due o tre città qualsiasi, e associale ad un colore, usando una tabella simile alla seguente; poi discutine in gruppo.

	Città	Colore	Perché?
1.			
2.			
3.			

Bologna, metropoli di provincia

Lessico nuovo

affezionarsi	*to get attached to*	il portico	*arcades [see photos on page 61 and title page]*
l'ateneo	*university*		
la battuta	*punchline, joke*		
dotto	*learned, cultured*	premere	*to press against*
il muro	*wall*	il tetto	*roof*

Bologna: la Fontana del Nettuno del Giambologna (1567)

Bologna è una città che tutti dicono di conoscere forse perché capita di (*one happens to*) passarci di frequente in treno o in macchina: si trova infatti al centro, oggi come in tempi antichi, delle grandi vie di comunicazione stradali e ferroviarie fra nord e sud, est e ovest. Gli italiani, inoltre, associano Bologna a molte immagini: Bologna città 5 universitaria, Bologna dei portici, Bologna dai tetti rossi, Bologna capitale della cucina, ecc. Pochi però l'hanno visitata per più di un giorno, e il turismo internazionale tende ad ignorarla preferendo le più note Firenze, Venezia e Roma.

Lo scrittore Luca Goldoni parla della nativa Bologna come della 10 "sua coperta di Linus", una grande città che sa essere anche un po' paese agricolo, e precisa:

"Vivo bene a Bologna perché mi sono affezionato a questi muri splendidi, ma più affettuosi, più casalinghi degli splendidi muri di Venezia o di Firenze. Bologna è una città dove tutti, per 15 dire vado in centro, dicono vado in piazza. Se per strada urla un clacson a sirena (*siren*), forse è un ferito (*someone injured*), ma può anche essere un corteo nuziale (*wedding parade*), fiori e palloncini colorati sull'antenna della radio, roba da festa di paese (*stuff fit for a country fair*): la tradizione preme su Bologna ed è una tradizione 20 campagnola … Il barista riesce a conversare con i clienti nella vertigine (*dizziness*) dei [caffè] ristretti, lunghi, macchiati, corretti … Il salumiere, col negozio intasato (*crowded*), si toglie la matita dall'orecchio e dice battute: un cliente, una battuta."[4]

Se Bologna attrae ancora relativamente pochi turisti, migliaia di studenti vi 25 si trasferiscono per frequentare la sua università, famosa non solo per la qualità dei suoi programmi accademici, ma anche perché è la più antica del mondo. Il termine *università* fu inventato a Bologna per designare le libere associazioni di studenti e docenti. Fondata nel 1088, l'Università di Bologna (UNIBO, come viene comunemente chiamata) acquisì (*acquired*) presto grande fama in tutta Europa 30

---

[4]Goldoni, Luca, et al. *Dal grande fiume*, pp. 61-2.

perché era un istituto dove lo studio poteva svolgersi indipendentemente da ogni controllo imperiale o papale, cioè da ogni influenza politica o religiosa. Bologna cominciò ad essere conosciuta come la Dotta proprio per il prestigio del suo ateneo; qui studiarono, fra gli altri, Copernico, Leon Battista Alberti e Michelangelo.

35

2.19 Controlla la comprensione

1. Ci sono più turisti o studenti a Bologna? Spiega la tua risposta.
2. Luca Goldoni elenca vari aspetti dello stile di vita bolognese che apprezza particolarmente. Quali di questi aspetti apprezzeresti anche tu?

2.20 Alla scoperta di ...

1. Goldoni menziona vari tipi di caffè: ristretto, lungo, macchiato, corretto. Un caffè corretto è un espresso con l'aggiunta di un liquore (generalmente grappa). Puoi indovinare le caratteristiche degli altri tipi di caffè?

   Un caffè ristretto è… / Un caffè lungo è … / Un caffè macchiato è …

2. Esplora il sito ufficiale dell'Università di Bologna e prepara due osservazioni o due domande da portare in classe.
3. Trova un blog scritto da studenti dell'Università di Bologna. Prova con una semplice ricerca usando le parole "UNIBO", "blog", "forum", "studenti", "Università di Bologna". Di quali argomenti discutono gli studenti?

Lessico nuovo

accogliere, *p.p.* accolto	*to welcome*	fuori	*outside*
l'arricchimento	*enrichment*	medievale	*medieval*
la carestia	*famine*	nutrire	*to feed*
dentro	*inside*		

Bologna *La Grassa*

In epoca medievale Bologna era conosciuta non solo come *La Dotta*, ma anche come *La Grassa*. Allora, *grasso* era un aggettivo con connotazioni positive perché era associato all'abbondanza alimentare e all'assenza di carestie, frequentissime in quell'epoca. Massimo Montanari, professore di storia medioevale all'Università di Bologna, e studioso di cultura dell'alimentazione, spiega:

5

"Bologna è *dotta* e *grassa* insieme. *Dotta* perché *grassa*: solo l'abbondanza alimentare e l'organizzazione dell'approvvigionamento (*food supply*) consente di accogliere e nutrire una popolazione studentesca molto grande per l'epoca, che poi si è mantenuta grande nel tempo, fino a oggi, rispetto alle dimensioni della città. *Grassa* perché *dotta*: il concentrarsi di studenti a 10 Bologna garantisce uno straordinario arricchimento culturale anche nel campo della gastronomia; ciascuno porta la sua esperienza, fa di Bologna un luogo d'incontro, un "ponte" fra varie tradizioni europee; tornando a casa, ciascuno di quegli studenti (e di quei professori) porta con sé ricordi positivi dei giorni passati in quella città, e si istituisce pertanto un meccanismo di 15 doppia circolazione: lo Studio importa cultura gastronomica ed esporta un'immagine forte di sé. Non è quindi un paradosso che non dentro, ma fuori si cominci a costruire il mito di Bologna grassa: un mito che nasce, secondo

(*Continua*)

Veduta aerea del centro storico di Bologna

ogni apparenza, a Parigi attorno al XII secolo; e di qui rimbalza (*bounces back*) a Bologna, che lo fa suo e lo conserva nel tempo."[5] 20

[5]L'intervista è disponibile sul sito: http://www.unibo.it/NR/rdonlyres/5B58AA0D-851B-4548-BCA4-81E41F0E0A98/11109/Mangiare.pdf

2.21 Controlla la comprensione Come si sono creati gli appellattivi di Bologna La Grassa e La Dotta?

 2.22 Confronti e riflessioni Rispondi a queste domande, poi discutine in gruppo. Quali sono i fattori storici, culturali e ambientali che hanno influenzato la cucina della tua regione o del tuo paese? Quali sono gli ingredienti e le caratteristiche di questa cucina? Perché, secondo te, questi ingredienti sono tipici di questa zona e non di un'altra? Che cosa apprezzi o non apprezzi di questa cucina?

Qualità della vita e cooperative

Lessico nuovo

gli Alleati	*Allied troops, i.e. British and American armies*	le formazioni partigiane	*anti-fascist resistance groups*
la campagna	*countryside*	gestire	*to run, to administer*
il contadino	*farmer*	l'operaio	*factory worker*
il fascismo	*fascism*	raggiungere, *p.p.* raggiunto	*to reach*
la fiducia	*trust*	la seconda guerra mondiale	*World War II*

Le città dell'Emilia sono ai primi posti nelle classifiche italiane che misurano la qualità della vita: questo primato è in parte da attribuirsi alle piccole e medie dimensioni delle città emiliane: è relativamente facile per città che, ad eccezione di Bologna, non superano i 170mila abitanti, rimanere luoghi *a dimensione d'uomo*. Ma i motivi veri di questo successo sono anche da ricercarsi 5 nella tradizione di forte impegno civico e politico che caratterizza da sempre la vita delle cittadine emiliane. Parlando del dopoguerra e della sua famiglia, l'attore romagnolo Ivano Marescotti, ricorda:

"Tutto cambiava in quegli anni, ma la politica *restava al centro* per tutti. In famiglia, la politica … era, ed è … indignazione, entusiasmo, lacrime e gioia. Per 10 tutti *dalle nostre parti* … la politica è *impressa nel DNA*".[6]

Eraldo Baldini, scrittore emiliano, aggiunge:

"[dal pragmatismo deriva] la grande passione civile per la politica che ha sempre dimostrato questa gente. E sempre in questo quadro c'è una parola che non si può pronunciare: cooperazione. Cioè uno dei fenomeni sociali, economici e 15 culturali che più hanno caratterizzato e caratterizzano l'Emilia-Romagna. È nella cooperazione che si sogna in grande il *possibile* e lo si realizza insieme … (nella nostra terra) si sono fatte nascere e crescere, accanto alle iniziative private, anche e soprattutto quelle collettive."[7]

Attualmente esistono in Emilia-Romagna ottomila cooperative. Questo sistema 20 ha raggiunto una notevole fama a livello mondiale ed è oggetto di studio da

[6]Marescotti, Ivano, et al. *Dal grande fiume*, p. 265.
[7]Baldini, Eraldo, et. al. *Dal grande fiume*, p. 22.

parte di economisti interessati ad esperienze di capitalismo classico combinato con altri modelli di organizzazione economica.

Le moderne cooperative sono figlie delle società di mutuo soccorso (*benefit societies*) e delle leghe (*leagues*) contadine e operaie sorte alla fine del XIX secolo. Queste organizzazioni sono nate spontaneamente a sostegno di (*in support of*) contadini ed operai che si trovavano in difficoltà economiche, a causa di scioperi, licenziamenti, crisi familiari, ecc. Presto le società e le leghe hanno dato vita a cooperative che offrivano i più svariati servizi alla comunità: dai corsi di alfabetizzazione (*literacy classes*) alle biblioteche ambulanti (*mobile*) e alla vendita diretta dei prodotti agricoli; anche molte categorie di lavoratori, quali braccianti (*farm laborers*), muratori (*brick-layers*), meccanici, fabbri (*blacksmiths*), calzolai (*cobblers*), si sono organizzati in cooperative che offrivano direttamente i loro servizi aumentando così il potere contrattuale (*bargaining power*) dei singoli. L'associazionismo dava a tutti la possibilità di partecipare attivamente alla gestione e amministrazione di alcuni importanti aspetti dell'economia locale. Le cooperative contribuivano anche a tenere collegate campagna e città, case sparse di contadini nella pianura e paesi, superando una frattura comune in altre regioni italiane. Si calcola che nel 1902 era attiva una cooperativa ogni settemila abitanti circa: un dato eccezionale ed unico, non solo in Italia ma in Europa.[8]

Molti hanno visto nelle cooperative, specialmente nella loro fase iniziale, l'embrione di un progetto utopico: creare un'economia alternativa al modello capitalista. Proprio a causa della loro forte impronta progressista (*progressive, liberal*), il nascente movimento fascista negli anni '20 ha attaccato le cooperative con violente azioni paramilitari. In reazione a questi attacchi fascisti, si è sviluppato in Emilia-Romagna un antifascismo tenace e diffuso fra la popolazione, molto attivo anche nei periodi più repressivi del regime di Mussolini. Questo antifascismo sotterraneo (*underground*) è venuto apertamente alla luce alla fine della seconda guerra mondiale, quando si è trasformato in aperta resistenza armata contro il nazifascismo. Molto prima dell'arrivo degli Alleati le formazioni partigiane hanno liberato dai nazifascisti cinque vaste zone dell'Emilia, dove hanno fondato delle Repubbliche indipendenti con un governo democratico.

La Coop Casearia Castelnovese, Modena: una cooperativa per la produzione del Parmigiano Reggiano

---

[8]Nardi, Sergio. "La cooperazione", in *Storia della Emilia Romagna*, a cura di Aldo Berselli. Bologna: University Press, p. 531.

2.23 Controlla la comprensione

1. Come sono nate e quali erano i vantaggi delle cooperative in Emilia-Romagna?
2. Che ruolo ha avuto la regione durante il periodo fascista e la seconda guerra mondiale?

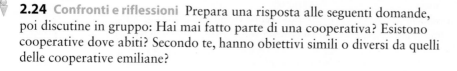

2.24 Confronti e riflessioni Prepara una risposta alle seguenti domande, poi discutine in gruppo: Hai mai fatto parte di una cooperativa? Esistono cooperative dove abiti? Secondo te, hanno obiettivi simili o diversi da quelli delle cooperative emiliane?

Ascolto 2: Sembra di essere in Olanda

 2.25 Prima di ascoltare

1. Considera il titolo del brano. Quali sono, secondo te, le caratteristiche comuni all'Olanda e all'Emilia-Romagna?

Vocaboli utili alla comprensione

l'amministrazione comunale	*city government*
le commissioni	*errands*
diffuso	*popular, common*
le due ruote	*two wheels, i.e. the bicycle*
l'età	*age*
il furto	*theft*
i mezzi pubblici	*public transportation*
la pista ciclabile	*bike path*
lo spostamento	*commute*
spostarsi	*to move, to commute*

2.26 Mentre ascolti Scrivi tutti gli usi della bicicletta che senti menzionare nel brano di ascolto. Comincia con: gli spostamenti urbani, ...

 2.27 A fine ascolto Secondo il brano che hai ascoltato, decidi con un compagno o una compagna se le seguenti affermazioni sono logiche (L) o illogiche (I).

	L	I
1. La maggior parte dei ferraresi possiede una bicicletta.	L	I
2. I ferraresi usano la bicicletta quasi esclusivamente nel fine settimana.	L	I
3. Le automobili circolano liberamente nel centro della città, insieme alle biciclette.	L	I
4. Uomini, donne, professionisti e casalinghe usano la bicicletta.	L	I
5. Qualsiasi città può costruire col tempo una cultura ciclistica.	L	I

 2.28 Confronti e riflessioni Prepara la tua risposta alle seguenti domande, poi discutine in gruppo: L'uso della bici per i trasporti urbani è diffuso nella tua città? Ci sono molte piste ciclabili? Quali sono i vantaggi e gli svantaggi di visitare una città su due ruote?

Una regione su due ruote

 ### Lessico nuovo

accorgersi, *p.p.* accorto	*to become aware, to realize*
amatoriale	*non-professional*
la bici da corsa	*racing bike*
il ciclista	*cyclist*
il furto	*theft*
la manutenzione	*maintenance*
pentirsi	*to regret*
tesserarsi	*to join a club, to get a membership card*
il tesserato	*club member, card-carrying member*

Marco Palchetti, Presidente della Unione Italiana Sport per Tutti, Comitato Provinciale Bologna, risponde ad alcune nostre domande sul ciclismo amatoriale in Emilia-Romagna.

Vuole dirci qualcosa sulle origini del ciclismo amatoriale nella sua regione? 5

Alfredo Oriani, poeta e scrittore romagnolo, nato a Faenza nel 1852 e morto nel 1909, definì la bicicletta "la prima misericordia (*act of mercy*) della meccanica verso i poveri mortali". Le classi colte (*educated classes*), vedi l'esempio di Oriani, e le classi popolari accolsero (*welcomed*) con grande favore la bicicletta. Era il mezzo ideale per andare a lavorare, sia 10 in città che in campagna, non aveva bisogno di stalla (*stable*) e di biada (*fodder*) come un cavallo, non faceva rumore, non aveva quasi necessità di manutenzione La stagione d'oro del ciclismo amatoriale è quella attuale, che ha visto un aumento sia dei tesserati (*members*) alle varie Federazioni sportive, sia di coloro che vanno in bicicletta costantemente 15 senza tesserarsi […]. A questo sviluppo ha contribuito un nuovo tipo di bicicletta giunta in Europa dagli USA, la MTB o *mountain bike*, conosciuta in Italia dal 1986. Recentemente si è verificato (*has taken place*) un nuovo fenomeno, l'uso della MTB come bici da città o *citybike*. Chi aveva comprato la bici sull'onda dell'entusiasmo o della moda e poi si era 20 pentito per la durezza dell'impegno fisico (*physical challange*) si è accorto che la MTB andava benissimo in città. Le ruote grosse permettevano di superare senza cadere le buche e gli avvallamenti (*hollow holes*) dell'asfalto. L'invenzione della MTB ha portato alla bicicletta tante persone che non si sarebbero mai sognate di comprare una bici da corsa. 25

Una via di Modena

Chi sono in genere gli appassionati del ciclismo?

Si può dire che appartengono a tutte le fasce d'età (*age group*) e a tutte le classi sociali. Per le fasce d'età prevalgono gli adulti e gli anziani, mentre i ragazzi e i giovani sono pochi. I ragazzi perché i genitori sono restii (*reluctant*) a far praticare uno sport fra i pericoli del traffico e prediligono (*prefer*) il calcio e le 30 attività da palestra. I giovani perché il fenomeno del precariato lavorativo (*temp jobs*) condiziona anche il tempo libero. Uomini e donne non sono egualmente rappresentati nel ciclismo. Un po' di statistica che si riferisce all'UISP della provincia di Bologna: nel 2008 i tesserati complessivi, in oltre venti discipline, sono stati 50.597, di questi 24.281 sono donne; nel ciclismo i tesserati sono stati 35 3250, con solo 194 donne. Ritengo che questa proporzione, più o meno, sia comune alle altre province.

A Bologna inoltre c'è un altro fenomeno, quello degli studenti universitari, che usano volentieri la bicicletta. Si è sviluppato inoltre il furto delle biciclette, rivendute agli studenti per € 20–30. Per contrastare il fenomeno dei furti, il 40 Comune vende periodicamente all'asta (*public auction*), per pochi soldi, le biciclette che risultano abbandonate dai proprietari.

2.29 Controlla la comprensione

1. Perché la bicicletta è diventata da subito così popolare fra gli emiliani?
2. Come e da chi è usata la bicicletta in Emilia-Romagna?
3. Come viene usata la *mountain bike* ora?
4. Perché l'amministrazione comunale di Bologna vende all'asta le biciclette?

 2.30 Ciak! Intervista un compagno o una compagna di classe sul suo uso (o non uso) della bicicletta, e sull'uso della bicicletta nella sua città. Recitate l'intervista per tutta la classe.

La Rocca della Guaita, San Marino

2.31 Un fine settimana a San Marino [ONLINE]

2.32 Chi è? Che cos'è? [ONLINE]

La poesia regionale (dal *Canzoniere italiano* di Pier Paolo Pasolini)[2]

E mi amòr, chi l'è pulit e bèl,   1
Farò fiurì li ros'int'e capèl.
E mi amòr, chi l'è um bel biòjg,
Farò fiurì li ros'int'e su sòjg.

[Il mio amore, che è pulito e bello, gli farò fiorire le rose sul cappello. Il mio amore, che è un bel bifolco, gli farò fiorir le rose nel suo solco.]

Lavora, cuntadèn, lavora fört,   5
Quando te vé a parti, e' gran l'è pöc;
Lavora, cuntadèn, a la sicura,
Patron e' gran, e' cuntadèn la pula.

[Lavora, contadino, lavora forte, quando vai a spartire, poco è il grano: lavora, contadino, lavora sicuro, al padrone il grano, al contadino la pula (*chaff*).]

2.33 **Scopri** Nella sezione **Ripasso breve**, p. 95, studierai i pronomi soggetto. In italiano l'uso del pronome soggetto non è obbligatorio, ma lo è nel dialetto romagnolo. Qual è l'equivalente in dialetto romagnolo di "lui / lei / esso / essa"? _____

Scrivi tre parole che sono identiche in dialetto emiliano ed in italiano standard:

1. _____ 2. _____ 3. _____

Scrivi i tre vocaboli in emiliano che, secondo te, sono più lontani dall'italiano standard:

1. _____ 2. _____ 3. _____

_____
[2]Pier Paolo Pasolini, a cura di. *Canzoniere italiano. Antologia della poesia popolare*. Milano: Garzanti. 1992, p. 202, n. 94, p. 204, n. 95.

2.34 Il significato

1. Che tipo di realtà sociale riflettono queste due poesie?
2. Chi è, secondo te, la voce narrante della prima e della seconda poesia?

LETTURA 1

Matrimonio partigiano di Renata Viganò

da *L'Agnese va a morire, 1949*

Introduzione

Renata Viganò (Bologna 1900–1976) partecipò attivamente alla Resistenza antifascista in Romagna come infermiera, staffetta (*message carrier*) e giornalista per le pubblicazioni clandestine. Il brano che presentiamo è tratto dal romanzo più famoso della Viganò, nato dalla sua esperienza di lotta partigiana, e pubblicato nel 1949.

5

Nota storica

La vicenda raccontata dalla Viganò in questo brano ha luogo nell'estate del 1944, nelle Valli di Comacchio, la zona del delta del Po: qui operano i partigiani, formazioni di civili (*civilians*) ed ex-militari antifascisti che combattono contro l'esercito occupante tedesco ed i fascisti italiani suoi alleati.

Agnese, la protagonista del romanzo, è una donna di circa cinquant'anni, che fa parte attiva di uno di questi gruppi di resistenza antifascista. Il brano che leggerai racconta un momento di pausa nelle attività di questi partigiani.

10

Nota grammaticale

In questo racconto vedrai molti verbi coniugati al passato remoto, un tempo verbale che studierai o ripasserai nel capitolo 3. Ogni forma irregolare del passato remoto è spiegata nelle note a piè pagina.

15

2.35 Prima di leggere Pensa a come può essere un matrimonio in condizioni di particolare difficoltà durante una guerra o un'occupazione militare; poi discutine con un compagno o una compagna.

Lessico nuovo

l'agnello	*lamb*	il matrimonio	*wedding*
l'arrosto	*roast*	mettersi a, *p.p.* messo	*to start*
asciutto	*dry*	prendere fuoco, *p.p.* preso	*to catch on fire*
bruciarsi	*to burn oneself*	ragionare	*to reason, to discuss*
il buio	*darkness*	il sentiero	*path*
commosso	*moved, touched*	gli sposi	*bride and bridegroom*
la cottura	*cooking*	il testimone	*witness*
duro	*hard*	l'ufficiale di stato civile	*city clerk*
la fiamma	*flame*	versare	*to pour*
insipido	*tasteless, bland*		

Libera le parole!

2.36 Contrari Per ogni vocabolo, trova il suo contrario nella lista sopra.

1. soffice (_____)
2. indifferente (_____)
3. bagnato (_____)
4. saporito (_____)

2.37 La parola giusta Scegliendo dalla lista più sopra, completa ogni frase con la parola giusta, preceduta dall'articolo determinativo o indeterminativo se necessario. Attenzione all'uso del tempo corretto dei verbi.

1. Rina e Tom non si sono sposati in chiesa, ma civilmente, davanti ad _____ ed alla presenza di due _____. È stato un bellissimo _____, ed i due _____ erano molto commossi!
2. Dopo tanto tempo che non mangiavano carne fresca, un giorno i partigiani hanno deciso di cucinare _____. Ma la fiamma era troppo alta, non sono riusciti a regolare la cottura, e _____ le dita. Tutti però hanno apprezzato la cena e, mentre mangiavano e _____ del vino nei bicchieri, raccontavano storielle spiritose ed i due sposi _____ a ridere. Quando è finita la festa hanno cominciato a _____ piano sull'azione che dovevano intraprendere il giorno dopo.
3. Faceva molto caldo e non pioveva da tempo: il bosco poteva _____.
4. I bombardamenti erano più intensi di notte, con _____.
5. I partigiani usavano sempre _____ per i loro spostamenti. Le strade erano troppo pericolose.

2.38 Mentre leggi Su un foglio separato, completa una tabella simile a questa:

Personaggi principali	Azioni/avvenimenti principali	Luogo/ambiente principale

Matrimonio partigiano di Renata Viganò

Pareva che l'estate non dovesse finire più. I canali erano quasi asciutti […] Tutti avevano sempre sete: quando andavano in giro, la notte, si fermavano ad ogni fontana. E di giorno bevevano del vino.

Si erano seccate, sotto il sole, le poche foglie verdi della valle, che era ormai tutta gialla, colore della canna. Poteva prendere fuoco da un momento all'altro … Questa era la stagione pericolosa: altre volte era accaduto che la valle si coprisse di fiamme. Poi venivano le piogge, e restava sommersa. Si vedeva, sull'argine, il segno dove arrivava l'acqua durante l'inverno. - Tra poco bisogna pensare ad andarcene, - dicevano i partigiani - non ci sarà tempo di aspettarli qui, gli alleati. - Facevano questi discorsi la sera, mentre attendevano l'ora di andare in azione. Ragionavano calmi, nel buio, adesso che la luna era finita, e sembravano contadini pacifici che si riposano al fresco dopo la giornata carica di sole. Tom soltanto stava in disparte con la ragazza.

5

10

Si volevano bene: adesso lei non aveva più nessuno,[1] e parlavano della fine della guerra, di quando si sarebbero sposati. Poi una volta Tom disse[2] che era meglio sposarsi subito, in brigata[3] si poteva fare, il Comandante era come un ufficiale di stato civile.

Si sposarono una sera che un aereo inondava la valle di bengala[4]. Pareva che volesse illuminare la cerimonia. Ma tutti dovettero mettersi a terra e stare immobili in quella luce; era pericoloso farsi vedere in tanti, potevano prenderli per tedeschi. Poi l'aereo se ne andò, rimase[5] il buio, più buio dopo tanto bianco. - Forza! - disse Clinto. - Sta' in gamba,[6] Rina, che tu non sposi un altro. - Attenti! - comandò Gim.

Due passanti guardano un pannello commemorativo dei partigiani uccisi dai nazifascisti nella seconda guerra mondiale, Piazza Maggiore, Bologna

In mezzo al quadrato dei partigiani disarmati, sull'attenti, c'erano Tom e la Rina, muti e commossi come in chiesa. Ma era una notte scura, non si vedevano che macchie scure, e una macchia più chiara, il vestito di lei. Il Comandante disse, con la sua voce quieta: - Voi tutti siete testimoni che quest'uomo che noi chiamiamo Tom[7] vuole sposare questa donna che noi chiamiamo Rina. Tom, la vuoi sposare? - Sì. - rispose[8] Tom. La voce riprese[9]: - Voi tutti siete testimoni che la Rina vuole sposare Tom. Rina, lo vuoi sposare? - E anche lei rispose: - Sì. - Allora, - disse il Comandante, - in nome del governo libero che io qui rappresento, vi dichiaro uniti in matrimonio. Buona fortuna, ragazzi. - Riposo, - comandò Gim. E si udì lo scalpiccio[10] dei piedi che si muovevano. - Bello, - commentò il Cino, - ma potevate sposarvi di giorno. Siamo testimoni e non abbiamo visto niente.

Versavano il vino levando in alto il bicchiere per distinguere quando era pieno. Ridevano e dicevano delle frasi, qualcuna un po' ardita.[11] Clinto domandò: - E l'Agnese? Non c'è? Non si vede la vestaglia[12] dell'Agnese! - Sono qui - rispose lei. Era una grossa cosa bruna, confusa coll'ombra. Per fare onore agli sposi, s'era tolta la vestaglia e aveva indossato il suo logoro vecchio vestito di casa.

---

[1] I parenti di Rina, la ragazza di Tom, erano tutti morti durante i primi anni di guerra.

[2] disse: passato remoto di **dire** (3a persona sing.)

[3] brigata: *a partisan formation*

[4] bengala: *Bengal light, or light rockets used to see a target at night*

[5] rimase: passato remoto di **rimanere** (terza persona sing.)

[6] Sta' in gamba: *don't worry*

[7] Nota i soprannomi usati dai partigiani (Tom, Clinto, Gim): si tratta di nomi di battaglia, adottati per nascondere la loro vera identità.

[8] rispose: passato remoto di **rispondere** (3a persona sing.)

[9] riprese: passato remoto di **riprendere** (3a persona sing.)

[10] scalpiccio: *trampling of feet*

[11] ardito: *daring (here: sexually explicit)*

[12] vestaglia: *house-dress, apron*

(Continua)

Andarono via il Comandante, Clinto e Tom, in "borghese"[13], disse il Cino, come quella volta della spia[14]. Avvertirono di non aspettarli fino al giorno dopo. Tutti i partigiani furono[15] subito inquieti e curiosi. - Vanno a prelevare qualcuno, - dicevano. - Si scava una buca[16] -. S'immaginavano di vederli arrivare in quattro: ma tornarono al mattino, soli, e Tom portava sulle spalle un agnello morto. - Invece si prepara l'arrosto, - disse quello che aveva parlato di buca.

Clinto spiegò che il Comandante aveva voluto andare a prendere un po' di carne fresca; era tanto che mangiavano prosciutto e salame e marmellata, faceva bene cambiare. Decisero[17] la festa per la sera. Le donne fecero[18] le tagliatelle asciutte, lavorarono da matti tutto il giorno. L'agnello fu scuoiato[19], infilato a pezzi nelle baionette. Due partigiani si misero[20] vicino al fuoco, improvvisarono una specie di sostegno; facevano girare la carne sulla fiamma e si bruciavano le dita. Tutto il campo stava in allegria: erano come bambini, andavano dalle capanne al fuoco a curiosare, e ogni volta domandavano quanto ci voleva prima che fosse pronto il pranzo. Videro[21] a un tratto il Comandante avviarsi sul sentiero da cui era venuto la mattina. Camminava piano, e osservava attento da una parte e dall'altra. I partigiani si guardavano in faccia, e si chiedevano che cosa facesse. Uno disse: - Segue una pista. - Ha trovato delle impronte, - aggiunse un secondo. - Forse scarponi col chiodo. - Gim intervenne: - Come può essere passato qualcuno stanotte? Ci sono le sentinelle. - Forse dormivano, - disse il Cino. Ma gli dettero tutti sulla voce[22].

Il Comandante era arrivato quasi alla capanna dell'albero. Tornò indietro, sempre guardando in terra, si trovò contro il gruppo in attesa. Li vide tutti, con le facce interrogative, già pronti e disposti a combattere. - Che cos'hai, Comandante? - chiese Clinto, e il Giglio disse: - C'è puzzo di nazifascisti in valle? - allora egli si mise a ridere, a ridere forte, come certo non faceva da tanto; e ridendo spiegò che insieme all'agnello s'era fatto dare dal pastore della salvia e del rosmarino[23], li aveva messi in tasca, e perduti, purtroppo, ritornando al campo. - Si tratta ancora dell'arrosto, - disse il Clinto leccandosi le labbra.

L'arrosto lo mangiarono senza salvia e rosmarino, e anche mezzo crudo, perché i due compagni preposti al servizio non furono[24] buoni a regolarne la cottura. Mezzo crudo, affumicato e insipido. Ma erano tutti tanto allegri ed affamati che piacque[25] lo stesso. E per mandarlo giù così duro, bevvero bicchieri e bicchieri di vino, e poi cantarono sottovoce fino al momento di andare in azione. - Non è poi tanto brutta la vita del partigiano, - diceva Tonitti. - Quasi meglio che fare il contadino.

---

[13]in borghese: *not wearing the partisan uniform*
[14]quella volta della spia: *that time when they captured a German spy*
[15]furono: passato remoto di **essere** (3a persona plur.)
[16]Si scava una buca: *we need to dig a hole (i.e., to bury a possible spy)*
[17]Decisero: passato remoto di **decidere** (3a persona plur.)
[18]fecero: passato remoto di **fare** (3a persona plur.)
[19]fu scuoiato: *was skinned*
[20]si misero: passato remoto di **mettersi** (3a persona plur.)
[21]Videro: passato remoto di **vedere** (3a persona plur.)
[22]gli dettero sulla voce: *they silenced him*
[23]salvia e rosmarino: *sage and rosmary*
[24]furono: passato remoto di **essere** (3a persona plur.)
[25]piacque: passato remoto di **piacere** (3a persona sing.)

A fine lettura

2.39 Vero o falso Identifica e correggi fra le seguenti le affermazioni false. Poi confronta il tuo lavoro con un compagno o una compagna.

1. I partigiani avrebbero presto abbandonato quel posto senza aspettare gli Alleati perché dovevano trovare nuove munizioni e armi.
2. Tom rimaneva spesso separato dal gruppo per parlare con Rina.
3. Questo matrimonio è diverso da un matrimonio in tempo di pace perché la cerimonia si svolge (*takes place*) di notte, al buio.
4. Clinto dice "…Sta' in gamba, Rina, che tu non sposi un altro" perché vuole rassicurarla che sposerà il suo Tom.
5. In omaggio agli sposi l'Agnese ha fatto una torta.
6. Tutti sono felici quando il Comandante, Clinto e Tom tornano con un prigioniero fascista.
7. Ad un certo punto, il Comandante si comporta in modo strano perché ha visto delle impronte di fascisti sul sentiero.
8. Alla fine tutti si lamentano perché l'agnello non è cotto bene.

2.40 Con parole tue Rispondi alle seguenti domande.

1. Descrivi il rapporto che lega questi uomini fra di loro e con il Comandante usando degli esempi dal testo.
2. Secondo te, il Comandante ha ragione quando dichiara di poter celebrare il matrimonio?

2.41 Alla scoperta di …

1. Fai una breve ricerca sulle Valli di Comacchio. Quali sono le caratteristiche geografiche e ambientali di questa zona? Ti piacerebbe visitare questa zona?
2. La resistenza antifascista nel centro-nord Italia: scopri che cos'era il CLN e da quali partiti era formato; scopri anche che significato ha la data del 25 aprile nella storia italiana.

Grammatica viva

2.42 Tutti i pronomi Identifica tutti i pronomi (oggetto diretto, riflessivi, costruzione reciproca) nelle seguenti frasi tratte dal testo.

1. *Li vide tutti, con le facce interrogative, già pronti e disposti a combattere.*
2. *Tom, la vuoi sposare? – Sì. – rispose Tom. […] Rina, lo vuoi sposare? - E anche lei rispose: - Sì. – Allora, - disse il Comandante, – in nome del governo libero che io qui rappresento, vi dichiaro uniti in matrimonio.*
3. *… sembravano contadini pacifici che si riposano …*
4. *… si volevano bene … parlavano … di quando si sarebbero sposati …*

Adesso ricopia tutti i pronomi che hai trovato in una tabella simile alla seguente:

Pronomi oggetto diretto	Pronomi riflessivi	Pronomi della costruzione reciproca

L'uomo morto di Gabriele Romagnoli

da *Navi in bottiglia*, 1993

Introduzione

Gabriele Romagnoli (Bologna, 1960), è narratore, giornalista e scrittore di teatro. Il protagonista di questo racconto sta viaggiando su un treno ad alta velocità che percorre la vasta pianura padana. Ad un certo punto, decide di chiedere al macchinista di entrare nella sua cabina. I due diventano subito amici …

2.43 **Prima di leggere** Fai le seguenti domande ad un compagno o ad una compagna.

1. Hai mai fatto un lungo viaggio in treno? Spiega.
2. Le linee ferroviarie sono sviluppate nella regione in cui abiti?
3. Qual è il mezzo di trasporto che preferisci per le lunghe distanze? Perché?
4. *Thump*, una parola che incontrerai più volte nel racconto, è un esempio di onomatopeia perché imita il suono di una certa azione. Altre parole onomatopeiche in italiano sono **bisbigliare** (*to whisper*) e **borbottare** (*to mumble*). Puoi pensare ad altre parole onomatopeiche usate in italiano? Ci sono parole onomatopeiche che usi frequentemente in inglese?

Lessico Nuovo

addormentato	*asleep*	pestare	*to step on*
ammazzarsi	*to kill oneself*	il pulsante	*button*
attraversare	*to cross*	restringersi, *p.p.* ristretto	*to reduce oneself, to shrink*
i binari	*train tracks*		
cosciente	*aware*	i risparmi	*savings*
la coscienza	*awareness*	le rotaie	*train tracks, rail lines*
farcela, *p.p.* fatto	*to make it*	suicidarsi	*to commit suicide*
fermo	*still, immobile*	trascorrere, *p.p.* trascorso	*to spend (time)*
il macchinista	*train conductor*	il treno ad alta velocità	*high-speed train*
morto	*dead*	urlare	*to scream, to shout*
percorrere, *p.p.* percorso	*to cover a distance, to go through*	vivo	*alive*

Libera le parole!

2.44 **Abbinamenti** Abbina le parole o frasi che hanno un significato simile.

1. farcela
2. urlare
3. macchinista
4. pulsante
5. fermo
6. suicidarsi

a. tasto per accendere o spegnere una macchina o utensile
b. togliersi la vita
c. riuscire a fare qualcosa di difficile
d. gridare
e. chi guida un treno
f. immobile

2.45 **Parole nel loro contesto** Completa le frasi con il vocabolo giusto da Lessico nuovo a p. 68 (ricorda di coniugare correttamente il verbo):

1. Quando qualcuno è _____, sa esattamente tutto quello che succede intorno a sé.
2. Mamma, perché _____? Ti sento benissimo!
3. In una grande folla è facile _____ i piedi di qualcuno.
4. Questo esame è troppo difficile, non potrò mai _____!
5. L'Eurostar è un treno che _____ molte centinaia di chilometri all'ora.
6. Sono stanchissimo, non ce la faccio più, mi sento più _____ che _____!

2.46 **Mentre leggi** Identifica tutti i *Thump!* che vedi nel racconto. Poi leggi a voce alta ogni paragrafo in cui compare un *Thump!* Qual è la funzione di questa parola all'interno del paragrafo?

L'uomo morto di Gabriele Romagnoli

Salgo su un treno ad alta velocità. Il mio posto è nel vagone[1] del locomotore. Attraverso un finestrino vedo il macchinista alla guida mentre percorriamo la campagna italiana. Mio zio faceva quel lavoro. Sempre sulla rotaia, da Bologna a Milano e ritorno. Qualche volta si spingeva fino a Chiasso e trascorreva la notte in Svizzera, senza uscire dalla stazione locale, ma considerando quella permanenza un'avventura.   5

Pensando a lui mi alzo, busso alla cabina e, quando il macchinista apre, gli chiedo se posso vedere come funziona il suo lavoro. Risponde di sì. È un uomo basso e gentile. Andiamo sui duecento all'ora, l'orizzonte sembra restringersi nello sguardo d'ape[2] della testa aerodinamica del treno. La cosa che mi colpisce è un'altra: 10 a intervalli regolari il ferroviere pesta con il piede un pulsante sul pavimento del treno.

Thump!

Si accorge che ho notato quel gesto.

Dice—È l'uomo morto.—   15

Penso di aver capito male.

Ma lui ripete—Si chiama così: l'uomo morto.—

Che cosa si chiama così?

—Questo. Questo congegno[3]. Il pulsante è collegato con una rete di controllo, serve a stabilire se il macchinista è   20 cosciente e il treno governato. Chi guida deve pestarlo ogni trenta secondi.—

Thump!

Sennò?[4]

—Sennò scatta un avviso acustico, per risvegliare chi   25 magari si è addormentato. Se neanche allora c'è una reazione, il treno viene fermato automaticamente, perché si presume che in cabina ci sia …—

---

[1]vagone: *train car*
[2]sguardo d'ape: la testa del treno somiglia alla testa di un'ape (*bee*)
[3]congegno: *device*
[4]Sennò: se no (*implying: if you don't do this…*)

(Continua)

Treno ad alta velocità nei pressi della stazione di Bologna

—Un uomo morto.—

—…esatto. Prima bisognava pestare ogni cinquantacinque secondi. Con l'alta velocità sono scesi a trenta. Il dubbio è che lo facciano per eliminare il secondo macchinista. E comunque è, mi scusi, una gran rottura di balle[5].— 30

Thump!

—Ma non si può mettere un sensore, qualcosa che percepisca il respiro?—

—Ci hanno fatto anche un'interrogazione parlamentare. Ma vede, non basta che chi sta qui sia vivo. Il punto non è la vita, ma la coscienza.— 35

Un sensore di coscienza. Stiamo sfrecciando[6] su un problema epistemologico. Viaggiamo a tutta filosofia e rischiamo di incontrare la religione. Accadrà molto di più.

Il macchinista guarda avanti, nervosamente. Seguo la direzione dei suoi occhi. Non c'è nulla all'orizzonte. Ma potrebbe comparire qualcosa, da un momento all'altro. Questo è il punto. Se succedesse, il treno ad alta velocità potrebbe evitare la collisione? 40

C'è qualcosa di particolare nello sguardo di quest'uomo. È un misto di disperazione e allarme, difficoltà di essere ancora dove si è: qualcosa che ho conosciuto, impiegando lo spazio della vita di un adolescente per andare oltre. Lui è ancora prigioniero: continua ad aspettarsi qualcosa di terribile. Poi dice—Un anno fa, su questa strada. Ho visto un uomo. È sbucato[7], se lo immagini come fosse là in fondo. Ha messo avanti la testa ed è rimasto qualche secondo fermo …— 45

50

Thump!

—Ho pensato volesse attraversare i binari e stesse calcolando se ce l'avrebbe fatta. Allora ho suonato la sirena e quello si è ritirato. Bene, ho detto. Almeno non era il solito … suicida. Il treno ha continuato, io mi sono rilassato e … rieccolo[8], stavolta sui binari. Mi corre incontro, con la bocca aperta, urlando, non so che cosa, non si sente attraverso il vetro. Ha le braccia alzate, quella bocca spalancata, mi fissa, urla qualcosa e continua a correre. Mi guarda dritto e io non posso più fermare il treno. Quell'uomo mi muore in faccia …— 55

Thump!

Restiamo in silenzio. Aspetto che la storia arrivi in stazione perché sono certo che mi stia portando più lontano di così, più al riparo di così. 60

Il macchinista dice - Dopo, l'azienda mi ha concesso un lungo permesso[9] perché non stavo bene, sono andato dallo psicanalista, che prima non sapevo neanche cosa fosse, non dormivo, mi veniva da piangere, trattavo tutti male senza motivo. E poi, un giorno, si è sposata mia figlia.— 65

Thump!

—Ero al banchetto del matrimonio. Una bella festa. Ho finito i risparmi, ma ne valeva la pena[10], lei sorrideva così tanto. Vede?—Estrae una foto: la ragazza in bianco sorride tanto.—Insomma, sono lì che mangio e cerco di stare bene quando mio genero si avvicina imbarazzato e mi dice che c'è una persona, una 70

---

[5]una gran rottura di balle: (volg.) *a big pain in the neck (or worse…)*
[6]sfrecciare: *to go fast, to dart*
[7]sbucare: *to pop out*
[8]rieccolo: *here he is again*
[9]permesso: *leave of absence*
[10]valere la pena: *to be worth your while*

sua vicina di casa, che mi vorrebbe conoscere. Dico—Va bene. - Mi accompagna da questa donna. Mi presento, ci stringiamo la mano. Nella sua faccia c'è qualcosa di familiare. Dice - Sono la sorella di quello che si è ammazzato sotto il treno. - Mi siedo. Lei si scusa, dice che voleva solo dirmi chi era suo fratello, che magari[11] mi aiutava.—

75

   —Viene fuori che quest'uomo aveva la mia stessa età, appena una settimana di differenza. Non era sposato, niente figli, un'aziendina sua[12]. Poi le cose erano andate male, i soci l'avevano fregato[13], era rimasto solo, nessuno per cui vivere, tranne questa sorella, che aveva la sua famiglia. Alla fine era venuto sul mio binario a morirmi in faccia urlando qualcosa che non saprò mai che cos'era.—

80

   Che cos'era? Che cosa urlava l'uomo senza legami, dedito[14] alla libera iniziativa a quest'altro, ostaggio di un binario, che investe i risparmi nel matrimonio della figlia?

   Thump!

85

Conosco la risposta. Ho preso quel treno per incontrarla. Ho passato quarantacinque anni da bufalo[15] e mezz'ora nella locomotiva per scoprirla. […] Guardo il macchinista basso e gentile. Mi accorgo che gli sto toccando la spalla con la mano, non l'ho mai fatto neppure con mio padre. Gli chiedo—Posso?—

   E mio padre capisce. C'è il giorno in cui nasci e quello in cui scegli di vivere. Manda un segnale quando ci arrivi, bestia.

90

   —Certo che puoi.—

Avvicino il piede al pulsante.

Thump!

Thump!

95

   Ci sono due uomini vivi su questo treno. […] Rimanete in ascolto.[16] Avrete nostre notizie ogni trenta secondi.

---

[11]magari: *perhaps*
[12]un'aziendina sua: *a small business he owned*
[13]fregare: *to swindle someone*
[14]dedito: *dedicated, devoted to*
[15]bufalo: *buffalo, i.e. a narrow-minded and superficial person*
[16]rimanere in ascolto: *to keep on listening, to stay tuned*

 ## A fine lettura

2.47 La risposta migliore Scegli quella giusta fra le tre possibilità e discutine con un compagno o una compagna.

1. All'inizio il narratore decide di chiedere di stare con il macchinista del treno …
   a. perché non trova posto nel vagone.
   b. perché vuole capire come funziona il treno.
   c. per capire meglio il lavoro di un suo familiare.
2. Che cosa pensa il macchinista dell'*uomo morto*? Pensa che sia …
   a. un impegno esagerato.
   b. un'ottima idea.
   c. un'invenzione inutile.

3. Perché si usa l'*uomo morto* invece di un altro sensore?
   a. Perché solo l'*uomo morto* controlla lo stato di salute del macchinista.
   b. Perché solo l'*uomo morto* controlla lo stato di coscienza del macchinista.
   c. Perché un qualsiasi altro sensore costerebbe molto di più.
4. Che cosa è successo al macchinista un anno fa e come ha reagito a quel tragico evento?
   a. Una persona disperata è morta sotto il suo treno e lui è rimasto indifferente.
   b. Una persona disperata è morta sotto il suo treno e lui ha sofferto molto per il tragico incidente.
   c. Una persona è salita sul suo treno e poi si è suicidata.
5. Al matrimonio di sua figlia, chi ha conosciuto il macchinista?
   a. La sorella della persona suicida.
   b. La moglie della persona suicida.
   c. La figlia della persona suicida.
6. Che cosa chiede di fare alla fine il narratore al macchinista?
   a. Di fargli guidare il treno.
   b. Di fargli usare l'*uomo morto*.
   c. Di permettergli di viaggiare con lui fino a destinazione.

2.48 Con parole tue Rispondi alle domande con frasi complete.

1. Che cosa impara il narratore dal suo incontro con il macchinista?
2. Cosa significa la frase "E mio padre capisce"? Perché il protagonista chiama il macchinista "mio padre"?
3. Spiega il contrasto fra il titolo del racconto e la fine del racconto.

 2.49 Confronti e riflessioni Prepara le tue risposte alle seguenti domande; poi discutine in gruppi di due o tre.

1. Ti è mai successo di imparare qualcosa d'importante da un incontro breve e casuale?
2. Rifletti sui diversi mezzi di trasporto che puoi usare per i tragitti lunghi: l'aereo, l'auto, il treno (forse anche la bicicletta). L'esperienza del viaggio cambia a seconda del mezzo di trasporto che usi? Spiega in che modo, usando una tabella simile a questa.

L'esperienza del viaggio				
In aereo	In auto	In treno	In bicicletta	Altri mezzi

Grammatica viva

2.50 La linea del tempo Nella lettura riconosci almeno tre verbi al passato prossimo, tre all'imperfetto e tre al trapassato prossimo (un tempo verbale che ripasserai nel *Capitolo* 3). Disponi questi verbi su una linea del tempo disegnando:

- **una freccia verticale** ↓ se si tratta di un evento;
- **un'onda** ⋁⋀ se si tratta di una condizione o situazione;
- **una freccia orizzontale** ◄——— se si tratta di un evento successo prima del tempo della narrazione.

SiAMO Bologna

di *L'Altra Babele*, 2010

Introduzione

Stai per leggere un volantino (*flyer*) di *L'Altra Babele* ("Associazione culturale e di promozione sociale"), un gruppo di volontariato fondato da studenti dell'Università di Bologna. Se vuoi saperne di più, visita il loro sito Internet (www.laltrababele.it).

2.51 Prima di leggere Prima rifletti sui seguenti punti e poi parlane con un compagno o una compagna.

1. Decidi se le seguenti affermazioni sono vere o false. Poi confronta le tue risposte con quelle dei tuoi compagni.

   a. Gli studenti della mia scuola sono più interessati agli sport che a questioni politiche e/o sociali. V F

   b. Molte associazioni studentesche o club nella mia scuola sono inefficaci. V F

   c. Le *fraternities* e *sororities* sul mio campus svolgono importanti attività di volontariato. V F

2. Considera il titolo SiAMO Bologna: quali possono essere i due significati di questo titolo? Perché le parole AMO sono maiuscole e scritte in rosso?

Lessico nuovo

affiggere, *p.p.* affisso	*to hang, to post*	impegnarsi	*to commit oneself*
l'ambiente	*environment*	l'impegno	*commitment*
l'appartenenza	*belonging*	mettere a disposizione,	*to make available*
attenuare	*to soften, to lessen*	*p.p.* messo	
la bacheca	*bulletin board*	il quartiere	*neighborhood*
il comune	*city government, municipality*	la raccolta differenziata	*recycling divided by type*
		il riciclaggio	*recycling*
la convivenza	*cohabitation*	i rifiuti	*garbage*
danneggiare	*to damage*	il riposo	*rest*
dare sfogo a, *p.p.* dato	*to give vent to*	rubare	*to steal*
il degrado	*deterioration*	il senso civico	*community spirit*
il diritto	*the right*	lo smaltimento	*waste disposal*
il furto	*theft*	la vivibilità	*livability*

Libera le parole!

2.52 Abbinamenti Abbina la parola a sinistra con la definizione giusta a destra.

1. la raccolta differenziata
2. la vivibilità
3. il degrado
4. il riposo
5. il quartiere
6. l'appartenenza

a. il rilassamento
b. il legame, il far parte di
c. la qualità della vita
d. il riciclaggio
e. il deterioramento
f. la zona di una città

2.53 La parola giusta Completa con un vocabolo dalla lista più sopra (un sostantivo è ripetuto due volte) e coniuga un verbo dove necessario.

1. Se vuoi vendere la tua bicicletta, perché non metti un annuncio su quella _____?
2. Non lasciare la tua bici in strada perché non ne troverai due! In questo quartiere i _____ sono molto frequenti!
3. Gli studenti hanno il _____ di divertirsi, ma i residenti del quartiere hanno anche il _____ al _____.
4. Come studenti dobbiamo dimostrare di avere _____, cioè dobbiamo rispettare questo quartiere e la gente che ci abita.
5. Le associazioni studentesche hanno contribuito ad _____ i conflitti fra gli studenti e gli abitanti del quartiere.
6. I caffè e bar della zona universitaria _____ i loro bagni agli studenti.

2.54 Mentre leggi Mentre scorri (*scan*) il documento …

1. Identifica almeno cinque parole in italiano affini all'inglese (*cognates*).
2. Per ogni paragrafo con un titolo, scegli due parole che rappresentino il contenuto del paragrafo. Ad esempio, per il paragrafo **Legalizziamole**, potresti scrivere 1. *bici* e 2. *furto*.

Una delle biblioteche dell'Università di Bologna

SiAMO Bologna

Il nome del progetto, SiAmoBo, è l'acronimo di "Siamo Bologna" o "Sì Amo Bologna" che simbolicamente indicano il senso di appartenenza alla città e la volontà di avere a cuore il territorio bolognese.

Attraverso questa rete di impegni reciproci ci aspettiamo di raggiungere risultati in termini di benefici sociali e territoriali, per una maggiore convivenza civile.

Chi siamo?

Ragazze e ragazzi come te! Viviamo e studiamo a Bologna e, in collaborazione con Comune, Quartiere, e Università, ci impegniamo come "mediatori dal basso" tra residenti, studenti, commercianti e frequentatori della Zona Universitaria. Cerchiamo di promuovere un maggiore **senso civico** tra i giovani, ridurre la conflittualità sociale e migliorare il grado di sicurezza dei cittadini e di vivibilità del territorio.

Cosa pensiamo?

La socialità non è degrado! Anzi, se basata sul rispetto reciproco, è la ricetta per la convivenza civile. L'obiettivo è la stipula di un nuovo **"patto sociale e inter-generazionale di convivenza civile"** tra tutte le componenti della città. Per salvaguardare i diritti e le esigenze di tutti: studio, lavoro, riposo e divertimento.

Come agiamo[1]?

Da mediatori urbani! Ci mettiamo al servizio della comunità per attenuare i conflitti urbani e sociali nell'uso degli spazi pubblici. Pratichiamo la mediazione e la comunicazione sociale per sostenere il corretto uso collettivo dello spazio pubblico da parte dei giovani.

L'azione di "SiAmoBo" si è applicata su sei ambiti:

Se vuoi bene a Bologna ... **Legalizziamole.**

Il progetto riguarda il fenomeno illegale del furto, ricettazione e rivendita al mercato nero di biciclette rubate. [...] sensibilizziamo gli studenti a comprare solo biciclette usate vendute legalmente. Per soli 15 euro, infatti, si può vincerne una alla grande asta[2] di bici organizzata ogni mese in Piazza Puntoni.

Se vuoi bene a Bologna ... **Differenziati.**

A proposito dell'abbandono di bottiglie e lattine per strada. Vogliamo promuovere la raccolta differenziata per tutelare l'ambiente, incentivando: l'uso di campane verdi[3] e bidoni aggiuntivi davanti ai negozi, una maggiore disposizione di cestini[4] [...], un sistema di vuoto a rendere, dare il buon esempio con lo smaltimento dei rifiuti riciclabili. Dal 2 novembre 2009 circa sessanta esercenti[5] della zona universitaria mettono a disposizione un nuovo bidone vetrolattine[6] per favorire il riciclaggio e la pulizia dei portici.

Se vuoi bene a Bologna ... **Non Metterci al Muro[7].**

5

10

15

20

25

30

35

40

---

[1]agire: *to act (here: to operate)*
[2]asta: *auction sale*
[3]campane verdi: *containers for recycling similar in shape to a church bell (lit. green bells)*
[4]cestino: *wastebasket*
[5]esercente: *shop owner*
[6]bidone vetrolattine: *recycling container for glass and cans* (lattine)
[7]mettere al muro: *to execute someone by firing squad; to put on the wall (expression deliberately used because of its double meaning)*

(Continua)

Un progetto contro l'affissione selvaggia[8] di annunci "cerco/offro" su muri, colonne e arredi che danneggiano la qualità dello spazio pubblico. È partito il nuovo sistema di bacheche in via del Guasto con obbligo di utilizzo di un modulo standard per una gestione ordinata del servizio.

[...] ci impegniamo a staccare tutti i fogli affissi fuori dagli spazi consentiti e ad inviare un sms[9] di notifica della rimozione, informando sull'opportunità di affiggere legalmente.

Se vuoi bene a Bologna ... **Colorala di Idee.**

Abbiamo indetto un concorso pubblico per tutti coloro che intendano dar sfogo alla propria creatività artistica in modo libero e gratuito senza imbrattare[10] la città, per evitare i graffiti abusivi da parte dei *writers*, per realizzare un sistema di *murales* a tema realizzati sulle serrande[11] dei negozi e sulle campane verdi e azzurre della raccolta differenziata. Durante l'estate ben 18 saracinesche[12] della zona universitaria si sono prestate a ospitare altrettante opere d'arte urbane realizzate gratuitamente da artisti e sovvenzionate[13] dagli esercenti. Un bel risultato che speriamo si possa replicare.

Se vuoi bene a Bologna ... **Non Farla Fuorisede[14].**

Realizzeremo una rete integrata di bagni pubblico-privata: per dare un'alternativa all'uso delle strade come bagni a cielo aperto. Abbiamo proposto ai gestori degli esercizi pubblici[15] l'accesso ai servizi anche senza consumazione e abbiamo ottenuto dal Comune la possibilità di usare il bagno pubblico in Largo Respighi anche in orario serale dalle 22.00 alle 2.00, il giovedì, venerdì e sabato per i mesi di maggio, giugno e luglio. Tra poco sarà realizzato un bagno autopulente stabile in Piazza Scaravilli.

Se vuoi bene a Bologna ... **Facci Sognare.**

Questo ultimo progetto è rivolto al buonsenso dei giovani. Il problema degli schiamazzi[16] in orari notturni impedisce il sonno ai residenti. Cerchiamo di intervenire come "mediatori" fra i residenti e i giovani trovando un punto di incontro fra il diritto all'aggregazione giovanile e il diritto al riposo.

---

[8]affissione selvaggia: *illegal posting of fliers, ads, etc. (lit. wild posting)*
[9]sms: *text message*
[10]imbrattare: *to smear*
[11]serranda: *rolling shutters on shops*
[12]saracinesca: *rolling shutters on shops*
[13]sovvenzionata: *supported, sponsored*
[14]non farla fuori sede: *don't choose a university outside your hometown; here, don't pee outdoors (expression deliberately used because of its double meaning)*
[15]gestori degli esercizi pubblici: *owners of shops, cafés, restaurants and bars*
[16]schiamazzo: *squall, racket*

A fine lettura

 2.55 Riflessioni Completa ogni frase con la scelta giusta; poi confronta il tuo lavoro con quello di un compagno o una compagna.

1. I giovani dell'associazione SiAMO Bologna vogliono (migliorare i rapporti fra gli studenti e gli abitanti del quartiere / migliorare i rapporti fra gli studenti e l'amministrazione dell'università).

2. Nel paragrafo **Legalizziamole** si propone di comprare solo (le biciclette vendute nei negozi specializzati / le biciclette usate vendute legalmente).

3. **Differenziati** significa "prova ad essere diverso dagli altri", ma qui si allude anche (al riciclaggio / agli studenti ambientalisti).

4. I negozi della zona (collaborano / non collaborano) con gli studenti per la raccolta di lattine e bottiglie.

5. Nel paragrafo **Non Metterci al Muro** i ragazzi propongono di mettere poster e annunci (sulle saracinesche dei negozi / sulle bacheche apposite).

6. Con il programma **Colorala di Idee** gli studenti invitano i *writers* di graffiti a realizzare le loro opere (sui muri di case abbandonate / sulle saracinesche ed i contenitori del riciclaggio).

7. Rileggi **Non farla fuori sede** e **Facci sognare** e scrivi due affermazioni sul contenuto di questi paragrafi, una vera e l'altra falsa, e proponile alla classe.

(affermazione vera) _____

(affermazione falsa) _____

 2.56 Confronti e riflessioni Rispondi personalmente alle domande; poi parlane a piccoli gruppi.

1. Secondo te, quali sono i problemi presenti nella comunità in cui vivi che i giovani della tua età dovrebbero impegnarsi a risolvere? Ad esempio, quali iniziative di L'Altra Babele potrebbero avere senso nel tuo quartiere?

2. Gli studenti della tua scuola hanno un buon rapporto con gli abitanti del quartiere?

3. Che tipo di associazione studentesca ti piacerebbe fondare?

Grammatica viva

2.57 Imperativo Il titolo di ogni paragrafo è un verbo all'imperativo (un modo verbale che studierai al *Capitolo 8*), con un pronome. Identifica il pronome seguendo il primo esempio, e indica se si tratta di pronome oggetto diretto o riflessivo.

Es. Legalizziamo<u>le</u> (pronome <u>oggetto diretto</u> / riflessivo)

1. Differenziati (pronome oggetto diretto / riflessivo)
2. Non metterci al muro (pronome oggetto diretto / riflessivo)
3. Colorala di idee (pronome oggetto diretto / riflessivo)
4. Non farla fuori sede (pronome oggetto diretto / riflessivo)
5. Facci sognare (pronome oggetto diretto / riflessivo)

2.58 Imperativo e pronomi Ora indica a che cosa o a chi si riferiscono i pronomi usati con questi verbi:

1. Legalizziamole: legalizziamo chi? che cosa? _____
2. Colorala di idee: colora chi? che cosa? _____
3. Facci sognare: fa sognare chi? _____

PASSATO PROSSIMO

Lingua in contesto 1

Sandra scrive una mail da Rimini a suo fratello Marco che è rimasto a Bologna a studiare e lavorare.

Ciao, Marco, finalmente ho un momento libero per scriverti. Sono a Rimini da una settimana, e conduco una vita frenetica! Ti faccio un elenco delle cose che ho fatto negli ultimi sette giorni:

Ho fatto il bagno in mare sotto le stelle.
Ho conosciuto almeno un centinaio di persone (tutte simpatiche!).
Ho preso una bella scottatura sulla schiena (ora però sono guarita!).
Sono andata a ballare in cinque discoteche diverse.

E questa la chiamano vacanza . . . sono stanca morta! Ho bisogno di tornare a casa a riposarmi!

Comunque, ti faccio anche un elenco delle cose che NON ho fatto:

Non mi sono innamorata (non ancora, almeno!).
Non sono mai andata a letto prima delle quattro del mattino.
Non mi sono mai svegliata prima delle due del pomeriggio.
Non ho ancora provato il gelato al gusto "prosciutto e melone" (ti giuro! Ho visto questo gusto in una gelateria!).
Non ho ancora scritto a mamma e papà, e non ho letto il libro che mi hai dato (ho preferito portare al mare dei romanzi gialli)[1].
A presto (con una lista aggiornata delle mie attività . . .)

Tua Sandra ("stanchissima" dalle vacanze)

---

[1]romanzo giallo: *detective novel*

2.59 Detective Identifica tutti i verbi al passato prossimo con *avere*, e identifica quelli con *essere*.

2.60 Scoprire le forme Ora, coniuga al passato prossimo i seguenti verbi che hai incontrato in *Lingua in contesto 1*.

	fare	svegliarsi	prendere	preferire
io				
tu				
lui / lei / Lei				
noi				
voi				
loro / Loro				

PASSATO PROSSIMO

Forme

Il passato prossimo è un **tempo composto**, cioè formato da un **ausiliare** (*essere* o *avere*) e da un **participio passato**.

Io ho parlato   Io sono andato/a

Participio passato

Il participio passato dei verbi regolari si forma dall'infinito:

parlare ——→ parl**ato**
ricevere ——→ ricev**uto**
finire ——→ fin**ito**

Participi passati irregolari divisi per somiglianza

Participi passati che finiscono in *-lto*

raccogliere ——→ raccolto
risolvere ——→ risolto
scegliere ——→ scelto
togliere ——→ tolto
volgere ——→ volto; e derivati: avvolgere (avvolto), rivolgere (rivolto), sconvolgere (sconvolto)

Participi passati che finiscono in *-nto*

assumere ——→ assunto
dipingere ——→ dipinto
giungere ——→ giunto; e derivati: aggiungere (aggiunto), congiungere (congiunto), raggiungere (raggiunto)
piangere ——→ pianto
spegnere ——→ spento
spingere ——→ spinto
vincere ——→ vinto; e derivato: convincere (convinto)

Participi passati che finiscono in *-rso*

correre ——→ corso; e derivati: percorrere (percorso), ricorrere (ricorso)
perdere ——→ perso / perduto

Participi passati che finiscono in *-rto*

accorgersi ——→ accorto
aprire ——→ aperto
coprire ——→ coperto; e derivato: scoprire (scoperto)

morire ——→ morto
offrire ——→ offerto
soffrire ——→ sofferto

Participi passati che finiscono in *-so*

accendere ——→ acceso
chiudere ——→ chiuso
decidere ——→ deciso
dividere ——→ diviso
offendere ——→ offeso
prendere ——→ preso; e derivati: apprendere (appreso), comprendere (compreso), sorprendere (sorpreso)

rendere ——→ reso
ridere ——→ riso; e derivato: sorridere (sorriso)
scendere ——→ sceso
spendere ——→ speso
uccidere ——→ ucciso

Participi passati che finiscono in -sso

discutere   ⟶   discusso

mettere   ⟶   messo; e derivati: permettere (permesso),
                 commettere (commesso)

muovere   ⟶   mosso; e derivati: commuovere (commosso), promuovere
                 (promosso), rimuovere ⟶ rimosso

succedere   ⟶   successo

Participi passati che finiscono in -sto

chiedere ⟶ chiesto   rispondere ⟶ risposto

rimanere ⟶ rimasto   vedere ⟶ visto / veduto

Participi passati che finiscono in -tto

correggere ⟶ corretto   leggere ⟶ letto

dire ⟶ detto   rompere ⟶ rotto

fare ⟶ fatto   scrivere ⟶ scritto

Altre forme irregolari

essere ⟶ stato   venire ⟶ venuto

nascere ⟶ nato   vivere ⟶ vissuto

Participi passati irregolari di verbi con infiniti contratti

Participi passati che finiscono in -atto

trarre ⟶ tratto; e derivati: attrarre (attratto), contrarre (contratto),
              distrarre (distratto), protrarre (protratto)

Participi passati che finiscono in -otto

condurre ⟶ condotto   produrre ⟶ prodotto

dedurre ⟶ dedotto   tradurre ⟶ tradotto

Participi passati che finiscono in -sto

porre ⟶ posto; e derivati: disporre (disposto), comporre (composto),
            opporre (opposto), proporre (proposto)

Nota: *essere* e *stare* hanno lo stesso participio passato: *stato*

Essere o *avere* al passato prossimo

Tutti i *verbi transitivi* prendono l'ausiliare *avere*. La maggior parte dei *verbi intransitivi* prende l'ausiliare *essere*.

    Sono *transitivi* quei verbi che possono essere seguiti (*may be followed*) da un **oggetto diretto**. L'oggetto diretto risponde alla domanda **Chi?** o **Che cosa?** dopo il verbo.

Chi?
↓

*(io) Ho visto **l'Agnese**.* (*l'Agnese* è l'oggetto diretto)

Che cosa?
↓

*(io) Ho mangiato **i tortellini**.* (*i tortellini* è l'oggetto diretto)

Sono *intransitivi* quei verbi che **non** possono essere seguiti (*may not be followed*) da un oggetto diretto. Domandare **Chi?** o **Che cosa?** sarebbe assurdo dopo questi verbi; è possibile, invece, fare altre domande, ad esempio: **Dove? Quando? Con chi? Perché?**
Considera:

| | Dove? | Quando? | Con chi? | Perché? | ~~Chi?~~ ~~Che cosa?~~ |
| Sono andato/a | a Ravenna | un mese fa | con i miei amici | perché volevamo vedere i mosaici. | |

I verbi intransitivi prendono *essere* al passato prossimo. Li possiamo dividere nei seguenti gruppi:

- Verbi che esprimono il *movimento* del soggetto da un luogo ad un altro (*from one place to the other*): **andare, partire, arrivare, uscire, entrare, ritornare.**
- Verbi che esprimono lo stato (*state of being*) del soggetto: **essere, stare, restare, rimanere.**
- Verbi che esprimono un *cambiamento di stato* (*change in the state of being*) del soggetto: **diventare, crescere, morire, nascere.**
- Anche i *verbi riflessivi* e della *costruzione reciproca* prendono *essere* al passato prossimo:

Mi sono alzato/a tardi oggi.   *Ci siamo visti/e molte volte sulla riviera.*
Ci siamo divertiti/e a Rimini.   *Vi siete conosciuti/e l'estate scorsa.*

Eccezioni. I seguenti verbi sono *intransitivi*, ma sono coniugati con *avere* al passato prossimo:

abitare (ho abitato), *camminare* (ho camminato), *dormire* (ho dormito), *nuotare* (ho nuotato), *passeggiare* (ho passeggiato), *piangere* (ho pianto), *ridere* (ho riso), *sciare* (ho sciato), *sorridere* (ho sorriso), *viaggiare* (ho viaggiato)

Attenzione! Considera i seguenti esempi:

1. *Mario è diventato medico.*
2. *Marina è stata direttrice di banca.*

Nella frase 1, *medico* non è l'oggetto diretto di *diventare* perché **Mario** e *medico* sono la stessa persona. Allo stesso modo, nella frase 2, *direttrice di banca* non è l'oggetto diretto di *è stata* perché **Marina** e *direttrice di banca* sono la stessa persona. Quindi *diventare* e *essere*, sono verbi **intransitivi** e prendono *essere* al passato prossimo.

Accordo del participio passato con il soggetto (ausiliare *essere*)

Quando si usa *essere* al passato prossimo, il participio passato deve accordarsi in genere e numero con il soggetto.

Le studentesse si sono impegnate a riciclare tutte le bottiglie.
Rina è tornata tardi.
Il Comandante e il Cinto sono arrivati prima del tramonto.
Tom è ritornato tardi.

Verbi che possono essere transitivi o intransitivi

Considera i verbi *cominciare*, *finire* e *cambiare* nelle seguenti frasi:

1. a. *Il film è cominciato alle 8.00.*
   b. *La professoressa ha cominciato la sua conferenza alle 6.00.*
2. a. *La rappresentazione teatrale è finita alle 11.00.*
   b. *Gli operai hanno finito di lavorare alle 7.00.*
3. a. *Marta e Lucia sono cambiate molto dall'inizio dell'università!*
   b. *Ho cambiato università perché non mi trovavo bene.*

I verbi degli esempi 1.a., 2.a., e 3.a. sono *intransitivi* (quindi sono coniugati con *essere* al passato prossimo). Negli esempi 1.b., 2.b., e 3.b., invece, gli stessi verbi sono *transitivi* perché possono essere seguiti da un oggetto diretto (quindi sono coniugati con *avere* al passato prossimo).

Anche i verbi *salire / scendere / passare / aumentare / diminuire / correre*, e molti altri, possono essere intransitivi o transitivi. Osserva e confronta i seguenti esempi:

Sono salito/a al piano di sopra (floor above).	*Ho salito le scale* (stairs).
Marta è salita in macchina (in aereo, in treno, in autobus, in metropolitana, ecc.)	*Marta ha salito la montagna in tre ore.*
Sono scesi/e al piano di sotto (floor below).	*Hanno sceso le scale.*
Siete scesi/e dalla macchina (dall'aereo, dal treno, dall'autobus, dalla metropolitana, ecc.)	*Avete sceso la montagna di corsa.*
Siamo passati dal caffè prima di andare a scuola.	*Abbiamo passato la serata con l'Agnese e i suoi compagni.*
I prezzi sono aumentati.	*Il governo ha aumentato le tasse* (taxes).
I prezzi sono diminuiti.	*I comuni hanno diminuito il limite di velocità* (speed limit).
Siamo corsi all'ospedale appena abbiamo saputo la brutta notizia.	*Abbiamo corso la maratona tre volte.*

Accordo del participio passato con il pronome oggetto diretto (ausiliare *avere*)

Il participio passato si accorda sempre con i pronomi oggetto diretto:
   lo, la, le e **li**.
Con gli altri pronomi diretti (**mi, ti, ci, vi**), l'accordo è opzionale.
Il participio passato **non** si accorda **mai** con il pronome *oggetto indiretto*.

ACCORDO FRA PRONOME OGGETTO DIRETTO E PARTICIPIO PASSATO: OBBLIGATORIO

Ho incontrato Gabriele ieri.   ⟶ L'ho incontrato.
Ho incontrato Lea ieri.   ⟶ L'ho incontrata.
Ho incontrato Tom e Clinto ieri. ⟶ Li ho incontrati.
Ho incontrato Agnese e Rina. ⟶ Le ho incontrate.

Ma...

ACCORDO FRA PRONOME OGGETTO DIRETTO E PARTICIPIO PASSATO: OPZIONALE

Ci hai visto ieri? (oppure: Ci hai visti/e ieri?)
Vi hanno visto ieri? (oppure: Vi hanno visti/e ieri?)

E...

**NESSUN ACCORDO FRA PRONOME OGGETTO DIRETTO E
PARTICIPIO PASSATO**

Gli ho parlato per un'ora.
Le ho parlato per un'ora.
Ho parlato loro per un'ora.

PASSATO PROSSIMO

Uso

1. Il passato prossimo è usato per azioni ed eventi successi in un momento specifico nel passato. Risponde alla domanda:

Cosa è successo? *(What happened?)*

Ci siamo conosciuti a Riccione nel 2005.

Ho visitato Ravenna tre volte.

Espressioni di tempo comunemente usate con il passato prossimo sono: **ieri, ieri sera, stamattina, la settimana scorsa, il mese (l'anno) scorso, un anno fa, una volta (due volte, tre volte, ecc.)**

2. Il passato prossimo è usato anche per azioni che hanno avuto un inizio (*beginning*) ed una fine (*end*) precisa nel passato. Risponde alla domanda:

Per quanto tempo è durata quell'azione? *(How long did that action last?)*

Ho studiato all'Università di Ferrara solo per due anni.

Ho vissuto a Modena dal 1975 al 2000.

Esercizi

2.61 Tutoring Sei il/la tutor di uno studente di primo anno che fa sempre tante domande ma non sa coniugare i verbi. Riscrivi le sue domande coniugando i verbi al passato prossimo.

1. Dove / andare / gli altri studenti? Quando / ritornare / Marina e Carla?
2. Quando / Lei / arrivare in campus / stamattina?
3. Chi / comporre / la canzone / che / noi / ascoltare / ieri?
4. Perché / tu / dovere / fare / tanti compiti questo weekend?
5. Quale / mezzo di trasporto / prendere / i ragazzi?
6. Che cosa / proporre / di fare / Marina / ieri sera?
7. Che cosa / succedere / stamattina? —Io / vedere / la polizia / davanti / al dormitorio.

Castello di Fontanellato (Parma)

2.62 Una telefonata Stai parlando con Marina, tua compagna di corso. Scegli il verbo adatto a completare le frasi e inserisci nello spazio la forma corretta del passato prossimo.

chiedere, accorgersi, potere, addormentarsi

1. —Mi dispiace dirtelo, Marina, ma ieri (tu) _____ durante la lezione di semiotica di Umberto Eco e lui _____ che dormivi!
   —È vero, ma stamattina (io) gli _____ scusa!
   —Il Professor Eco è una celebrità all'Università di Bologna: (tu) come _____ fare una cosa del genere?!

ricevere, spendere, scegliere, sapere, fare, comprare

2. —(Tu) _____ che mia sorella si sposa al Castello di Fontanellato vicino a Parma?
   —Sì, _____ l'invito. Che vestito _____ per il matrimonio?
   —Eccolo, l' _____ ieri al mercatino all'aperto di Via del Prato!
   —Non ci credo! Quanto _____?
   —Solo 40 euro! _____ un affare, ma non ti sembra un po' troppo *casual* per un matrimonio?

trasferirsi, decidere, giungere

3. —Con Gianni (io) _____ al limite! Non lo sopporto più! Da quando _____ a Modena vuole mangiare tortellini da mattina a sera e _____ di comprare una Maserati!

essere, condurre, ottenere

4. —Il candidato _____ una campagna elettorale molto aggressiva, ed _____ i voti della maggior parte dell'elettorato.
   —Non dimenticarti che qui in Emilia-Romagna il dibattito politico _____ sempre molto acceso!

2.63 Il verbo giusto Decidi quale verbo usare per completare queste conversazioni (la scelta è libera!). Poi coniuga il verbo al passato prossimo.

1. La nostra squadra ieri _____ la partita contro il Bologna, ma la settimana scorsa (noi) _____ contro il Modena!
2. —Che cosa è successo?
   —Maria _____ di corsa le scale e _____ una gamba!
3. —Chi è quella ragazza a cui Gabriele _____ la mano?
   —Si chiama Martina, _____ a trovarci da Reggio Emilia e ci _____ una forma di parmigiano!
4. —Perché Lucia _____ il cappotto se fa così freddo?
   —_____ per tre miglia e ora ha caldo!
5. Il signor Pinucci _____ per dieci anni a Bologna come insegnante; poi _____ a Modena e per tre anni _____ dall'italiano all'inglese del materiale pubblicitario per la Ferrari.

2.64 Traduzione Usa i seguenti verbi: *finire, cominciare, cambiare, passare, scendere, salire, correre*, e fai attenzione all'uso corretto degli ausiliari *essere* e *avere*.

1. They stopped by the library.
2. We spent the summer on the Adriatic Riviera.
3. I started to work in Reggio right after college.
4. She has changed her job.
5. I ended our conversation.
6. Dinner has already started.
7. She has changed a lot since she got married.
8. We climbed down the mountain in three hours.
9. She got off the bus at the wrong stop (**fermata**).
10. I ran the marathon last year and I arrived before Mario!

Salone di esposizione della Ferrari, Modena

2.65 Pronomi Il tuo compagno di stanza sta imparando l'italiano, ma non ha ancora studiato i pronomi oggetto diretto e indiretto. Finisci le frasi di Miguel.

1. Le lasagne, dove sono?! Scusa! _____ ho mangiat _____ tutte!
2. Hai chiesto un prestito a Luigi? Sì, ma _____ ha rispost _____ subito di no!
3. Hai già parlato con Lucia? Sì, e _____ ho dett _____ chiaramente quello che penso.
4. Ieri ho visto Elena e _____ ho salutat _____, ma lei non _____ ha neanche guardat _____.
5. Hai invitato Marco e Luca alla festa? Sì, _____ ho invitat _____, ma mi hanno dett _____ che non sarebbero venuti.

Parliamo

2.66 Ciak! Rileggi *Lingua in contesto 1* a p. 78. Lavora con un compagno o una compagna: preparate una conversazione di almeno dieci battute nella quale parlate di quello che avete fatto lo scorso weekend. Uno di voi ha passato un fine settimana pieno di attività interessanti e l'altro, invece, ha passato un fine settimana molto noioso. Presentate la vostra conversazione alla classe alternando le attività interessanti con quelle noiose. Usate una varietà di verbi al passato prossimo con *essere* e *avere*. Nella vostra conversazione cercate di usare la giusta intonazione di voce ed alcuni movimenti del corpo per accompagnare le vostre battute.

2.67 Un'esperienza importante Pensa ad un'esperienza importante che hai avuto, oppure ad un giorno importante nella tua vita, e prepara un breve racconto in tre frasi. Che cosa è successo quel giorno?

Es. (1) Il 20 maggio 2008 *ho preso* l'aereo per la prima volta. (2) *Sono andata* in Inghilterra per un corso intensivo d'inglese. (3) Questa esperienza mi *ha cambiata* per sempre perché *ho deciso* di diventare un'interprete per le Nazioni Unite!

1. _____
2. _____
3. _____

Poi gira per la classe, condividi con i tuoi compagni la tua esperienza importante o la tua giornata particolare, e riporta alla classe le storie di altri due studenti. Scegli fra quelle che ti hanno colpito di più (*struck you most*).

2.68 Non … più Pensa ad un'attività che hai svolto nel passato (un hobby, uno sport, un'attività di volontariato, un lavoro, ecc.) e che ora non fai più. Di' per quanto tempo è durata quell'esperienza.

Es. L'estate scorsa *ho lavorato* a McDonald's *per tre mesi*, ma poi *mi sono licenziato/a*.

Condividi la tua esperienza con il resto della classe. Quale attività è durata più a lungo? Chi ha avuto le stesse esperienze? Chi ha fatto qualcosa di unico, e per quanto tempo?

2.69 Intercettazioni Lavori al centralino di una grande azienda (*company*) e ogni tanto ti capita di sentire le conversazioni degli altri. Oggi hai sentito solo le seguenti frasi. Immagina le battute immediatamente precedenti o quelle successive; completa le conversazioni usando il passato prossimo. Poi confronta le tue battute con quelle di un compagno o di una compagna.

1. _____

   Perché quella voce così triste?

   _____

2. _____

   Sei in un bel pasticcio (*you are in trouble*)! Lo sai che papà non vuole che tu usi la macchina senza chiederglielo!

   _____

3. _____

   Ma come?! Ti sei dimenticato ancora?! Ti ho telefonato proprio ieri per ricordartelo!

   _____

 2.70 Due verità e una bugia Racconta tre cose che hai fatto ieri: scrivi due verità e una bugia. Il tuo compagno/la tua compagna deve scoprire la bugia. Usa il passato prossimo e non inventare una bugia troppo ovvia.

	Le cose che ho fatto ieri
1. (verità)	
2. (verità)	
3. (bugia)	

 2.71 Eventi eccezionali [ONLINE]

IMPERFETTO E CONFRONTO IMPERFETTO / PASSATO PROSSIMO

Lingua in contesto 2

Marco risponde alla mail di Sandra di *Lingua in contesto 1*.

Carissima Sandra,

Mi fa piacere sapere che hai fatto già così tante cose. Però, per favore, non ti lamentare di essere stanca perché … mentre tu ballavi in una delle discoteche di Rimini, il tuo povero fratellino studiava in una biblioteca polverosa[1]. E mentre tu prendevi il sole in spiaggia, oppure dormivi ancora beatamente[2], il tuo Marco lavorava al supermercato sotto casa. Ieri mi hanno chiesto se potevo fare gli straordinari[3] e ho accettato. A proposito, indovina chi faceva la spesa ieri mentre ero di turno alla cassa? Il professor Bignami, quello che mi ha bocciato all'esame di letteratura inglese moderna. Volevo quasi rifiutare di servirlo, ma poi ho pensato che forse dovrò dare un altro esame con lui! Comunque sono felice al pensiero che fra una settimana, ti scriverò: "Cara Sandra, ho preso 30 all'esame, ho messo da parte un po' di soldi, e vengo a Rimini a trovarti!" A ripensarci, sarà difficile perché dovevano pagarmi gli straordinari ieri, ma si sono dimenticati. Speriamo bene!

Sempre tuo,
Marco

_____
[1]dusty
[2]blissfully
[3]overtime

2.72 Detective 1 Identifica tutti i verbi all'imperfetto: quelli che descrivono una o più azioni in progresso al passato, e quelli (2) che descrivono una condizione o un'intenzione. Osserva il contrasto fra l'imperfetto e il passato prossimo.

IMPERFETTO

Forme

L'imperfetto, al contrario del passato prossimo, è un tempo semplice.

Le terminazioni dei verbi in -*are* sono: -avo, -avi, -ava, -avamo, -avate, -avano
Le terminazioni dei verbi in -*ere* sono: -evo, -evi, -eva, -evamo, -evate, -evano
Le terminazioni dei verbi in -*ire* sono: -ivo, -ivi, -iva, -ivamo, -ivate, -ivano

Considera le coniugazioni di **parlare, accogliere** e **costruire**:

parl-are: parlavo, parlavi, parlava, parlavamo, parlavate, parlavano
accogli-ere: accoglievo, accoglievi, accoglieva
accoglievamo, accoglievate, accoglievano
costru-ire: costruivo, costruivi, costruiva
costruivamo, costruivate, costruivano

I seguenti verbi prendono una radice diversa all'imperfetto. Continua la coniugazione su un foglio separato:

dire (io) dicevo (tu) _____ (lui/lei) _____ (noi) _____ (voi) _____ (loro) _____
fare (io) facevo (tu) _____ (lui/lei) _____ (noi) _____ (voi) _____ (loro) _____
bere (io) bevevo (tu) _____ (lui/lei) _____ (noi) _____ (voi) _____ (loro) _____

tradurre (e simili: **produrre, condurre, dedurre,** ecc.):

(io) traducevo (tu) _____ (lui/lei) _____ (noi) _____ (voi) _____ (loro) _____

porre (e derivati **disporre, comporre, opporre, proporre,** ecc.):

(io) ponevo (tu) _____ (lui/lei) _____ (noi) _____ (voi) _____ (loro) _____

trarre (e derivati **attrarre, contrarre, distrarre, sottrarre,** ecc.):

(io) traevo (tu) _____ (lui/lei) _____ (noi) _____ (voi) _____ (loro) _____

Il verbo *essere* è completamente irregolare:

ero, eri, era, eravamo, eravate, erano

 2.73 Detective 2 In una tabella simile alla seguente scrivi tutte le forme dei verbi all'imperfetto.

	produrre	opporre	attrarre
io			
tu			
lui / lei / Lei			
noi			
voi			
loro / Loro			

IMPERFETTO

Uso e confronto con il passato prossimo

L'imperfetto è un tempo usato per *descrivere*:

1. azioni abituali al passato;
2. azioni in progresso al passato, senza un inizio e una fine ben definiti;
3. condizioni, situazioni, intenzioni al passato, descrizioni; ambienti (*settings*);
4. l'ora, la data e l'età al passato.

Gli avverbi o espressioni di tempo usati più frequentemente con l'imperfetto sono: **prima, sempre, di solito, generalmente, spesso, tutti i giorni, tutti gli anni,** ecc.; questi avverbi indicano il carattere abituale o ripetuto dell'azione.

1. Azioni abituali

*Quando **abitavamo** a Bologna **andavamo** a Rimini ogni fine settimana.*

Confronta la frase più sopra con la seguente:

*Dieci anni fa **sono andato** in vacanza a Rimini.*

Qui l'evento succede in un momento preciso nel passato, **non è abituale.**

2. Azioni in progresso al passato

*Quando l'**ho vista***

andava a fare la spesa in bicicletta.

Per esprimere un'azione in progresso al passato è anche possibile usare *stare* (**all'imperfetto**) **+ il gerundio**. Questa costruzione è analoga a quella al presente che hai imparato nel *Capitolo 1*:

Presente progressivo: *Cosa sta succedendo*? (What is happening right now?)
Passato progressivo: *Cosa stava succedendo*? (What was happening?)

Le seguenti frasi sono sinonimi:

1. *Quando l'ho vista, **andava** a fare la spesa in bicicletta.*
2. *Quando l'ho vista, **stava andando** a fare la spesa in bicicletta.*

Qual è la differenza fra l'**imperfetto** e *stare* (all'imperfetto) + il gerundio? Solo una differenza di grado: il passato progressivo (*stare* + gerundio) è particolarmente enfatico: sottolinea (*stresses*) che l'azione aveva luogo (*took place*) proprio in quel momento nel passato. Anche l'imperfetto può descrivere un'azione in progresso, ma con minore enfasi. Ricorda che l'imperfetto è usato anche per le azioni abituali nel passato.

In conclusione: qual è la differenza fra …

a. *Che facevi? Studiavo italiano.*
b. *Che stavi facendo? Stavo studiando italiano.*

La frase (a.) è ambigua: può descrivere un'azione abituale nel passato (*I used to study Italian*) o un'azione in progresso nel passato (*I was studying Italian*). La frase (b.) **non** è ambigua: descrive solo un'azione in progresso nel passato (*I was studying Italian*).

Contrasti. Confronta le seguenti frasi:

*Che cosa **ha fatto** quando ti **ha visto**?*

*Quando mi **ha visto**, mi **ha sorriso**.*

*Che cosa **faceva** quando **l'hai visto**?*

__Passeggiava__ con Mara quando l'ho visto.

3. Condizioni, situazioni, intenzioni al passato, descrizioni, ambienti

Nella seguente frase, l'enfasi è sul tempo, sulle mie sensazioni e sulle mie intenzioni, non su eventi o fatti accaduti.

*Ieri **c'era** un bel sole, **mi sentivo** in gran forma e **non avevo** voglia di studiare. Allora sono uscito/a ….*

Confronta con:

*Ieri è **stata** una bella giornata: mi **ha telefonato** Marta e **abbiamo deciso** di fare un picnic in spiaggia.*

Qui l'enfasi è sugli eventi, su quello che è successo ieri, e non sulle condizioni generali del tempo o sullo stato d'animo del parlante (*feelings of the speaker*).

Considera anche questi esempi con i verbi *dovere, potere, volere, sapere* e *conoscere* al passato prossimo e all'imperfetto. Quando usiamo questi verbi, il contrasto fra situazioni, condizioni o intenzioni (*imperfetto*) ed eventi (*passato prossimo*) è particolarmente importante:

Ieri **dovevo scriverle**, *ma poi mi sono dimenticato.*

Ho dovuto scriverle, *anche se non ne avevo il tempo.*

Volevo andare *in vacanza a Rimini, ma i prezzi erano troppo alti.*

Sono voluto *andare in vacanza a Rimini, ed ora ho un grosso debito con la carta di credito!*

Non potevo *mai uscire la sera quando ero al liceo.*

Ieri **non sono potuto** *uscire di casa neanche per un minuto:* **ho dovuto** *studiare italiano tutto il giorno!*

Vedi quella ragazza? **La conoscevo** *bene al liceo, poi l'ho persa di vista.*

Vedi quella ragazza? **L'ho conosciuta** *in discoteca ieri sera a Riccione, e mi ha dato il suo numero di telefono.*

Marta si è iscritta all'Università di Bologna. **Lo sapevi?**

Ieri **ho saputo** *che Marta ha cambiato università.*

4. L'ora, le date e l'età

Le ore, le date e l'età sono sempre all'imperfetto. Considera questi esempi:

Era mezzanotte quando sei tornato ieri sera!
Era il 22 luglio e a Modena c'erano 40 gradi.
Mi ricordo quando è nato il mio fratellino anche se avevo solo quattro anni.

Esercizi

2.74 Prima della guerra La nonna di Marta descrive alla nipote la Rimini di prima della guerra. Usa l'imperfetto dei seguenti verbi per completare il racconto della nonna.

aprire	volere	suonare	andare	trovare	rimanere
divertirsi	abitare	esserci (2x)	ballare	obbligare	essere (2x)

Prima della guerra Rimini _____ (1) una cittadina completamente diversa dalla "capitale del divertimento" che tu conosci. Noi _____ (2) proprio sul lungomare dove _____ (3) pochissime macchine; di certo non _____ _____ (4) ancora il traffico e il movimento di oggi! Però (noi) _____ (5) lo stesso. Eccome! Le sale da ballo _____ (6) aperte fino alle due di notte e noi ci _____ (7) tutti i sabati sera. Mia mamma però, cioè la tua bisnonna (*great-grandmother*), _____ (8) mia cugina Maria ad accompagnarmi a ballare perché non _____ (9) che io e il nonno, che allora _____ (10) il mio fidanzato, uscissimo soli la sera. Ricordo quando il Gran Hotel tutti gli anni all'inizio dell'estate _____ (11) la stagione con una grande festa. L'orchestra _____, (12) tutti _____, (13) e anche le ragazze più timide _____ (14) un cavaliere per quella notte!

2.75 La risposta giusta Scegli le risposte corrette, poi motiva la tua risposta in classe: perché hai scelto il passato prossimo? o perché hai scelto l'imperfetto?

1. Quando frequentava l'università di Bologna, Giuseppe (ha preso / prendeva) tutti i giorni il treno delle sette da Ferrara per arrivare in orario alla prima lezione.
2. Quando mio padre era piccolo (ha dovuto / doveva) alzarsi alle sei per andare a scuola.
3. Quella fabbrica vicino a Parma non (ha inquinato / inquinava) il fiume Taro apposta. È stato un incidente.
4. (È stato / Era) il primo agosto quando Luciana (ha vinto / vinceva) la gara ciclistica. (Ci sono stati / C'erano) 35 gradi e lei (è arrivata / arrivava) al traguardo esausta.
5. Il 10 marzo 1974 gli operai e i braccianti (hanno deciso / decidevano) di scioperare insieme per affermare il loro diritto al lavoro.
6. (Conoscevi / Hai conosciuto) già i tuoi vicini di casa quando (ti trasferivi / ti sei trasferito) a Piacenza?
7. Ieri (sapevamo / abbiamo saputo) che Marta e Luigi (hanno divorziato / divorziavano) due mesi fa.

2.76 Campanilismo Una studentessa di Siena e uno studente di Ferrara, parlano del Palio nelle loro città e naturalmente finiscono per litigare. Completa il brano con la forma corretta del passato prossimo o dell'imperfetto.

Maria è originaria di Siena ma ha frequentato l'Università di Ferrara. Il suo migliore amico ferrarese (1) _____ (chiamarsi) Michele. Un giorno, Maria (2) _____ (essere) al Caffè della Borsa a Ferrara e (3) _____ (bere) un caffè quando (4) _____ (entrare) Michele che (5) _____ (sedersi) con lei e le (6) _____ (dire) subito che quel fine settimana (7) _____ (esserci) il Palio di Ferrara e che loro (8) _____ (dovere) assolutamente comprare i biglietti se (loro) (9) _____ (volere) vederlo. Maria (10) _____ (rispondere) che (11) _____ (conosceva) già molto bene il Palio di Siena e che il Palio di Siena (12) _____ (essere) molto più famoso di quello di Ferrara! Così (loro) (13) _____ (cominciare) a litigare perché ognuno (14) _____ (sostenere) il primato della sua città nel Rinascimento. Michele (15) _____ (convincere) Maria ad ordinare una camomilla per calmarsi! I due amici (16) _____ (uscire) dal caffè dopo due ore e mentre (loro) (17) _____ (camminare), (18) _____ (continuare) a discutere animatamente. Alla fine (loro) (19) _____ (decidere) che Maria avrebbe accompagnato Michele a vedere il Palio di Ferrara e che l'anno seguente Michele sarebbe andato a Siena, ospite di Maria, a vedere il *vero* Palio.

2.77 Conversazioni Completa i seguenti dialoghi tra diversi amici con la forma corretta di *dovere, potere, volere, conoscere* e *sapere* al passato prossimo o all'imperfetto, dove indicato fra parentesi. Completa le altre risposte secondo la tua fantasia, poi recita i brevi dialoghi alla classe.

Facciata della Cattedrale di Ferrara

1. Gianni: Mi dispiace, Mara, _____ (dovere) telefonarti, ma non _____ (avere) tempo.
   Mara: Non credo più alle tue scuse. Infatti, …
2. Marco: Carla, scusami, lo so che _____ (dovere) portare delle aranciate alla tua festa: purtroppo il supermercato _____ (essere) chiuso.
   Carla: Non importa, …
3. Gigi: Rita, (io) non _____ (potere) venire a prenderti ieri all'aeroporto perché ….
   Rita: Non ti preoccupare, Carlo mi ha spiegato che …
4. Marta: Mi dispiace, Gianni, sono in ritardo perché _____ (dovere) vedere il mio professore alle 10.00.
   Gianni: Ma non mi avevi detto che _____ (dovere) vederlo alle 11.00!?
5. Marisa: Mario, non _____ (dovere) andare al lavoro stamattina?!
   Mario: Oh, mamma mia! Mi sono completamente dimenticato! _____ (dovere) anche incontrarmi con il mio capo!! Adesso …
6. Luisa: Quando _____ (sapere) che Tom e Rina si sono sposati?
   Mariuccia: Me l'ha detto l'Agnese. Lei l' _____ (sapere) dal Cino.
   Luisa: L'Agnese conosce il Cino?
   Mariuccia: Sì, l' _____ (conoscere) nel gennaio 1944, quando …

2.78 Traduzione Scrivi l'equivalente di ogni frase in italiano.

1. There were many partisans in the Emilia-Romagna region. Did you know that?
2. When we were little we spent one vacation on the beach in Riccione, but we didn't know how to swim. We learned when we were 13 years old.
3. Luisa was living in Bologna with her parents, but didn't want to enroll in that university. She visited Ferrara, and liked it so much that she wanted to move there immediately. She studied at that university and graduated in three years.
4. You were supposed to recycle all this paper! I wanted to recycle it, but couldn't find the containers (**campane verdi**).
5. When I arrived in Bologna, I met my first two bolognese friends at the meeting of the environmentalist (**ambientalista**) group SiAMO Bologna.

Parliamo

 2.79 Ciak! Rileggi *Lingua in contesto 2* a pagina 87. Con un compagno o una compagna preparate una conversazione da presentare alla classe nella quale parlate delle vostre attività della settimana scorsa (oppure dell'estate o del semestre scorso): Che cosa dovevate fare e non avete fatto? Che cosa volevate fare ma non avete potuto fare? Presentate la vostra conversazione alla classe con la giusta intonazione e gestualità.

 2.80 Non lo sapevo! Intervista un compagno o una compagna di classe e cerca di scoprire qualcosa su di lui/lei che non sapevi prima. Poi riferisci alla classe.

> Es.: Marco era capitano della squadra di basket del suo liceo, e non lo sapevo! Voi lo sapevate?

Ecco alcune domande che ti possono essere utili; modificale secondo i tuoi interessi o creane delle altre:

1. Dove abitavi quando hai cominciato le elementari?
2. La tua famiglia si è mai trasferita? Spiega quando e dove.
3. Come erano i tuoi insegnanti al liceo? Puoi descrivere l'insegnante che preferivi e l'insegnante che detestavi?
4. Come era il quartiere dove sei cresciuto/a? Che cosa è cambiato adesso in quel quartiere?
5. Come passavi il tempo libero al liceo? Facevi dello sport? Partecipavi ad altre attività sociali o ricreative?
6. Che cosa non potevi fare al liceo che ora puoi fare?

 2.81 Com'eri prima e come sei ora? Rispondi alle seguenti domande: Com'eri prima (ad esempio, quando frequentavi le elementari, il liceo)? Ora sei cambiato? Quali esperienze o eventi ti hanno fatto cambiare? Come sei adesso? Parlane … con un tuo compagno o una tua compagna.

 2.82 Ciak! Personaggi Studente 1 immagina di essere uno dei seguenti personaggi dalle letture di questo capitolo e del Capitolo 1: il narratore (*L'uomo morto*); il macchinista (*L'uomo morto*); Lorenzo (*Il venditore di occhiali colorati*).

Studente 2 intervista Studente 1 per sapere quali sono state le esperienze che lo hanno fatto cambiare. Com'era prima (imperfetto)? Poi che cosa è successo, che cosa è cambiato? (passato prossimo)? Com'è la situazione ora (presente)?

 2.83 Ciak! Primo giorno d'università Racconta ad un compagno o ad una compagna il tuo primo giorno all'università e tutto ciò che ti ricordi delle attività e degli incontri di quel giorno. A turni, fatevi delle domande per saperne di più. Create una conversazione di almeno dieci battute. Prendete appunti ma non scrivete un copione (*script*) formale. Aiutatevi, correggendo la scelta di parole ed i tempi verbali, se necessario. Usate la giusta intonazione ed espressione del viso, e qualche gesto per accompagnare il contenuto della conversazione.

 2.84 Com'era prima e com'è ora? [ONLINE]

 2.85 Com'è andata a finire? [ONLINE]

PRONOMI PERSONALI

In questa tabella sono riassunti tutti i pronomi:

Pronomi soggetto	Pronomi oggetto diretto	Pronomi oggetto indiretto	Pronomi riflessivi	Pronimi tonici
io	mi	mi	mi	me
tu	ti	ti	ti	te
lui / egli / esso (m.)	lo	gli	si	lui / esso (*it*)
lei / ella / Lei / essa (f.)	la	le	si	lei / Lei / essa (*it*)
noi	ci	ci	ci	noi
voi	vi	vi	vi	voi
loro / essi / Loro (m.)	li	gli (- loro)	si	loro / Loro / essi
loro / esse / Loro (f.)	le	gli (- loro)	si	loro / Loro / esse

Probabilmente non hai mai studiato i seguenti pronomi soggetto:

- **egli / ella**: usati per persone (non per cose), corrispondono rispettivamente a **lui** e **lei**, ma sono usati prevalentemente nella lingua scritta o nella lingua parlata formale.
- **esso / essa**: usati principalmente nella lingua scritta, generalmente si riferiscono a cose e animali, non persone. *It* (pronome soggetto) nella lingua parlata non viene quasi mai tradotto (Es. *It is your book.* = È il tuo libro.)
- **essi / esse**: usati prevalentemente nella lingua scritta, generalmente si riferiscono a cose, animali o persone e corrispondono a **loro**.

Pronomi oggetti diretti e indiretti

I seguenti verbi sono generalmente seguiti da un **oggetto diretto** e da un **oggetto indiretto**. L'oggetto diretto generalmente è una cosa, un'idea o un'azione, mentre l'oggetto indiretto generalmente è una persona.

	Oggetto diretto (Che cosa?)	Oggetto indiretto (A chi? / Per chi?)	Esempi
dare	un passaggio	**a lei**	1. *Le ho dato un passaggio.*
domandare	un favore	**a lui**	2. *Gli ho domandato un favore.*
chiedere	un prestito	**a voi**	3. *Vi hanno chiesto un prestito?*
fare	**la spesa**	per tutti	4. *L'ha fatta mia sorella per tutti.*
mostrare	le foto	**a loro**	5. *Abbiamo mostrato **loro** le foto.*
nascondere	la verità	**a lui**	6. *Gli ha nascosto la verità.*
offrire	del prosciutto	**a voi**	7. *Vi ho offerto del prosciutto.*
permettere	di uscire sola	**a lei**	8. *Le ho permesso di uscire sola.*
portare	**i biscotti**	a Franca	9. *Li ha portati a Franca.*
prendere	**il regalo**	per te	10. *L'ho preso per te!*
prestare	tutti quei soldi	**a te**	11. *Ti prestano tutti quei soldi?*
proibire	di fumare	**a me**	12. *Mi proibiscono di fumare.*
regalare	un bel quadro	**a noi**	13. *Ci ha regalato un bel quadro.*
restituire	**il libro**	a Marco	14. *L'ho già restituito a Marco.*
rispondere	di no	**a noi**	15. *Ci ha risposto di no.*
scrivere	un biglietto di scuse	**a lei**	16. *Le ho scritto un biglietto di scuse.*

 2.86 Detective 1 Nella colonna intitolata "Esempi" qui sopra, identifica gli oggetti diretti e gli oggetti indiretti. Poi confronta in classe il tuo lavoro.

I seguenti verbi sono generalmente seguiti solo da un **oggetto diretto** (persona, cosa o idea):

	Oggetto diretto (Che cosa? Chi?)	Esempi
capire	**la lezione**	1. *Abbiamo capito la lezione.*
conoscere	**Marina**	2. *Conosci Marina?*
incontrare	**Mario e Aldo**	3. *Ha incontrato Mario e Aldo al bar.*
raggiungere	**i nostri figli**	4. *Abbiamo raggiunto i nostri figli.*
realizzare	**un magnifico progetto**	5. *Ha realizzato un magnifico progetto.*
sapere	**i verbi irregolari**	6. *Non ho saputo i verbi irregolari!*
scegliere	**i miei corsi**	7. *Ho scelto i miei corsi.*
trovare	**i tuoi occhiali**	8. *Hai trovato i tuoi occhiali?*
vedere	**Luisa e Marina**	9. *Ho visto Luisa e Marina.*
vincere	**un viaggio premio**	10. *Abbiamo vinto un viaggio premio.*

2.87 Detective 2 Nelle frasi qui sopra identifica gli **oggetti diretti**; poi riscrivi ogni frase usando un pronome (ad esempio: 1. L'abbiamo capita). Ricordati l'accordo fra l'**oggetto diretto** e il **participio passato**!

I seguenti verbi sono generalmente seguiti solo dall'**oggetto indiretto**:

	Oggetto indiretto (A chi? / Per chi?)	Esempi
assomigliare	a tuo padre	1. *Tu non assomigli affatto a tuo padre.*
fare bene	a Luisa	2. *Correre fa sicuramente bene a Luisa!*
fare male	al bambino	3. *Fa male al bambino mangiare fra i pasti.*
mancare	a Marina	4. *A Marina manca il cielo di Napoli!*
parlare	a Lea	5. *Hai parlato a Lea di quel prestito?*
piacere	a Matteo	6. *Lo sai che piaci a Matteo?*
sembrare	a noi	7. *A noi non sembra una cattiva idea!*
servire	a voi	8. *A voi servirebbe un grosso conto in banca!*
telefonare	ai tuoi genitori	9. *Hai telefonato ai tuoi genitori?*

2.88 Detective 3 Nelle frasi qui sopra identifica l'**oggetto indiretto** poi riscrivi ogni frase usando un pronome (ad esempio: 1. Tu non gli assomigli affatto). Ricordati che l'oggetto indiretto **non** si accorda mai con il participio passato!

Pronomi riflessivi

Si usano solo con i verbi riflessivi e, al plurale, con la costruzione reciproca. Per un ripasso dei verbi riflessivi al presente, vedi il Capitolo 1 (pagine 33–34); per i verbi riflessivi al passato prossimo vedi questo capitolo (pagina 81).

Pronomi tonici

I pronomi tonici sono usati in due situazioni:

1. Dopo una preposizione (**a, per, con, da, di, dopo di, prima di, davanti a, dietro di, contro di, senza di, sopra di, sotto di, verso di, dentro di**).

   Nota il significato idiomatico della preposizione **da + pronome tonico**:

   Vieni **da me** stasera? (= Vieni a casa mia stasera?)
   Devo andare **dal dottore** (= Devo andare allo studio del dottore)

2. Dopo un verbo, per enfasi. Quando i **pronomi tonici** sostituiscono un pronome oggetto diretto o indiretto la frase diventa enfatica. Confronta queste frasi di significato identico:

Frasi enfatiche	Frasi *non* enfatiche
*Guarda **lui**, non guardare **me**!*	*Guardalo, non guardarmi!*
*Ha telefonato **a lui**, non ha telefonato **a lei**!*	*Gli ha telefonato, non le ha telefonato.*

2.89 Preparativi per il weekend Prima di partire per un fine settimana a Carpi, Gianni parla con il suo coinquilino per essere sicuro che tutto sia pronto. Completa la conversazione con un pronome adatto e l'accordo appropriato dei participi.

1. Hai fatto la valigia? _____hai dat_____ poi a Luigi da mettere in macchina?

   —Sì, _____ho già fatt_____. E sì, _____ ho dat_____ la mia valigia un'ora fa.

2. Hai spiegato ai tuoi genitori che la gita non ci distrarrà troppo per il prossimo esame?

   —Sì, ho spiegato _____ che studieremo un po' la sera.

3. Ti sei accorto che oggi fa più freddo del solito?

   —Sì, _____sono accort_____ che la temperatura è scesa.

4. Carla ha consigliato il ristorante "Romanzo", giusto?

   —Sì, _____aveva consigliat_____ a mio padre l'anno scorso.

5. La presentazione che la professoressa ci ha fatto su Carpi era stupenda, non credi?

   —Sì, certo, _____ è piaciut_____ moltissimo!

6. Mi presti la tua macchina fotografica?

   —No, non posso perché _____ho appena prestat_____ a Mariano!

7. Hai telefonato a Lisa? Le hai detto che saremmo passati tra un'ora a prenderla?

   —Sì, _____ ho telefonato, ma _____ ho detto che Sara, e non noi, sarebbe passata da _____.

8. Ti sei ricordato di prendere la guida alle chiese?

   —Sì, _____ sono ricordat_____ di prender_____. Ecco_____ qua!

9. Hai chiesto a Marialuisa di tenere il nostro cane per tre giorni?

   —Sì, _____ ho chiest_____ di tener_____.

2.90 Traduzione Traduci in inglese le seguenti frasi usando i pronomi tonici e/o pronomi riflessivi.

1. I love you, I don't love her!
2. I worry (**preoccuparsi**) about our friendship. You are always against me!
3. Serena wonders (**domandarsi**) if this gift is for you (*pl.*) or for us.
4. He was happy to see me and not you because he ran towards me.
5. She got up late, so she arrived after them.
6. The girls have fun with their neighbors Giorgio and Nadia. They live below him and above her.

2.91–2.113 [ONLINE]

I VITELLONI
DI FEDERICO FELLINI (1953) [ONLINE ACTIVITIES]

Introduzione

Il termine *vitellone*, entrato nel linguaggio comune in seguito al grande successo del film di Fellini, definisce un giovane immaturo, disoccupato, che vive ancora con i genitori dai quali si fa mantenere. Il *vitellone* si adagia (*settles in with*) nel suo stato di eterno adolescente e ha paura di qualsiasi legame o responsabilità.

In questo film, Fellini ci porta nell'ambiente piccolo borghese e conformista di una cittadina della riviera romagnola (forse Rimini, sua città natale). L'inverno è lungo, ventoso, triste, e i *vitelloni* cercano di vincere la noia ricordando le avventure dell'estate e sognando di partire per luoghi lontani. Nel frattempo, vivono piccole e grandi avventure che, nel microcosmo di questo paese di provincia, rimangono sempre a metà fra il tragico e il comico.

Leopoldo e Alberto al ballo in costume ne *I vitelloni* di Federico Fellini

LA MEGLIO GIOVENTÙ
DI MARCO TULLIO GIORDANA (2003) [ONLINE ACTIVITIES]

Episodio 2

Vedi l'introduzione generale al film nel capitolo 1 (pagina 47).

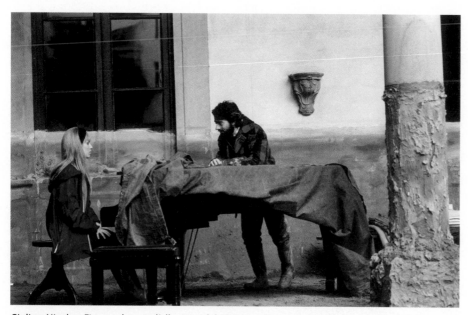

Giulia e Nicola a Firenze durante l'alluvione del 1966.

IL VIAGGIO VIRTUALE

Ora spostati in Sicilia passando per la Calabria (vedi il *Viaggio virtuale* che ti proponiamo nello *Student Activities Manual*), oppure vai direttamente al *Capitolo 3* di questo testo.

3
Sicilia

Simbolo della Sicilia in ceramica su un muro di Taormina (Catania)

PRIMI PASSI IN SICILIA: LE IMMAGINI PARLANO

I paesaggi umani

 3.1 Confronti e riflessioni Osserva attentamente le foto di questo capitolo e scegline tre che rappresentino altrettanti (*as many*) aspetti diversi e distinti della cultura di questa regione. In classe confronta le tue scelte con quelle degli altri studenti e discutine.

Persone e ambienti

Festa di San Sebastiano, Acireale (Catania)

Premessa

La Festa di San Sebastiano si tiene ad Acireale (provincia di Catania) il 20 gennaio di ogni anno. San Sebastiano è il patrono di Acireale dal tempo della peste che colpì la città nel XV secolo: gli abitanti chiesero (*asked*) aiuto al santo, e la città fu (*was*) liberata dalla malattia contagiosa. Da allora gli acesi (così si chiamano gli abitanti di Acireale) hanno mantenuto una devozione molto personale ed intensa per il santo che è considerato da tutti come un protettore ed un amico che ritorna a benedire (*to bless*) il paese il giorno della sua festa, dopo un anno di separazione: ognuno ha una preghiera (*prayer*) personale da rivolgere al santo o un ringraziamento per una grazia ricevuta. I giovani acesi indossano una bandana bianca e ai piedi solo delle calze di lana (*woolen socks*) senza scarpe, e portano sulle spalle la statua del santo correndo su un percorso ripido (*steep path*) e, a tratti, pericoloso.

3.2 Brainstorming Osserva attentamente questa immagine scattata il giorno della Festa di San Sebastiano ad Acireale (Catania) e comincia a fare un elenco delle parole (sostantivi, aggettivi, verbi, ecc.) che userai per descrivere questa foto, con l'aiuto del dizionario quando necessario. Ad esempio: la folla, i balconi, il fercolo (*the baldachin used to carry the statue of the saint*), la statua, ecc. Pensa anche a parole astratte, quali: la devozione, la fede, la partecipazione, ecc.

3.3 Radiocronaca Sei affacciato/a (*leaning out on*) alla finestra e guardi attentamente questa scena perché devi fare una cronaca in diretta di quello che sta succedendo oggi nella città di Acireale per la radio della tua università. Comincia: "Vi parlo dalla Sicilia, in particolare da Acireale. È il 20 gennaio ..."

3.4 Ciak! Dividetevi a coppie: uno studente fa la parte di un giovane di Acireale, devoto di San Sebastiano e organizzatore della festa; l'altro studente viene dagli Stati Uniti, non è di religione cattolica e non capisce questa passione per il santo. Preparate una conversazione di circa dieci battute usando almeno cinque dei seguenti vocaboli: **coinvolgente** (*engaging*), **la convinzione, credere, la fede, la festa, la grazia, la preghiera, sorprendente, la superstizione, razionale, la tradizione.**

3.5 Confronti e riflessioni

1. La Festa di San Sebastiano è una festa religiosa e anche laica, nel senso che le autorità del Comune di Acireale vi partecipano, e tutte le attività commerciali si fermano. Esiste nel tuo paese una festa di questo tipo, nella quale il confine (*border, limit*) fra religione e governo locale viene cancellato? Spiega.
2. Quali associazioni di pensiero fai tu quando pensi a "una festa per le strade nella mia città"? Quali associazioni possono fare le persone in questa foto? Completa una tabella simile alla seguente con nomi, aggettivi, verbi, avverbi, ecc.

Una festa per le strade della mia città	
Le mie associazioni personali	**Le associazioni delle persone nella foto**

Ora usa questi vocaboli per scrivere e/o presentare due brevi paragrafi completi. Discuti le tue risposte con altri due o tre studenti.

Arte e architettura

3.6 Chiese e castelli Osserva queste fotografie. Quali elementi architettonici trovi più interessanti nella Chiesa di San Giovanni degli Eremiti e nel chiostro (*cloister*) della Cattedrale di Monreale?

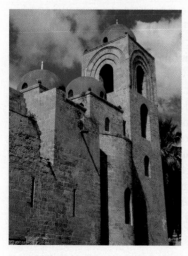

San Giovanni degli Eremiti, Palermo   Chiostro della Cattedrale di Monreale, Palermo

Fai un po' di ricerca su alcuni edifici e monumenti di ispirazione araba in Sicilia, oltre alla Chiesa di San Giovanni degli Eremiti e al chiostro della Cattedrale di Monreale, troverai il Castello della Cuba e la Zisa. Per uno di questi edifici, cerca un'informazione interessante da riferire alla classe.

Il territorio della regione

 3.7 Alla scoperta di ... Fai una breve ricerca su Internet, o usando altre fonti, per scoprire …

Quanto dista la Sicilia dalla penisola italiana? Come si chiama lo stretto che la separa dalla penisola italiana, e come si chiama la regione dall'altra parte dello stretto? Quali sono gli arcipelaghi e le isole principali al largo della Sicilia? Com'è l'interno dell'isola (prevalgono le montagne, le pianure, le colline)? Nel territorio regionale ci sono due vulcani: come si chiamano e dove si trovano? Quali sono le città principali della Sicilia e dove si trovano: sulla costa o nell'interno? Qual è il capoluogo regionale?

 3.8 Dati alla mano [ONLINE]

NOTE CULTURALI

Davvero un'isola?

 Lessico nuovo

l'apertura	*opening*	l'isola	*island*
la chiusura	*closing*	lo scambio	*exchange*
la civiltà	*civilization*	lo straniero	*foreigner*

Osserva il simbolo della Sicilia (usato anche sulla bandiera della regione) nella foto sulla pagina di apertura di questo capitolo: ha origini antichissime, forse fenice[1]. È riprodotto su monete greche e romane trovate in tutto il Mediterraneo. Che cosa rappresenta? Che collegamento può avere il simbolo con l'isola?

La storia della Sicilia è da sempre legata alla sua posizione geografica al   5
centro del Mediterraneo: la cultura di questa isola è il risultato del contatto con civiltà diverse e contrastanti, quali la greca, la romana, l'araba e la normanna[2]. La Sicilia, quindi, benché isola, non è mai stata isolata, al contrario: ha costruito la sua identità   10
proprio dall'integrazione di varie culture. Molte potenze straniere sono arrivate sulle coste della Sicilia per sfruttare (*exploit*) le sue risorse naturali e per occuparla militarmente e politicamente. Perciò i siciliani hanno avuto molto spesso valide ragioni per temere (*fear*) lo straniero e per rifugiarsi   15
nell'interno montagnoso ed arido, lasciando le coste. Così la "sicilianità", cioè le caratteristiche della cultura ed i tratti della personalità dei siciliani, riflettono apertura e chiusura allo stesso tempo, l'estrosità (*originality*) e l'inventiva araba così come la rigida organizzazione romana e normanna.   20

[1]Fenici: *Phoenicians*
[2]Normanni: varie popolazioni di origine scandinava arrivate in Italia verso la fine dell'XI secolo

Il paese di Calascibetta, Enna

1. La posizione geografica della Sicilia ha determinato in parte la sua storia. Come?
2. Perché molte importanti città siciliane sono nell'interno e non sulla costa?

3.10 Confronti e riflessioni

Conosci altre regioni la cui cultura (*whose culture*) è il risultato di diverse invasioni o occupazioni? Parlane con altri due o tre studenti.

Sicilia araba e musulmana

Lessico nuovo

arabo	*Arab*
convivere, *p.p.* convissuto, *p.r.* convissi	*to live together, to cohabit*
l'edificio	*building*
deperibile	*perishable*
musulmano	*Muslim*
settentrionale	*northern, notherner*

Non molti sanno che la Sicilia fu terra araba e musulmana per più di due secoli: eppure l'influenza araba è ancora visibile nell'architettura di molti edifici, ed è presente nei nomi di alcune località, e anche nella cucina: ad esempio, la cassata, il famoso dolce, fu inventata dagli arabi, e "sorbetto" deriva dall'arabo "sciarbat" che vuol dire "bibita"; Marsala, importante città sulla costa occidentale, significa   5
"porto" in arabo.

Gli Arabi, che già occupavano la costa settentrionale dell'Africa, arrivarono in Sicilia nell'827 quando l'isola era controllata dall'Impero Bizantino ormai in dissoluzione, e la dominarono fino alla conquista normanna del 1061, quindi per più di due secoli. La presenza araba continuò nei secoli successivi quando la Sicilia fu governata dalla dinastia aragonese.[1]

Sotto il dominio arabo, l'economia siciliana ebbe un impulso fortissimo: fiorirono le colture specializzate degli agrumi ("arancio" deriva dall'arabo "narangi"), della vite e dell'ulivo,   15
e si svilupparono i commerci. Gli Arabi non trattarono la Sicilia come una terra di conquista, ma la posero al centro delle attività scientifiche, culturali e commerciali del Mediterraneo. Anche se la maggioranza degli abitanti della Sicilia   20
occidentale si convertì alla religione islamica, gli arabi adottarono una politica di tolleranza della religione cristiana e della lingua greca che continuò ad essere parlata a fianco (*along with*) dell'arabo e delle lingue sicule[2] locali.   25
Civiltà e lingue greca e araba, cristianesimo e religione musulmana convissero senza

La Lapide della Zisa (1148 d.C., epoca normanna): lapide funeraria nel Castello della Zisa a Palermo, in quattro lingue (latino, greco, arabo ed ebraico)

---

[1]Gli Aragonesi provenivano da una famiglia del nord-est della Spagna e dominarono la Sicilia dal 1282 al 1516.
[2]I siculi sono un'antica popolazione indoeuropea che viveva in Sicilia ai tempi della colonizzazione greca; il siculo era la loro lingua. Oggi "siculo" è sinonimo di siciliano.

conflitti per oltre due secoli. Purtroppo solo poche delle opere architettoniche del periodo arabo (edifici pubblici e moschee) sono arrivate fino a noi: molte erano costruite in legno ed altri materiali deperibili, altre sono state distrutte 30 nei secoli successivi. L'occupazione dei Normanni nell'XI secolo segnò la fine del dominio arabo in Sicilia, ma scienziati, architetti, ingegneri, artisti e scrittori arabi continuarono a vivere e ad operare sull'isola, molti al servizio della corte normanna la cui amministrazione era gestita da funzionari arabi. Molte delle chiese cattoliche dei Normanni furono costruite da architetti arabi e ne portano 35 l'indistinguibile carattere orientale.

3.11 Controlla la comprensione Usa il contenuto di questo paragrafo per sostenere (*support*) o negare le seguenti affermazioni.

1. Il dominio arabo era intollerante verso altre religioni e culture.
2. L'influenza della cultura araba finì con l'occupazione normanna.

 3.12 Alla scoperta di …

1. Scopri qual è uno dei piatti più comuni della Sicilia occidentale usato anche nella cucina araba. Puoi trovare su Internet una ricetta per cucinare questo piatto?
2. Quale altro paese dell'Europa occidentale è stato dominato dagli arabi? In questi paesi sono ancora presenti edifici di architettura araba? Puoi portare degli esempi? Fai una breve ricerca su Internet e presenta i tuoi risultati alla classe.

 3.13 Confronti e riflessioni Pensa a quello che succedeva nello stesso periodo storico in diverse parti d'Europa. Rimetti in ordine la seguente sequenza collegando ogni data con l'evento corrispondente.

Data	Evento storico
1. 728	a. Guglielmo di Normandia invase l'Inghilterra; Battaglia di Hastings.
2. 800	b. La Chiesa di Roma diventò Stato con l'annessione di vasti territori dell'Italia centrale.
3. 1066	c. Partenza della prima crociata (*crusade*).
4. 1096	d. Carlomagno fu incoronato Imperatore del Sacro Romano Impero.

Due arabi siciliani: un poeta e un eroe popolare

 ### Lessico nuovo

l'amarezza	*bitterness*
cacciato	*kicked out, banned*
il dolore	*pain*
la follia	*madness*
il ricordo	*memory*
suscitare	*to arouse, awaken in one's spirit*
la terra natale	*birthplace*

A che cosa ti fa pensare la parola "nostalgia"? Per chi e per che cosa possiamo provare nostalgia?

Ibn Hamdis, poeta arabo-siculo nato in Sicilia nel 1055 circa, dovette lasciare l'isola a causa della guerra scatenata (*that broke out*) dall'invasione normanna. In una sua poesia, scritta da esule (*exile*) in Spagna, canta la profonda nostalgia   5 che sente verso la sua terra natale:

"Ricordo la Sicilia, e il dolore ne suscita nell'animo il ricordo.

Un luogo di giovanili follie ora deserto, animato un dì (*in the past*) dal fiore dei nobili ingegni.

Se sono stato cacciato da un paradiso, come posso io darne notizia?   10

Se non fosse (*If it were not for*) l'amarezza delle lacrime, le crederei i fiumi di quel paradiso".[1]

———

[1] Gabrieli, Francesco. *Ibn Hamdis*. Mazara: Società Editrice Siciliana, 1948, p. 23.

3.14 **Controlla la comprensione**

1. Il poeta associa alla Sicilia tre immagini: quali?
   a. _____ b. _____ c. _____
2. Dalla poesia di Ibn Hamdis estrai i vocaboli con una connotazione positiva e quelli con una connotazione negativa.

Ascolto 1: Giufà, eroe popolare

3.15 **Prima di ascoltare** Come ti immagini un eroe popolare? Quali sono le sue caratteristiche? Puoi nominare un eroe popolare nel mito o nella storia?

Vocaboli utili alla comprensione

andare su tutte le furie	*to become infuriated*	lo schiaffo	*slap*
la favola	*fairytale*	subire	*to suffer, to undergo*
il giudice	*judge*	il torto	*injustice, fault*
la lamentela	*complaint*	il viso	*face*
mollare uno schiaffo	*to slap*	ubbidire	*to obey*
la mosca	*fly*	uccidere, *p.p.* ucciso, *p.r.* uccisi	*to kill*
perseguito	*prosecuted*		

3.16 **Mentre ascolti** Cerca di capire qual è l'aspetto comico di Giufà, e perché è considerato un eroe popolare.

3.17 **A fine ascolto**

1. Scegli la risposta migliore e poi motiva la tua scelta. In questa favola arabo-sicula, Giufà non è perseguito perché …
   a. è povero di mente (*feeble-minded*).
   b. il giudice gli è grato perché ha ammazzato la mosca che lo tormentava.
   c. ha rispettato alla lettera (*precisely*) il comando del giudice.
2. Perché il personaggio del giudice è importante nella storia di Giufà?
3. Perché la vendetta di Giufà è una "vendetta sociale" e non "personale", secondo Sciascia?

Alla corte di Federico II

 Lessico nuovo

depurato	*cleansed, purified*
ebreo	*Jewish*
entusiasmare	*to thrill, to excite*
fiorentino	*from Florence*
giunto, *p.p.* di giungere	*to reach, arrive*
meridionale	*southern, southerner*
il mezzo	*means, instrument*
rivendicare	*to claim, lay claim to, assert*
rozzo	*rough, unrefined*
il sentimento	*feeling*
il verso	*line of poetry*

La dominazione degli Svevi seguì a quella degli Arabi e dei Normanni: sotto il regno di Federico II di Svevia (chiamato *Stupor Mundi*, cioè "meraviglia del mondo"), l'isola conobbe uno dei periodi più felici della sua storia per il fiorire delle lettere e delle arti. Il latino, il greco e l'arabo continuavano ad essere parlati in Sicilia ed ugualmente usati nei documenti ufficiali. Federico II creò intorno a   5
sé l'ambiente culturale, letterario e scientifico più eclettico e vario del mondo contemporaneo. Alla corte di Palermo abitavano e lavoravano scienziati, architetti, artisti, poeti di origine araba, siciliana, greca ed ebrea. Federico stesso parlava correntemente l'arabo e il greco, oltre al tedesco, sua lingua materna, al francese e al siculo.   10

Il movimento letterario chiamato Scuola Siciliana nacque a Palermo alla corte di Federico II dove i poeti cominciarono a scrivere in un siculo depurato dei termini più rozzi, ed arricchito di latinismi, di elementi dal francese provenzale[1] e da altri dialetti colti parlati in Italia. La corte di Federico II era itinerante: si spostava, cioè, in altre parti d'Italia,   15
soprattutto nell'Italia meridionale. Ciò permise a poeti e letterati di assorbire termini dialettali diversi da quelli siciliani. La lingua usata dai poeti della Scuola Siciliana fu quindi popolare e   20
letteraria allo stesso tempo, il risultato di una stupenda sintesi di culture locali e mediterranee. L'intento della Scuola Siciliana era anche creare una tradizione letteraria separata dalla Chiesa di   25
Roma, che a quell'epoca rivendicava un potere politico oltre che religioso, e la cui lingua ufficiale era naturalmente il latino, ben lontano dalla lingua che la gente parlava ogni giorno.   30

La poesia della Scuola Siciliana fu presto esportata nella penisola e, giunta a Firenze, entusiasmò il gruppo di poeti che faceva capo a Dante Alighieri. I toscani ne ammirarono i contenuti e   35
le forme, ma adattarono questa lingua alla parlata toscana (*jargon spoken in Tuscany*), cambiando il suono di alcune vocali tipicamente sicule. Cominciò così il

Cefalù: vista della città dominata dalla Cattedrale di epoca normanna primo processo di italianizzazione della poesia siciliana. La lingua italiana che noi studiamo e parliamo nacque quindi, nella sua forma scritta, alla corte di Federico II nel XIII secolo. Questa lingua venne poi raffinata (*was refined*) nel fiorentino 40 parlato di Dante, il nostro grande poeta nazionale.

Il tema della poesia siciliana è l'amore, definito come sentimento ideale, mezzo indispensabile e unico per elevare l'anima. La donna impersona le virtù di cortesia e onestà, alle quali l'uomo può accedere solo tramite l'amore.

Considera questi versi di una poesia di Giacomo da Lentini, uno dei principali 45 esponenti (*members*) della Scuola Siciliana. Vedi a fianco la versione in italiano moderno.

Amore è uno desio che ven da' core	1	[L'amore è un desiderio che viene dal cuore 1
per abondanza di gran piacimento;		per un eccesso di piacere
e li occhi in prima generan l'amore		e gli occhi per primi generano l'amore
e lo core li dà nutricamento		e il cuore gli dà nutrimento.
Ben è alcuna fiata om amatore 5		Qualche volta un innamorato ama 5
senza vedere so 'namoramento,		senza vedere l'oggetto del suo amore
ma quell'amor che stringe con furore		ma quell'amore che stringe con furore
da la vista de li occhi ha nascimento		nasce dalla vista e dagli occhi.]
[...]		

---

[1]Il "provenzale" è un termine che risale al XIII secolo: è sinonimo di lingua d'oc o occitano, il dialetto parlato principalmente nella Provenza in Francia, ma anche in altre regioni del sud della Francia e della Spagna.

3.18 Controlla la comprensione Perché la poesia nata alla corte di Federico II è importante per lo sviluppo della lingua italiana?

3.19 Confronti e riflessioni C'è una poesia o una canzone (in qualsiasi lingua) sull'amore che ti piace particolarmente? Completa una tabella simile a questa.

Secondo Giacomo da Lentini, ...	Secondo l'autore / l'autrice che io ho scelto, ...	Secondo me, ...
l'amore è ... (scrivi con parole tue)	l'amore è ... (scrivi con parole tue)	l'amore è ...

Il grande esodo migratorio

Lessico nuovo

analfabeta	*illiterate*	l'impoverimento	*impoverishment*
andarsene	*to go away*	indebolire	*to weaken*
il contadino	*farmer, peasant*	interrompersi, *p.p.* interrotto,	*to get interrupted*
la crescita	*growth*	*p.r.* interruppi	
il danno	*damage*	patire	*to bear, to suffer*
durare	*to last*	la raccolta	*harvest*
la forza lavoro	*workforce*	rafforzare	*to strengthen*
la fuga	*flight*	la rottura	*breach, rupture*
girare	*to go around, travel around*	subire	*to undergo*
incantato	*enchanted*		

Mercato del pesce a Catania

Con la morte di Federico II finì anche il primato (*primacy*) culturale dell'isola in Europa, e la Sicilia entrò in un lungo periodo di declino che durò per molti secoli durante i quali subì l'occupazione di varie dinastie straniere fra cui gli Angioini, gli Aragonesi, gli Asburgo, i Borboni. Al contrario degli Arabi e dei Normanni che vennero prima di loro, i nuovi occupanti pensarono a sfruttare le risorse dell'isola piuttosto che a rispettarne la cultura. In particolare, sotto la Spagna, la Sicilia fu semplicemente una delle province periferiche di questo Regno: isolamento e stagnazione economica caratterizzarono questo periodo della storia siciliana.

Purtroppo il successivo periodo di apertura verso l'esterno non significò la ripresa della prosperità e dei commerci: negli anni a cavallo fra (*straddling*) il XIX e il XX secolo non furono gli stranieri ad invadere l'isola, ma furono i poveri contadini siciliani ad andarsene, in uno dei più grandi fenomeni migratori della storia dell'umanità, una fuga di massa che assomigliò presto ad una diaspora senza ritorno.

Le cause di questa migrazione sono molteplici. Con l'Unità d'Italia (avvenuta nel 1861), le poche industrie del Sud, che sotto il governo dei Borboni avevano goduto di un certo protezionismo, entrarono in crisi. Allo stesso tempo, l'economia agricola, ancora estremamente primitiva, non riusciva più a sostenere la popolazione che era aumentata per le migliorate condizioni igieniche (*hygienic*). Infine, i poveri contadini siciliani erano cittadini solo a metà, e non potevano far valere i propri diritti (*claim their rights*): essendo analfabeti, secondo la legge non potevano votare, e quindi erano esclusi dalla vita politica della nuova nazione italiana. Il governo poteva quindi facilmente dimenticarsi di loro e dei loro problemi.

Allo stesso tempo, la richiesta di manodopera (*manpower*) a basso prezzo negli Stati Uniti e nei paesi del Sudamerica era fortissima: l'industria manifatturiera era in rapida crescita così come la costruzione delle linee ferroviarie (*railways*) su tutto il continente. La forza di attrazione dell'America era potentissima e altrettanto potente era la disperazione nella terra d'origine. C'erano poi "gli agenti dell'emigrazione" che giravano per le campagne diffondendo idee esagerate sul benessere che attendeva gli emigranti nella terra promessa: il "nuovo mondo" diventò, nell'immaginazione contadina, un paradiso terrestre raggiungibile (*reachable*), la negazione delle sofferenze patite in patria.

La scrittrice siciliana Maria Messina nel suo racconto *La Mèrica* descrive gli effetti dell'emigrazione su chi restava: "Tutti partivano […] Pareva la guerra; e come quando c'è la guerra, le mogli restavan senza marito e le mamme senza figlioli. […] E i meglio giovani del paese andavano a lavorare in quella terra incantata che se li tirava (*attracted them*) come una mala femmina (*bad woman*)."

Nei primi quindici anni del XX secolo partirono dall'isola più di un milione di siciliani: erano generalmente i più giovani, quelli più dotati (*endowed*) di spirito di avventura, oltre che i più disperati. Emigrare significava separarsi dalla propria terra e dalla propria lingua, ma anche spezzare, spesso irrimediabilmente, il nucleo familiare che nella cultura siciliana aveva sempre rappresentato per l'individuo l'unica protezione contro le incertezze ed i pericoli della vita.

Una famiglia di immigrati italiani arriva a Ellis Island, 1902

Un'infermiera della Croce Rossa con alcuni immigrati appena sbarcati a Lampedusa, Sicilia

Nei paesi dell'interno rimasero solo le mogli, le madri, i bambini e i vecchi: le rimesse (*remittances*) che arrivavano dall'America migliorarono le condizioni di vita di chi era rimasto, ma l'emorragia di forza lavoro giovane, la rottura dei nuclei familiari, l'impoverimento della cultura locale, causarono danni ben più gravi al tessuto sociale ed economico della nazione. 55

Il grande flusso (*flux, flow*) migratorio per le Americhe si interruppe durante il periodo fascista e riprese solo nel secondo dopoguerra ma, dalla fine degli anni '50, si orientò verso il triangolo industriale del Nord Italia (le città di Genova, Milano e Torino) e verso l'Europa centrale, dove le nuove industrie manifatturiere richiedevano forza lavoro non specializzata e a buon mercato. 60

La Sicilia ora non esporta più manodopera non qualificata, anzi ne importa: sulle sue coste arrivano giornalmente barche cariche (*loaded*) di immigrati dal Nord Africa o da altre parti del nuovo "sud" povero: serve ancora forza lavoro a basso prezzo, in Sicilia ed in altre parti d'Italia, per le raccolte stagionali, e questi poveri immigrati sono disposti a qualunque tipo di lavoro. Così quest'isola si trova ancora oggi, come in tempi antichi, ad avere un ruolo di protagonista nel bacino del Mediterraneo. 65

70

3.20 Controlla la comprensione

1. Scrivi qui di seguito tre cose che hai imparato da questo brano. Quale di queste ti ha interessato di più?

   a. _____ b. _____ c. _____

2. Quali sono le quattro cause principali dell'emigrazione siciliana?

   a. _____ c. _____

   b. _____ d. _____

3. Quali sono gli effetti di *La Mèrica* (l'America, secondo la pronuncia dei contadini siciliani) sulla società contadina siciliana descritta da Maria Messina?

3.21 Confronti e riflessioni

1. Ritorna alle cause dell'emigrazione fra il XIX e il XX secolo e pensa all'emigrazione negli Stati Uniti dei nostri giorni. Le cause o motivazioni di questa emigrazione verso gli USA sono simili o sono cambiate?
2. Qualche tuo parente, amico o conoscente (*acquaintance*) è emigrato da un altro paese? Quando, da dove e perché? Che tipo di attrazione aveva l'America (o un altro paese d'arrivo) su questa persona?

 3.22 Alla scoperta di … Fa' una breve ricerca su Internet per scoprire le caratteristiche dell'ultimo tipo di emigrazione dall'isola (e dall'Italia in generale): la fuga dei cervelli (lit. *the flight of brains*). Spiega brevemente le differenze fra questo tipo di "fuga" e l'emigrazione delle generazioni precedenti di siciliani. Presenta i risultati della tua ricerca alla classe.

Mafia: l'ultimo potere occupante

 Lessico nuovo

colpevole	*guilty*	il rapporto	*relation*
il dono	*gift*	rispecchiare	*to mirror*
l'edilizia	*building trade*	rivendicare	*to claim*
godere	*to enjoy*	rivolgersi, *p.p.* rivolto,	*to turn to,*
la lotta	*fight, struggle*	*p.r.* rivolsi	*to address*
osare	*to dare*	scomparire, *p.p.* scomparso,	
il potere	*power*	*p.r.* scomparsi	*to disappear*
radicato	*rooted, deep-seated*	sostituire	*to replace*

Poster nello stile di Andy Warhol al Teatro Bellini di Catania: il boss mafioso Matteo Messina Denaro è ricercato

Mafia e Sicilia sono due sostantivi (*nouns*) inseparabili? Lo scrittore palermitano Roberto Alajmo ha osservato che l'equazione "Palermo = mafia" è così radicata che il palermitano deriva la sua identità dall'essere mafioso o antimafioso.[1] All'estero il palermitano prova un senso di "vergognoso orgoglio" (*embarrassing pride*) quando dichiara la sua città di origine. Ma che cos'è veramente la mafia?   5

   Possiamo dire innanzitutto quello che non è: non è un fenomeno folkloristico o sensazionale come suggeriscono le immagini dei film hollywoodiani: in realtà la mafia, o meglio le mafie italiane contemporanee (non solo la mafia siciliana), sono sofisticate organizzazioni criminali che hanno esteso il loro campo d'azione al settore economico, politico e finanziario.   10

   Quasi due secoli fa, la mafia nacque e fiorì nell'interno della Sicilia con la funzione di polizia privata dei grandi proprietari terrieri (*landowners*); con il tempo, ha sviluppato un sistema di controllo del territorio quasi fosse (*as if it were*) un'istituzione dello Stato parallela ed in opposizione alle istituzioni ufficiali e democraticamente elette. Il cittadino comune ben presto ha capito che per   15
qualsiasi bisogno o per rivendicare qualsiasi diritto doveva rivolgersi al mafioso locale e non alla polizia o alla magistratura o ad altri uffici dello Stato.

   Secondo lo scrittore siciliano Leonardo Sciascia, molti aspetti della religione cattolica praticata in Sicilia rispecchiano fedelmente i rapporti di potere che esistono nella società reale: in altre parole, si può capire la mafia esaminando   20

---

[1]Alajmo, Roberto, *Palermo è una cipolla*. Bari: GLF Editori, Laterza, 2005, p. 26.

alcune credenze dei siciliani. Prendiamo ad esempio la storia di Santa Rosalia, patrona di Palermo:

"[Il culto di Santa Rosalia a Palermo] ha avuto origine con la peste (*plague*) che devastava la capitale siciliana quando questa si trovava sotto la protezione di Santa Cristina. Nonostante (*despite*) le offerte e i doni a questa santa, l'epidemia 25 non scompariva e decimava (*cut drastically*) la popolazione. Allora i palermitani, che sono realisti, decisero di cambiare santa patrona e di rivolgersi (*to turn to*) per aiuto a Santa Rosalia. La peste si attenuò, poi scomparve. È chiaro che i palermitani hanno trattato Santa Cristina come un vecchio capomafia che avesse perduto (*who had lost*) il suo potere e che doveva essere fatalmente sostituito 30 da un capomafia più giovane e dinamico. [...] nell'animo siciliano le faccende celesti (*heavenly affairs*) si svolgono (*take place*) come quelle terrene (*earthly*): anche lassù (*up there*) ci sono capomafia, *padrini, confidenti* e mafiosi[2]."

A partire dalla fine degli anni '80 la mafia è diventata il *business* più lucrativo della Sicilia: oltre ad avere pieno controllo del territorio, cioè del traffico della 35 droga, delle estorsioni e dell'edilizia abusiva, la mafia ha cominciato ad infiltrarsi in campo finanziario ed è così nata la cosiddetta "mafia dei colletti bianchi" (*white collar mafia*), un potere che ha goduto e gode tuttora di protezioni da alcuni settori della politica.

Non sono mancati, nella storia siciliana, uomini e donne coraggiosi che si 40 sono opposti al potere mafioso rischiando la propria vita: dal dopoguerra ad oggi decine e decine di magistrati, sindacalisti, uomini politici e cittadini comuni sono stati uccisi dalla mafia per aver osato difendere, per sé e per tutti i siciliani, quei diritti elementari che in qualsiasi altro paese democratico sarebbero garantiti e protetti dalla legge. 45

[2]Sciascia, Leonardo. *La Sicilia come metafora*. Milano: Mondadori, 1979, p. 178.

3.23 Controlla la comprensione Prendi alcuni appunti su quello che non sapevi prima della mafia o su quelle informazioni che contraddicono le opinioni che avevi prima sulla mafia. Usa una tabella simile alla seguente:

Sulla mafia non sapevo che ...	Sulla mafia avevo queste opinioni, ma erano sbagliate ...

Dopo queste riflessioni, rispondi alle seguenti domande: È giusto dire che la mafia è solo un'organizzazione criminale? Perché sì e perché no?

 3.24 Alla scoperta di ...

1. Fa' una ricerca su Internet per scoprire perché l'Aeroporto Internazionale di Palermo si chiama "Falcone Borsellino". Scopri anche chi erano Pio La Torre e Libero Grassi, e perché sono importanti per la storia della Sicilia contemporanea.

3.25 Confronti e riflessioni

1. Mafiosi e mafia: Pensa ad un film (o ad uno sceneggiato televisivo) sulla mafia che hai visto. Scegli un personaggio da questo film e pensa alle sue caratteristiche. Com'è il "mafioso hollywoodiano"? Identifica i sostantivi e gli aggettivi che, secondo te, descrivono meglio questo personaggio:

uomo, donna, giovane, vecchio, istruito, ignorante, sposato, scapolo, arrogante, prepotente, romantico, seducente, attraente, orgoglioso, fiero, fedele

Continua la lista con almeno altri due vocaboli: _____ _____

2. Ora pensa a come è presentata la mafia generalmente nel cinema: come una forma di corruzione, un'organizzazione criminale, una mentalità, una famiglia allargata, un sistema di protezione degli individui, un potere politico ed economico, ecc.?

Ascolto 2: Libera!

 3.26 Prima di ascoltare

1. Cosa significa "confiscare" qualcosa? Potresti spiegarlo senza usare l'equivalente in inglese?
2. Quali sono "i beni" che una persona può avere?
3. Rifletti ancora sul concetto di cooperativa discusso nel capitolo 2. Che cos'è una "cooperativa"? Chi fa parte di solito di una cooperativa? Che tipo di lavoro possono svolgere e a quale fine (*goal*)? Ritorna alla discussione sulle cooperative nel cap. 2 (pp. 58–59), se necessario.

Vocaboli utili alla comprensione

affidato	*entrusted*
l'agriturismo	*vacations on a farm, agritourism*
i ceci	*chickpeas*
il coinvolgimento	*engagement, involvement*
la coltura biologica	*organic farming*
confiscare	*to seize property;* sinonimo: **sequestrare**
il fine sociale	*non-profit objective*
giacché	*since*
l'impegno	*commitment*
le lenticchie	*lentils*
il marchio	*trademark*
il sequestro	*seizure of property*
la terra	*land, ground, earth*
ti arrangi *da:* arrangiarsi	*you are on your own, it serves you right*

3.27 Mentre ascolti Mentre ascolti, cerca di capire gli obiettivi dell'associazione Libera ed i risultati delle sue attività.

 3.28 A fine ascolto In base a quello che hai ascoltato, indica se queste affermazioni sono vere o false. Poi correggi le affermazioni false e spiega con una frase quelle vere.

1. I ragazzi dell'associazione Libera sono parenti di mafiosi.
2. L'associazione Libera ha dovuto comprare le terre che coltiva facendo dei mutui (*mortgages*).
3. Libera ha dimostrato che la lotta contro la mafia porta anche benefici all'economia dell'isola.
4. Il nome Libera significa che la terra coltivata da questi ragazzi non è controllata dalla mafia.
5. Libera è un'iniziativa che bisognerebbe copiare.

 3.29 Alla scoperta di ... Che tipo di attività di volontariato offre l'associazione Libera? Scoprilo su Internet. Uno studente come te potrebbe partecipare alle attività di una delle cooperative di Libera? Come sarebbe strutturata la tua giornata? Ti piacerebbe partecipare ad una di queste iniziative?

3.30 **Confronti e riflessioni** Qualcosa di molto positivo può nascere da un evento tragico, da una calamità, da un'ingiustizia sociale o da una crisi politica ed economica. Conosci delle associazioni che potremmo paragonare (*compare*) a Libera perché nate come risposta ad un'ingiustizia?

 3.31 **Ciak!** Arrivi all'aeroporto di Palermo "Falcone e Borsellino". Il nome di questo aeroporto ti sorprende, e ti domandi: perché, dedicando l'aeroporto ai due giudici, i siciliani hanno voluto ricordare a chi arriva sull'isola che questa è terra di mafia? Non potevano dare all'aeroporto un nome diverso, che richiamasse la cultura, l'arte, le bellezze naturali dell'isola? Mentre aspetti le tue valigie, cominci a parlare con uno dei poliziotti in servizio. Ti dice che è palermitano e tu gli domandi perché l'aeroporto porta il nome di due giudici uccisi dalla mafia. Resti sorpreso/a dai commenti del poliziotto che invece è fiero (*proud*) che l'aeroporto sia dedicato alla loro memoria. Con un compagno o una compagna crea una conversazione di almeno dieci battute.

 3.32 **Un fine settimana a Erice** [ONLINE]

 3.33 **Chi è? Che cos'è?** [ONLINE]

Una via del centro storico di Erice (Trapani)

La poesia regionale (dal *Canzoniere italiano* di Pier Paolo Pasolini)[3]

Cosmogonia   1
Iu vitti 'na citati c'un casteddu,
Dudici porti la citati avìa,
Cu trenta catinazzi pri purteddu,
E vintiquattro chiavi la tinia.   5
'Na scura schiava a ciancu a un garzuneddu
Ca cu la donna a la 'mprisa currìa:
Un cavaleri 'n capu a un munti beddu,
Lu capitanu di la 'fanteria.

[Io vidi una città con un castello, dodici porte aveva la città, con trenta catenacci (*door latches / bolts*) per portone, e ventiquattro chiavi la tenevano. Una scura schiava (*dark slave*) a fianco a un giovincello (*young boy*), che, con la donna, a gara correva (*ran in a race*): un cavaliere (*knight*) in cima a un bel monte, il capitano della fanteria (*infantry*).

3.34 **Scopri** Qual è una vocale particolarmente frequente nel dialetto siciliano? Quale vocale è usata nelle parole corrispondenti in italiano? Dai un esempio di almeno tre parole con questa vocale caratteristica.

1. _____   2. _____   3. _____

3.35 **Il significato** Questa poesia è, come dice il titolo, una cosmogonia, cioè un'allegoria che descrive l'universo. Per ogni sostantivo a sinistra associa il simbolo corrispondente a destra.

1. i mesi   a. il capitano
2. il sole   b. una città con un castello
3. il mondo   c. dodici porte
4. le ore   d. ventiquattro chiavi
5. il giorno   e. trenta catenacci
6. la notte   f. una scura schiava
7. i giorni del mese   g. un giovincello

---

[3]Pier Paolo Pasolini, a cura di. *Canzoniere italiano. Antologia della poesia popolare.* Milano: Garzanti. 1992, p. 498, n. 742.

Nessuno vuole le arance di Elio Vittorini

da *Conversazioni in Sicilia*, 1938

Introduzione

Elio Vittorini (1908–1966), scrittore italiano della scuola dei modernisti, traduttore di romanzi americani ed editore di riviste, nacque a Siracusa in Sicilia. Lasciò l'isola nel 1924 e visse principalmente a Firenze dove iniziò il suo lavoro nel settore letterario-editoriale. Nel 1938 pubblicò la sua opera più famosa, *Conversazioni in Sicilia*. Partecipò attivamente alla Resistenza antifascista; nel dopoguerra continuò un'attiva partecipazione alla vita culturale e politica della nazione. Nel brano che leggerai, tratto da *Conversazioni in Sicilia* (1941), la voce narrante (Vittorini stesso) racconta un viaggio di ritorno in Sicilia dal continente dopo molti anni di assenza. All'inizio del brano, il protagonista è sul battello (*boat*) che è partito da Villa San Giovanni (Reggio Calabria) per arrivare a Messina in Sicilia.

5

10

 Lessico nuovo

attuale	*up-to-date*	le macerie	*debris*
il berretto	*cap*	maledetto	*damned*
il bracciante	*hired hand for farm work*	la maledizione	*curse*
crudo	*raw*	la menzogna	*lie*
cucito	*sewn*	scavare	*to dig*
la disoccupazione	*unemployment*	lo scialle	*shawl*
il ferroviere	*railroad worker*	soave	*kind, sweet*
fischiare	*to whistle*	squillare	*to ring as in bell or phone*
inghiottire	*to swallow*		
inginocchiarsi	*kneel*	stridulo	*shrill*
ingoiare	*to swallow, gulp*	il tranvai	*tram*

Libera le parole!

3.36 **Prima di leggere** Il brano racconta un viaggio "di terza classe" in Sicilia dal continente negli anni 1930: Con quale mezzo di trasporto, secondo te? Che cosa significa "di terza classe"?

3.37 **Manca sempre il "terzo"** Aggiungi ad ogni riga una parola scelta dalla lista più sopra.

1. recente, aggiornato, …
2. cantare, canticchiare, …
3. mandare giù, masticare, …
4. dolce, piacevole, …
5. la sciarpa, il foulard, …
6. l'autobus, la metropolitana, …
7. la bugia, la finzione, …
8. il cappello, il cappuccio, …

3.38 **Mentre leggi** Quando si legge in una lingua
straniera, è possibile indovinare il significato di
una parola dalla frase o dal contesto generale in
cui è inserita. Mentre leggi, indica, accanto ad
ogni espressione, il significato che hai derivato dal
contesto.

1. *il bavero della giacca* (righe 2–3)
2. *barba da quattro giorni* (riga 8)
3. *stringersi nelle spalle* (riga 17)
4. *cacciare la mano* (riga 27)
5. *scuotere il capo* (riga 31)
6. *regno dei cieli sulla terra* (riga 70)
7. *ingoiando come se ingoiasse maledizioni*
   (righe 85–86)
8. *come se avessero il tossico* (righe 106–107)

Una pausa di lavoro durante la raccolta delle arance e limoni

Nessuno vuole le arance di Elio Vittorini

[...] il battello era pieno di piccoli siciliani da terza classe, affamati e soavi
nell'aver freddo, senza cappotto, le mani nelle tasche dei pantaloni, il bavero della
giacca rialzato. Avevo comprato a Villa San Giovanni qualcosa da mangiare, pane e
formaggio, e mangiavo sul ponte, pane, aria cruda, formaggio, con gusto e appetito
perché riconoscevo antichi sapori delle mie montagne, e persino odori, mandrie di   5
capre, fumo di assenzio[1], in quel formaggio. I piccoli siciliani, curvi con le spalle nel
vento e le mani in tasca, mi guardavano mangiare, erano scuri in faccia, ma soavi, con
barba da quattro giorni, operai, braccianti dei giardini di aranci, ferrovieri con i cappelli
grigi [...]. E io, mangiando, sorridevo loro e loro mi guardavano senza sorridere.
       "Non c'è formaggio come il nostro", io dissi.   10
       Nessuno mi rispose, tutti mi guardavano, le donne dalla femminilità voluminosa
sedute su grandi sacchi di roba, gli uomini in piedi, piccoli e come bruciacchiati[2]
dal vento, le mani in tasca. [...] Allora uno di quei siciliani, il più piccolo e soave, e
insieme il più scuro in faccia e il più bruciato dal vento, mi chiese:
       "Ma siete siciliano, voi?"   15
       "Perché no?" io risposi.
       L'uomo si strinse nelle spalle e non disse altro, aveva una specie di bambina, seduta
su un sacco, ai piedi, e si chinò su di lei, e uscì di tasca una grande mano rossa e la toccò
come carezzandola e insieme aggiustandole lo scialle perché non avesse freddo.
       Da qualcosa di quel gesto io vidi che la bambina non era sua figlia ma sua   20
moglie e intanto Messina si avvicinava, non era più un'ammucchiata[3] di macerie
sull'orlo del mare, ma case e moli[4] e tranvai bianchi e file di vagoni nerastri[5] su larghi
spiazzi di ferrovia. [...]
       E intanto finivo di mangiare, e l'uomo con la moglie bambina si chinò un'altra
volta e anzi si inginocchiò, aveva un paniere[6] ai piedi, e, osservato da lei, cominciò   25

---

[1]l'assenzio: *absinthe, a plant with yellow flowers from which a liquor is made*
[2]bruciacchiato: *burned, tanned at the surface*
[3]l'ammucchiata: *heap, pile*
[4]il molo: *pier*
[5]nerastro: *blackish*
[6]il paniere: *bread basket*

(Continua)

a far qualcosa intorno al paniere. Era coperto, questo, da un pezzo di tela incerata[7] cucita all'orlo con lo spago[8], e piano piano egli sfilò[9] un po' di spago, cacciò la mano sotto la tela, e mise fuori un'arancia.

Non era grande, né molto bella, non forte di colore, ma era un'arancia, e silenziosamente, senza levarsi di ginocchio, egli l'offrì alla moglie bambina. La bambina guardò me, io vidi i suoi occhi dentro il cappuccio dello scialle e poi la vidi scuotere il capo.

Il piccolo siciliano parve disperato, e rimase in ginocchio, una mano in tasca, l'arancia nell'altra, si rialzò in piedi e così continuò a stare, col vento che gli sbatteva la visiera molle del berretto contro il naso, l'arancia in mano, bruciato dal freddo nella piccola persona senza cappotto, e disperato, mentre a picco[10] sotto di noi passavano, nel mattino di pioggia, il mare e la città.[…]

"Un siciliano non mangia mai la mattina", egli disse d'un tratto.

Soggiunse[11]: "Siete americano, voi?"

Parlava con disperazione eppure con soavità, come sempre era stato soave anche nel disperato pelare l'arancia e nel disperato mangiarla. Le ultime tre parole disse eccitato, in tono di stridula tensione come se gli fosse in qualche modo necessario, per la pace dell'anima, sapermi americano.

"Sì", dissi io, vedendo questo, "Americano sono. Da quindici anni". […]

"Ho dei cugini in America", disse. "Uno zio e dei cugini…"

"Ah, così", dissi io. "E in che posto? A New York o in Argentina?"

"Non lo so", rispose lui. "Forse a New York. Forse in Argentina. In America".

Così disse e soggiunse: "Di che posto siete voi?"

"Io?" dissi io. "Nacqui a Siracusa…"

E lui disse: "No… Di che posto siete dell'America?"

"Di… Di New York", dissi io.

Un momento fummo zitti, io su questa menzogna, guardandolo, e lui guardando me, dai suoi occhi nascosti sotto la visiera del berretto.

Poi, quasi teneramente, egli chiese:

"Come va a New York? Va bene?".

"Non ci si arricchisce", risposi io.

"Che importa questo?" disse lui. "Si può star bene senza arricchire… Anzi è meglio…"

"Chissà!" dissi io. "C'è anche lì disoccupazione".

"E che importa la disoccupazione?" disse lui. "Non è sempre la disoccupazione che fa il danno… Non è questo… Non sono disoccupato, io".

Indicò gli altri piccoli siciliani intorno.

"Nessuno di noi lo è. Lavoriamo… Nei giardini… Lavoriamo".

E si fermò, mutò voce, soggiunse: "Siete tornato per la disoccupazione, voi?".

"No", io dissi. "Sono tornato per qualche giorno".

"Ecco", disse lui. "E mangiate la mattina… Un siciliano non mangia mai la mattina".

E chiese: "Mangiano tutti in America la mattina?"

Avrei potuto dire di no, e che anche io, di solito, non mangiavo la mattina, e che conoscevo tanta gente che non mangiava forse più di una volta al giorno, e che in tutto il mondo era lo stesso, eccetera, ma non potevo parlargli male di un'America dove non ero stato, e che, dopotutto, non era nemmeno l'America, nulla di attuale, di effettivo, ma una sua idea di regno dei cieli sulla terra. Non potevo; non sarebbe stato giusto.

---

[7]la tela incerata: *wax-covered cloth*
[8]lo spago: *string*
[9]sfilare: *unravel, unthread*
[10]a picco: *right below*
[11]soggiungere: *to add*

"Credo di sì", risposi. "In un modo o in un altro…"

"E il mezzogiorno?" egli chiese allora. "Mangiano tutti, il mezzogiorno, in America?"

"Credo di sì", dissi io. "In un modo o in un altro…"

"E la sera?" egli chiese. "Mangiano tutti, la sera, in America?" 75

"Credo di sì", dissi io. "Bene o male…"

"Pane?", disse lui. "Pane e formaggio? Pane e verdure? Pane e carne?"

Era con speranza che lui mi parlava e io non potevo più dirgli di no.

"Sì", dissi. "Pane e altro".

E lui piccolo siciliano, restò muto un pezzo nella speranza, poi guardò ai suoi 80 piedi la moglie bambina che sedeva immobile, scura, tutta chiusa, sul sacco, e diventò disperato, e disperatamente, come dianzi[12] a bordo, si chinò e sfilò un po' di spago dal paniere, tirò fuori un'arancia, e disperatamente l'offrì, ancora chino sulle gambe piegate, alla moglie e, dopo il rifiuto senza parole di lei, disperatamente fu avvilito con l'arancia in mano, e cominciò a pelarla per sé, a mangiarla lui, ingoiando 85 come se ingoiasse maledizioni.

"Si mangiano a insalata", io dissi, "qui da noi".

"In America?" chiese il siciliano.

"No", io dissi, "qui da noi".

"Qui da noi?" il siciliano chiese. "A insalata con l'olio?" 90

"Sì, con l'olio", dissi io. "E uno spicchio d'aglio, e il sale…"

"E col pane?" disse il siciliano.

"Sicuro", io risposi. […]

"E non sempre c'è il pane", disse il siciliano. "Se uno non vende le arance non c'è il pane. E bisogna mangiare le arance… Così, vedete?" 95

E disperatamente mangiava la sua arancia, bagnate le dita, nel freddo, di succo d'arancia, guardando ai suoi piedi la moglie bambina che non voleva arance.

"Ma nutriscono molto", dissi io. "Potete vendermene qualcuna?"

Il piccolo siciliano finì d'inghiottire, si pulì le mani nella giacca.

"Davvero?" esclamò. E si chinò sul suo paniere, vi scavò dentro, sotto la tela, mi 100 porse quattro, cinque, sei arance.

"Ma perché?" io chiesi. "È così difficile vendere le arance?"

"Non si vendono", egli disse. "Nessuno ne vuole".

Il treno intanto era pronto, allungato dei vagoni che avevano passato il mare. 105

"All'estero non ne vogliono", continuò il piccolo siciliano. "Come se avessero il tossico. Le nostre arance. E il padrone ci paga così. Ci dà le arance… E noi non sappiamo che fare. Nessuno ne vuole. Veniamo a Messina, a piedi, e nessuno ne vuole… Andiamo a vedere se ne vogliono a Reggio, a Villa S. Giovanni, e non ne vogliono… Nessuno ne vuole". 110

Squillò la trombetta del capotreno, la locomotiva fischiò.

"Nessuno ne vuole… Andiamo avanti, indietro, paghiamo il viaggio per noi e per loro, non mangiamo pane, nessuno ne vuole… Nessuno ne vuole".

Il treno si mosse, saltai a uno sportello[13].

"Addio, addio!" 115

"Nessuno ne vuole… Nessuno ne vuole… Come se avessero il tossico… Maledette arance".

---

[12]dianzi: *before*
[13]lo sportello: *train window*

A fine lettura

3.39 La riposta migliore Completa le affermazioni sul contenuto del brano scegliendo la risposta migliore per ognuna.

1. Inizialmente il narratore riconosce la sua terra …
   a. dal modo di parlare degli altri passeggeri.
   b. da vari profumi e gusti tipici del cibo.
   c. da come la gente è vestita.
2. Il narratore viaggia …
   a. da solo.
   b. con la moglie.
   c. con una bambina.
3. L'idea principale che il passeggero siciliano ha dell'America è che …
   a. tutti ci stanno bene.
   b. tutti gli immigrati sono tristi perché lontani dalla famiglia.
   c. ci sono molti siciliani.
4. Le arance sono la causa di tanta disperazione per i siciliani perché …
   a. sono troppe e non si vendono al mercato.
   b. la raccolta è stata scarsa quest'anno.
   c. le varietà che crescono in Sicilia sono tossiche.

3.40 Rifletti

1. La "meiosi" è una figura retorica eufemistica usata per minimizzare (*understate*) o rimpicciolire (*make smaller*) qualcosa con vocaboli che suggeriscono misure o significati inferiori rispetto alla realtà. Considera la seguente frase: "il battello era pieno di piccoli siciliani da terza classe, affamati e soavi nell'aver freddo, senza cappotto, le mani nelle tasche dei pantaloni, il bavero della giacca rialzato".
   • Quali parole usa l'autore per "minimizzare" la scena?
   • Quali vocaboli avrebbe potuto usare per ottenere l'effetto contrario?
2. Perché, secondo te, il narratore risponde affermativamente alla domanda "Siete americano, voi?" Perché il siciliano del battello non crede che il narratore sia siciliano?
3. Che cos'è l'America per i siciliani del battello? Rispondi facendo dei riferimenti precisi ad alcune frasi del racconto.
4. Perché la disoccupazione e l'impossibilità di arricchirsi non sono necessariamente un problema per il siciliano?
5. Puoi spiegare il significato della battuta ripetuta anche alla fine, "come se avessero il tossico" (*as if they were poisonous*)?

3.41 Confronti e riflessioni

1. Sei mai ritornato/a in un luogo che ami dopo tanto tempo? Spiega le circostanze. Ci sono odori o sapori che associ direttamente con quel luogo?
2. Hai avuto difficoltà a reinserirti (*to be part again*) in quell'ambiente oppure ti sei sentito/a subito a tuo agio (*at ease*)? Hai mai sentito di vivere a metà strada fra due culture o due luoghi?
3. La separazione tra la terra ferma e la Sicilia ha un significato sia letterale (fisico-spaziale) sia figurativo. Ci sono, in una regione o stato che conosci, due luoghi che rappresentano anche due mondi o due culture diverse?

Grammatica viva

3.42 **Trapassato prossimo e passato prossimo** Considera questa frase tratta dal testo: "*Avevo comprato a Villa San Giovanni qualcosa da mangiare, pane e formaggio, e mangiavo sul ponte, ...*" (righe 3–4)

Il narratore aveva comprato qualcosa da mangiare **prima di** partire dalla penisola per la Sicilia, cioè prima del tempo della narrazione. Completa le seguenti frasi usando un passato prossimo e un trapassato prossimo (due nell'ultima frase) per l'azione che ha avuto luogo prima.

1. Noi _____ (andare) già a letto quando i vicini _____ (suonare) il campanello.
2. Loro ci _____ (chiedere) se noi _____ (vedere) il loro figlio Gianni.
3. Gaetano, il padre, _____ (spiegare) che Gianni, che aveva tredici anni, non _____ (tornare) per l'ora di cena.
4. Finalmente, Gianni _____ (tornare) alle 11, e _____ (dire) che _____ (fermarsi) a casa di un amico e non _____ (accorgersi) che era così tardi.

LETTURA 2

Francesca Morvillo: una vita blindata
di Renate Siebert

da *Le donne, la mafia*, 1994

Introduzione

Renate Siebert è una sociologa di origine tedesca che vive da molti anni in Sicilia e in Calabria. Insegna all'Università della Calabria e ha condotto molte ricerche sulla mafia e la *'ndrangheta*, l'organizzazione mafiosa che opera in Calabria.

In questo brano, la Siebert ci racconta la storia di Francesca Morvillo, magistrato e moglie di Giovanni Falcone, il giudice palermitano che negli anni ottanta fu in prima linea nella lotta contro la mafia in Sicilia. Falcone organizzò, insieme al collega Paolo Borsellino, il famoso maxiprocesso contro 475 mafiosi che si tenne a Palermo nel 1987 e per il quale si dovette costruire una speciale aula bunker a prova di bomba (*a bunker-like courtroom built to resist explosions*). Nel periodo precedente al processo, i giudici Falcone, Borsellino e le loro famiglie furono trasferiti per sicurezza sull'isola sarda dell'Asinara, dove esisteva un carcere speciale di massima sicurezza. Qui rimasero in completo isolamento per alcuni mesi, e cominciarono a preparare insieme il maxiprocesso che si tenne a Palermo due anni dopo e che si concluse con la condanna di 19 imputati all'ergastolo e di 360 altri a più di 2000 anni di carcere. 5 10 15

Giovanni Falcone, Francesca Morvillo e cinque uomini della loro scorta furono uccisi a Capaci il 23 maggio 1992: una bomba collocata sotto un ponte autostradale scoppiò proprio mentre passavano le auto del giudice e della sua scorta.

Il giudice Paolo Borsellino e cinque agenti della sua scorta furono uccisi da un' autobomba a Palermo poche settimane dopo, il 19 luglio 1992. 20

3.43 **Prima di leggere** In questo brano leggerai l'espressione "una vita blindata" (*armor-plated life*). Quali potrebbero essere i limiti o le restrizioni di questo tipo di esistenza? Quali persone potrebbero trovarsi nella condizione di vivere "una vita blindata"?

Lessico nuovo

abituarsi	*to get used to*
accanto	*near to*
l'attentato	*assassination attempt, terrorist attack*
blindato/a	*armored or armor-plated*
il carcere	*prison*
consapevole di	*aware of*
fallito	*failed*
la giurisprudenza	*the subject of law*
intraprendere, *p.p.* intrapreso, *p.r.* intrapresi	*to undertake, to embark on a project*
il/la ladro/a	*thief*
il magistrato	*magistrate, judge*
la magistratura	*judiciary power*
il/la minorenne	*underage, minor*
l'ombra	*shadow, shade*
l'omertà	*law of silence*
pretendere, *p.p.* preteso, *p.r.* pretesi	*to demand*
la rinuncia	*giving up, renouncing*
la scorta	*bodyguard*
sfuggire	*to flee*
il tentativo	*attempt*

Libera le parole!

3.44 **La parola giusta 1** Completa le frasi usando i seguenti vocaboli.

accanto, scorta, intraprendere, blindate, fallito, attentato, omertà, magistrato, abituarsi, consapevole, magistratura

1. Quel _____ che si occupa di mafia sicuramente ha bisogno di una _____ armata per i suoi spostamenti.
2. Certo, ne sono pienamente _____ , quindi ho assegnato quattro dei miei migliori uomini alla protezione del giudice, e due auto _____.
3. La bomba non è esplosa: fortunatamente, l'_____ non è riuscito, è _____.
4. Comunque la _____ sta indagando, anche se nessuno parla, nessuno ha visto: in questo paese regna l'_____.
5. A quel giudice piace _____ molte indagini, ma qui purtroppo deve _____ a lavorare in un ambiente corrotto e poco ospitale, _____ a persone che stima poco.

3.45 **La parola giusta 2** Usando il *Lessico nuovo* più sopra, scegli la parola giusta per ogni definizione. Includi l'articolo determinativo o indeterminativo dove necessario.

1. Che cos'è _____? È un luogo dove viene rinchiuso chi ha commesso un crimine.
2. Chi è _____? È una persona che non ha ancora compiuto diciotto anni.
3. Che cos'è _____? È la materia che si studia per diventare avvocati.
4. Chi è _____? È una persona che ruba, cioè che prende quello che non è suo.
5. Che cos'è _____? È una prova, un esperimento, qualcosa che fai senza avere la certezza dei risultati.

6. Che cos'è _____? È quella figura scura prodotta da un corpo che sta di fronte al sole.

7. Che significa _____? È l'azione di una persona che chiede qualcosa perché è un suo diritto.

3.46 Mentre leggi Mentre leggi, identifica tutte le conseguenze (sulla vita di Francesca Morvillo e Giovanni Falcone) della decisione dello stesso Falcone di occuparsi di mafia.

Manifesti a Palermo per ricordare i giudici Falcone e Borsellino uccisi dalla mafia nel 1992. Le scritte dicono: "Non li hanno uccisi. Le loro idee camminano con le nostre gambe".

Francesca Morvillo: una vita blindata
di Renate Siebert

Ha scritto Dacia Maraini in un articolo su *l'Unità*: "È giusto sacrificare la vita per una verità da scoprire?"

Questo "sentimento universale del tragico" ci ispira la storia di Francesca Morvillo, moglie di Giovanni Falcone. Francesca, nata nel 1945 a Palermo, si laurea in giurisprudenza e, molto giovane, entra in magistratura. Per sedici anni lavora presso il Tribunale dei minorenni a Palermo […]   5

"Una donna non madre, ma magistrato *dei minori*", scrive la direttrice dell'ufficio distrettuale per i minori. "[…] Francesca amava i minori, i ragazzi della strada, della sua città, del territorio ed era consapevole del cammino da intraprendere per fare *vera giustizia* in mezzo a una società attraversata e provata da tante contraddizioni e omertà". (*Mezzocielo*, luglio 1992)   10

Anche Annamaria Palma, magistrato e amica di Francesca sottolinea il suo impegno per i minori. "Lei la doveva vedere quando trattava con i minorenni … e questi ragazzi la adoravano. Pur sostenendo l'accusa, sapeva dialogare con loro; li andava a trovare al carcere, con loro non era solo un magistrato al lavoro, ma anche una personalità che cercava di capirli, che si accostava a loro". (*Il Diritto delle Donne*, n. 14, febbraio '92).   15   20

Nel maggio del 1986 Francesca si sposa con Giovanni Falcone. Entrambi avevano alle spalle un matrimonio fallito, erano anni difficili per il giudice Falcone, e nei primi tempi, mentre entrambi erano in attesa del divorzio, la loro relazione era stata persino osteggiata da maldicenze del Palazzo[1]. "Fu sua eccellenza Giovanni Pizzillo a scendere in campo[2]. Li convocò, disse che due magistrati, per giunta[3] dello stesso distretto, non potevano comportarsi in quel modo. Disse che la loro relazione dava scandalo, che si doveva trovare qualche soluzione, fosse anche quella di investire il Consiglio superiore". (La Licata, Francesco. *Storia di Giovanni Falcone*, Rizzoli, Milano, 1993, p. 87).   25

Francesca stava per sposare uno degli uomini più minacciati, ne era consapevole e non glielo fece mai pesare. "Raramente si muoveva con Giovanni. Se andavano a un appuntamento lei arrivava con i propri mezzi. Quello fu il tempo delle rinunce. Per anni al giudice saranno negati i piccoli gesti quotidiani, il gusto di una passeggiata, la visita al barbiere, la scelta di una cravatta, l'aperitivo con gli amici. Si abituerà a delegare tante cose a Francesca, sarà lei il contatto con l'esterno del bunker" (La Licata, 1993, p. 81).   30

----

[1]osteggiata dalle maldicenze del Palazzo: *obstructed by the backbiting of people in power (i.e., the judges who hindered the work of Falcone and Borsellino)*
[2]scendere in campo: *to get involved directly*
[3]per giunta: *moreover, in addition*

(Continua)

Durante la stesura dell'ordinanza di rinvio a giudizio[4] contro 475 imputati del maxiprocesso, da un giorno all'altro, i giudici, con le loro famiglie, vengono portati al supercarcere dell'Asinara—"sì, proprio come dei detenuti"—per sfuggire a un attentato mafioso. Francesca riesce a portarsi dietro anche la madre. Ricorda Maria Falcone, sorella del giudice: "Fu la prima volta che [Giovanni] si preoccupò anche per noi, per me, per mia sorella Anna e per le nostre famiglie. Mi raccontò che aveva parlato col questore[5], ponendo il problema della nostra incolumità[6] … Quelle parole mi fecero un certo effetto … Mi angosciavano la certezza che mio fratello corresse un pericolo tanto vicino da dover fuggire e le conseguenze che avremmo potuto subire anche noi. Pensavo soprattutto ai miei figli …" (La Licata, 1993, p. 115).

Poco dopo Francesca e Giovanni si sposano, quasi clandestinamente. Racconta la sorella: "Cercava di passare inosservato, anche in un giorno così importante per lui. Per non far sapere nulla in giro, la mattina del matrimonio andò regolarmente in ufficio". E l'amico paterno Caponnetto ricorda: "Quel pomeriggio arrivò senza scorta, guidava lui. I giornali scrissero che quel matrimonio si era svolto di notte; qualcuno scrisse addirittura che Giovanni e Francesca si erano sposati come due ladri. Invece era un pomeriggio assolato. Effettivamente ci fu qualcosa di furtivo …" (La Licata, 1993, pp. 115–116).

L'amore e la stima per il suo uomo insieme a una forte identificazione umana e civile con la lotta contro la mafia hanno indotto Francesca Morvillo ad accettare una vita blindata fino all'estremo. Dopo l'attentato all'Addaura[7], la casa al mare di Falcone, la situazione diventa più cupa e tesa. Il giudice, nel disperato tentativo di proteggere la donna amata, insiste su vite parzialmente divise.

Racconta Maria Falcone: "Solo allora Giovanni si rese conto del pericolo che correva Francesca, forse prima non ci aveva mai pensato. Per questo decise di allontanarla un po' da lui. Naturalmente questa situazione non poteva piacere a lei che, con ogni sforzo, insisteva invece per stargli accanto quanto più possibile. Ma Giovanni pretese che la moglie almeno non dormisse con lui: era un modo per proteggerla.

Capii anche perché non aveva voluto figli. Lo aveva detto, a noi e anche a Francesca: "Non voglio mettere al mondo degli orfani". Era tanto angosciato che pensò di separarsi dalla moglie: una separazione fittizia[8], col solo intento di salvaguardare[9] Francesca indicandola all'esterno come altra cosa da lui. Confidò il progetto a Fernanda Contri, un'amica [...], ma lei lo dissuase[10] dicendogli che certi accorgimenti vanno bene per evadere il fisco[11], non per farsi dimenticare dalla mafia." (La Licata, 1993, p. 140).

L'ombra lunga della mafia su ogni aspetto della vita privata, oltre, ovviamente, su quella professionale. Dalle scelte di vita, come fare figli o meno, alle abitudini quotidiane, ai gesti di amore, fino all'intimità della notte: la vita blindata degli oppositori alla mafia è l'estrema conseguenza dell'attacco mortifero[12] che l'istituzione totale mafia riserva a tutta la nostra società civile [...]

Francesca Morvillo viene uccisa, insieme all'uomo che ama, nella strage di Capaci, il 23 maggio 1992.

---

[4]la stesura dell'ordinanza di rinvio a giudizio: *writing of the indictment ordinance*
[5]il questore: *chief of police*
[6]l'incolumità: *safety*
[7]Addaura: località nei pressi di Palermo dove Giovanni Falcone e sua moglie Francesca Morvillo affittarono una villa nell'estate del 1989. Nei pressi della villa fu collocato del potente esplosivo comandato a distanza. L'attentato fallì grazie all'intervento di due poliziotti sommozzatori che scoprirono la bomba; i due furono successivamente uccisi dalla mafia.
[8]fittizia: *pretended, fictitious*
[9]salvaguardare: *to safeguard*
[10]dissuase: passato remoto di **dissuadere** (*to discourage*)
[11]evadere il fisco: *to evade taxes*
[12]mortifero: *deadly, lethal*

A fine lettura

 3.47 Affermazioni false Tutte queste affermazioni sono false. Correggile scrivendo delle frasi complete.

1. Francesca Morvillo si era pentita di aver sposato Giovanni Falcone.
2. Giovanni si voleva separare dalla moglie per dedicare più tempo alla sua carriera di Magistrato.
3. Giovanni ha dovuto rinunciare a molti piaceri quotidiani a causa dei suoi impegni lavorativi.
4. Giovanni e Francesca si sono sposati quasi segretamente per evitare la presenza di giornalisti e fotografi.
5. Giovanni non ha mai voluto figli perché era troppo occupato nella sua professione di giudice.

3.48 La tua risposta Rispondi con parole tue.

1. Quale è stato il "disperato tentativo" di Giovanni Falcone?
2. Che tipo di magistrato era Francesca Morvillo? In che senso le sue scelte professionali erano simili a quelle di Giovanni Falcone?
3. Perché la relazione fra Francesca e Giovanni "dava scandalo", secondo Giovanni Pizzillo?
4. È tragicamente ironico che i giudici abbiano dovuto trasferirsi all'Asinara prima del maxiprocesso. Perché?
5. A quali rinunce è stato costretto Giovanni Falcone a causa del suo lavoro contro la mafia?

3.49 Metafore "L'ombra lunga della mafia" è una metafora, cioè un'espressione in cui due immagini sono deliberatamente unite per creare un effetto simbolico. Perché la mafia è associata all'ombra? E perché quest'ombra è lunga? Descrivi la vita di Falcone e/o di Francesca creando una metafora opposta a "l'ombra lunga".

3.50 Metonimia Il "Palazzo" nella frase "... la loro relazione era stata persino osteggiata da maldicenze del Palazzo" è un esempio di figura retorica chiamata "metonimia". La metonimia è la sostituzione di un termine per un altro; ad esempio, un termine concreto per un termine astratto, oppure il contrario: un'idea astratta per un termine concreto. In questo caso, il Palazzo è un termine concreto che sostituisce un'idea più generale (vedi la nota n. 1 a piè p. 123).

1. Ritorna alla poesia di Giacomo da Lentini in questo capitolo (p. 109) per scoprire un'altra metonimia: quale?
2. Ecco tre coppie di frasi dello stesso significato. Identifica le metonimie.
   a. Per favore, puoi darmi una mano? Per favore puoi aiutarmi?
   b. Sono tutt'orecchi. Ti ascolto con attenzione.
   c. Il Presidente Giorgio Napolitano ha nominato un nuovo Primo Ministro. Il Quirinale (*Office of the Italian President*) ha nominato un nuovo Primo Ministro.

3.51 **Confronti e riflessioni** Secondo la Siebert, la mafia è molto di più di una semplice organizzazione criminale: "La mafia, pari alle dittature totalitarie, reca in sé il diritto sulla vita e la morte; dove vige (*is enforced*) la *legge* mafiosa esiste la pena di morte ... e i diritti civili sono aboliti" (Siebert, *Le donne, la mafia*, pp. 12–13). Puoi dare degli esempi di libertà civili e di come queste libertà possono essere negate in territori controllati dalla mafia? In quali altre situazioni le libertà civili possono essere negate o sospese?

Grammatica viva

3.52 **La particella "ci"** Considera i tre *ci* delle seguenti frasi.

a. *Questo "sentimento universale del tragico" **ci** ispira la storia di Francesca Morvillo.* (righe 3-4)
b. *Effettivamente **ci** fu qualcosa di furtivo.* (riga 51)
c. *Solo allora Giovanni si rese conto del pericolo che correva Francesca, forse prima non **ci** aveva mai pensato.* (righe 57-8)

1. Che tipo di pronome oggetto è il **ci** della prima frase? Diretto, indiretto o riflessivo?
2. Traduci le frasi (a) e (b) in inglese.
3. Il pronome **ci** dell'ultima frase sostituisce la seguente proposizione (*clause*) sottolineata: "Prima non aveva mai pensato <u>al pericolo che correva Francesca</u>." Per l'uso di questo **ci** vai al *Ripasso breve* di questo capitolo. Ora traduci anche la frase (c) in inglese.

3.53 **Traduzione** Ora traduci le seguenti frasi che contengono i tre tipi di **ci**.

1. Francesca didn't consider her own safety (**incolumità**): she never thought about it.
2. For Giovanni there were two priorities (**priorità**): the fight against the mafia and protection of his wife.
3. The two judges told us that they constantly felt threatened.

LETTURA 3

I pupi siciliani: un'intervista radiofonica al puparo Fiorenzo Napoli

trasmessa da Radio Catania il 7 aprile 2010

Introduzione

L'Opera dei Pupi è un genere teatrale che nacque in Sicilia nel XVIII secolo e i cui protagonisti sono i pupi (*puppets*), cioè delle marionette di grandi dimensioni, manovrate abilmente dai pupari (*puppet makers*) con l'aiuto di aste (*rods*) e fili (*strings*). I soggetti di queste rappresentazioni sono le gesta dei "paladini di Francia", i cavalieri che, secondo la tradizione, erano al servizio del re Carlomagno e che difesero la Francia dall'avanzata dei Mori (*Moors*) nel VIII secolo d.C. Queste storie furono tramandate (*passed down*) oralmente di generazione in generazione dai cantastorie (*storytellers*) e dai pupari. Il teatro dei pupi, un

5

tempo estremamente popolare, vedeva la partecipazione attiva del pubblico che tifava (*cheered*) per i paladini Rinaldo e Orlando, e partecipava emotivamente allo spettacolo. Ora la tradizione rimane viva con la determinazione di alcune famiglie di pupari, aiutate anche dal riconoscimento dell'UNESCO che ha dichiarato l'Opera dei Pupi "un capolavoro del patrimonio orale e immateriale dell'umanità".

10

15

20

Pupi siciliani al Museo Internazionale delle Marionette, Palermo

 Lessico nuovo

arrendersi, *p.p.* arreso, *p.r.* arresi	*to surrender*
caparbio	*obstinate*
deporre le armi, *p.p.* deposto, *p.r.* deposi	*to surrender/lay down one's weapons*
dietro le quinte	*backstage, in the wings*
intraprendere, *p.p.* intrapreso, *p.r.* intrapresi	*to undertake*
mettercela tutta, *p.p.* messo, *p.r.* misi	*to do one's best, to make one's best effort*
la moda	*fashion*
occuparsi	*to deal with, to be busy with*
il premio	*prize*
lo scompiglio	*confusion*
smettere, *p.p.* smesso, *p.r.* smisi	*to stop, to cease doing something*

3.54 Prima di leggere Guarda attentamente questa foto dei pupi siciliani, e cerca di spiegare questa scena. Chi sono i personaggi rappresentati dai pupi, secondo te? Che cosa fanno? Che cos'altro vedi sul palcoscenico (*stage*)? Si tratta di una rappresentazione storica o mitologica? Motiva le tue risposte con elementi da questa immagine.

Libera le parole!

3.55 Il vocabolo giusto Completa il seguente paragrafo con il vocabolo giusto: **si è arreso, si occupava, mode, smettere, messa tutta, intraprendere, premi, caparbio, dietro le quinte.**

Gino ha deciso di (1) _____ la carriera di puparo (*puppet maker*). Prima (2) _____ di teatro: era regista e anche attore in qualche piccolo teatro di provincia, ma poi si è stancato di quel lavoro e voleva (3) _____, soprattutto quando ha conosciuto la famiglia Napoli che da generazioni (4) _____ dell'Opera dei Pupi e che ha vinto diversi (5) _____ internazionali. Gino, essendo molto (6) _____, non (7) _____ di fronte alle difficoltà; ce l'ha (8) _____ ed è diventato "parraturi", cioè l'artista che muove i pupi e lavora (9) _____. Nonostante il teatro dei pupi sia stato sostituito da altre (10) _____, la critica e il pubblico apprezzano molto questo tipo di teatro.

3.56 **Mentre leggi** Nella lingua parlata succede spesso di usare il passato remoto e il passato prossimo nella stessa frase, mentre nella lingua scritta, in genere, l'autore decide di usare uno solo di questi tempi. Identifica almeno due frasi che contengono il passato remoto e il passato prossimo in successione. In classe, discuti l'accostamento (*combination*) dei due tempi e l'effetto ottenuto.

I pupi siciliani: un'intervista radiofonica al puparo Fiorenzo Napoli

Radia[1]: parole in libertà!

Intervistatore: Lo spazio è dedicato ai pupi siciliani con i fratelli Napoli, compagnia teatrale fondata a Catania nel 1921 da Gaetano Napoli e arrivata alla quarta generazione. Siamo adesso con Fiorenzo Napoli che è il direttore artistico di … della medesima compagnia, "parraturi" principale, cioè colui che[2] sta dietro le   5
quinte a muovere e a far parlare il pupo, e maestro conduttore. Subito a Fiorenzo chiediamo la storia della compagnia di pupi dei Fratelli Napoli.

Fiorenzo Napoli: La famiglia Napoli si occupa del teatro dei pupi da quattro generazioni: fu Gaetano Napoli mio nonno caparbio, tenace e artigiano a voler intraprendere questa avventura dei Napoli che dura a tutt'oggi[3]: non ci siamo mai   10
fermati e questo è molto importante per capire qual è la funzione e la verità di un teatro dei pupi, di una famiglia di pupari.

Noi abbiamo attraversato le grandi crisi epocali senza mai smettere di fare il teatro dei pupi. Ci siamo quindi scontrati con la televisione, il cinema, e mio padre, che era Natale Napoli, decise che i pupi non dovevano morire, i nostri pupi non   15
dovevano morire, e quindi fece questa sfida epocale andando contro a impresari cinematografici e all'imperante moda[4] che entrava dalla famigerata scatola[5] che parlava alla gente lì, nella televisione che entrava dentro le case … e chiaramente creava scompiglio fra gli spettatori dell'opera dei pupi … le nuove mode erano queste e il mito dei paladini andava un attimo a piegarsi a[6] questa moda del   20
consumismo, dei nuovi mezzi di comunicazione, però questo non è bastato a farci arrendere, a farci deporre le armi. E nel frattempo quindi le generazioni della famiglia sono cresciute: da don Gaetano, a Pippo, a Rosario, a Natale, che erano i suoi figli e poi a me e agli altri miei tre fratelli, Giuseppe, Salvatore e Gaetano, a mia madre che a tutt'oggi a 85 anni continua a essere una delle colonne della   25
compagnia: Italia Chiesa Napoli è la parlatrice principale della famiglia. E nel frattempo, ancora in tutto questo momento epocale, è nata la quarta generazione composta dai miei figli, da Davide, da Dario, da Marco, e anche mia moglie che chiaramente non apparteneva a una famiglia di pupari, che io conobbi sui banchi di scuola, Agnese, è diventata … sposando me ha dovuto sposare i pupi e ovviamente   30
in questo amore per chi ha sposato e amore per quello che ha trovato, i pupi, mi ha regalato tre "pupi" che sono i miei figli e che adesso rappresentano una parte del presente e sicuramente il futuro che accompagnerà il futuro del teatro dei pupi della famiglia Napoli, della compagnia Napoli. Loro ce la mettono tutta e devo dire che stanno ottenendo straordinari risultati presso le scuole, nei momenti didattici   35
dei quali loro in particular modo si occupano.

---

[1]Radia: il nome della trasmissione radiofonica
[2]colui che: *the one who*
[3]a tutt'oggi: *till now*
[4]l'imperante moda: *current fashion*
[5]la famigerata scatola: *infamous box*
[6]piegarsi a: *to give in to*

E ... dai teatri popolari che avevamo a disposizione nei quartieri dove tutte le sere il Teatro della famiglia Napoli apriva i battenti[7] per ospitare tutti gli spettacoli tradizionali, la famiglia è arrivata a portare questo teatro in Taiwan, a New Orleans, al Columbus Day di New York, a Boston, a Long Island, a Filadelfia. Ricordiamo in particolar modo il 3 giugno del '78 quando la Compagnia [...] è stata designata a ricevere il Premio Erasmus al Palazzo Reale d'Olanda. E questo premio è un premio che prima di noi ha ricevuto Chagall, Bergman, Chaplin. Quindi grandi e famosi, famosissimi personaggi appartenenti chiaramente alla letteratura, al cinema, al teatro e qualsiasi altra disciplina dell'umanità, hanno come noi, noi come loro, avuto questo grandissimo piacere di ricevere il Nobel per l'arte che è appunto il premio Erasmus ... E poi la partecipazione al *Rinaldo in campo*[8] di Garinei e Giovannini con Modugno e Delia Scala, il *Gioco degli eroi*[9] con Gassman. Quindi questi pupi ci hanno permesso veramente di viaggiare, di spaziare[10], di far conoscere le nostre sane tradizioni nel mondo e contemporaneamente arricchire, arricchirci personalmente di quegli aspetti che abbiamo condiviso con altri artisti che abbiamo conosciuto in queste esperienze straordinarie che abbiamo fatto.

40

45

50

---

[7]aprire i battenti: *to open the show*
[8]*Rinaldo in campo*: commedia musicale di grande successo, messa in scena nel 1961
[9]*Gioco degli eroi*: programma televisivo sul teatro italiano iniziato nel 1963 e diretto dall'attore italiano Vittorio Gassman
[10]spaziare: *to broaden [one's] horizons*

A fine lettura

 **3.57** In ordine di importanza Nel corso dell'intervista, Fiorenzo Napoli tocca tutti i seguenti punti. Mettili in ordine di importanza (da 1, il più importante, a 5, il meno importante). Motiva le tue scelte e poi confrontale con quelle dei tuoi compagni.

a. _____ Il teatro dei pupi, anche grazie alla famiglia Napoli, è sopravvissuto all'arrivo del cinema, della televisione e di altri mezzi di comunicazione di massa.
b. _____ La famiglia Napoli ha contribuito all'affermazione dell'Opera dei Pupi nel mondo.
c. _____ La famiglia Napoli da quattro generazioni si occupa del Teatro dei Pupi.
d. _____ Agnese, sposando Fiorenzo, ha dovuto anche sposare l'Opera dei Pupi, ed ora vi lavora attivamente.
e. _____ La famiglia Napoli ha vinto un importante premio internazionale.

3.58 La tua risposta Rispondi alle seguenti domande.

1. Secondo te, il tono di questa intervista è ottimista o pessimista? Giustifica la tua risposta con esempi dal testo.
2. Fiorenzo Napoli è una persona modesta e timida oppure è sicuro di sé ed estroverso? Giustifica la tua risposta con esempi dal testo.
3. Cos'è l'Opera dei Pupi per questa famiglia? Scegli la risposta migliore:
   a. un lavoro di tipo artigianale
   b. una passione e un'arte
   c. un lavoro che porta notorietà
   d. altro: _____

3.59 Confronti e riflessioni

1. Esistono nella tua zona e nella tua regione delle forme di arte popolare che rischiano di scomparire e che andrebbero preservate? Quali? Spiega in un breve paragrafo.
2. Puoi pensare ad una forma d'arte popolare che è già scomparsa, ma che ti piacerebbe vedere rinascere, magari in una versione più moderna? Discutine in gruppo.

Grammatica viva

Considera l'espressione idiomatica "mettercela tutta". Vedi la frase nel testo: "Loro ce la mettono tutta …" (riga 34)
   Che significa "Mettono <u>tutta l'energia</u> (la) <u>in questa</u> <u>impresa</u> (ci)".
   Un'espressione simile a **mettercela** è **farcela** (*to manage, to make it*).
Ad esempio:

- *Questo lavoro è troppo lungo e faticoso. Non credo di **farcela**.*
- *Non **ce la** faccio! Puoi aiutarmi?*
- ***Ce l'ho fatta**! Ho finito in tempo!*

Altre espressioni idiomatiche con **ci** sono **volerci** (*to take [in terms of time or money]*) e **entrarci** (*to have something to do with…*). Ad esempio:

- ***Ci vogliono** anni di pratica e di studio per diventare pupari.*
- ***Ci vuole** un giorno di lavoro per montare un teatro dei pupi.*
- *Il teatro dei pupi non rappresenterà mai una professione sicura. —Ma che cosa **c'entra**, papà?! Io lo faccio per passione, non per guadagno!*

Nota: Il verbo **volerci** è coniugato con **essere** al passato prossimo:

- ***Ci sono voluti** due mesi di lavoro per allestire quello spettacolo.*
- *Costruire questo teatro dei pupi è stato difficilissimo: **c'è voluta** tutta la mia pazienza.*

Mettercela e **farcela** sono coniugati con **avere** al passato prossimo.
Il verbo **entrarci** è generalmente usato solo al presente o all'imperfetto.

3.60 Traduzione   Traduci queste frasi usando le espressioni verbali che hai appena imparato.

1. He tried to finish on time, but didn't make it.
2. It took about sixteen hours by train to travel from Palermo to Milano.
3. It took a whole day to visit the famous mosaics in Piazza Armerina.
4. I can make it in two hours if you help me.
5. It takes a lot of money to buy a **pupo**!

PASSATO REMOTO

Lingua in contesto 1

Il professor Micheli parla ai suoi studenti di un greco-siculo famoso in tutto il mondo: Archimede di Siracusa.

Archimede di Siracusa fu un matematico, un fisico ed un inventore che visse in Sicilia nel III secolo a.C. Come tutti i siciliani istruiti di quel tempo, parlava e scriveva in greco. Si raccontano diversi aneddoti sulla sua vita e la sua morte.

Una volta, mentre Archimede faceva il bagno, scoprì il principio del peso[1] specifico dei corpi: mentre si immergeva, sentì una forza che lo spingeva verso la superficie; in quel momento saltò nudo fuori dall'acqua gridando "Eureka!" che significa "Ho trovato!" o "Ho scoperto!" in greco antico. Si dice anche che quando Archimede scoprì le proprietà della leva[2] esclamò: "Datemi un punto d'appoggio[3] e solleverò[4] il mondo".

Un altro aneddoto su Archimede riguarda la sua morte durante l'assedio[5] della città. Archimede stava completando alcuni calcoli quando fu sorpreso da un soldato che estrasse[6] la spada per ucciderlo. "Sta' attento a non sporcare i miei disegni" riuscì ad esclamare Archimede prima che il soldato lo trafiggesse[7] con la spada.

_____
[1]weight; [2]lever; [3]for support, leaning; [4]lift up; [5]siege; [6]drew, pulled out; [7]pierced him

3.61 Detective 1 Nel brano che hai appena letto, hai notato l'uso di un nuovo tempo al passato che abbiamo già incontrato nei capitoli precedenti: è il passato remoto ed è usato principalmente per le narrazioni storiche. Identifica tutte le forme del passato remoto in questo brano.

3.62 Detective 2 In una tabella simile alla seguente, scrivi i verbi al passato di Lingua in contesto dividendoli nei due tempi.

Passato remoto (eventi, fatti storici)	Imperfetto (azioni in progresso o condizioni al passato)

PASSATO REMOTO

Forme

Il passato remoto, al contrario del passato prossimo, non ha un ausiliare, quindi è un tempo semplice, non composto. Le forme del passato remoto regolare sono le seguenti (nota che i verbi in **-ere** hanno una terminazione alternativa (*alternative ending*) per **io, lui / lei** e **loro**):

	lavorare	**dovere**	**capire**
(io)	lavorai	dovei (dovetti)	capii
(tu)	lavorasti	dovesti	capisti
(lui / lei)	lavorò	dové (dovette)	capì
(noi)	lavorammo	dovemmo	capimmo
(voi)	lavoraste	doveste	capiste
(loro / Loro)	lavorarono	doverono (dovettero)	capirono

La maggior parte dei verbi in **-ere** sono irregolari al passato remoto, ma solo per le persone **io, lui/lei** e **loro**. Le terminazioni di queste persone sono **-i, -e, -ere** rispettivamente. Le forme per **tu, noi** e **voi**, invece, sono regolari.

Ad esempio, considera il verbo **chiudere**:

io *chiusi*; tu chiudesti; lui/lei *chiuse*; noi chiudemmo; voi chiudeste; loro *chiusero*.

Confronta la coniugazione di un verbo regolare in **-ere** e di un verbo irregolare in **-ere**. Nota le differenze: ad esempio, i verbi irregolari *non hanno terminazioni alternative* (*alternative endings*) e *non usano l'accento alla terza persona singolare*: Noti altre differenze?

rice**vei** (rice**vetti**)	**chiusi**
rice**vesti**	chiu**desti**
rice**vé** (rice**vette**)	**chiuse**
rice**vemmo**	chiu**demmo**
rice**veste**	chiu**deste**
rice**verono** (rice**vettero**)	**chiusero**

Qui sotto troverai una lista di verbi che sono coniugati come **chiudere**. Impara la radice irregolare (*irregular root*) del passato remoto per la prima persona singolare (**io**) e potrai coniugare tutto il verbo.

Molti verbi irregolari hanno un passato remoto simile al participio passato che già conosci, quindi ti consigliamo di studiare il passato remoto mentre ripassi il passato prossimo.

Passato remoto simile al participio passato	
accendere	accesi (ho acceso)
chiudere	chiusi (ho chiuso)
correre	corsi (ho corso, sono corso -a)
decidere	decisi (ho deciso)
discutere	discussi (ho discusso)
dividere	divisi (ho diviso)
muovere	mossi (ho mosso) [anche: commuovere, rimuovere, promuovere]
offendere	offesi (ho offeso)
perdere	persi (ho perso)
prendere	presi (ho preso)
rendere	resi (ho reso)
ridere	risi (ho riso)
scendere	scesi (ho sceso, sono sceso -a)
sorridere	sorrisi (ho sorriso)
spendere	spesi (ho speso)
succedere	(solo 3a persona s/p) successe, successero (è successo -a, sono successi -e)
uccidere	uccisi (ho ucciso)
Passato remoto in *-asi, -esi, -isi, -osi*	
chiedere	chiesi (ho chiesto)
mettere	misi (ho messo)
permettere	permisi (ho permesso)
porre	posi (ho posto) [anche comporre, disporre, opporre]
rimanere	rimasi (sono rimasto -a)
rispondere	risposi (ho risposto)

Passato remoto in *-lsi*	
raccogliere	raccolsi (ho raccolto)
risolvere	risolsi (ho risolto)
scegliere	scelsi (ho scelto)
togliere	tolsi (ho tolto)
volgere	volsi (ho volto) [anche rivolgere]
Passato remoto in *-nsi*	
assumere	assunsi (ho assunto)
dipingere	dipinsi (ho dipinto)
giungere	giunsi (sono giunto -a)
piangere	piansi (ho pianto)
spegnere	spensi (ho spento)
spingere	spinsi (ho spinto)
vincere	vinsi (ho vinto)
Passato remoto in *-ssi*	
condurre	condussi (ho condotto) [anche, dedurre, produrre, tradurre]
correggere	corressi (ho corretto)
leggere	lessi (ho letto)
scrivere	scrissi (ho scritto)
trarre	trassi (ho tratto) [anche attrarre e contrarre]
Altri	
accorgersi	mi accorsi (mi sono accorto -a)
crescere	crebbi (sono cresciuto -a)
nascere	nacqui (sono nato -a)
piacere	piacqui (sono piaciuto -a)
rompere	ruppi (ho rotto)
vedere	vidi (ho visto, ho veduto)
venire	venni (sono venuto -a)
volere	volli (ho voluto)

Bere, dire e **fare** sono irregolari e prendono la radice (*root*) dell'imperfetto per le persone **tu, noi** e **voi** (bev-, dic-, e fac- rispettivamente).

bere: **bevvi,** bevesti, **bevve,** bevemmo, beveste, **bevvero** (pass. prossimo: ho bevuto)
dire: **dissi,** dicesti, **disse,** dicemmo, diceste, **dissero** (pass. prossimo: ho detto)
fare: **feci,** facesti, **fece,** facemmo, faceste, **fecero** (pass. prossimo: ho fatto)

I seguenti verbi sono irregolari per tutte le persone:

essere: **fui, fosti, fu, fummo, foste, furono** (pass. prossimo: sono stato -a)
stare: **stetti, stesti, stette, stemmo, steste, stettero** (pass. prossimo: sono stato -a)
dare: **diedi, desti, diede, demmo, deste, diedero** (pass. prossimo: ho dato)

Uso

Come il passato prossimo, il passato remoto è usato per *eventi* e *fatti* nel passato, cioè risponde alla domanda "che cosa successe"? Per capire la distinzione fra passato remoto e passato prossimo, puoi pensare al nome dei due tempi verbali:

- **prossimo** significa "vicino, cioè un passato non molto lontano";
- **remoto** significa "lontano, storico".

Il passato remoto è usato principalmente nelle narrazioni storiche, in letteratura, nelle fiabe (*fables*) e nelle biografie.

In alcune regioni d'Italia (specialmente nel centro e nel sud) il passato remoto è usato per eventi e fatti in un periodo di tempo concluso. Confronta:

*L'anno scorso **andai** in Sicilia.*   *Quest'anno **sono andato** in Sicilia.*
*Dieci anni fa **seguii** un corso d'italiano.*   *Questo mese **ho seguito** un corso d'italiano.*

"Quest'anno" e "questo mese" sono periodi di tempo non ancora conclusi, mentre "l'anno scorso" e "dieci anni fa" sono periodi di tempo finiti.

Ma questa **non** è una regola rigida: spesso l'uso del passato prossimo o remoto dipende dalla preferenza personale di chi scrive o parla, o dal tono che si vuole dare alla frase. Ad esempio, chi parla (o chi scrive) può usare il passato remoto per narrare un fatto del passato che considera distante (anche solo psicologicamente o emotivamente) dalla sua esperienza attuale; può invece usare il passato prossimo per indicare che questo evento è ancora "prossimo", cioè è un'esperienza ancora vicina e pertinente alla sua vita attuale. Confronta:

***Lessi** quel libro quando **ero** giovane e mi **piacque** molto.*
***Ho finito** di leggere quel libro. Te lo consiglio.*

Nota che il passato remoto, come il passato prossimo, non sostituisce mai l'imperfetto. Considera l'uso di entrambi i tempi nelle seguenti frasi:

*Francesca Morvillo non **era** più giovanissima quando **sposò** Giovanni Falcone.*
*Falcone **conduceva** un'importante inchiesta quando la mafia lo **uccise.***

Esercizi

 3.63 Gara! Su un foglio riproduci la seguente tabella.

Infinito	Passato remoto	Passato prossimo	Imperfetto
conoscere (io)	conobbi	ho conosciuto	conoscevo

Ora dividetevi a coppie e completate la tabella inserendo i seguenti verbi all'infinito e le corrispondenti forme verbali: vincerà la coppia che, in 5 minuti, coniuga correttamente più verbi.

1. amare	(io)	9. rendere	(lui/lei)
2. decidere	(tu)	10. rompere	(tu)
3. fare	(voi)	11. scegliere	(noi)
4. leggere	(lui/lei)	12. spegnere	(io)
5. offendere	(voi)	13. spendere	(loro)
6. partire	(lui/lei)	14. trasferirsi	(noi)
7. potere	(io)	15. vedere	(loro)
8. preferire	(loro)		

3.64 *Passato remoto o prossimo?* Tua nonna, emigrata a New York da Catania nel 1950, usa il passato remoto o passato prossimo per tutte le azioni del passato. Aiutala indicando la forma preferibile in ognuna delle seguenti frasi.

1. Non ricordo quand'è il tuo compleanno, cara. Tu (sei nata / nascesti) a Messina il 3 giugno 1990?
2. I miei bisnonni (sono emigrati / emigrarono) all'inizio del '900. (Si stabilirono / Sono stabiliti) prima a Filadelfia, poi nel 1915 (si trasferirono / si sono trasferiti) a New York.
3. Nel dopoguerra le condizioni di vita per i contadini poveri siciliani erano tremende, e mio padre (decise / ha deciso) di partire.
4. Mi domandi quando (sono andata / andai) a Messina l'ultima volta. Due mesi fa… Quest'anno (ci andai / ci sono andata) tre volte in tutto!
5. (Vedeste / Avete visto) l'ultimo film di Tornatore, tu e tuo fratello? *Baaria* significa "Bagheria" in dialetto siciliano. (Lessi / Ho letto) sul giornale che Tornatore (lo girò / l'ha girato) pochi mesi fa proprio a Bagheria, vicino a Palermo.

3.65 *Piazza Armerina* Completa con la forma corretta del passato remoto scegliendo fra i seguenti verbi.

fare, continuare, portare, scoprire, costruire, abbellire, cominciare, usare

La bellissima Villa Romana del Casale a Piazza Armerina, dichiarata dall'UNESCO "patrimonio dell'umanità", risale al III–IV secolo d.C. La (1) _____ un ricco romano che la (2) _____ con splendidi mosaici. Vinicio Gentili, un archeologo marchigiano, (3) _____ gli scavi a Piazza Armerina nel 1954 e (4) _____ alla luce i resti di una villa sontuosa, ricca di mosaici, terme e statue; gli artisti che (5) _____ i mosaici (6) _____ 21 tipi di pietre e 16 tipi di vetro di diversi colori. Gli scavi alla villa (7) _____ per molti anni e, nel 1960, Gentili e il suo gruppo di archeologi (8) _____ il famoso mosaico delle "ragazze in bikini": quest'opera unica ritrae diverse ragazze in costume da bagno che giocano a palla e praticano altri sport fra cui il sollevamento pesi e il lancio del disco.

Mosaici nella Villa Romana del Casale a Piazza Armerina: ragazze in "bikini"

3.66 *Nozze d'oro* Riscrivi la storia del viaggio dei tuoi nonni usando il passato remoto al posto del passato prossimo.

I miei nonni hanno deciso (1) di fare un viaggio in Sicilia per il loro 50° anniversario di nozze. Il viaggio è durato (2) due settimane: i nonni sono arrivati (3) a Palermo, poi in macchina hanno raggiunto (4) subito Taormina. Hanno passato (5) qui tre giorni di mare, relax e ottima cucina. Poi sono ripartiti (6) in macchina e il giorno dopo sono giunti a (7) a Segesta: qui hanno visto (8) una rappresentazione teatrale nel teatro greco. È stata (9) un'esperienza indimenticabile. Durante questo viaggio i nonni sono andati (10) anche a trovare dei loro lontani parenti che non vedevano da dieci anni. Sono rimasti (11) con loro per qualche giorno, poi hanno ripreso (12) l'aereo per gli USA ripromettendosi di ritornare al più presto!

Teatro Greco di Taormina

3.67 Bradamante Qui di seguito è la storia di Bradamante, "paladina di Francia", uno dei personaggi più amati del teatro dei pupi. Rimetti in ordine i paragrafi secondo la giusta sequenza; scrivi il numero a lato (da 1 a 11). I verbi al passato remoto e all'imperfetto sono in grassetto (*bold*).

a. _____ I due amanti **si divisero**: Ruggiero **andò** a combattere contro i cristiani e Bradamante contro gli "infedeli".

b. _____ Bradamante **stava per uccidere** Marfisia quando il mago Atlante le **rivelò** che Marfisia **era** la sorella di Ruggiero e che quindi non avrebbe mai potuto sposarlo.

c. _____ Bradamante **era** una bella e valorosa paladina.

d. _____ Bradamante e Ruggiero presto **si innamorarono**. **C'era** però un grande ostacolo al loro amore: Ruggiero **era** pagano e Bradamante **era** cristiana.

e. _____ Marfisia e Bradamante **fecero** pace.

f. _____ **Combattè** e **vinse** in varie battaglie, dimostrando coraggio e abilità uniche.

g. _____ Quando Bradamante lo **seppe**, **diventò** pazza di gelosia e **giurò** (*swore*) di uccidere Marfisia.

h. _____ In battaglia Ruggiero **rimase** ferito e un'altra donna guerriera, Marfisia, lo **curò**.

i. _____ Marfisia e Ruggiero **si innamorarono** e **decisero** di sposarsi.

j. _____ Un giorno Bradamante **conobbe** Ruggiero, anch'egli un valoroso guerriero.

k. _____ Ruggiero e Bradamante finalmente **si sposarono**.

3.68 Traduzione Usa il passato remoto, l'imperfetto e/o il passato prossimo a seconda del contesto.

1. My father was about four years old when my grandfather sold his house in Sicily, bought a ticket for America, and left. The rest of the family stayed in Sicily with relatives.
2. When he arrived in Philadelphia he didn't know anyone there.
3. He found a job as a carpenter (**falegname**) and asked my mother to join him (**raggiungerlo**). At first she didn't want to leave. Then she made up her mind (**decidersi**) and she crossed the ocean.
4. This year I went to visit my relatives for the first time. I got a little bored because I had to visit 25 relatives, but I ate really well!

Parliamo

 3.69 Personaggio misterioso Rileggi *Lingua in contesto* più sopra (p. 131) a pagina 131. Poi scegli un personaggio storico, letterario, artistico o del mondo dello spettacolo che ammiri particolarmente. Presenta brevemente la vita di questo personaggio narrando, se possibile, uno o due aneddoti (*anecdotes*) che lo riguardano. Non menzionare mai il suo nome: gli altri studenti dovranno indovinare chi è il tuo personaggio misterioso!

3.70 Piccole-grandi storie Considera la storia della tua vita e la grande Storia (quella degli eventi importanti successi nel tuo paese o nel mondo) e crea due narrative parallele: la tua storia personale sarà al passato prossimo, la grande storia al passato remoto. Usando una tabella simile alla seguente, scrivi almeno cinque frasi per colonna: per la grande Storia scegli cinque personaggi storici, letterari, artistici, politici che ammiri e scrivi cinque eventi legati a queste personalità, oppure scegli cinque date storiche importanti e scrivi cosa è successo. Poi presenta alla classe le due "storie".

La piccola storia (della tua vita)	La grande Storia
Io sono nata …	

3.71 La nostra favola [ONLINE]

TRAPASSATO PROSSIMO

Forme e uso

Il trapassato prossimo è usato per gli eventi successi **prima** di quelli descritti con il passato prossimo, il passato remoto o l'imperfetto.

Considera queste frasi tratte dalla lettura *Francesca Morvillo: una vita blindata*.

1. *Mi raccontò che aveva parlato col questore, ponendo il problema della nostra incolumità.* (righe 40–1)
2. *… qualcuno scrisse addirittura che Giovanni e Francesca si erano sposati come due ladri.* (righe 49–50)
3. *Solo allora Giovanni si rese conto del pericolo che correva Francesca, forse prima non ci aveva mai pensato.* (righe 57–8)

In queste frasi, i verbi al passato remoto (**mi raccontò, scrisse** e **si rese conto**) indicano un momento preciso nel passato e i verbi al trapassato (**aveva parlato, si erano sposati** e **non ci aveva mai pensato**) descrivono azioni nel passato successe *prima* di quei momenti. Considera la seguente tabella: gli eventi della colonna "trapassato" sono precedenti agli eventi della colonna "passato".

trapassato	passato
aveva parlato col questore	mi raccontò che …
si erano sposati …	scrisse che …
prima non ci aveva mai pensato	si rese conto del pericolo che Francesca correva forse …

Il trapassato prossimo è un tempo composto e si forma con l'ausiliare **essere** o **avere** all'imperfetto e il participio passato:

andare	ero andato/a; eri andato/a; era andato/a
	eravamo andati/e; eravate andati/e; erano andati/e
alzarsi	mi ero alzato/a; ti eri alzato/a; si era alzato/a
	ci eravamo alzati/e; vi eravate alzati/e; si erano alzati/e
camminare	avevo camminato; avevi camminato; aveva camminato
	avevamo camminato; avevate camminato; avevano camminato

Esercizi

3.72 *Passato prossimo, passato remoto o trapassato prossimo?* Scegli il tempo corretto, secondo l'esempio.

Es.: Non (<u>sono andato</u> / ero andato) a vedere quel film perché (l'ho visto / <u>l'avevo visto</u>) il giorno prima.

1. Dopo aver letto alcune pagine di quel libro, (mi sono accorto / mi ero accorto) che (lo avevo letto / l'ho letto) due anni prima.
2. (Ero andato / Sono andato) in Sicilia in aereo perché l'anno prima ci (sono andato / ero andato) in nave.
3. I Normanni (utilizzarono / hanno utilizzato) molti edifici che gli arabi (costruirono / avevano costruito) cento anni prima.
4. Gli Svevi (arrivarono / erano arrivati) in Sicilia quando la maggior parte degli arabi (erano già partiti / partirono già) per l'esilio in Spagna.
5. Quando mio padre (raggiunse / ha raggiunto) la sua famiglia in New Jersey nel 1932, (scoprì / ha scoperto) che mio nonno (si risposò / si era risposato) con una donna americana.
6. La seconda guerra mondiale (era già finita / finì già) quando la mia famiglia (ritornò / era ritornata) in Sicilia dal New Jersey.

3.73 *Trapassato prossimo* Completa con la forma corretta del trapassato prossimo.

1. I ragazzi hanno mangiato il gelato perché _____ già _____ (finire) il pranzo.
2. Quando Giovanni è arrivato alla lezione di storia, il professore _____ già _____ (arrivare) alle conclusioni.
3. Volevamo vedere l'ultimo film sulla seconda guerra mondiale, ma gli altri lo _____ già _____ (vedere).
4. Appena sono arrivata alla fermata, mi sono resa conto che il mio autobus _____ già _____ (passare) dieci minuti prima.
5. Il giorno dell'esame voi _____ già _____ (scegliere) l'argomento del saggio finale?

3.74 *Colapesce* Leggi la leggenda siciliana di Colapesce: nella **Prima parte** scegli il tempo giusto fra i due in parentesi, e nella **Seconda parte** coniuga l'infinito al passato remoto, trapassato prossimo o imperfetto.

Prima parte

C'era una volta il figlio di un pescatore (*fisherman*) siciliano che (1. si chiamava / si chiamò) Cola, diminutivo di Nicola. Questo Cola (2. fu / era) un ottimo nuotatore ed (3. amò / amava) così tanto il mare che (4. stava / stette) tutto il giorno in acqua.

Un giorno Cola (5. rimase / rimaneva) così a lungo in acqua che gli (6. crescevano / crebbero) veramente le pinne e la coda (*fins and tail*), come ad un pesce. Da quel giorno non (7. veniva / venne) più a riva (*shore*), e tutti (8. cominciarono / cominciavano) a chiamarlo Colapesce. Anche il Re Federico II (9. sentiva / sentì) parlare di questo famoso Colapesce e (10. voleva / volle) conoscerlo. Così (11. andava / andò) con la sua nave al largo, (12. chiamò / chiamava) Colapesce e questo immediatamente (13. arrivò / arrivava) in superficie. "Ecco un calice (*goblet*) d'oro", (14. diceva / disse) il re a Colapesce, "lo butterò in mare e tu devi riprenderlo." Il re (15. gettava / gettò) il calice in mare, e Colapesce immediatamente lo (16. riportava / riportò) a galla. Poi il re (17. fece / faceva) la stessa cosa con la sua corona (*crown*), e Colapesce la (18. pescò / pescava) e la (19. dava / diede) al re.

Seconda parte

Infine il Re (1) _____ (gettare) il suo anello in un punto ancora più profondo. Colapesce (2) _____ (immergersi), ma questa volta non (3) _____ (ritornare) a galla, né quel giorno, né mai più. Sapete cosa era successo in fondo al mare? Colapesce (4) _____ (nuotare) in profondità, fino a raggiungere le tre colonne che reggono (*hold up*) la Sicilia; una di queste colonne, però, (5) _____ (essere) rovinata dall'attività del vulcano Etna, e Colapesce (6) _____ (vedere) che la Sicilia (7) _____ (stare) per crollare (*collapse*). Così (8) _____ (decidere) di rimanere sotto il mare a reggere la colonna per salvare l'isola. Ed è ancora lì, sotto l'Etna, impegnato a sostenere l'isola che altrimenti sprofonderebbe (*would sink*) nel Mediterraneo!

3.75 Traduzione Traduci queste semplici frasi usando il passato remoto e il trapassato prossimo.

1. When we arrived, they had already left.
2. When I met her in 1960, she had already decided what to study and where to look for work.
3. He couldn't go to Sicily because he had already taken a vacation the month before.
4. When you all left from Taormina, you had already spent all your money.
5. She didn't remember that she had already met him two years before.

Parliamo

3.76 A quattordici anni io … Pensa ad almeno tre esperienze che avevi già fatto a quattordici anni e a tre esperienze che non avevi ancora fatto. Ad esempio:

- **A quattordici anni non avevo ancora preso la patente** (*driver's license*).
- **A quattordici anni avevo già viaggiato in aereo.**

Circolando per la classe, confronta queste esperienze con quelle dei tuoi compagni e cancella le esperienze comuni. Rimarrai con le tue esperienze originali: riportale a tutta la classe usando il trapassato prossimo.

3.77 Pensando alla storia Scegli una data nel passato e indica quello che non era ancora successo o quello che era già successo. Ad esempio:

- **Nel 1967 l'uomo era già arrivato sulla luna.**
- **Nel 1988 il muro di Berlino non era ancora caduto.**

Continua così con almeno tre date di tua scelta. Condividi le tue frasi con due o tre compagni; ora create una catena di frasi unendo tutti gli eventi storici. Ad esempio:

Nel 1988 il muro di Berlino non era ancora caduto, ma l'uomo era già arrivato sulla luna.

Il pronome **ne** è usato nei seguenti casi:

- sostituisce (*replaces*) i partitivi, cioè i sostantivi preceduti da **di** + *articolo*:

  *Vuoi <u>del vino</u>?—No, non **ne** voglio, grazie.*
  *Io, invece, **ne** prendo un bicchiere.*
  *Quel povero siciliano vende <u>delle arance</u>, ma nessuno **ne** vuole.*

- sostituisce i sostantivi preceduti da una quantità:

  *Quanti <u>fratelli</u> hai?—**Ne** ho <u>tre</u>, ma sono emigrati in Canada. E tu?*
  Non ne ho!

- sostituisce le frasi precedute da **di** in espressioni come **avere bisogno di**, **avere paura di** e **avere voglia di**.

  *<u>Il lavoro</u> manca in Sicilia, e tutti **ne** hanno bisogno.*
  *Hai voglia <u>di una granita al caffè</u>?—Sì, **ne** ho proprio voglia!*
  Hai mai scalato (climbed) l'Etna?—No, ho paura <u>di un'improvvisa eruzione</u>. E tu?
  *Io non **ne** ho paura per niente!*

  [Dalla poesia di Ibn Hamdis riportata a pagina 107 di questo capitolo]:

  *Ricordo la Sicilia, e il dolore **ne** suscita nell'animo il ricordo.—(il dolore suscita nell'animo il ricordo **della Sicilia**) …*
  *Se sono stato cacciato da (thrown out of) un paradiso, come posso io darne notizia?—(come posso io dare notizie **di questo fatto**)*

Nota: Accordo con il participio passato: come tutti i pronomi oggetto diretto, il participio passato deve corrispondere al genere e al numero di **ne** (per una discussione generale di questo punto, vedi la grammatica del *Capitolo* 2, pagine 82).

  Quanti biglietti hai comprato per lo spettacolo stasera al teatro di Selinunte?
  *—**Ne** ho comprati due, va bene?*
  *Non ti senti bene? —No. Ho ordinato della cassata siciliana e **ne** ho mangiata troppa!*
  *Quante mostre hai visitato a Catania? —**Ne** ho visitate tre.*
  *Hai visto degli spettacoli di pupi siciliani? —Sì, **ne** ho visti due a Palermo e mi sono piaciuti molto.*

CI

Il pronome **ci** è usato nei seguenti casi:

- sostituisce nomi di paesi, città o nazioni preceduti da **a** o **in**.

  *Sei mai stato <u>a Catania</u>? —No, non **ci** sono mai stato, e tu?*
  Io ci sono stata tre volte.

  *Da quanto tempo abiti <u>a Taormina</u>? —**Ci** abito da tre anni.*

- sostituisce le frasi precedute da **a** o **su** in espressioni come "contare su" o "pensare a".

  Pensi mai <u>al tuo paese in Sicilia</u>?

  *—Qualche volta **ci** penso, ma sono emigrato da tanti anni e non ci ritorno dal 2000.*

  Conti ancora <u>sull'aiuto del governo</u> dopo tutti questi ritardi?

  *—Sì, **ci** conto, anche se non dovrei.*

3.78 Traduzione Scrivi l'equivalente di ogni frase in italiano usando **ci** e **ne** a seconda dei casi.

1. Do you want any Marsala wine? —No, thank you, I don't want any.
2. Did you eat "pasta con le sarde" last night? —Yes, I ate two plates (of it).
3. Have you been to Selinunte? —I was there once.
4. Did you visit the temples (**templi**)? —No, I didn't feel like it, it was too hot.
5. Do I need a reservation (**prenotazione**) to cross the Strait of Messina? —No, you don't need one.
6. I'll pick you up (**venire a prendere**, use present tense) at eight! —Great, I'll count on it!

PRONOMI DOPPI

I pronomi oggetto diretto possono essere combinati con i pronomi oggetto indiretto e/o con i pronomi riflessivi. Studia questa tabella e gli esempi più sotto. Fai particolare attenzione all'accordo fra i pronomi oggetto diretto e il participio passato.

	lo	**la**	**li**	**le**	**ne**
mi (a me)	me lo	me la	me li	me le	me ne
ti (a te)	te lo	te la	te li	te le	te ne
gli (a lui)	glielo	gliela	glieli	gliele	gliene
le (a lei)	glielo	gliela	glieli	gliele	gliene
ci (a noi)	ce lo	ce la	ce li	ce le	ce ne
vi (a voi)	ve lo	ve la	ve li	ve le	ve ne
gli (a loro)	glielo	gliela	glieli	gliele	gliene
- loro (a loro)	lo – loro	la – loro	li – loro	le – loro	ne – loro
si (riflessivo)	se lo	se la	se li	se le	se ne

*Quanti dollari hai prestato a Luigi? —**Gliene** ho prestati venti, ma lui **me ne** ha restituiti solo dieci. Non voglio più prestar**glielo**. (Non **gliene** voglio più prestare.)*

*Mi hai spedito quelle ricette che ti avevo chiesto? —**Te le** ho appena spedite con una mail.*

*Hai detto ai tuoi genitori che hai preso un brutto voto? —No, non voglio dir**glielo** (No, non **glielo** voglio dire. / No, non voglio dir**lo loro** / No, non **lo** voglio dire **loro**.)*

*Vi ho già letto la storia di Monreale? —Sì, mamma, **ce** l'hai letta ieri … basta!*

3.79 La risposta giusta Rispondi ad ogni domanda usando un pronome doppio.

1. Hai restituito la guida di Taormina a Paola? —Sì, _____ ieri.
2. Quando ci fate vedere la vostra nuova casa di Noto? —Non possiamo _____ perché il restauro non è ancora finito.

3. Vi ho già dato gli esercizi per domani? —Sì, professoressa, _____ alla fine della lezione di ieri.
4. Quante cartoline hai spedito ai tuoi genitori? _____ una decina!
5. Mi hai già mandato quella mail con il tuo itinerario? —Sì, _____ un minuto fa, non l'hai ancora ricevuta?
6. Ti sei pentito di non aver noleggiato una macchina durante il tuo viaggio in Sicilia? —No, non _____ perché usando il pullman ho parlato con molte persone.
7. Scommetto che ti sei dimenticato di lasciare la mancia al ristorante! —Ti sbagli, non _____ affatto: ho lasciato due euro sul tavolo.

3.80–3.105 [ONLINE]

NUOVOMONDO
DI EMANUELE CRIALESE (2006) [ONLINE ACTIVITIES]

La visita medica a Ellis Island, dal film *Nuovomondo* di Emanuele Crialese

Introduzione

Nuovomondo racconta la storia dei Mancuso, una famiglia di poveri contadini siciliani che agli inizi del Novecento affronta un lungo viaggio in nave per arrivare nel Nuovomondo, l'America, alla ricerca di un futuro migliore. Come tanti altri emigranti, i Mancuso affrontano la loro odissea con speranza e coraggio, ma anche con grande apprensione per la nuova realtà che incontreranno e per le fatiche che dovranno affrontare. Ad aiutare i Mancuso arriva una guida strana e misteriosa: una donna inglese, dal nome evocativo di Lucy (Luce), che inspiegabilmente viaggia con gli altri emigranti.

LA MEGLIO GIOVENTÙ
DI MARCO TULLIO GIORDANA (2003) [ONLINE ACTIVITIES]

Terzo episodio

Vedi l'introduzione generale al film nel *Capitolo 1* (pagina 47).

Matteo e Luigi a Torino durante gli scontri con i manifestanti

IL VIAGGIO VIRTUALE

Ora spostati in Lombardia, passando per la Sardegna e la Liguria e seguendo il *Viaggio virtuale* che ti proponiamo nel SAM, oppure vai direttamente al *Capitolo 4* di questo testo.

4

Lombardia

Contenuti e obiettivi di apprendimento

1 **La regione:** conoscere la Lombardia, in particolare Milano e il suo ruolo economico-sociale in Italia

2 **Le letture:** leggere un brano di narrativa, un monologo teatrale, un articolo e un'intervista su argomenti legati alla realtà regionale

3 **Il tema grammaticale:** raccontare e descrivere eventi e situazioni nel futuro; dare consigli e riflettere su eventi e azioni usando i condizionali

4 **Ripasso breve:** aggettivi

5 **I due percorsi cinematografici:** *Io sono l'amore* e *La meglio gioventù, Episodio 4*

Villa Cipressi, Varenna,
Lago di Como

PRIMI PASSI IN LOMBARDIA: LE IMMAGINI PARLANO

I paesaggi umani

 4.1 *Confronti e riflessioni* Guarda le varie immagini della Lombardia in questo capitolo: scegli due foto che presentano un forte contrasto, e spiega i motivi della tua scelta. In alternativa, confronta un paesaggio della Lombardia con un paesaggio di un'altra regione. Prepara una breve presentazione per la classe.

Persone e ambienti

 4.2 *Brainstorming* In classe fai un elenco delle parole necessarie per descrivere queste foto (A e B).

Foto A: Pasticceria Cova, Montenapoleone, Milano

Foto B: Manifestazione in Piazza Duomo in memoria delle vittime della mafia, 20 marzo 2010

4.3 *Foto A: Il caffè* Stai passando un semestre di studi a Milano: è uno dei tuoi primi giorni in questa città e, camminando per il centro, sei capitato/a (*you bumped into*) in questo caffè. Quale aspetto di questo caffè ti colpisce di più? Chi saranno o come descriveresti le persone che frequentano la Pasticceria Cova? Secondo te, quali sono le differenze fra un caffè e un bar in Italia? Esiste una simile differenza nel tuo paese?

4.4 *Foto B: La manifestazione in piazza*

1. Hai mai partecipato ad una manifestazione politica, oppure hai mai visto una manifestazione politica alla televisione?
2. Come descriveresti questo evento nella foto? Chi potrebbero essere le persone nella foto? Questo evento ti sembra simile alle manifestazioni politiche che hai visto di persona o alla televisione?

 4.5 *Confronti e riflessioni* Queste due fotografie rappresentano due diverse realtà sociali e culturali milanesi. Se tu volessi (*If you wanted*) rappresentare due realtà contrastanti della tua città o paese, quali immagini sceglieresti? Descrivi queste immagini motivando la tua scelta o, meglio, scaricale (*download them*) da Internet e presentale brevemente in classe.

La Galleria Vittorio Emanuele
a Milano

Arte e architettura

4.6 La Galleria Vittorio Emanuele di Milano

Costruita fra il 1865 e il 1877, la Galleria di Milano fu chiamata così in onore del primo Re d'Italia, Vittorio Emanuele II. Questo passaggio pedonale (*walkway*) coperto collega i due luoghi più importanti del centro cittadino: Piazza del Duomo e Piazza della Scala, famosa per l'omonimo (*of the same name*) teatro dell'opera. Al centro della Galleria, si trova una grande piazza di forma ottagonale, sormontata da una cupola (*dome*). Le volte dei due passaggi pedonali, così come la cupola centrale, sono in ferro battuto (*wrought iron*) e vetro. Molti *shopping mall* moderni hanno preso il nome "galleria" ad imitazione di questo luogo che, dal momento della sua inaugurazione, è diventato fra i più frequentati ed amati dai milanesi.

1. Ora "entra" in questa fotografia: sei nella Galleria di Milano. Perché, secondo te, si chiama "il salotto dei milanesi"?
2. Trova almeno tre elementi che distinguono la Galleria da uno *shopping mall* che conosci; trova anche almeno tre elementi che sono simili. Pensa a come passeresti un pomeriggio in questa Galleria: che cosa faresti di diverso da quello che fai quando frequenti uno *shopping mall* della tua città?
3. Fai un po' di ricerca su Internet per scoprire quali negozi, ristoranti, caffè si trovano nella Galleria Vittorio Emanuele. Quali sono i più antichi e tradizionali?

Il territorio della regione

 4.7 Alla scoperta di ... Fai una breve ricerca su Internet o usando altre fonti per scoprire ...

Con quali regioni confina la Lombardia? Quali sono le caratteristiche del suo territorio? Quali sono le principali pianure, valli e zone collinari o montuose? Quali sono i principali laghi e fiumi?

 4.8 Dati alla mano [ONLINE]

NOTE CULTURALI

Regione o nazione?

 ### Lessico nuovo

il cantiere	*building site*	la risaia	*rice field*
il crocevia	*crossroads*	la sede	*headquarters*
la rete	*network*		

La Lombardia (come l'Emilia-Romagna) è al centro di una delle più fertili e produttive pianure d'Europa, e forse del mondo. Da sempre questa regione è stata abitata, sfruttata e trasformata dall'uomo: in epoca romana era al crocevia dei commerci fra la penisola italica e l'Europa centrale. Nel Medioevo e nel Rinascimento, i lombardi seppero utilizzare i corsi d'acqua della pianura padana per costruire canali di irrigazione e le prime risaie in Italia (utilizzando tecniche che impararono dagli arabi). Più tardi la dominazione francese e poi quella austriaca promossero l'urbanizzazione e un'estesa rete ferroviaria e stradale. Tuttora la Lombardia assomiglia ad un cantiere sempre aperto: nuove strade, nuovi edifici, ma anche nuovi progetti, nuove idee. Non sorprende quindi che Milano sia stata scelta come sede ufficiale dell'Expo 2015, la più grande esposizione internazionale di tecnologia e innovazione, che avrà come tema le scienze innovative per nutrire il pianeta.

Grattacieli nel centro di Milano, con le montagne della Grigna e della Grignetta sullo sfondo

4.9 Alla scoperta di ... Vai sul sito dell'Expo 2015 per scoprire contenuti e luoghi delle varie iniziative.

Qual è il significato del logo dell'Expo? Quali sono gli obiettivi di questa importante esposizione internazionale?

Quali saranno alcuni dei principali temi e sottotemi di lavoro e di dibattito? A quale dibattito vorresti partecipare tu? Perché?

Una regione "prima della classe"?

Lessico nuovo

l'industria tessile	*textile industry*	il reddito	*income*
l'inquinamento	*pollution*	la rete ferroviaria	*railway system*
inquinare	*to pollute*	la rete stradale	*road system*
il paesaggio	*landscape*	sovraffollato	*overcrowded*
la pianura padana	*Po River Valley*	spopolato	*depopulated*

Con il doppio dei residenti della Norvegia, e una varietà di paesaggi tipici di territori più vasti, la Lombardia è una "piccola nazione" dentro la nazione Italia. Attualmente è la regione italiana con il più alto PIL (Prodotto interno lordo—*Gross National Product*), con la rete stradale e ferroviaria più estesa, con il maggior numero di auto per abitante, con il più alto reddito per abitante, ma anche con il più alto tasso di inquinamento atmosferico d'Europa. Alto reddito, infatti, non sempre significa buona qualità di vita. In Lombardia, più che in altre parti d'Italia, si possono osservare i risultati di uno sviluppo economico che ha arricchito molte persone, ma che ha anche devastato il paesaggio ed ha inquinato le risorse dalle quali dipende la vita di tutti.

Il primato (*privileged position*) della Lombardia in campo economico cominciò nel Rinascimento con Ludovico il Moro, il Duca che controllò Milano dal 1494 al 1498 e che promosse l'allevamento del baco da seta (*silkworm farming*). Per alimentare i bachi si utilizzavano le foglie dei gelsi (*mulberry leaves*), una pianta ancora oggi molto comune in tutta la pianura padana. Si sviluppò così una fiorente industria tessile della seta che diventò competitiva a livello europeo. Questa integrazione fra agricoltura ed industria, ha favorito in

La Certosa di Pavia e agricoltura intensiva nella pianura padana

Lombardia la crescita di un'economia diffusa su tutto il territorio e ha mitigato il divario (*the rift*) fra zone agricole spopolate e grandi città sovraffollate che caratterizza invece altre parti d'Italia. 20

La Lombardia è una regione dove abbonda l'acqua: la attraversano tre grandi fiumi (il Ticino, l'Adda e il Po) ed i suoi laghi sono fra i più grandi d'Italia. Anche i corsi d'acqua, a cominciare dal periodo rinascimentale, vennero usati (*were used*) a vantaggio dei commerci: Leonardo Da Vinci fu attivo con le sue invenzioni tecnologiche in Lombardia, alla corte di Ludovico il Moro. Per rendere possibile la navigazione dal Lago di Como e dal Lago Maggiore a Milano su canali artificiali, Leonardo progettò e fece realizzare le "chiuse", una serie di 30 dighe (*dikes*) mobili che permettevano di regolare il livello dell'acqua nei vari tratti del canale. Così i canali che solcavano (*cut through*) tutta la pianura padana, veri capolavori di ingegneria civile, diventarono importanti vie di comunicazione e continuarono ad essere utilizzati fino all'epoca moderna. 35

Veduta notturna del Naviglio Grande di Milano

4.10 Controlla la comprensione Quali caratteristiche della regione emergono dalle due note culturali che hai appena letto? Perché Leonardo da Vinci è una figura importante per la Lombardia?

 4.11 Confronti e riflessioni Puoi pensare ad una regione che, come la Lombardia, ha avuto un ruolo di "prima nella classe" nella nazione? Quali sono gli elementi che danno a questa regione un ruolo trainante nella nazione? (l'economia, il reddito, la cultura, il ruolo storico, ecc.)? Secondo te, questo ruolo è giustificato?

 4.12 Alla scoperta di …

1. Alla corte di Ludovico il Moro, Leonardo da Vinci completò anche molte opere d'arte, oltre a realizzare importanti opere ingegneristiche. Quali?
2. Ora molti dei canali progettati da Leonardo (chiamati anche "navigli") sono usati a scopo turistico. Scopri quali sono e come si chiamano i navigli ancora aperti a Milano. Sono ancora navigabili? Per saperne di più esplora il sito degli "amici dei navigli".

Il primo romanzo in lingua italiana

Lessico nuovo

cogliere, *p.p.* colto, *p.r.* colsi	*to catch*	la pietà	*compassion, pity*
finire per	*to end up*	prepotente	*overbearing, bullying*
intraprendere,	*to start, undertake an activity*	il prete	*priest*
p.p. intrapreso,		recarsi	*to go (synonym of* andare)
p.r. intrapresi		il romanzo	*novel*
il matrimonio	*marriage, wedding*	lo sfondo	*background*
mettersi nei panni	*to put oneself in someone*	spalancato	*wide open*
di qualcuno,	*else's shoes*	superare	*to overcome*
p.p. messo, *p.r.* misi		la vicenda	*event, happening*
opprimente	*oppressive*	la vicissitudine	*life obstacle and/or challenge*

I promessi sposi, scritto dal milanese Alessandro Manzoni (1785–1873) a metà del XIX secolo, è il primo romanzo in lingua italiana e forse l'unico grande romanzo nazionale italiano. L'opera del Manzoni diventò subito un grande successo letterario. Entrato nei programmi di tutte le scuole pubbliche italiane, *I promessi sposi* è un romanzo che tutti gli italiani conoscono ed apprezzano, e che ha finito   5
per essere, insieme alla *Divina Commedia* di Dante, uno degli elementi culturali unificanti della nazione.

Il Manzoni scrisse diverse versioni del romanzo perché si rendeva conto di usare una lingua troppo influenzata dal dialetto lombardo, da latinismi e da parole straniere. Per correggere questo difetto di lingua e di stile, si recò a   10
Firenze "a lavare i panni in Arno" (*to wash one's laundry in the Arno, the river that runs through Florence*), come lui stesso disse, cioè ad imparare la lingua parlata toscana, considerata ora, come allora, la versione più pura dell'italiano. Nacque così la lingua de *I promessi sposi*, un toscano elevato a lingua nazionale.

Il romanzo racconta la storia di due giovani di umili origini, Renzo e Lucia,   15
sullo sfondo della Lombardia del XVII secolo, dominata dal Regno di Spagna, e devastata dalla carestia (*famine*) e dalla peste (*plague*). Con la loro operosità (*work ethic, zeal*) e il loro pragmatismo, i due giovani lombardi, destinati a diventare marito e moglie, superano le prepotenze di un potere politico corrotto e arbitrario. La vicenda può essere presa a metafora della vittoria del singolo e   20
della giustizia contro qualsiasi forma di oppressione.

Il primo personaggio che incontriamo nel romanzo è don Abbondio, il prete di un piccolo paese vicino al lago di Lecco. Il giorno seguente don Abbondio deve sposare i protagonisti del romanzo: Renzo, un contadino, e Lucia, una giovane lavoratrice in una filanda (*spinning mill*). Il Manzoni ci dà un vivido   25
ritratto psicologico del prete:

"Il nostro Abbondio, non nobile, non ricco, coraggioso ancor meno, s'era dunque accorto, prima quasi di toccar gli anni della discrezione (*the age of maturity*), d'essere, in quella società, come un vaso di terracotta (*clay*), costretto a viaggiare in compagnia di molti vasi di ferro (*iron*). Aveva quindi, assai di buon   30
grado (*willingly*), ubbidito ai parenti, che lo vollero prete. Per dir la verità, non aveva gran fatto pensato (*he had not given much thought*) agli obblighi e ai nobili fini del ministero al quale si dedicava: procacciarsi (*to procure for himself*) di che vivere con qualche agio (*comfortably*), e mettersi in una classe riverita e forte, gli erano sembrate due ragioni più che sufficienti per una tale scelta."   35

Don Rodrigo, il signore capriccioso e prepotente che controlla la zona, si è invaghito (*was infatuated with*) di Lucia, la fidanzata di Renzo, e decide pertanto di impedire il matrimonio fra i due giovani. Per imporre la sua volontà con la forza, don Rodrigo ha al suo servizio una guardia del corpo armata (*armed bodyguards*), i cosiddetti "bravi". Nella scena che segue, don Abbondio, durante   40
la sua passeggiata serale, viene fermato dai due "bravi" mandati da don Rodrigo, i quali gli ordinano di non sposare Renzo e Lucia.

"Signor curato", disse un di que' due, piantandogli gli occhi in faccia (*staring straight at him*).

"Che cosa comanda?" rispose subito don Abbondio, alzando i suoi occhi   45
dal libro, che gli restò spalancato nelle mani, come su un leggio (*as if on a bookstand*).

"Lei ha intenzione", proseguì l'altro, con l'atto minaccioso e iracondo (*furious*) di chi coglie un suo inferiore sull'intraprendere una ribalderia (*roguish / mischievous act*), "lei ha intenzione di maritar (*marry*) domani Renzo Tramaglino   50
e Lucia Mondella!"

Pescarenico, sul lago di Lecco, il paese di Renzo e Lucia; "Pescarenico [era] un gruppetto di case, abitate la più parte da pescatori, e addobbate qua e là di tramagli e di reti (*various fishing nets*) tese ad asciugare …" (Alessandro Manzoni, *I promessi sposi*)

[…] "Or bene", gli disse il bravo, all'orecchio, ma in tono solenne di comando, "questo matrimonio non s'ha da fare, né domani, né mai".

"Ma, signori miei", replicò don Abbondio, con 55 la voce mansueta (*meek*) di chi vuol persuadere un impaziente, "ma, signori miei, si degnino (*be kind enough*) di mettersi ne' miei panni. Se la cosa dipendesse da me, … vedono bene che a me non me ne vien nulla in tasca … (*I have nothing to gain* 60 *from this*)".

"Via (*Come on*), che vuol che si dica in suo nome all'illustrissimo signor don Rodrigo?"

"Il mio rispetto …"

"Si spieghi meglio!" 65

"… Disposto … disposto sempre all'ubbidienza".

Da qui prende il via (*Here starts*) la narrazione delle vicissitudini di Renzo e Lucia, della loro lotta per la giustizia, nel quadro delle vicende storiche della loro epoca. I personaggi sono 70 sempre tratteggiati con grande finezza psicologica, il bene e il male non stanno solo da una parte: Renzo, l'eroe del romanzo è fondamentalmente buono ma ha molte debolezze e limiti; persino don Rodrigo riesce, alla fine del romanzo, a risvegliare la pietà del lettore.

4.13 Controlla la comprensione

1. Perché questo romanzo è così importante per la storia della letteratura italiana?
2. Che interesse può avere ora una storia che si svolge nel XVII secolo?
3. Due tipi di personalità si scontrano nel dialogo riportato dal romanzo. Quali?

4.14 Alla scoperta di …

1. Cerca su Internet la trama de *I promessi sposi*. Poi riporta in classe:

   - tre avversità (*obstacles*) che i protagonisti devono superare;
   - tre persone che cambiano;
   - due avvenimenti storici.

2. Alcuni personaggi dal romanzo del Manzoni (don Abbondio, Padre Cristoforo, il dottor Azzeccagarbugli, Perpetua) sono diventati personaggi-simbolo, comunemente usati per descrivere personalità e situazioni del mondo contemporaneo. Ricerca su Internet le loro caratteristiche; poi indica, per ognuno, un sostantivo e tre aggettivi che lo / la definiscano. Conosci delle persone che puoi descrivere come un "don Abbondio", e un "dottor Azzeccagarbugli"?

4.15 Confronti e riflessioni

1. Che caratteristiche deve avere un romanzo, secondo te, per essere definito "nazionale"? Esiste un romanzo nazionale del tuo paese? Perché può essere definito "nazionale"?
2. Molte espressioni da *I promessi sposi* sono entrate nel linguaggio comune. Ad esempio, "non s'ha da fare" (il comando dato da uno dei "bravi" a don

Abbondio) è diventata un'espressione comune per indicare un divieto assoluto, e corrisponde a "non si deve fare". Anche la metafora "come un vaso di terracotta costretto a viaggiare in compagnia di molti vasi di ferro" è entrata nell'uso comune. Che cosa significa, secondo te? Ti sembra una metafora efficace? Perché? Ti sei mai sentito come un vaso di terracotta fra molti vasi di ferro?

Milano, una città di primati

Lessico nuovo

all'estero	abroad	il grattacielo	skyscraper
attraente	attractive	la mancanza	lack
bombardare	to bomb	orrendo	horrendous
il cantiere	construction site	possedere	to own
la condivisione	sharing	sorgere, p.p. sorto,	to rise up
l'edilizia	construction, building trade	p.r. sorsi	
		vantare, vantarsi di	to brag, boast about
la fabbrica	factory		

All'estero l'immagine di Milano è spesso associata alla moda: la città vanta 650 showroom di moda, in diretta competizione con Parigi e New York. Purtroppo, pochi conoscono la ricchezza del suo patrimonio artistico: basti pensare alle sue chiese romaniche, fra le più belle e meglio preservate d'Italia, o al Museo di Brera, 5 paragonabile al Museo degli Uffizi di Firenze, al Duomo (secondo solo a San Pietro in Vaticano per dimensioni), oppure al suo Castello Sforzesco, una rocca rinascimentale nel centro della città. Eppure Milano non è una città immediatamente attraente come Roma, Firenze o Venezia. 10

Il sociologo Guido Martinotti riflette su alcuni dati di confronto fra Milano e altre città europee e non: "Città come Parigi o Barcellona, e (in misura di poco inferiore) Roma, registrano percentuali del 100% sulle quattro variabili: notorietà, attrattiva, conoscenza diretta, condivisione dell'esperienza. Milano, invece, è conosciuta dal 100% dei serious 15 tourists, ma solo il 41% ci è stato di persona, mentre appena (barely) un misero 13% desidera ritornarci—e pochissimi ne parlano con altri. [...] Milano è rimasta l'unica città italiana ad avere un problema di attrattiva: in cui si 'deve' andare senza il 'piacere' di andarci".[1]

Quali sono le cause di questo look poco attraente? Milano fu 20 pesantemente bombardata durante la seconda guerra mondiale perché era un importante centro industriale e ferroviario, e il suo centro storico fu in parte distrutto o danneggiato. A guerra finita, i milanesi si impegnarono da subito nella ricostruzione: nuovi quartieri sorsero in fretta senza un piano urbanistico, con 25 risultati spesso disastrosi. Gae Aulenti, architetto italiano di fama

Il Castello Sforzesco di Milano visto da Via Dante

---

[1]Martinotti, Guido. "Milano, la sfida della qualità". Corriere della Sera (21 agosto 2009).

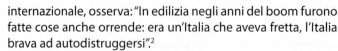

Milano, un ciclista ed un tram in una stretta via del centro

Colonne di epoca romana sul sagrato della chiesa di San Lorenzo a Milano

internazionale, osserva: "In edilizia negli anni del boom furono fatte cose anche orrende: era un'Italia che aveva fretta, l'Italia brava ad autodistruggersi".[2]

Nel dopoguerra, a Milano sorsero anche nuove fabbriche 30 che crearono nuova occupazione con un conseguente miglioramento degli standard di vita. In Italia, agli inizi degli anni '50, un'auto su cinque era lombarda, e Milano fu la prima città italiana nella quale il numero di auto superò quello delle biciclette[3]. Nel 1953, venne completato, vicino alla Stazione 35 Centrale, il grattacielo più alto del mondo in cemento armato (*reinforced concrete*): il cosiddetto *Pirellone*, costruito per ospitare gli uffici della fabbrica di gomme Pirelli. Ed a Milano fu inaugurata, nel 1965, la prima metropolitana italiana.

Giorgio Bocca scrisse nel 1963: 40

"Milano è [...] l'unica grande città italiana che possiede dimensioni capitalistiche capaci di incutere (*instill*) paura come la incutono i giganti di Chicago, di Londra, di New York, di Tokyo. [...] Aperta ai poveri, certo la più aperta, in Italia, ai poveri, ma ai poveri che diventano ricchi [...] ignara di 45 qualsiasi distinzione razziale e di casta, ma proibita al povero che rimane povero".[4]

---

[2]"Aulenti: quell'idea del lavoro che nobilita", *Corriere della Sera*, 24 maggio 2009 (articolo non firmato).
[3]Tutte le informazioni di questo paragrafo sono tratte da Boneschi, Marta. *Poveri ma belli: i nostri anni Cinquanta*. Milano: Mondadori, 1995, p. 43.
[4]Bocca, Giorgio. *La scoperta dell'Italia*. Bari: Laterza, 1963, pp. 451–452.

4.16 Controlla la comprensione

1. Perché Milano è una città dove "si deve andare" senza il "piacere di andarci", secondo il sociologo Guido Martinotti? È giustificata questa affermazione, secondo te?
2. Quali sono le caratteristiche che Giorgio Bocca vuole evidenziare nella sua descrizione di Milano?

 4.17 Confronti e riflessioni Fai un confronto fra Milano e Roma (se necessario, torna al *Capitolo 1*). Che cosa manca a Milano che invece Roma possiede, e viceversa? Puoi nominare almeno due elementi?

4.18 Alla scoperta di ...

1. Milano si qualifica anche come "capitale della moda italiana". Conosci qualche famoso/a stilista di Milano? Hai una preferenza per uno/a stilista in particolare?
2. Gae Aulenti, nella citazione più sopra, parla del "boom", abbreviazione per "boom economico". Scopri a che cosa si riferisce: che cosa successe durante il "boom economico"? In quali anni avvenne il "boom"? Che cosa producevano allora la Pirelli, la Innocenti, la Alfa Romeo? Esistono ancora queste fabbriche?

Ascolto 1: *La zanzara* che dà fastidio

Ascolta questo brano sulla cultura giovanile nella Milano degli anni '60: parla di un episodio emblematico che ha coinvolto alcuni studenti del Liceo Parini di Milano e il loro giornale studentesco *La zanzara*.

 4.19 Prima di ascoltare Nella tua scuola, si pubblica un giornale studentesco? Come si chiama? Perché, secondo te, questi studenti milanesi hanno dato il nome *La zanzara* al loro giornale? Che associazioni di pensiero fai quando pensi ad una zanzara? Scrivi almeno tre parole (verbi, nomi o aggettivi) che associ alla parola *zanzara*.

Studenti liceali a Milano (anni '60)

 ## Vocaboli utili alla comprensione

assolvere, *p.p.* assolto, *p.r.* assolsi	*to acquit*
a borghesia	*the bourgeoisie, middle-upper class*
il cambiamento	*change*
dare fastidio	*to bother, to annoy*
denunciare	*to press charges, to report*
di nascosto	*secretly*
l'inchiesta	*investigation*
la libertà di pensiero	*freedom of speech*
il processo	*trial*
il sessantotto	*1968: the year when a strong student and worker reform movement broke out in major industrial cities in Italy and other countries*
il sesso	*sex*
sfidare	*to challenge*
la zanzara	*mosquito*

4.20 Mentre ascolti Ferma la registrazione più volte e prendi appunti usando una tabella simile a questa. Usa poi i tuoi appunti per rispondere alle domande dell'esercizio **4.21**.

Soggetto dell'inchiesta	Risultati	Reazioni dei genitori	Conseguenze per gli studenti	Conclusione	Appunti

 4.21 A fine ascolto Rispondi alle domande con almeno due frasi complete e portando due esempi per giustificare la tua risposta. Poi parlane con un compagno o una compagna.

1. Qual era il soggetto dell'inchiesta fatta dagli studenti del Liceo Parini e pubblicata su *La zanzara*?
2. Perché questo episodio può essere definito "emblematico"?
3. Perché questa inchiesta suscitò una reazione negativa da parte di molti adulti?
4. Che cosa successe agli autori dell'inchiesta?
5. Quali sono le tue reazioni personali a questa vicenda?
6. Che cosa ci rivela questa vicenda sulla società milanese di quel periodo?

4.22 Confronti e riflessioni Quali argomenti trattati in un giornalino studentesco della tua scuola o della tua città potrebbero provocare nell'opinione pubblica le stesse reazioni che provocò questa inchiesta nella Milano degli anni '60? Conosci casi simili a quello de *La zanzara*?

Immigrazione vecchia e nuova

 ### Lessico nuovo

accogliente	*welcoming*
accogliere, *p.p.* accolto, *p.r.* accolsi	*to welcome*
affrontare	*to face, to confront*
la/il badante	*caretaker*
curare	*to watch, to take care of*
l'Estremo Oriente	*Far East*
lavorare duro	*to work hard*
la manodopera	*workforce*
il Medio Oriente	*Middle East*
pauroso	*scary*
la pelle	*skin*
il terziario	*service sector*

La ricostruzione post-bellica e il boom economico in realtà non sarebbero stati possibili senza l'arrivo a Milano di migliaia di immigrati dal Meridione. I contadini del Sud lasciavano le campagne, ed una vita di povertà e di duro lavoro, attratti dalla eccezionale domanda di manodopera proveniente dall'edilizia e dalle industrie in espansione. Erano disposti a tutto: a lavorare molto per una misera   5
paga, e a vivere in qualsiasi tipo di alloggio (*housing*).

Milano e la Lombardia negli anni '50 e '60 divennero, insieme a Torino, la nuova "America" per i contadini provenienti dalle zone più povere del Sud. Ma al contrario della generazione precedente, che aveva attraversato l'oceano per raggiungere il "nuovo mondo", questi emigranti si muovevano sullo stesso   10
territorio nazionale, e il loro viaggio durava meno di un giorno. Eppure, la società urbana ed industriale che incontrarono era indecifrabile, spesso paurosa ed ostile,

Milano, Stazione Centrale:
immigrati meridionali, 1960

come lo era stata l'America del primo flusso migratorio. L'emigrante meridionale, che conosceva solo la cultura contadina del piccolo villaggio, affrontava la   15
vita cittadina, i suoi ritmi e la sua anonimità, con lo stesso sgomento (*dismay*) provato dai suoi nonni o bisnonni che avevano affrontato i *tenaments* di New York o il lavoro di *pick and shovel* nelle miniere della Pennsylvania.

La maggior parte degli emigranti dal Sud erano   20
uomini soli che lavoravano duro per risparmiare e per poter portare al Nord tutta la famiglia. Uno di loro parla della sua esperienza:

"Il divertimento lo avevo escluso nel modo più assoluto. [Per Natale] ... un mio paesano (*fellow*   25
countryman) mi aveva invitato e io gli ho detto che ero stato invitato dal mio capo (*boss*) dove lavoravo; e al mio capo ho detto che ero stato invitato dal

(*Continua*)

mio paesano, e sempre con lo scopo (*thinking that*) che se io dovevo andare là qualche cosa dovevo portare, o un fiasco di vino o un panettone (*traditional milanese Christmas cake*), per disobbligarmi di quello che mangiavo. Potevano dirmi: 'Come (*how come?*), sei venuto a casa mia e non hai portato niente?' E allora quel Natale l'ho passato in una latteria (*coffee and dairy shop*), perché quel giorno là le trattorie erano chiuse, e mi sono mangiato due uova. Però sapevo di sicuro che entro il mese di gennaio doveva arrivare mia moglie perché avevo mandato 80 lire".[1]

L'immigrazione non è finita con il boom economico degli anni '50/'60. A cominciare dagli anni '80, a Milano sono arrivati nuovi immigrati dal Nord Africa, dal Medio ed Estremo Oriente, dal Sudamerica. Ma il destino di questi nuovi residenti è molto diverso da quello dei meridionali che avevano trovato facilmente un lavoro nell'industria e un appartamento nei nuovi quartieri popolari: ora molte grandi fabbriche hanno chiuso o si sono trasferite all'estero, gli appartamenti disponibili sono pochi e cari, e Milano è diventata una città del terziario, dell'industria della moda e del divertimento, della finanza e della tecnologia. Ma c'è ancora bisogno di manodopera a basso costo ed i nuovi immigrati servono un'importante funzione di supporto alla nuova economia della città: puliscono abitazioni ed uffici, lavorano in ristoranti, bar e hotel, curano anziani o bambini. Molti di questi lavori sono "invisibili" perché si svolgono in case private, nel retro (*back*) di negozi e ristoranti oppure in uffici dopo l'orario di chiusura. L'integrazione di questi nuovi immigranti è molto più difficile di quella dei meridionali nella Milano del boom: lingue e religioni diverse, e l'isolamento sul luogo di lavoro rendono difficile una vera assimilazione; lavorare in una grande fabbrica permetteva il contatto con centinaia di altri operai, mentre la badante di un anziano e la donna che pulisce un ufficio la sera lavorano in isolamento.

La Milano del terzo millennio è sicuramente meno accogliente di quella del boom economico. È una città nella quale può essere pericoloso avere la pelle di un altro colore: il 16 settembre 2008, in pieno centro a Milano, Abdoul Guiebrè, un cittadino italiano originario del Burkina Faso, di soli 19 anni, è stato inseguito ed ucciso a bastonate (*beaten to death*) dai proprietari di un bar perché aveva preso una scatola di biscotti senza pagare. Il suo funerale si trasformò in una manifestazione contro il razzismo: "Tre biscotti, eccoli. Vale così poco, per voi, la vita di un ragazzo nero?" diceva lo striscione (*banner*) alla testa del corteo (*demonstration*).

Milano deve riscoprire la sua natura di città aperta, come spiega l'arcivescovo (*archbishop*) milanese Gianfranco Ravasi: "Milano è sempre stata una città multiculturale. Ha avuto un vescovo come Ambrogio che veniva da Treviri[2], che ha poi convertito un africano che si chiamava Agostino[3]. E questo accadeva oltre un millennio e mezzo fa. Per tutto il '900 ha saputo accogliere e "milanesizzare" i meridionali. Accanto al Duomo tutti diventavano, pur conservando alcune loro caratteristiche, milanesi. [...] Ora la città dovrebbe far tesoro (*treasure*) di un passato straordinario e allargare le frontiere della sua mente [...] (*broaden its horizons*); il milanese dovrebbe ridiventare cittadino del mondo".[4]

Immigrato bangalese vende mimose a Milano

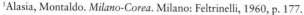

[1]Alasia, Montaldo. *Milano-Corea*. Milano: Feltrinelli, 1960, p. 177.

[2]Trier, in tedesco, antica città della Germania.

[3]Un riferimento a Sant'Agostino (354–430), arcivescovo e teologo, nato a Tagaste, nell'Africa del Nord e autore di *Confessioni* e *La città di Dio*.

[4]Torno, Armando. "Ravasi: più dialogo, Expo e famiglie: Milano resiste alla paura della crisi", *Corriere della Sera*, 1 marzo 2009.

4.23 Controlla la comprensione

1. Individua e contrasta due caratteristiche della vecchia e della nuova immigrazione.
2. Trova nella lettura delle informazioni o degli esempi per sostenere le seguenti affermazioni vere.
   a. Gli immigrati meridionali hanno avuto grandi difficoltà iniziali.
   b. L'immigrato intervistato ha passato da solo il Natale.
   c. L'integrazione degli immigrati recenti nella società milanese è più difficile dell'integrazione degli immigrati meridionali di 50 o 60 anni fa.
3. Perché l'arcivescovo Ravasi menziona Sant'Ambrogio e Sant'Agostino?

 Ascolto 2: Una città di *singles*

Ascolta questo brano sul *trend* demografico di Milano nel terzo millennio.

4.24 Prima di ascoltare Vivi in una città o in un quartiere dove prevalgono le famiglie o i *singles*? Spiega la tua risposta con degli esempi.

Nel brano che ascolterai si usa l'espressione "anello al dito" in contrasto con la condizione di *single*. Che cosa significa, secondo te, questa espressione?

Quali possono essere le ragioni principali per cui, nelle nazioni più industrializzate, i giovani si sposano sempre più tardi?

Visitatori alla mostra di arte moderna e contemporanea MiArt ArtNow, Milano

 Vocaboli utili alla comprensione

l'esercito	*army*
fare carriera, *p.p.* fatto, *p.r.* feci	to *advance in one's career*
fidanzarsi	to *get engaged*
il freno	*brake*
la "Milano operaia"	*Milan, working class city*
la precarietà lavorativa	*uncertainty* of the job market

Nota culturale: La **precarietà lavorativa** è la condizione sofferta da chi ha un lavoro a tempo determinato ed un salario così basso che non può fare progetti per il futuro, quali sposarsi, comprare una casa o avere figli. In Italia è un problema molto discusso attualmente perché è un fenomeno relativamente nuovo: fino a pochi anni fa, la maggior parte dei lavoratori di ogni settore aveva un impiego a tempo indeterminato che garantiva lo stipendio e quindi la sicurezza economica.

4.25 Mentre ascolti Prima di ascoltare, leggi i seguenti punti. Poi ascolta il brano due volte, completando ogni frase nel modo giusto. Alla fine confronta il tuo lavoro con quello di un compagno o una compagna.

1. A Milano ci sono circa …
   a. 120mila *singles*.
   b. 210mila *singles*.
   c. 220mila *singles*.
2. I *singles* di Milano sono …
   a. principalmente giovani.
   b. persone di tutte le età.
   c. principalmente vedovi e vedove.

3. I *singles* sono più numerosi delle famiglie tradizionali …
   a. in tutt'Italia.
   b. solo a Milano.
   c. in tutte le maggiori città italiane.

4. Secondo l'articolo, i *singles* …
   a. non contribuiscono all'economia milanese perché cercano lavori precari.
   b. favoriscono lo sviluppo economico perché consumano molto.
   c. non vogliono fare lavori manuali.

4.26 A fine ascolto Ora individua nell'articolo i tre motivi principali per cui i giovani restano *single* più a lungo delle generazioni precedenti. Parlane con un compagno o una compagna. Quale motivo vi sembra più convincente?

4.27 Confronti e riflessioni

1. Nella realtà in cui vivi, pensi che la precarietà del lavoro sia un grosso problema? Preferisci vivere in una società che offra la sicurezza del posto di lavoro, ma una scelta limitata di impieghi, oppure in una società che offra molti tipi di lavoro, ma tutti precari?
2. Vivi in una città che è più simile alla "Milano città operaia" e alla "Milano dell'happy hour"?
3. Quali immagini ti vengono in mente quando pensi a "Milano città operaia" e a "Milano dell'happy hour". In quale città preferiresti vivere tu? Per quali motivi?

4.28 Un fine settimana a Bergamo [ONLINE]

4.29 Chi è? Che cos'è [ONLINE]

Basilica di Santa Maria Maggiore a Bergamo

La poesia regionale (dal *Canzoniere italiano* di Pier Paolo Pasolini)[5]

Dove te vett, o Mariettina,   1
Inscì bonn'ora in mezz'ai pràa?
Dove te vett, O Mariettina
Inscì bonn'ora in mezz'ai pràa?"
"Mi voo a fa la campagnola   5
in campagna a lavorà."
"Se ti fusset propri sola
Te vegnarissi a compagnà."
"Ma la rosada la se alza
La te bagnerà el scoussàa!"   10
"El scossarìn l'ho già bagnato
Stamattina in mezz'al pràa!

[Dove vai, o Mariettina, così di buon'ora in mezzo ai prati? Dove vai, o Mariettina, così di buon'ora in mezzo ai prati? Vado a fare la contadina, in campagna a lavorare / Se tu fossi proprio sola, ti accompagnerei. Ma la rugiada si sta alzando e ti bagnerà il grembiule. Il grembiulino l'ho già bagnato stamattina in mezzo al prato.]

4.30 Un po' di grammatica dialettale

1. In dialetto lombardo come si forma l'infinito?
2. In italiano standard: lavorare / accompagnare;
   in dialetto lombardo: _____
3. In italiano standard: io / tu;
   in dialetto lombardo: _____

---

[5]Pier Paolo Pasolini, a cura di. *Canzoniere italiano. Antologia della poesia popolare*. Milano: Garzanti. 1992, pp. 174-175, n. 41.

LETTURA 1

Qualcosa era successo di Dino Buzzati

da *Sessanta Racconti* di Dino Buzzati, 1958

Introduzione

Dino Buzzati (1906–1972) nacque a Belluno ma visse quasi sempre a Milano dove lavorò come giornalista al quotidiano *Corriere della Sera*. È uno dei narratori italiani più conosciuti ed apprezzati nel mondo, famoso soprattutto per il suo romanzo *Il deserto dei Tartari*, pubblicato nel 1940, e subito tradotto in varie lingue. La scrittura di Buzzati è stata definita "magico-realistica" perché esplora le dimensioni dell'assurdo in contesti quotidiani e banali. In questo racconto, tratto dalla raccolta *Sessanta Racconti*, il treno su cui viaggia il narratore diventa una metafora per la condizione esistenziale dell'uomo contemporaneo.

5

 4.33 Prima di leggere Oggi il giornale riporta una notizia terribile: qualcosa è successo nel tuo paese, ma tu hai solo un pezzo della prima pagina che riproduce il titolo: una parola che finisce in –IONE. Quali parole con la terminazione –IONE potrebbero annunciare fatti terribili? Scrivine almeno tre.

1. _____

2. _____

3. _____

🔊 Lessico nuovo

accorrere, *p.p.* accorso, *p.r.* accorsi	to rush	percorrere, *p.p.* percorso; *p.r.* percorsi	to cover a distance, to travel
affannato	breathless	precipitarsi	to rush
appoggiarsi	to lean against	il presentimento	foreboding
il brivido	shiver, chill	presumere, *p.p.* presunto, *p.r.* presunsi	to assume
cedere	to give up		
di corsa	running, hurriedly	il ritegno	reserve
il guaio	trouble, problem	scrutare	to scan, to scrutinize
ingannarsi	to deceive oneself	il Settentrione	Northern Italy
inquieto	anxious, concerned	sgranchirsi	to stretch out
l'inquietudine	concern, anxiety	spaventato	scared
intravedere, *p.p.* intravisto, *p.r.* intravidi	to catch a glimpse of	sventolare	to wave
		udire	to hear
il Mezzogiorno	Southern Italy	urlare	to scream, to shout

Libera le parole!

4.34 Sinonimi o contrari Indica se le parole della colonna di destra sono sinonimi (S) o contrari (C) delle parole a sinistra.

1. urlare	gridare	S	C
2. spaventato	rassicurato	S	C
3. il Settentrione	il Sud	S	C
4. precipitarsi	affrettarsi	S	C
5. l'inquietudine	l'ansietà	S	C
6. il ritegno	il pudore	S	C
7. il guaio	la fortuna	S	C

4.35 Mentre leggi … Prendi nota di tutte le situazioni che il narratore osserva dal finestrino e delle reazioni degli altri passeggeri, usando una tabella simile a questa:

Quello che il narratore vede dal finestrino del treno	Il comportamento dei passeggeri

Qualcosa era successo di Dino Buzzati

Il treno aveva percorso solo pochi chilometri (e la strada era lunga, ci saremmo fermati soltanto alla lontanissima stazione d'arrivo, così correndo per dieci ore filate[1]) quando a un passaggio a livello[2] vidi dal finestrino una giovane donna. […] Si era evidentemente appoggiata alla sbarra per godersi la vista del nostro treno superdirettissimo, espresso del nord, simbolo, per quelle popolazioni incolte, di miliardi, vita facile […]   5

Ma come il treno le passò davanti lei non guardò dalla nostra parte (eppure era là ad aspettare forse da un'ora) bensì teneva la testa voltata indietro badando a un uomo che arrivava di corsa dal fondo della via e urlava qualcosa che noi naturalmente non potemmo udire: come se accorresse per avvertire la donna di un pericolo. Ma fu un attimo: la scena volò via […] il direttissimo filava[3], eppure feci in tempo a vedere   10
sei sette persone che accorrevano attraverso i prati […] Correvano, accidenti se[4] correvano, si sarebbero detti spaventati da qualche avvertimento repentino […]

Che strano, pensai, in pochi chilometri già due casi di gente che riceve una improvvisa notizia, così almeno presumevo. Ora, vagamente suggestionato, scrutavo la campagna, le strade, i paeselli, le fattorie, con presentimenti ed inquietudini. […]   15
mi sembrava che ci fosse dappertutto una inconsueta animazione. Ma sì, perché quell'andirivieni[5] nei cortili, quelle donne affannate, quei carri, quel bestiame? […] qualcosa era successo e noi sul treno non ne sapevamo niente.

Guardai i compagni di viaggio […] Sembravano tranquilli […] O invece sospettavano? Sì, sì, anche loro erano inquieti, uno per uno, e non osavano parlare. Più di una volta li   20
sorpresi, volgendo gli occhi repentini, guardare fuori. […] Ma di che avevano paura?

Napoli. Qui di solito il treno si ferma. Non oggi il direttissimo. Sfilarono rasente[6] a noi le vecchie case e nei cortili oscuri vedemmo finestre illuminate e in quelle stanze—fu un attimo—uomini e donne chini a fare involti[7] e chiudere valige, così pareva. Oppure mi ingannavo ed erano tutte fantasie?   25

---

[1]filateo: *straight, with no interruption*
[2]il passaggio a livello: *railroad crossing*
[3]il direttissimo filava: *the fast train ran*
[4]accidenti se …: *certainly*
[5]l'andirivieni: *going back and forth*
[6]rasente: *very close*
[7]l'involto: *bundle*

(Continua)

Si preparavano a partire. Per dove? Non una notizia fausta dunque elettrizzava città e campagne. Una minaccia, un pericolo, un avvertimento di malora. Poi mi dicevo: ma se ci fosse un grosso guaio, avrebbero pure fatto fermare il treno; e il treno invece trovava tutto in ordine, sempre segnali di via libera, scambi[8] perfetti, come per un viaggio inaugurale. 30

Un giovane al mio fianco, con l'aria di sgranchirsi, si era alzato in piedi. In realtà voleva vedere meglio e si curvava sopra di me per essere più vicino al vetro. Fuori, le campagne, il sole, le strade bianche e sulle strade [...] camion, gruppi di gente a piedi [...] Ma erano tanti, sempre più folti man mano che il treno si avvicinava al nord. E tutti avevano la stessa direzione, scendevano verso mezzogiorno, fuggivano il pericolo mentre noi gli 35 andavamo direttamente incontro, a velocità pazza ci precipitavamo verso la guerra, la rivoluzione, la pestilenza, il fuoco, che cosa poteva esserci mai? Non lo avremmo saputo che fra cinque ore, al momento dell'arrivo, e forse sarebbe stato troppo tardi.

Nessuno diceva niente. Nessuno voleva essere il primo a cedere [...] La signora di fronte trasse un sospiro, simulando di essersi svegliata [...] alzò le pupille fissandole, quasi 40 per caso, alla maniglia del segnale d'allarme. E anche noi tutti guardammo l'ordigno[9], con l'identico pensiero. Ma nessuno parlò o ebbe l'audacia di rompere il silenzio o semplicemente di chiedere agli altri se avessero notato fuori, qualche cosa di allarmante.

Ora le strade formicolavano di veicoli e gente, tutti in cammino verso il sud. [...] Pieni di stupore gli sguardi di coloro che da terra ci vedevano passare, volando con 45 tanta fretta al settentrione. E zeppe[10] le stazioni. Qualcuno ci faceva cenno, altri ci urlavano delle frasi di cui si percepivano soltanto le vocali come echi di montagna. [...]

Ecco un'altra città. [...] Un ragazzino tentò di rincorrerci con un pacco di giornali e ne sventolava uno che aveva un grande titolo nero in prima pagina. Allora con gesto repentino, la signora di fronte a me si sporse in fuori ad abbrancare[11] il foglio 50 ma il vento della corsa glielo strappò via. Tra le dita restò un brandello. Mi accorsi che le mani tremavano nell'atto di spiegarlo. Era un pezzetto triangolare. Si leggeva la testata[12] e del gran titolo solo quattro lettere. IONE si leggeva. Nient'altro. [...]

[...] Crescendo la paura, più forte in ciascuno si faceva il ritegno. Verso una cosa che finisce in IONE noi correvamo come pazzi, e doveva essere spaventosa se, alla notizia, 55 popolazioni intere si erano date a immediata fuga. Un fatto nuovo e potentissimo aveva rotto la vita del Paese, uomini e donne pensavano solo a salvarsi, abbandonando case, lavoro, affari, tutto, ma il nostro treno, no, il maledetto treno marciava con la regolarità di un orologio [...] E per decenza, per un rispetto umano miserabile, nessuno di noi aveva il coraggio di reagire. Oh i treni come assomigliano alla vita! 60

Mancavano due ore. Tra due ore, all'arrivo, avremmo saputo la comune sorte. [...] Vedemmo di lontano i lumi della sospirata nostra città [...] La locomotiva emise un fischio, le ruote strepitarono sul labirinto degli scambi. La stazione, la curva nera delle tettoie, le lampade, i cartelli, tutto era a posto come il solito.

Ma, orrore! ... il direttissimo ancora andava e vidi che la stazione era deserta, vuote 65 e nude le banchine, non una figura umana per quanto si cercasse. Il treno si fermava finalmente. Corremmo giù per i marciapiedi, verso l'uscita, alla caccia di qualche nostro simile. Mi parve di intravedere, nell'angolo a destra in fondo, un po' in penombra, un

---

[8]lo scambio: *railraod tracks connection*
[9]l'ordigno: *device*
[10]zeppo: *chock-full*
[11]abbrancare: *to snatch*
[12]la testata: *headline*

(Continua)

ferroviere col suo berrettuccio[13] che si eclissava da una porta, come terrorizzato. Che cosa era successo? In città non avremmo più trovato un'anima? Finché la voce di una donna, 70 altissima e violenta come uno sparo, ci diede un brivido. "Aiuto! Aiuto!" urlava e il grido si ripercosse sotto le vitree volte con la vacua sonorità dei luoghi per sempre abbandonati.

---

[13]il berrettuccio: *small berret*

A fine lettura

4.36 Che cosa <u>non</u> succede in questo racconto? Leggi ogni affermazione, poi confronta le tue risposte con quelle di un compagno o una compagna.

1. I passeggeri cercano di scendere dal treno quando rallenta alla stazione.   Sì   No
2. Una signora compra un giornale quando il treno si ferma in stazione.   Sì   No
3. Dal finestrino del treno i passeggeri vedono un gran fermento (*turmoil*) nelle città e nelle campagne.   Sì   No
4. La stazione di arrivo è affollata di passeggeri che vogliono partire verso il Sud.   Sì   No
5. I passeggeri dello scompartimento discutono la possibilità di tirare il segnale di allarme.   Sì   No

4.37 Contrasti Dividi i vocaboli elencati sotto in tre colonne diverse.

1. Nella colonna a sinistra scrivi i vocaboli che si riferiscono ai possibili motivi della fuga verso Sud.
2. Nella colonna di centro scrivi i vocaboli che descrivono la gente nelle città e nelle campagne o le loro reazioni.
3. Nella colonna di destra scrivi i vocaboli che descrivono i passeggeri nel treno o le loro reazioni.

l'inquietudine, la decenza, la minaccia, più forte si faceva il ritegno, il fuoco, l'avvertimento repentino, la guerra, fuggivano il pericolo, avevano paura, l'animazione, la rivoluzione, spaventati, l'andirivieni, un rispetto umano miserabile, un avvertimento di malora, nessuno diceva niente, la pestilenza, donne affannate, non osavano parlare, un grosso guaio, ci urlavano delle frasi, le mani tremavano

Possibili motivi della fuga verso sud	Reazioni della gente nelle città e nelle campagne	Reazioni dei passeggeri nel treno

Ora usa almeno sei di questi vocaboli per contrastare i diversi comportamenti della gente fuori dal treno e dei passeggeri sul treno.

4.38 Confronti e riflessioni

1. C'è una differenza di classe sociale fra i passeggeri del treno e le persone che i passeggeri vedono dal treno? In che modo la classe sociale dei passeggeri ha influenzato il loro atteggiamento e le loro decisioni?
2. La passività, il ritegno, l'indifferenza: quali sono i contrari di questi comportamenti? Quali possono essere le conseguenze nella vita personale e nella società di un comportamento piuttosto che (*rather than/as opposed to*) di un altro? Puoi portare una o due esperienze personali al riguardo?

Grammatica viva

In questo capitolo studierai il condizionale passato. Nel racconto di Buzzati hai letto i seguenti esempi di questo tempo verbale (vedi i verbi sottolineati):

1. [...] *la strada era lunga, ci saremmo fermati soltanto alla lontanissima stazione d'arrivo [...]* (righe 1–2)
2. [...] *la guerra, la rivoluzione, la pestilenza, il fuoco, che cosa poteva esserci mai? Non lo avremmo saputo che fra cinque ore, al momento dell'arrivo, e forse sarebbe stato troppo tardi.* (righe 36–8)

Il condizionale passato è usato in queste frasi perché il tempo della narrazione è al passato (vedi verbi in **grassetto**).

4.39 Dal condizionale passato al condizionale presente Completa le seguenti frasi, identiche alle frasi 1. e 2. più sopra. Attenzione, però: abbiamo cambiato il tempo della narrazione dal passato al presente (vedi verbi in **grassetto**). Che tempi devi usare in ogni frase al posto del condizionale passato?

1. [...] la strada è lunga, ci _____ soltanto alla lontanissima stazione d'arrivo [...]
2. [...] la guerra, la rivoluzione, la pestilenza, il fuoco, che cosa **può** esserci mai? Non lo _____ che fra cinque ore, al momento dell'arrivo, e forse _____ troppo tardi.

LETTURA 2

Il treno Eurostar da Milano a Roma

Il risveglio

un monologo di Franca Rame, 1970

Introduzione

Franca Rame (Villastanza, provincia di Milano, 1929–Milano, 2013) è stata una delle donne più note in Italia, protagonista della vita politica e artistica della nazione fin dagli anni '50. Sposata con Dario Fo, attore e scrittore di teatro, premio Nobel per la letteratura nel 1997, la Rame era anch'essa attrice e drammaturga (*playwright*), fondatrice insieme al marito di varie compagnie teatrali. Nei lavori teatrali che la Rame ha scritto ed interpretato con il marito la satira è abilmente usata per mettere a nudo (*to reveal*) ingiustizie sociali, corruzione e malgoverno. Il contenuto fortemente politico di queste opere ha posto la coppia Fo-Rame spesso al centro di accese (*heated*) polemiche. Nel monologo che proponiamo, Franca Rame interpreta la parte di una giovane madre operaia che deve affrontare la routine logorante (*consuming*) di una qualsiasi giornata di lavoro.

5

10

4.40 *Prima di leggere* Pensa all'esperienza stressante di una giovane operaia (*factory worker*) che deve alzarsi presto la mattina, preparare il suo bambino e portarlo all'asilo (*daycare*) prima di andare in fabbrica. Poi scegli almeno quattro vocaboli dalla lista sotto che, secondo te, si riferiscono a questa situazione precisa e usali in quattro frasi complete.

 ## Lessico nuovo

accendere, *p.p.* acceso, *p.r.* accesi	*to turn on, to light*	insaponare / insaponarsi	*to soap / to soap oneself*
annusare	*to sniff, smell*	la lavatrice	*washing machine*
l'armadio	*wardrobe*	il padrone	*boss, owner*
asciugare	*to dry out*	le pantofole	*slippers*
il biglietto di andata e ritorno	*round trip ticket*	il/la pendolare	*commuter*
la borsetta	*handbag*	il risveglio	*awakening*
la chiave	*key*	scattare	*to spring up, jump up*
la culla	*cradle*	sciacquare	*to rinse*
il detersivo	*detergent*	lo spavento	*fright, scare*
la fabbrica	*factory*	spostare	*to move*
la fregatura	*rip-off, swindle*	il tesserino del tram	*public transportation pass*
fucilare	*to shoot, to kill by shooting*	tirare fuori	*to take out*
l'incubo	*nightmare*	togliere, *p.p.* tolto, *p.r.* tolsi	*to remove, to take off*
ingoiare	*to swallow*	la vernice	*varnish, paint*
		la vestaglia	*bathrobe*
		la villeggiatura	*vacation, holiday*

Espressioni

farcela	*to make it, succeed despite the difficulties*
fare i salti mortali	*to bend over backwards*
Oh mamma, mamma!	*Oh, dear!*
prendersela con qualcuno	*to get angry / upset with someone / to blame someone*
roba da pazzi	*unbelievable*
via di corsa / via in fretta	*away in a rush*

Libera le parole!

4.41 *Definizioni* Trova il vocabolo giusto per ogni definizione.

1. Un sapone liquido o in polvere _____
2. Un brutto sogno _____
3. Un elettrodomestico per lavare vestiti, biancheria, ecc. _____
4. Una persona che deve fare un lungo viaggio per raggiungere il posto di lavoro _____
5. Un periodo di vacanza _____
6. Un piccolo letto dove dormono i neonati _____
7. Un oggetto di metallo usato per aprire le porte _____
8. Un'industria, uno stabilimento industriale _____
9. Il proprietario di un'industria _____
10. Il documento necessario per viaggiare su un mezzo pubblico

    _____

4.42 Contrari Trova il contrario dei seguenti verbi.

1. bagnare _____
2. sciacquarsi _____
3. spegnere _____
4. mettere dentro _____

4.43 Espressioni Per ogni frase trova l'espressione (vedi *Espressioni* sopra) che meglio la completa. Coniuga il verbo al presente dove necessario.

1. Non ha avuto neanche il tempo di parlare: è andato _____.
2. I soldi dello stipendio non mi bastano mai: per arrivare alla fine del mese devo _____.
3. Perché, quando qualcosa va male, tu _____ sempre con me?
4. Ci metto un'ora per arrivare in fabbrica e prima devo portare il bambino all'asilo: non _____ ad arrivare per le otto!

4.44 Mentre leggi: Motivazioni Cerca di capire la situazione che motiva la narratrice (Franca) a usare queste esclamazioni. Abbina le frasi della colonna A con la spiegazione della colonna B.

Es.: Oh mamma, mamma! ———→ *Franca ha appena fatto qualcosa di assurdo.*

A	B
1. Chi fa i salti mortali per arrivare a fine mese?	a. Franca è convinta che non arriverà in ritardo all'asilo nido.
2. E te la vieni a prendere con me?	b. Franca amministra il budget familiare e i soldi non le bastano mai.
3. Ma roba da pazzi!	c. Franca non trova un oggetto importante che deve mettere in borsetta.
4. Ce la facciamo, ce l'abbiamo fatta.	d. Secondo Franca, non è colpa sua se il treno di Luigi è arrivato in ritardo.
5. Vuoi vedere che nel frigorifero ci ho messo la chiave?	e. La sveglia non ha suonato, Franca è in ritardo ed è agitatissima.

4.45 Paragrafi Segna a lato del brano con la "B" i paragrafi nei quali Franca parla al suo **bambino**; con una "S" quelli in cui parla a **sé stessa**; con una "R" quelli in cui **ricorda** ciò che ha fatto la sera prima; con una "L" quello in cui riporta il **litigio** (*fight, argument*) con suo marito; e con "RF" il paragrafo con la **rivelazione finale**.

4.46 Diminutivi Leggendo questo monologo, prendi nota dei diminutivi. Le terminazioni **-ino / ina / -etto / etta** sono usate per dare al sostantivo il significato di "piccolo" (a volte anche "carino"). Ad esempio: casa ———→ casetta (una casa piccola e carina); tavolo ———→ tavolino (un piccolo tavolo, *coffee table*).

Ora per ognuno dei seguenti diminutivi trova il sostantivo da cui è derivato e scrivi il suo significato.

	Sostantivo senza terminazione una lavata (*a wash*)	Significato una lavata veloce
Es.: lavatina		
1. faccettino		
2. spolveratina		
3. mezzoretta		
4. giacchetta		
5. borsetta		
6. tesserino		

Il risveglio

un monologo di Franca Rame

Spazio scenico dove sono posti: un letto matrimoniale, un comodino con sveglia, un armadio, un tavolo, una cucina a gas, un frigorifero, una lavatrice, un lavello ecc., c'è anche un lettino con dentro un bambino (un 5 *bambolotto). Sul letto grande dormono un uomo e una donna.*

Un tram a Piazza Cordusio, Milano

([La donna] si sveglia di soprassalto e si guarda attorno) Che ore sono? *(Guarda la sveglia)* Le sei e mezza?! *(Si alza dal letto* 10 *infilandosi velocemente pantofole e vestaglia)* Guarda com'è tardi! Oh mamma, mamma! Sveglia! Sveglia […]! *(Prende il bambino dalla culla e lo depone sul tavolo vicino al lavello)* 15

Dobbiamo correre all'asilo nido che se arriviamo dopo le sette non ti accettano … Coraggio, coraggio! Laviamoci il faccettino, zitto, non piangere che se no svegli il papà … Lascialo dormire per una mezzoretta ancora, che poi deve scattare per andare in fabbrica, correre a prendere il tram, il treno … e via a far ginnastica come una scimmia ammaestrata[1]: un due tre, abbassa 20 la leva! su il pedale! … Ah, ah, come ride il mio bambino … ti piace la tua mamma che fa la scimmia. Ora ti asciugo, una bella spolveratina[2] di formaggio grattugiato … ma cosa c'entra il formaggio! Chi mi ha spostato il borotalco[3]? Con quello che costa! […] Adesso anche la tua mamma si dà una lavatina …

Apriamo l'acqua calda, meglio la fredda che tien giovane la pelle[4], e via 25 che ci si insapona e così … ah, ah maledizione qui di acqua non ne viene più … Con che cosa mi sciacquo adesso? Accidenti, una famiglia come questa qua! che sta in una casa come questa qua! con trecento famiglie come questa qua! che tutte insieme hanno la mania di lavarsi! Tutte alla stessa ora, e non c'è mai l'acqua … 30

(Afferra l'asciugamano e si libera dal sapone)

Beh, mi laverò un'altra volta, tanto a me chi mi guarda … non mi guardano ma mi annusano … mi darò un po' di spray … che bella invenzione lo spray! Mettiamoci un po' di spray … Come brucia! Perché? argento? che ho messo? la vernice per il tubo del termosifone![5] Ho l'ascella[6] d'argento?!? Come me la tolgo? Me la toglierò in 35 fabbrica col solvente.

(Indossa velocemente gli abiti. Raccoglie il figlio e lo avvolge in una coperta e si avvia alla porta)

---

[1]la scimmia ammaestrata: *trained monkey*
[2]la spolveratina: *dusting*
[3]il borotalco: *talcum powder*
[4]tien giovane la pelle: *keeps your skin young*
[5]il termosifone: *radiator*
[6]l'ascella: *armpit*

(Continua)

Presto, via in fretta, correre! Le sei e trentacinque … Via di corsa, ce
la facciamo … ce l'abbiamo fatta, su bambino, su bambino! Prendiamo la
borsetta … Prendiamo la giacchetta … e comincia la giornata … la chiave … la 40
chiave … la chiave … la chiave, dove ho messo la chiave? Tutte le mattine il dramma
della chiave! *(Rovista nelle tasche, si guarda intorno)* Calma, stiamo calme, cerchiamo
di ricordare … Dunque, sono arrivata in casa ieri sera. Il Luigi non c'era. Ho aperto
io la porta. Il bambino era nel braccio della madre. La borsetta nella sinistra della 45
madre. Metto giù la borsetta e la chiave l'avevo in mano. Il bambino nella culla.
Torno fuori. Prendo la borsa della spesa. La chiave nella mano. La bottiglia del latte
è sotto l'ascella. Entro in casa. Metto giù la borsa della spesa. Il latte lo metto nel
frigorifero … Vuoi vedere che nel frigorifero ci ho messo la chiave?

Ho messo la chiave … no, la chiave non c'è, però, in compenso nel frigorifero 50
non ci ho messo il latte … però c'è il detersivo al limone per la lavatrice … e perché
è giusto: il limone si mette sempre nel frigorifero. E il latte l'avrò messo nella
lavatrice … non c'è, meno male … dove avrò messo il latte? Nel pentolino, mi
pare giusto, tant'è vero che per avere libere le mani, ho messo la chiave tra i denti.
Allora il latte qua nel pentolino … poi ho acceso il gas … il latte per il bambino è su, 55
accendo il bambino, voglio dire … accendo il latte … accendo il gas! Lì che bolle,
vado là … ah, sfascio[7] il bambino … nel senso che gli tolgo le fasce. Il bambino
l'ho steso qua sul tavolo … anzi no, col bambino in braccio ho preso la vaschetta
per fare il bagno al bambino. Mi ricordo che avevo la chiave tra i denti. Metto la
vaschetta qui, cerco il bambino … non c'è più il bambino, ho perso il bambino. 60
Dove ho messo il bambino? Nel frigorifero? Nella lavatrice? Nell'armadio? Avevo
messo il bambino nell'armadio! Sono pazza! Tiro fuori il bambino che piangeva
come un disperato … che per fortuna s'è messo a piangere, altrimenti chissà
quando l'avrei trovato! Povero il mio bambino! Ho preso uno spavento tale che
mi sono precipitata a bere un bicchier d'acqua. Vuoi vedere che ho ingoiato 65
la chiave? Ce la avevo in bocca … Non posso averla inghiottita, non avrei
dormito … Allora dove ho messo la chiave? […]

[Improvvisamente si ricorda che suo marito Luigi era arrivato dopo di lei e
aveva trovato la chiave nella toppa[8]. Si era anche lamentato della sua condizione
di pendolare …] 70

"Questo maledetto treno dei pendolari m'ha fatto un ritardo di un'ora …
un'ora e mezza per fare venti chilometri mi sono fatto! Tutto tempo che il padrone
mica mi paga … né mi paga il biglietto né di andata né di ritorno, né mi paga il
tram. Tutti viaggi che io faccio per lui, mica per villeggiatura!"

"E te la vieni a prendere con me? Ma non te la prendi per le ore che frega a 75
me … a me, che oltre a lavorare per lui, ti faccio anche la serva gratis." Il Luigi si
mette a ridere, "Ehi, ci ho una moglie femminista estremista e manco lo sapevo
… Da quando è che vai alle riunioni delle femministe?" "Senti, pampalunga[9]", gli
faccio io "mica ho bisogno di andare dalle femministe per capire che questa vita
che facciamo è una grande fregatura. Lavoriamo come due cani, e mai un attimo 80
per scambiarci due parole, mai un attimo per noi. Mi chiedi mai: 'sei stanca? vuoi
una mano?' Chi fa il mangiare? Io. Chi lava i piatti? Io. Chi fa la spesa? Io. Chi fa i
salti mortali per arrivare a fine mese?" […] A questo punto qua, la chiave Luigi,
sicuro … me l'aveva presa lui: nella tasca della giacca … se l'era messa nella
giacca. Dove ha messo la giacca? È qui la chiave. Che ore sono? Sette meno dieci,
ce la facciamo ancora … eccole qua, tutte e due … due chiavi, la mia e la sua … 85

---

[7]sfasciare: *to take off the baby's diaper*
[8]la toppa: *key hole*
[9]pampalunga: *dummy*

Il golf, il bambino, la borsetta, il tesserino del tram, il tesserino del tram ... sei buchi[10]? Sei buchi di andata e sei buchi di ritorno! Sei buchi di andata sei buchi di ritorno? Domenica! È domenica! È domenica! Ma roba da pazzi, volevo andare a lavorare anche di domenica! Sono pazza! *(Solleva il bambino e balla girando tondo tondo)* È domenica *(Cantando)* Di domenica non si lavora e fino a tarda ora si sta a dormir! Voglio fare un sogno dove c'è un mondo che tutti i giorni è domenica! Tutta una vita di domeniche! È la fine del mondo ... è scoppiata[11] la domenica eterna! Non ci sono più gli altri giorni della settimana, né il lunedì, né il giovedì ... li hanno fucilati tutti ... tutti morti ... resta solo la domenica ... A dormire! A dormire! Ah ah che bel sogno che mi faccio! *(Si butta sul letto con in braccio il bambino, tutta vestita. Si copre tutta, testa compresa, con le coperte)*

90

95

---

[10]il buco (buchi): *holes (here a reference to the punch made in the weekly public transportation pass every time a bus or a subway is used)*
[11]scoppiare: *burst*

 ## A fine lettura

4.47 La risposta migliore Leggi ogni domanda, poi scegli la risposta migliore.

1. Quale frase descrive meglio la motivazione dell'autrice, secondo te?
   Attenzione: non c'è una sola risposta esatta.
   Franca Rame scrivendo questo monologo ...
   a. ha voluto presentarci una situazione comica che però rivela una tragica realtà.
   b. ha voluto scrivere un pezzo serio sulla condizione della donna lavoratrice.
   c. ha voluto fare della satira sullo stress della società contemporanea.
   d. ha voluto scrivere un pezzo umoristico sulle difficoltà del rapporto di coppia.
2. Qual è il problema di Franca all'inizio del monologo?
   a. La sveglia non ha suonato.
   b. Il pianto del bambino l'ha svegliata troppo presto.
   c. Si è dimenticata di svegliare il marito che deve andare al lavoro.
   d. Non c'è acqua calda per la doccia.
3. Il problema iniziale di Franca è ulteriormente complicato dal fatto che ...
   a. il bambino ha la febbre.
   b. Franca non trova il tesserino del tram.
   c. Franca non trova la chiave di casa.
   d. Franca si accorge di non avere il latte per la colazione del bambino.

4.48 Domande aperte Adesso rispondi alle seguenti domande portando esempi specifici dal testo.

1. Franca cerca di far ridere il suo bambino. Come?
2. Quello che fa per divertire il bambino ha un sottofondo (*background*) tragico. Spiega.
3. Franca fa due errori a causa del suo stress. Quali sono? Perché questi errori generano situazioni comiche?
4. Qual è l'origine del litigio fra Franca e Luigi?
5. Secondo te, Luigi ha ragione a dire che Franca è una femminista?
6. Che cosa scopre Franca alla fine, e come lo scopre?
7. Perché è felice Franca? Che cosa sogna?

4.49 La domanda retorica Quando si formula una "domanda retorica" non si è alla ricerca di una vera informazione o non si fa una vera richiesta; al contrario, la risposta è già implicita nella domanda.

1. Perché possiamo definire "retoriche" le seguenti domande tratte dal testo? "Chi fa il mangiare? Chi lava i piatti? Chi fa la spesa? Chi fa i salti mortali per arrivare a fine mese?"
2. Quale domanda retorica potresti rivolgere ai tuoi genitori? Ad una tua amica o ad un tuo amico? All'insegnante di italiano?

Grammatica viva

Considera questo uso del futuro anteriore nella seguente frase tratta dal testo:

E il latte l'avrò messo nella lavatrice. (riga 52)

In questa frase, il futuro anteriore esprime la probabilità di un evento al passato. Si potrebbe tradurre in inglese in molti modi: "*I must have put it (the milk) in the washing machine*" or "*I bet I put it (the milk) in the washing machine.*"

4.50 Futuro di probabilità Riscrivi queste frasi sostituendo le espressioni sottolineate con il futuro anteriore.

1. Dov'è il bambino? Forse l'ho messo nell'armadio!
2. La chiave? Forse l'ho lasciata nella toppa!
3. Luigi non è ancora rientrato? Forse ha perso il treno!
4. La sveglia non ha suonato! Probabilmente è rotta!
5. Non trovo il tesserino dell'autobus! Probabilmente l'ho dimenticato al lavoro!

LETTURA 3

Milano vieta l'alcol agli under 16: multe di 450 euro, nota ai genitori

Corriere della Sera, 18 luglio 2009

Introduzione

Nel luglio del 2009, il Comune di Milano ha passato un'ordinanza che vieta l'acquisto (*forbids the purchase*) e il consumo di alcolici ai minori di 16 anni. In Italia non è mai esistita una regolamentazione nazionale sull'uso degli alcolici; nonostante questo, fino a qualche anno fa, i casi di alcolismo e di guida in stato di ubriachezza (*drunken driving*) erano pochi ed isolati. Ultimamente, però, gli incidenti automobilistici dovuti all'eccessivo consumo di alcol sono aumentati, specialmente fra i minori. Leggerai due posizioni contrastanti su questo argomento: quella di Isabella Bossi Fedrigotti (giornalista e scrittrice; nata a Rovereto nel 1948, attualmente residente a Milano), e quella di Aldo Nove (scrittore italiano contemporaneo fra i più noti, nato a Viggiù, in provincia di Varese, nel 1967). 5 10

4.51 Prima di leggere 1. Il consumo di alcolici fra i giovani è un problema nella tua università e/o nel paese dove vivi o che conosci meglio? Come viene affrontato il problema e quali sono le soluzioni proposte? Puoi portare la tua esperienza personale a questo riguardo?

2. Rileggi il titolo di questa lettura e cerca di anticiparne il contenuto, completando una tabella simile a questa. Poi parlane con un compagno o una compagna.

	Chi la fa?	Chi la paga?	Per quale infrazione?
Multa di 450 euro			
	Chi la scrive?	**Che cosa scrive?**	**Per quale problema?**
Nota ai genitori			

Lessico nuovo

approfittarsi	*to take advantage of*	il provvedimento	*measure, action, step*
il buonsenso	*common sense*	il punto debole	*weak point*
la caccia alle streghe	*witch hunt*	sbagliare	*to make a mistake*
cessato	*ceased, finished*	sbarrare	*to bar*
chiudere un occhio, *p.p.*		scolare / scolarsi	*to gulp down, to drink avidly*
chiuso, *p.r.* chiusi	*to pretend to not see*	servire	*to be useful*
il/la complice	*accomplice*	la spalla	*shoulder, support*
dapprincipio	*at the beginning*	spettare a qualcuno	*to be up to someone to do something*
il divieto	*ban*		
la lattina	*tin can*	stringere il cuore, *p.p.*	
la legge	*law*	stretto, *p.r.* strinsi	*to be heartwrenching*
il locale	*any bar, coffee shop, discoteque*	il tappeto	*carpet*
		trasgredire	*to transgress*
la multa	*ticket, fine, sanction*		
la presa di posizione	*stance*		

Libera le parole!

4.52 Intrusi Quale parola non c'entra fra le quattro di ogni riga?

1. lattina, bottiglia, vetro, bicchiere
2. finito, cessato, interrotto, perduto
3. cambiare, servire, occorrere, essere necessario
4. stringere il cuore, consolare, fare soffrire, intristire
5. caccia alle streghe, integrazione, condanna, persecuzione
6. sbarrare, contribuire, impedire, ostacolare
7. masticare, scolare, bere, tracannare
8. comune, bar, ristorante, locale

L'interno di un McDonald's a Milano

Non più complici–Un segnale di cessata complicità di Isabella Bossi Fedrigotti

A cosa servirà mai—si chiederanno in molti—questo provvedimento che proibisce la vendita di alcolici a minori di 16 anni? Difficile dire se e quanto servirà, magari a poco, perché in chissà quanti altri modi i ragazzini sapranno procurarsi ugualmente bottiglie e lattine. Ma fosse anche poco, pochissimo o quasi niente, nel senso che riuscirà a sbarrare la strada alcolica soltanto a una minima percentuale di adolescenti, è pur sempre un segnale di cessata complicità, una presa di posizione, un punto fermo nell'antica e interminabile deplorazione dell'emergenza bevute dei giovanissimi. Per lo meno, una regola adesso c'è, come da tempo c'è già in vari Paesi europei. [...] È ovvio, naturalmente, che un provvedimento riguardante il comportamento dei ragazzi da solo non può che avere effetti limitati perché, in barba a[1] verbali e multe anche molto alte, difficilmente è la legge che educa. Per questo non può che esserci la famiglia con il suo esempio e con la sua volontà di formare i figli. In cambio, però, da adesso i genitori milanesi, almeno quelli che hanno a cuore i loro ragazzi davvero e nel profondo, potranno sentirsi un po' meno abbandonati nel loro faticoso combattimento quotidiano di cui è fatta l'educazione.[2] Avranno, infatti, nella nuova ordinanza anti-alcool, una sorta di spalla,[3] una sponda pubblica al loro impegno privato. Il divieto dà, insomma, un'arma in più alle famiglie, non più in desolante conflitto tra le regole di casa e quelle di fuori casa. Il punto debole di questo come di altri provvedimenti sono, si sa, i controlli. Se mancheranno o se saranno molto severi dapprincipio[4] e poi via via più laschi[5] per sparire poi del tutto, l'ordinanza non servirà nemmeno a poco, perché negozi e locali chiuderanno un occhio e i ragazzini ne approfitteranno. E nei luoghi della movida[6]—c'è da scommetterci[7]—si continueranno a vedere quelle scene che stringono il cuore di 13–14enni i quali, sull'esempio dei più grandi, si scolano[8] le loro birre direttamente dalle bottiglie poi gettate per terra, tappeto di vetro e di degrado per la vergogna della città, convinti—i ragazzini—di essere forti e fighi,[9] senza sapere di avere buone probabilità di non diventare mai né l'uno né l'altro.

[1]in barba a (coll.): *in spite of*
[2]di cui è fatta l'educazione: *of which upbringing is made*
[3]una sorta di spalla: *a sort of support*
[4]dapprincipio: *at the beginning*
[5]lasco: *loose*
[6]la movida: *places and activities that attract young people at night*
[7]c'è da scommetterci: *you can bet on it*
[8]scolarsi (coll.): *to drink, to gulp down*
[9]figo/a (volg.): *cool*

Lo scrittore Aldo Nove: "Proibizionismo inutile - Così berranno di più e lo faranno di nascosto" di Fabio Cutri

"Mi sembra una caccia alle streghe piuttosto patetica. E finirà presto per avere effetti contrari a quelli che si prefigge[1]". Per lo scrittore Aldo Nove [...] l'ordinanza

[1]prefiggersi: *to propose to*

della Moratti[2] è l'ennesima[3] dimostrazione "della mancanza di buonsenso, anzi, di sobrietà, delle istituzioni". Non crede che i minori di 16 anni siano un po' troppo giovani per bere alcolici? "Sul piano psicologico qualunque forma di proibizionismo finisce per rendere affascinante l'oggetto del divieto. Così offriremo ai ragazzini un motivo in più per trasgredire". I locali staranno però più attenti all'età dei loro clienti. "Può essere, ma questa resta una misura di facciata, l'idea è più quella di nascondere che non di proibire. L'adolescente potrà infatti continuare tranquillamente a bere, solo che lo farà di nascosto. […] Funziona come gli "atti osceni in luogo pubblico": puoi fare sesso finché vuoi, basta che non ti fai vedere […] Certo, per carità, i quindicenni che si sbronzano[4] ci sono, come ci sono sempre stati del resto. E probabilmente non è nemmeno del tutto sbagliato, nell'adolescenza i riti di iniziazione sono importanti: bisogna poter scegliere, provare e poi decidere come comportarsi la volta successiva. Il diritto individuale di sbagliare è fondamentale, anche a 15 anni". Ma il divieto non è almeno un tentativo di prevenire l'alcolismo? "Queste ciucche[5] non hanno niente a che vedere con l'alcolismo, che è tutt'altra e serissima questione. Dal punto di vista educativo, l'ordinanza è un intervento esterno in un ambito che dovrebbe riguardare le famiglie. Spetta ai genitori il compito di spiegare ai figli che l'alcol fa male e se capita di bere[6] non bisogna salire su un motorino".

[2]Letizia Moratti, Sindaco di Milano dal 2006 al 2011
[3]ennesimo: *"n^{th}", umpteenth*
[4]sbronzarsi: *to get drunk*
[5]la ciucca (d.): *drinking episode*
[6]se capita di bere: *if one happens to drink*

A fine lettura

4.53 La tesi Identifica quale frase, fra le seguenti, esprime meglio il punto principale di ogni articolo; poi discutine con un compagno o una compagna.

Non più complici
1. I ragazzi di oggi non sopportano di ricevere dei limiti dai loro genitori e dalla legge.
2. Un divieto sugli alcolici è inutile e, nel peggiore dei casi (*in the worst case*), potrebbe solo avere l'effetto contrario a quello desiderato.
3. Le autorità devono comunicare che si oppongono alla cultura delle ubriacature tra i ragazzi minorenni.

Proibizionismo inutile
1. Sbronzarsi è uno dei tanti errori, normali e forse necessari, dell'adolescenza.
2. I genitori hanno il dovere di proibire ai ragazzi di bere.
3. L'alcolismo è un grave problema tra i giovani italiani d'oggi che può essere risolto con norme fortemente restrittive.

4.54 Botta e risposta Con un compagno o una compagna immagina uno scambio di opinioni fra Isabella Bossi Fedrigotti e Aldo Nove. Nella vostra conversazione usate alcune delle seguenti frasi o espressioni.

Isabella:
   cessare la complicità / il divieto / un'arma / le famiglie / le regole di casa / le regole fuori casa

Aldo:
   intervento esterno / compito delle famiglie / trasgredire / sbagliare / diritto individuale / alcolismo / questione seria

4.55 Confronti e riflessioni

1. Cosa ne pensi tu? Con quale delle due opinioni sei più d'accordo? Completa una tabella simile a questa, poi discutine con un compagno o una compagna.

Sono favorevole al divieto perché …	Sono contrario al divieto perché …	La penso in modo diverso, cioè …

2. Ora organizza un dibattito in classe: gli studenti si dividono in due gruppi e devono argomentare a favore o contro il divieto adottato a Milano.

Grammatica viva

Considera l'espressione **non … che** nel contesto del seguente brano tratto dalla lettura *Non più complici*.

> *È ovvio, naturalmente, che un provvedimento riguardante il comportamento dei ragazzi da solo* **non può che avere** *effetti limitati perché, in barba a (in spite of) verbali e multe anche molto alte, difficilmente è la legge che educa. Per questo* **non può che esserci** *la famiglia con il suo esempio e con la sua volontà di formare i figli.* (righe 11–13)

Il significato di **non … che** è "solo", "solamente" o "soltanto". Quindi le espressioni in grassetto (*bold*) più sopra possono essere riscritte nel seguente modo:

può avere solo (solamente, soltanto) effetti limitati
può esserci solo (solamente, soltanto) la famiglia

4.56 *Non … che* Ora scrivi le seguenti frasi usando **non … che**, oppure **solo** (**solamente, soltanto**), secondo i casi.
1. Ho solo te. _____
2. Non è che un bugiardo (*liar*). _____
3. Queste vecchie monete valgono solo tre euro. _____
4. Non mangiano che riso! _____

4.57 Il futuro Immagina che sono passati due anni dall'inizio del provvedimento: nei seguenti paragrafi, trasforma tutti i verbi dal futuro (e dal presente) al passato prossimo, seguendo il primo esempio.

1. A cosa servirà (è servito) mai—si chiederanno in molti—questo provvedimento che proibisce la vendita di alcolici a minori di 16 anni? Difficile dire se e quanto servirà […] perché in chissà quanti altri modi i ragazzini sapranno procurarsi ugualmente bottiglie e lattine.
2. […] riuscirà a sbarrare la strada alcolica soltanto a una minima percentuale di adolescenti […] i genitori milanesi […] potranno sentirsi un po' meno abbandonati nel loro faticoso combattimento quotidiano di cui è fatta l'educazione. Avranno, infatti, nella nuova ordinanza anti-alcol, una sorta di spalla, una sponda pubblica al loro impegno privato. Il divieto dà, insomma, un'arma in più alle famiglie […]

FUTURO SEMPLICE E FUTURO ANTERIORE

Lingua in contesto 1

Julia e Pam progettano di visitare l'Expo di Milano nel 2015.

j.: Il tema dell'Expo Milano 2015 è "Nutrire il Pianeta. Energie per la vita". Credi che potremo andarci quando studieremo a Milano in estate?

p.: Certo, l'Expo comincerà in giugno e la scuola sarà già iniziata da un mese. Ma pensi che ci saranno solo conferenze o dibattiti? In questo caso ci annoieremo un po' non credi? E capiremo anche poco perché non avremo ancora finito il corso "ecologia e ambiente".

j.: Ma le tematiche proposte sono molto interessanti. Ad esempio, si parlerà di come eliminare la malnutrizione con un'agricoltura sostenibile, e allo stesso tempo di quello che si dovrà fare nel mondo per curare e prevenire l'obesità nei paesi più avanzati.

p.: A me interessa anche un altro aspetto dell'Expo. Senti quello che c'è scritto sul sito Internet: "L'Expo proporrà un viaggio alla riscoperta delle civiltà culinarie con le loro storie antiche e contemporanee".

j.: Se vuol dire che ci saranno cibi diversi da assaggiare, allora prenotiamo subito un biglietto per l'Expo!

La *Vespa* alla Fiera di Milano,

4.58 Detective 1 Identifica tutti i verbi che esprimono un'azione al futuro; poi dividi le forme regolari dalle forme irregolari in una tabella simile a questa:

Verbi regolari al futuro	Verbi irregolari al futuro

4.59 Detective 2 In una tabella simile a questa dividi i due tempi al futuro:

Futuro semplice	Futuro anteriore

FUTURO SEMPLICE

Forme

La radice (*root*) del futuro semplice è l'infinito del verbo *senza* la -e finale. Per i verbi in -are la "a" dell'infinito si trasforma in "e".

acquistare: **acquisterò, acquisterai, acquisterà, acquisteremo, acquisterete, acquisteranno**

chiudere: **chiuderò, chiuderai, chiuderà, chiuderemo, chiuderete, chiuderanno**

servire: **servirò, servirai, servirà, serviremo, servirete, serviranno**

I verbi che finiscono in **-care** e **-gare** prendono una "h" per mantenere il suono duro della "c" e "g":

cercare: cercherò, cercherai, cercherà, cercheremo, cercherete, cercheranno
pagare: pagherò, pagherai, pagherà, pagheremo, pagherete, pagheranno

I verbi che finiscono in **-ciare**, **-giare** e **-sciare** eliminano la "i" prima dell'infinito:

cominciare: comincerò, comincerai, comincerà
cominceremo, comincerete, cominceranno
mangiare: mangerò, mangerai, mangerà, mangeremo, mangerete, mangeranno

I verbi **fare**, **stare** e **dare** mantengono la "a" dell'infinito:

dare: darò, darai, darà, daremo, darete, daranno
fare: farò, farai, farà, faremo, farete, faranno
stare: starò, starai, starà, staremo, starete, staranno

Molti verbi hanno un futuro contratto. Possiamo dividere questi verbi in due gruppi:

- verbi che perdono la vocale "a" o "e" dell'infinito:
  andare: andrò, andrai, andrà, andremo, andrete, andranno

  I seguenti verbi sono coniugati come **andare**:
  avere (avr-); **cadere** (cadr-); **dovere** (dovr-); **potere** (potr-); **sapere** (sapr-);
  vedere (vedr-); **vivere** (vivr-).

- verbi con doppia "rr" nella radice del futuro:
  bere: berrò, berrai, berrà, berremo, berrete, berranno

  I seguenti verbi sono coniugati come **bere**:
  mantenere (manterr-); **rimanere** (rimarr-); **tenere** (terr-); **venire** (verr);
  volere (vorr-).

I verbi con un infinito contratto hanno le seguenti radici al futuro:

produrre: produrrò, produrrai, produrrà, produrremo, produrrete, produrranno

I seguenti verbi sono coniugati come **produrre**:
condurre (condurr-); **trarre** (trarr-) ed i suoi derivati (**attrarre, contrarre,
protrarre**); **porre** (porr-) ed i suoi derivati (**comporre, disporre, proporre**).

Il futuro del verbo **essere** è completamente irregolare:

essere: sarò, sarai, sarà, saremo, sarete, saranno

Uso

Il futuro semplice, come in inglese, si usa per descrivere azioni che avverranno (*will take place*) nel futuro. Nota che in italiano si usa anche il presente per indicare azioni nell'immediato futuro, specialmente con un'espressione di tempo:

Stasera andiamo a vedere la Bohème a La Scala.
Stasera andremo a vedere la Bohème a La Scala.
Dove vai in vacanza quest'estate?
Dove andrai in vacanza quest'estate?

Attenzione! Come tradurre in italiano l'espressione in inglese *to be going to do something*? Si può usare:

1. il futuro;   2. l'espressione **avere intenzione di ...**;   3. il presente indicativo.

Queste tre frasi in italiano hanno una sola traduzione in inglese:

> *Studierò l'arabo il semestre prossimo.*
> *Ho intenzione di studiare l'arabo il semestre prossimo.*
> *Studio l'arabo il semestre prossimo.*
> (I am going to study Arabic next semester.)

Se il verbo principale è al futuro, bisogna usare il futuro anche in proposizioni dipendenti (*dependent clauses*) introdotte da se, **quando**, **appena** (*as soon as*), **finché** (*as long as*). Nota che in inglese, invece, si usa il presente. Considera:

> *Se passerai le tue vacanze sul lago di Como, verrò a trovarti.*
> *La città risolverà i problemi del traffico quando i cittadini si abitueranno ad andare a piedi!*
> *Finché spenderai così tanto, non potrai comprarti l'Alfa Romeo che desideri!*
> *Appena avrò un po' di tempo, visiterò quella mostra a Brera.*

Esercizi

4.60 Milano città di primati? Devi esprimere le tue opinioni sul futuro di Milano in classe. Per completare il tuo discorso, devi coniugare il verbo fra parentesi al futuro.

Credi che Milano (1) _____ (mantenere) sempre il suo primato di "capitale morale" dell'Italia? Solo se (2) _____ (sapere) risolvere il problema dell'inquinamento e del traffico che la stanno soffocando! Presto (3) _____ (essere) le auto a governare la città e non gli uomini! La città ha subìto (*has suffered*) anche un declino economico. Se Milano (4) _____ (attrarre) un'economia che non si basa solo sulla moda, allora la città (5) _____ (guadagnare) ancora quel primato economico che aveva nel dopoguerra. (6) _____ (volerci) anche un'amministrazione energica e capace di scelte coraggiose.

4.61 Divieto o non divieto? Inserisci la forma corretta del futuro di uno dei seguenti verbi:

vivere, dovere, vedere (2×), volere, essere (2×), servire, trovare, bere, andare, ubriacarsi (to get drunk)

1. Secondo me, il divieto di bere alcolici _____ molto efficace. I proprietari dei locali _____ seguire delle regole precise, e _____ obbligati a chiedere un documento d'identità. I giovani _____ meno alcolici e _____ di meno.
2. Io invece credo che questa nuova normativa non _____ a molto. I giovani che _____ ubriacarsi _____ comunque il modo di procurarsi dell'alcol.
3. Beh, (noi) _____ come questa situazione _____ a finire. Chi _____, _____! (*A proverb: He who lives, will see!*)

4.62 Ipotesi, progetti e desideri Cosa farà Carlotta nel prossimo futuro e oltre (*beyond*)? Completa le sue considerazioni collegando le frasi della colonna a sinistra con quelle della colonna a destra, in modo logico.

1. Quando avrò 40 anni, …	a. gli dirò quello che penso di lui!
2. Quando la vedrò ancora, …	b. sarò saggia (*wise*) e matura.
3. Se prenderò una "A" in questo corso, …	c. sarò già lontana.
4. Appena finirà il semestre, …	d. le chiederò se vuole uscire con me.
5. Quando riceverai questa lettera, …	e. sarà un vero miracolo!
6. Se mi telefonerà stasera, …	f. farò una grande festa d'addio.

4.63 Solo a queste condizioni! Hai due nuovi compagni di stanza. Rifletti su alcune decisioni da prendere nel prossimo futuro. Completa le seguenti frasi.

1. Presterò cento dollari a Mike se …
2. Potrò studiare all'estero il semestre prossimo se …
3. Dividerò ancora una stanza con Mike e Bill se …
4. Compreremo una TV per la nostra stanza quando …
5. Riuscirò a laurearmi fra quattro anni se …

Parliamo

 4.64 Ciak! Rileggi la conversazione *Lingua in contesto 1* più sopra, e con un compagno o una compagna prepara un dialogo nel quale fate dei veri progetti per andare a vedere una mostra d'arte, un festival, una fiera, un concerto, o qualche altro evento turistico o culturale in un'altra città. Preparate una conversazione di almeno dieci battute nella quale usate il futuro.

 4.65 Che cosa farai la prossima estate o durante le vacanze invernali? [ONLINE]

 4.66 Presente e futuro [ONLINE]

FUTURO ANTERIORE

Forme e uso

Il futuro anteriore è un tempo composto, formato dal futuro dell'ausiliare **essere** o **avere** e dal participio passato.

sbagliare: **avrò sbagliato, avrai sbagliato, avrà sbagliato, avremo sbagliato, avrete sbagliato, avranno sbagliato**

prendere: **avrò preso, avrai preso, avrà preso, avremo preso, avrete preso, avranno preso**

divertirsi: **mi sarò divertito/a, ti sarai divertito/a, si sarà divertito/a, ci saremo divertiti/e, vi sarete divertiti/e, si saranno divertiti/e**

Il futuro anteriore si usa per descrivere azioni che *saranno già successe* in un momento del futuro, oppure che *non saranno ancora finite (o cominciate)*, ed è comunemente usato con gli avverbi **già** e **non … ancora**. Considera gli esempi da *Lingua in contesto 1* più sopra:

*L'Expo comincerà in giugno e la scuola **sarà già iniziata** da un mese.*
*E capiremo anche poco perché **non avremo ancora finito** il corso "ecologia e ambiente".*

Nel primo esempio il verbo **iniziare** è al futuro anteriore perché, in relazione all'apertura (*opening*) dell'Expo, l'inizio della scuola è un evento del passato. Considera la seguente linea del tempo:

presente	futuro anteriore	futuro
	(maggio 2015) inizio della scuola	(giugno 2015) apertura dell'Expo

Il futuro anteriore è anche frequentemente usato con **appena** (*as soon as*) e
dopo che (*after*):

*Andremo sul Lago Maggiore solo **dopo che avremo visitato** quello di Como.*
***Appena ci saremo riposate**, riprenderemo il cammino.*

Esercizi

4.67 Entro domani a quest'ora Vittorio pensa a tutte le cose che lui e gli amici
dovranno fare entro domani per la festa di fine semestre. Trasforma ogni infinito
in un futuro anteriore, seguendo l'esempio.

Es: (io) andare in centro per fare compere   Entro domani a quest'ora …
                                                   sarò andato in centro per fare compere.

Entro domani a quest'ora …
1. (tu) cucinare una torta al cioccolato
2. (noi) invitare almeno dieci persone
3. (Linda e Mauro) mettere a posto la stanza
4. (Luigi) selezionare la musica migliore
5. (io) comprare bibite e patatine
6. (Melinda) preparare il sugo per la spaghettata

4.68 Già e non … ancora Letizia riflette su alcune scadenze (*deadlines*) per sé e
i suoi amici nel futuro. Completa con la forma corretta del futuro anteriore.

1. Claudio, a mezzanotte (tu) _____ (già, finire) di scrivere il tuo saggio?
2. I bambini _____ (già, addormentarsi) quando la babysitter arriverà?
3. Nel 2015, loro _____ (non … ancora, cominciare) l'università.
4. Domani a quest'ora, (io) _____ (già, partire) per l'Europa.
5. Nel 2020, Lisa _____ (già, risparmiare) abbastanza per comprare una casa.

4.69 La Milano del futuro Completa con la forma corretta del futuro semplice o
del futuro anteriore. Usa anche gli avverbi **già** e **non … ancora** dove indicato.

Come sarà Milano nel 2020? Secondo me, nel 2020 Milano (1) _____ (essere)
ancora più multietnica. La maggior parte dei residenti (2) _____ (nascere) fuori
dall'Italia e (3) _____ (parlare) almeno un'altra lingua oltre all'italiano. Entro
il 2020, il Comune (4) _____ (già, approvare) la costruzione di almeno due
moschee in città, e (5) _____ (già, completare) la costruzione di nuove linee della
metropolitana. Inoltre, sempre entro il 2020, il sindaco (6) _____ (già, ordinare)
la completa chiusura al traffico del centro cittadino, anche se il problema del traffico
(7) _____ (non … ancora, risolvere). I milanesi (8) _____ (trovare) una
soluzione a molti problemi della loro città se (9) _____ (sapere) lavorare insieme.

Parliamo

4.70 E tu, quali mete (*goals*) avrai già conquistato? Che cosa avrai già fatto e che
cosa non avrai ancora fatto entro il 2020? Usa i seguenti verbi e gli avverbi **già** e
non … ancora per creare almeno quattro frasi che poi confronterai in gruppo con
altri due / tre studenti.

*laurearsi, trasferirsi, ottenere un lavoro soddisfacente, viaggiare all'estero,
imparare a parlare tre lingue, viaggiare in tutti i continenti, diventare ricco/a e
famoso/a, sposarsi, avere figli, finire il dottorato di ricerca (Ph.D.), ecc.*

FUTURO DI PROBABILITÀ

Montenapoleone, il distretto della moda a Milano

Lingua in contesto 2

Julia e Pam passeggiano per Via Montenapoleone a Milano e guardano le vetrine.

JULIA: Via Montenapoleone è un museo della moda all'aperto, più che una via di negozi!

PAM: Davvero! "Guardare e non comprare" potrebbe essere lo slogan di questa via!

JULIA: Hai visto quella borsa? Non c'è neanche il prezzo! Quanto costerà?

PAM: Sicuramente più della tua paghetta[1] mensile! E quelle scarpe?

JULIA: Costeranno come le mie tasse universitarie[2]!

PAM: Quanti stilisti ci saranno solo in questa via?

JULIA: Non ne ho idea, ma ho già contato venti negozi di stilisti diversi.

PAM: A proposito: hai visto il cappotto rosso che indossava la professoressa Johnson oggi? L'avrà comprato in Italia o negli USA?

JULIA: Boh, sicuramente l'avrà pagato un occhio della testa[3]!

PAM: Mentre il professor Righini viene in facoltà con una vecchia Fiat Panda ...

JULIA: Davvero! Sarà ancora quella che gli hanno regalato i genitori per la laurea e lui non vorrà separarsene!

---

[1]*allowance*
[2]*tuition*
[3]*a hefty sum*

4.71 Detective 1 Identifica tutti i verbi al futuro che esprimono una probabilità.

4.72 Detective 2 Ora, in una tabella simile a questa, dividi il futuro semplice (probabilità al presente) dal futuro anteriore (probabilità al passato):

Futuro semplice (probabilità al presente)	Futuro anteriore (probabilità al passato)

Uso

Il futuro di probabilità ha le stesse forme del futuro semplice e del futuro anteriore, ma ha un significato diverso: esprime una probabilità, al presente (futuro semplice) o al passato (futuro anteriore). Considera le seguenti frasi di significato simile:

> **Probabilmente** il professore = Il professore
> **ha** quarant'anni.   **avrà** quarant'anni.

In questa frase, il futuro semplice esprime l'età probabile del professore (un evento o condizione al presente).

Carlo non ha ancora chiamato: **probabilmente non è ancora arrivato.** =
Carlo non ha ancora chiamato: **non sarà ancora arrivato.**

In questa frase il futuro anteriore esprime la probabilità che Carlo non sia ancora arrivato (un evento o condizione nel passato).

Esercizi

4.73 Probabilità: Completa le frasi con il futuro semplice o anteriore dei seguenti verbi per esprimere una probabilità al presente o al passato.

fare, pagare, volerci, avere, essere, impiegare

1. Quante case ha Silvio Berlusconi in Italia? —Case?! _____ almeno dieci ville!
2. Quanto _____ Rosella per quella borsa che ha comprato in Via Montenapoleone?
3. Quanto tempo _____ in treno da Milano a Mantova?
4. Quanto tempo _____ Leonardo da Vinci per completare il Cenacolo? —Non molto, dato che è un affresco.
5. Sono sposati da molto? —Non so, _____ sposati da due anni.
6. Chi può essere quella bella ragazza che passa per la Galleria? —_____ sicuramente la modella!

4.74 Traduzione Traduci le seguenti frasi con il futuro semplice o anteriore. Identifica quali sono i futuri di probabilità.

1. We'll take the subway to get from one part of the city to the other.
2. It is possible that there is a subway station near the Duomo.
3. Those tourists are probably interested in tickets for the La Scala theater.
4. It must be very difficult to see the most famous singers.
5. When they go to Milan next summer, what will they do?
6. They must already be in Como! It's likely that they arrived last night.
7. Will you (*pl.*) change your (*pl.*) itinerary this year?

Parliamo

4.75 Ciak! Rileggi *Lingua in contesto 2* più sopra e prepara una conversazione di almeno otto battute nella quale tu e un compagno usate il futuro anteriore per fare ipotesi sull'identità, la storia personale (presente o passata) di uno studente / una studentessa) un po' misterioso/a che è appena arrivato/a nel corso di italiano e che nessuno aveva mai visto prima.

CONDIZIONALE PRESENTE E PASSATO

Lingua in contesto 3

Giovanna frequenta l'ultimo anno al liceo Parini di Milano e ha preparato una breve relazione sul problema dell'inquinamento (*pollution*) nella sua città.

Come risolvere il problema dello smog a Milano? Tutti vorrebbero una città più vivibile, ma pochi sono disposti a fare dei sacrifici. Personalmente, mi piacerebbe vedere più piste ciclabili[1], parchi e aree pedonali[2]. Poi si dovrebbe limitare la circolazione delle automobili, soprattutto quelle in arrivo nella città. Un'iniziativa presa dal Comune[3] è il cosiddetto Ecopass, un biglietto che ogni auto deve esporre per entrare in città. Molti criticano l'Ecopass e dicono che

Due signore attraversano Corso Buenos Aires a Milano

_____
[1] *bike paths*
[2] *pedestrian zones*
[3] *city government*

il Comune avrebbe dovuto prima potenziare i trasporti pubblici. Ma per fare questo bisognerebbe pagare più tasse e non tutti sono d'accordo. Secondo me, l'Ecopass è una buona iniziativa. Anzi, l'amministrazione comunale avrebbe dovuto prenderla molti anni fa! Io avrei anche vietato l'ingresso in città ai camion[4], mentre avrei eliminato la tassa di circolazione per le auto elettriche o ibride.

---

[4]trucks

 4.76 Detective 3 Identifica tutti i verbi al condizionale presente e passato; poi trascrivili in una tabella simile a questa:

Condizionale presente	Condizionale passato

Forme del condizionale presente

La radice (*root*) del condizionale è la stessa del futuro per tutti i verbi. Per formare il condizionale, aggiungi a questa radice le seguenti terminazioni: -ei, -esti, -ebbe, -emmo, -este, -ebbero.

acquistare:	acquisterei, acquisteresti, acquisterebbe acquisteremmo, acquistereste, acquisterebbero
chiudere:	chiuderei, chiuderesti, chiuderebbe chiuderemmo, chiudereste, chiuderebbero
servire:	servirei, serviresti, servirebbe, serviremmo, servireste, servirebbero
cercare:	cercherei, cercheresti, cercherebbe cercheremmo, cerchereste, cercherebbero
pagare:	pagherei, pagheresti, pagherebbe pagheremmo, paghereste, pagherebbero
cominciare:	comincerei, cominceresti, comincerebbe cominceremmo, comincereste, comincerebbero
mangiare:	mangerei, mangeresti, mangerebbe mangeremmo, mangereste, mangerebbero
dare:	darei, daresti, darebbe, daremmo, dareste, darebbero
fare:	farei, faresti, farebbe, faremmo, fareste, farebbero
stare:	starei, staresti, starebbe, staremmo, stareste, starebbero

I verbi irregolari al futuro hanno le stesse radici (*roots*) irregolari al condizionale:

andare:	andrei, andresti, andrebbe, andremmo, andreste, andrebbero

I seguenti verbi sono coniugati come **andare**:

avere (avr-); cadere (cadr-); dovere (dovr-); potere (potr-); sapere (sapr-); vedere (vedr-); vivere (vivr-)

I verbi che prendono una doppia "rr" nel futuro hanno la stessa irregolarità al condizionale:

bere:	berrei, berresti, berrebbe, berremmo, berreste, berrebbero

I seguenti verbi sono coniugati come **bere**:

mantenere (manterr-); rimanere (rimarr-); tenere (terr-); venire (verr-); volere (vorr-)

I verbi con un infinito contratto (*contracted*) hanno le stesse radici al condizionale del futuro:

produrre: **produrrei, produrresti, produrrebbe
produrremmo, produrreste, produrrebbero**

I seguenti verbi sono coniugati come **produrre:**

condurre (condurr-); trarre (trarr-) ed i suoi derivati (**attrarre, contrarre, protrarre**); **porre (porr-)** ed i suoi derivati (**comporre, disporre, proporre**)

Per i derivati di questi verbi vedi la sezione sul futuro più sopra.

Il condizionale del verbo **essere** ha la stessa radice del futuro:

essere: **sarei, saresti, sarebbe, saremmo, sareste, sarebbero**

Forme del condizionale passato

Il condizionale passato è formato dal condizionale presente dell'ausiliare più il participio passato:

viaggiare: **avrei viaggiato, avresti viaggiato, avrebbe viaggiato,
avremmo viaggiato, avreste viaggiato, avrebbero viaggiato**

partire: **sarei partito/a, saresti partito/a, sarebbe partito/a,
saremmo partiti/e, sareste partiti/e, sarebbero partiti/e**

Uso del condizionale presente e passato

1. Il condizionale presente è usato per esprimere una preferenza, una speranza o per chiedere gentilmente un favore.

Nei seguenti esempi la differenza è di *tono* piuttosto che di *significato*: usando il condizionale il parlante (*speaker*) dà un tono particolarmente gentile o ipotetico alla frase. Confronta:

Vuoi venire a Mantova con me?	*Vorresti venire a Mantova con me?*
Io preferisco visitare Milano di primavera.	*Io preferirei visitare Milano di primavera.*
Puoi aprire la finestra?	*Potresti aprire la finestra?*
È bello fare il giro del lago di Como in autunno.	*Sarebbe bello fare il giro del lago di Como in autunno.*
Mi piace andare in canoa sul fiume Adda.	*Mi piacerebbe andare in canoa sul fiume Adda.*

2. Il condizionale passato è usato per esprimere una preferenza, una speranza o un'intenzione nel passato.

*Io non **sarei mai partita** dall'aeroporto di Malpensa: è molto più lontano di Linate!*
*Io, al posto tuo, le **avrei chiesto** scusa: sei stato scortese!*
*Tu che cosa le **avresti risposto**? —Non so, ma le **avrei parlato** più gentilmente.*

Fai particolare attenzione al condizionale passato con **dovere, potere, volere** perché la costruzione è diversa dall'inglese. Considera attentamente i seguenti esempi:

Avrei voluto frequentare l'Accademia di Belle Arti di Brera, *ma non ho potuto.*
Avrei potuto comprare quella casa, *ma non mi sono deciso in tempo.*
Sarei dovuta uscire di casa prima: *non avrei perso il treno!*

Il condizionale passato è usato anche nel discorso indiretto (*indirect speech*) quando il verbo principale è al passato e l'azione espressa dal verbo dipendente è al futuro. Considera i seguenti esempi di passaggio dal discorso diretto al discorso indiretto (*from direct to indirect speech*):

Discorso diretto (passato + futuro)	Discorso indiretto (passato + condizionale passato)
Ha detto: "Verrò a trovarti".	**Ha detto** che **sarebbe venuto** a trovarmi.
Mi **ha promesso:** "Ti **comprerò** quella macchina".	Mi **ha promesso** che mi **avrebbe comprato** quella macchina.

Molti verbi possono introdurre il discorso indiretto, ad esempio: **dire, rispondere, assicurare, promettere, scrivere, affermare,** ecc.

*Nota che in inglese, nelle frasi della colonna **Discorso indiretto** più sopra, si userebbe il condizionale presente e non il condizionale passato.

Esercizi

4.77 Gita a Mantova Proponi alla nuova studentessa greca, in Italia da solo tre settimane, di visitare Mantova con te. Usa il condizionale presente dei seguenti verbi per completare il paragrafo (in alcune situazioni è possibile usare più di un verbo).

volere (2×), passare, vedere, potere, piacere, dispiacere, essere

(io) (1) _____ proporti di visitare Mantova con me. (noi) (2) _____ andarci in una fresca domenica di aprile. Mi (3) _____ prendere il battello (*ferry boat*) e fare un giro sul lago. (noi) (4) _____ le ninfee (*water lilies*) in fiore e (5) _____ bello pranzare insieme in un ristorante all'aperto in piazza delle Erbe e visitare il Palazzo Ducale nel pomeriggio. (io) (6) _____ anche vedere gli affreschi del Mantegna, il grande artista rinascimentale. (noi) (7) _____ insieme una magnifica giornata. Mi (8) _____ molto se tu dicessi (*if you said*) di no!

4.78 Oggi si va al Lago Maggiore Pietro parla con il suo professore per capire cosa possono o devono fare, lui e gli altri studenti, durante la gita. Pietro è sempre cortese e usa sempre il condizionale. Leggi le risposte del professore e formula le domande corrispondenti di Pietro, usando *dovere, volere* o *potere.*

Es.: Pietro: *Professore, potrei portare il mio cane in gita oggi?*
      Professore: No, non <u>puoi</u> portare il tuo cane in gita, Pietro.

1. Pietro: *Professore, ...*
   Professore: Sì, <u>devi</u> prendere appunti durante le visite guidate.

Un caffè all'aperto a Mantova

2. Pietro: *Professore, ...*
   Professore: Sì, <u>potete</u> avere del tempo libero all'ora di pranzo.
3. Pietro: *Professore, ...*
   Professore: No, <u>non voglio</u> prendere il traghetto. Fa troppo freddo.
4. Pietro: *Professore, ...*
   Professore: No, la guida <u>non deve</u> venire con noi anche sul pullman.
5. Pietro: *Professore, ...*
   Professore: Sì, <u>dobbiamo</u> tutti arrivare alla trattoria presto per evitare la fila.
6. Pietro: *Professore, ...*
   Professore: Sì, tutti gli studenti <u>devono</u> preparare una presentazione sulla gita di oggi.

4.79 Sii gentile! Riscrivi le seguenti frasi usando il condizionale presente. Quando avrai finito, fai queste domande a uno o due compagni di classe, oppure al tuo insegnante.

1. Mi presti venti euro? (tu) _____ (voi) _____
2. Posso usare la tua macchina? (io) _____ (noi) _____
3. Mi accompagni all'aeroporto? (Lei) _____ (voi) _____
4. Ti dispiace spegnere la luce dopo mezzanotte? (tu) _____ (Lei) _____
5. Vieni al cinema con me? (tu) _____ (voi) _____
6. Puoi pulire il bagno? (tu) _____ (Lei) _____

4.80 Consigli dati in ritardo Trasforma le frasi al condizionale passato secondo l'esempio.

Es.: Hai accettato quel lavoro?! (io) *Io non avrei mai accettato quel lavoro!*

1. Hai lasciato il tuo paese per andare a lavorare all'estero?! (io) _____
2. Hai speso trecento euro per quella borsa?! (Marina) _____
3. Sei andato a Milano in macchina?! (nessuno) _____
4. Hai visto tre volte il film *Io sono l'amore*?! (gli altri) _____
5. Hai tradotto in inglese tutta la lettura?! (noi) _____
6. Ti sei alzato alle sei per andare a correre?! (voi) _____

Parliamo

4.81 Ciak! Rileggi *Lingua in contesto 3* più sopra e, lavorando con un compagno o una compagna, create insieme un dialogo di almeno dieci battute nel quale discutete di come risolvere un problema nella tua università; ad esempio, la mancanza di alloggi (*housing*) per studenti, la bassa qualità della mensa, gli orari della biblioteca troppo limitati, la mancanza di servizi per gli studenti pendolari (*commuters*), ecc. Procedete nel seguente modo:

1. identificate il problema e le sue cause;
2. prendete appunti sui diversi aspetti del problema;
3. individuate possibili soluzioni al problema (usate il condizionale per esprimere quello che si dovrebbe o potrebbe fare, e quello che si sarebbe già dovuto o potuto fare);
4. anticipate possibili obiezioni;
5. presentate la vostra conversazione in classe.

4.82 Le mie soluzioni Quali sono i problemi principali della tua città? Puoi individuarne almeno quattro? Tu come li risolveresti? Che cosa bisognerebbe fare? Segui l'esempio dato.

Problema	Soluzione proposta
C'è troppo traffico e la circolazione è impossibile nelle ore di punta (*rush hours*). →	Il Comune dovrebbe costruire una nuova linea della metropolitana.

Confronta i problemi che tu hai individuato e le soluzioni che proponi con il lavoro dei tuoi compagni.

 4.83 Riscrivi la vita di alcuni personaggi Pensa ad alcuni personaggi che hai incontrato nelle letture o nei film discussi finora. Che cosa avrebbero dovuto o potuto fare diversamente? Poi condividi le tue opinioni in gruppo.

Es.: (film *Nuovomondo*) *Fortunata avrebbe dovuto rispondere alle domande dell'ufficiale a Ellis Island.*

 4.84 Riscrivi il passato [ONLINE]

AGGETTIVI

Gli aggettivi in italiano si dividono in tre categorie: aggettivi che hanno 4, 3 e 2 terminazioni (*endings*).

	4 terminazioni	3 terminazioni	2 terminazioni
maschile singolare	severo	idiota	debole
femminile singolare	severa	idiota	debole
maschile plurale	severi	idioti	deboli
femminile plurale	severe	idiote	deboli

Considera i seguenti esempi:

*I **professori** di questo dipartimento sono molto **severi**.*
*Marco ha fatto uno **scherzo idiota**: mi ha nascosto le chiavi della macchina!*
*La tua tesi ha molti **punti deboli**.*

Conosci già molti aggettivi con 4 e con 2 terminazioni, ma forse hai meno familiarità con gli aggettivi di 3 terminazioni. I più comuni sono:

**comunista, entusiasta, fascista, idiota,
ipocrita, ottimista, pessimista, socialista**

Per formare il plurale degli aggettivi che terminano in **-ca, -ga, -co, -io, -ia** segui le regole per il plurale dei sostantivi con le stesse terminazioni (vedi *Ripasso breve* del *Capitolo 1*). Considera attentamente i seguenti esempi:

-ca → –che -ga → –ghe	-co → -ci	-co → -chi	-io → –i -ia → -e	-io → –ii -ia → -ie
ricca → ricche	simpatico → simpatici	stanco → stanchi	riccio → ricci	restio → restii
larga → larghe			riccia → ricce	restia → restie

4.85 **Da uno a molti, e da molti a uno** Passa dal plurale al singolare e viceversa, secondo il modello.

Es.:   una donna giovane ⟶ molte donne giovani
       molti uomini ottimisti ⟶ un uomo ottimista

1. molte modelle attraenti
2. un autista idiota
3. un imprenditore ricco
4. molti operai comunisti
5. un albergo accogliente
6. un uomo ipocrita
7. una bibita fresca
8. molte canzoni romantiche
9. molti negozi cari
10. molte grandi bugie

4.86–4.112 [ONLINE]

IO SONO L'AMORE
DI LUCA GUADAGNINO (2009) [ONLINE ACTIVITIES]

Introduzione

I Recchi sono milanesi, industriali di antiche tradizioni che hanno costruito la loro immensa ricchezza nel settore tessile. Negli anni '90, i rapporti di potere all'interno di questa dinastia e dell'azienda, inalterati da generazioni, cominciano a vacillare. La morte del nonno-patriarca segna anche il declino di una classe sociale paternalistica e aristocratica. Con l'avvento della globalizzazione, l'azienda di famiglia deve ora confrontarsi con le spietate (*merciless*) leggi del mercato mondiale. Allo stesso tempo, le rigide convenzioni familiari cominciano a stare strette (*are becoming too oppressive*) ad Emma, la moglie di Tancredi, nuovo capo del clan, ed ai suoi figli Betta ed Edo. L'amore che entra improvvisamente nella casa avrà un valore rivoluzionario per il singolo e per la famiglia intera.

La famiglia Recchi

LA MEGLIO GIOVENTÙ
DI MARCO TULLIO GIORDANA (2003) [ONLINE ACTIVITIES]

Quarto episodio

Vedi l'introduzione generale al film nel *Capitolo 1* (pagina 47)

Nicola e i suoi pazienti in tribunale

IL VIAGGIO VIRTUALE

Ora spostati in Toscana, facendo prima un giro nel Piemonte e nella Valle d'Aosta e seguendo vedi il *Viaggio virtuale* che ti proponiamo nel SAM, oppure vai direttamente al *Capitolo 5* di questo testo.

Contenuti e obiettivi di apprendimento

1. La regione: conoscere la Toscana, in particolare Firenze e la storia politica e artistica della regione
2. Le letture: leggere due articoli, un'inchiesta giornalistica e un brano autobiografico
3. Il tema grammaticale: esprimere idee, opinioni ed emozioni al presente e al passato
4. Ripasso breve: aggettivi e pronomi indefiniti
5. I due percorsi cinematografici: *La notte di San Lorenzo* e *La meglio gioventù, Episodio 5*

5

Toscana

L'Abbazia di Sant'Antimo in provincia di Siena

PRIMI PASSI IN TOSCANA: LE IMMAGINI PARLANO

I paesaggi umani

5.1 Confronti e riflessioni Il paesaggio della Toscana ha caratteristiche inconfondibili che lo rendono unico al mondo. Guarda attentamente le foto dei paesaggi toscani in questo capitolo, oppure cercane altre su Internet. Quali sono tre caratteristiche del paesaggio toscano che ti sembrano uniche? Osserva in particolare le coltivazioni, le abitazioni, il rapporto fra il territorio lavorato dall'uomo e la natura non modificata dall'uomo. Confronta le tue impressioni con quelle di altri due o tre studenti.

Persone e ambienti

5.2 La piazza, centro di vita Guarda attentamente questa foto di Piazza del Campo di Siena. Tu sei il fotografo/la fotografa che ha scattato questa foto: Quale aspetto della piazza hai voluto rappresentare quando hai catturato questa immagine?

Che caratteristiche ha questa piazza e che funzione ha per queste persone? Che cosa si potrebbe o non si potrebbe fare in questo spazio? Che cosa ti verrebbe voglia di fare in questa piazza? Conosci un'altra piazza che ha caratteristiche simili o che è il suo esatto opposto?

Piazza del Campo a Siena

Arte e architettura

Osserva attentamente queste fotografie (p. 189) di due capolavori rinascimentali.

Premessa

Le popolazioni che hanno abitato la penisola hanno lasciato testimonianze artistiche fin dai tempi preistorici, ma l'arte comunemente conosciuta come "italiana" nasce intorno alla metà del XIII secolo in Toscana; poi diventa gradualmente un'arte "nazionale", anche se l'Italia consisterà di un insieme di regni e territori per vari secoli ancora. Già dalla metà del XV secolo, questa

Foto A: *La Pietà* di Michelangelo, Museo dell'Opera del Duomo, Firenze

Foto B: "Adamo e Eva", uno dei pannelli della *Porta del Paradiso* di Lorenzo Ghiberti, Battistero in Piazza del Duomo a Firenze

arte, ormai riconosciuta come "arte italiana" impone la propria visione in tutto l'Occidente. Infatti, nel Quattrocento, in Italia si sviluppa un nuovo concetto dell'uomo: libero dal controllo di poteri arbitrari, terrestri e divini, l'uomo rinascimentale è conscio delle proprie capacità e del proprio pensiero creativo. Da questa concezione nasce una nuova arte basata su alcuni principi fondamentali: (1) l'uso della prospettiva; (2) la ricerca di proporzioni perfette; (3) la figura umana vista come espressione di perfezione estetica.

5.3 Brainstorming Comincia a fare un elenco delle parole (sostantivi, aggettivi, verbi, ecc) che userai per descrivere queste opere d'arte, usando il dizionario quando necessario. Ad esempio:

- Foto A (*La Pietà* di Michelangelo): la crocifissione, la deposizione, …
- Foto B (Il bassorilievo "Adamo ed Eva" di Ghiberti): il peccato originale, il giardino, …

5.4 Foto A: *La Pietà* Trova un'altra rappresentazione artistica della *Pietà* (ad esempio, la *Pietà vaticana* o la *Pietà Rondanini,* entrambe di Michelangelo) e prepara una breve presentazione in classe che contenga un confronto fra le due opere. In particolare, concentrati su:

- le somiglianze o le differenze generali fra le due opere;
- le espressioni del viso e la posizione del corpo dei soggetti rappresentati;
- la reazione e/o le emozioni che ogni opera suscita in te come osservatore / osservatrice.

Infine, spiega quale versione della *Pietà* preferisci e cerca di scoprire se esistono rappresentazioni di quest'avvenimento religioso nella tua cultura / nel tuo paese d'origine.

5.5 Foto B: La storia della tentazione e del serpente

1. A casa, fai una breve ricerca su Internet sulle rappresentazioni di Adamo ed Eva nell'arte italiana. Quali sono alcune delle più famose? Osserva anche attentamente l'affresco della *Cacciata di Adamo ed Eva dal Paradiso* del Masaccio (p. 195) e il bassorilievo di Lorenzo Maitani (p. 216), poi cerca un'immagine della *Tentazione di Adamo ed Eva* di Masolino o l'*Adamo e Eva* di Tintoretto. In classe, lavora con un partner per creare un mini-dibattito (10–12 scambi) in cui discutete di quale sia l'opera migliore fra due di vostra scelta.

   In questa dialogo / dibattito, usate un vocabolario appropriato per parlare in modo semplice dell'arte (*primo piano, sfondo, realistico, astratto, colore, forma, atteggiamento ed espressione dei soggetti, ambiente naturale, posizione e funzione degli oggetti,* ecc.).

2. Rifletti sulla storia di Adamo ed Eva e sulla metafora del serpente e della mela. Poi pensa alla vita dei giovani del XXI secolo, e prepara una lista dei più potenti "serpenti" o delle "mele" più attraenti (in senso metaforico) per la giovane generazione di oggi. Infine, confronta la tua lista con quella di due o tre compagni.

5.6 Confronti e riflessioni Queste due opere d'arte rappresentano due diversi avvenimenti storici-religiosi che riflettono anche, in senso generale, due dilemmi morali universali. Se tu volessi (*If you wanted*) rappresentare un dilemma morale o un momento drammatico della tua società (o della tua epoca o della tua città), quali mezzi artistici e quali immagini sceglieresti? Descrivi queste immagini motivando la tua scelta o, meglio, seleziona alcune immagini da Internet o dai tuoi *files* personali; poi presentale in classe con un breve *PowerPoint*.

Il territorio della regione

5.7 Alla scoperta di … Fai una breve ricerca su Internet o usando altre fonti per scoprire …

   In quale parte dell'Italia si trova la Toscana? Quali sono le caratteristiche del suo territorio? Quali sono le isole che fanno parte della Toscana? Le sue città principali sono sulla costa o nell'interno? La regione è attraversata da grandi fiumi? In base alle caratteristiche del territorio potresti prevedere l'economia della regione?

5.8 Dati alla mano [ONLINE]

NOTE CULTURALI

La Toscana fra nord e sud
Lessico nuovo

attraversare	*to cross*
il passaggio	*passage*
la pianta	*tree, plant*
il versante	*mountainside*

C'è una linea immaginaria che unisce La Spezia (in Liguria) a Rimini (in Emilia-Romagna) e che divide il versante nord dell'Appennino dal versante sud. Questo spartiacque (*ridge, water divide*) separa il nord dell'Italia dal centro-sud: le differenze fra queste due 5 grandi aree sono climatiche, ma anche culturali e linguistiche. A nord di questo spartiacque, in antichità, vivevano popolazioni influenzate dalle culture celtiche e galliche dell'Europa centrale; a sud, invece, dominava la civiltà etrusca, poi quella greca, quella romana ed infine l'Impero Bizantino. I dialetti parlati a nord di 10 questa linea hanno caratteristiche grammaticali e fonetiche completamente diverse da quelle dei dialetti parlati a sud. Questa linea segna anche il passaggio fra due importanti zone climatiche: il nord è caratterizzato da un clima freddo, umido e continentale; il sud da un 15 clima più temperato e mediterraneo. Queste differenze di clima hanno condizionato da sempre l'economia agricola delle due zone.

Un uliveto in Toscana

La Toscana è la prima regione italiana che incontriamo se attraversiamo questa linea da nord a sud: infatti è proprio in Toscana che comincia la coltivazione 20 della pianta più simbolica del Mediterraneo. Osserva questa fotografia. Di che pianta si tratta? Perché questa pianta è così importante? Questa pianta ha anche un valore simbolico. Lo conosci?

  5.9 Controlla la comprensione Perché la linea immaginaria descritta nel paragrafo è importante per l'Italia e in particolare per la Toscana?

5.10 Alla scoperta di …

1. Con l'aiuto dell'insegnante, individua le coltivazioni tipiche del nord e del centro-sud, e alcuni alimenti o piatti delle due zone climatiche.
2. Tu quale tipo di cucina preferisci: quella mediterranea, cioè quella prevalente nel centro-sud della penisola? O la cucina del nord, più simile alle cucine del centro Europa?

Vigneti nelle colline toscane

Allevamento di mucche di razza chianina a Monticchiello

5.11 Confronti e riflessioni I confini geografici possono influenzare la cultura di un paese molto di più dei confini politici. Conosci altre regioni o stati in cui lo sviluppo di un dialetto, le caratteristiche della cucina o di altri aspetti della cultura locale siano stati influenzati da una barriera geografica?

I Comuni e il Rinascimento

Lessico nuovo

andare perso	get lost
anticipare	to be ahead of the times
assoggettare	to subjugate
il banchiere	banker
la Bibbia	Bible
eleggere, *p.p.* eletto, *p.r.* elessi	to elect
essere originario di	to come from
fiorire	flourish
la giovinezza	youth
lieto	glad, delighted
il Medioevo	Middle Ages
noto	well known
l'opera d'arte	work of art
l'operosità	industriousness
il paesaggio	landscape
posto, *p.p.* di porre	positioned
reclamare	to claim, to complain
lo spazio	space
subire	to undergo, to suffer
l'uliveto	olive tree grove
il Vangelo	Gospel
il vigneto	vineyard

I toscani hanno un forte sentimento di appartenenza alla loro regione: ciò si spiega in parte con l'indipendenza di cui hanno goduto fin dai tempi antichi: la Toscana, infatti, corrisponde più o meno all'antica Etruria, un insieme di città-stato che fiorirono nell'Italia centrale dal IX al IV secolo a.C. quando furono conquistate ed assoggettate dai Romani. Gli Etruschi si distinguevano dalle altre 5 popolazioni italiche per la loro lingua non indoeuropea[1] (in contrapposizione al greco e al latino, due lingue indoeuropee) e per il carattere urbano della loro civiltà nella quale la donna godeva di maggiori diritti che in altre società mediterranee.

Può sorprendere che alcuni toscani parlano ancora in modo molto naturale 10 delle proprie radici etrusche come se si riferissero (*as if they referred to*) a storia recente. Ad esempio, gli abitanti del paesino di Murlo in provincia di Siena sostengono con orgoglio (*pride*) di essere diretti discendenti degli Etruschi: infatti, una recente analisi sul loro DNA ha evidenziato un profilo genetico

---

[1]lingue indoeuropee: quelle lingue europee (latino, greco, lingue romanze, lingue slaviche, tedesco, inglese, ecc.) e indiane (sanscrito, hindu) che derivano da una comune protolingua ora estinta

sorprendentemente simile a quello delle popolazioni medio orientali. Ciò confermerebbe l'ipotesi, già sostenuta nel V secolo a.C. dallo storico greco Erodoto[2], che gli Etruschi siano originari dell'Asia Minore.

Nel basso Medioevo (XI secolo), la forte identità territoriale dei toscani trovò la più alta espressione politica nei Comuni, città-stato che fiorirono anche in altre regioni dell'Italia centrale e settentrionale. L'autogoverno di Siena, Pisa, Firenze e di molte altre città indipendenti, spesso in conflitto l'una con l'altra, nacque come espressione politica di una nuova classe di commercianti, banchieri e artigiani che cominciarono ad organizzarsi in corporazioni e ad opporsi al controllo imperiale, reclamando il diritto all'autodeterminazione. I Comuni, espressione diretta di queste nuove classi sociali, erano governati da un parlamento che eleggeva un gruppo di Consoli, un Podestà e un Capitano del popolo. Non si trattava certo di un sistema democratico, perché le donne, i servi ed i poveri erano esclusi dal parlamento e da qualsiasi carica pubblica. I Comuni erano quindi piccoli stati oligarchici regolati da leggi e statuti: ciò costituiva comunque un grosso passo in avanti rispetto al potere arbitrario dell'imperatore o del signore feudale.

Nel XIV secolo, la Signoria, cioè il controllo della città da parte di un'unica famiglia aristocratica, sostituì il governo comunale. L'eredità politica del Comune, però, non andò persa: l'indipendenza politica e l'autogoverno che lo avevano caratterizzato continuarono nei secoli a venire.

Questi profondi cambiamenti politici e sociali fanno da sfondo all'eccezionale esplosione di creatività artistica che chiamiamo il Rinascimento toscano. A partire dalla fine del XIV secolo iniziò un'epoca diversa e nuova che segnò una rottura radicale con i secoli precedenti. In cerca di nuovi riferimenti, l'uomo del primo Rinascimento non guardò all'immediato passato ma al lontano ideale classico, greco e romano, secondo il quale l'uomo era giudicato unicamente in base alle sue virtù, al suo coraggio e alla sua passione civica.

L'uomo del primo medioevo aveva subito il destino che poteri superiori, politici e religiosi, gli avevano assegnato fin dalla nascita. Ma l'uomo nuovo del Comune toscano ha coscienza di sé come un individuo ed è in grado di autodeterminarsi e di conquistare una posizione sociale di prestigio con la propria operosità.

Nel Rinascimento, gradualmente, l'uomo viene ad occupare il centro dell'universo. Le Madonne, i Cristi ed i santi rappresentati nell'arte rinascimentale non sono più figure statiche o idealizzate, poste in uno spazio astratto, ma sono uomini e donne del popolo o dell'aristocrazia locale che si muovono con naturalezza in scenari noti ai contemporanei: le colline coperte di uliveti e vigneti, oppure le strade delle città e dei paesi, gli interni delle case dei mercanti e degli artigiani. L'artista fiorentino Giotto fu il primo ad anticipare questi cambiamenti, trasportando gli episodi più drammatici del Vangelo e della Bibbia nel contesto di paesaggi toscani ancora riconoscibili.

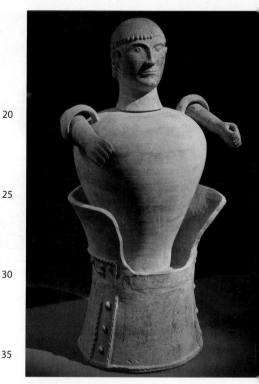

Vaso etrusco, Museo Santa Maria della Scala, Siena

Palazzo Pubblico di Siena

[2]Erodoto (*Herodotus: Alicarnasso, 484 a.C. – Thurii, 425 a.C.*). Storico greco, autore di *Le Storie*, un libro che racconta il conflitto fra la Grecia e la Persia. Erodoto fu il primo storico a ricercare ed organizzare il suo materiale sistematicamente.

A livello letterario, il Rinascimento si espresse nell'Umanesimo: la parola stessa ci riporta alla centralità dell'uomo, piuttosto che di Dio, nell'universo conosciuto. In una sua famosa poesia, Lorenzo Il Magnifico[3], signore di Firenze 65 e sostenitore delle arti, esalta la giovinezza come valore assoluto e rifiuta di guardare alla morte, ed alla vita dopo la morte, come ad una liberazione dai mali terreni. Ecco i primi versi:

Quant'è bella giovinezza 70
che si fugge tuttavia!
Chi vuol esser lieto, sia:
di doman non c'è certezza.

Tomba di Giuliano De' Medici con le statue del Giorno e della Notte di Michelangelo, Cappelle Medicee, Firenze

[3]Lorenzo de' Medici, detto Lorenzo il Magnifico (1449-1492), signore di Firenze, patrono delle arti, lui stesso studioso di lettere classiche, scrittore e poeta. Controllò Firenze nel periodo d'oro del Rinascimento fiorentino.

5.12 Controlla la comprensione

1. Scrivi almeno tre idee importanti contenute in questa lettura, usando i seguenti vocaboli (o i loro derivati): *il Comune, il Rinascimento, l'individuo, le nuove classi sociali, il controllo imperiale, l'autodeterminazione, il feudalesimo, il potere imperiale, l'Umanesimo, la cultura classica, Giotto.*
2. Guarda attentamente questa riproduzione dell'*Uomo Vitruviano* di Leonardo. Che relazione ha questa immagine con le nuove idee del Rinascimento e dell'Umanesimo?

5.13 Alla scoperta di ... Vai sul sito ufficiale del Museo degli Uffizi a Firenze, la più importante raccolta del mondo di arte rinascimentale e prerinascimentale. È qui che si conservano alcuni dei maggiori capolavori di artisti come Michelangelo e Botticelli. Ti consigliamo di confrontare un'opera di un artista prerinascimentale con un'opera di un artista rinascimentale di tua scelta. Qui di seguito ti diamo alcuni suggerimenti.

Alcune opere di importanti artisti prerinascimentali: Maestro del Bigallo (*Madonna col Bambino in trono e due angeli*), Cimabue (*Maestà di Santa Trinità*), Duccio di Buoninsegna (*Madonna Rucellai*), Giotto (*Maestà di Ognissanti*) e Ambrogio Lorenzetti (*Storie di San Nicola*).

Alcune opere di importanti artisti rinascimentali: Masaccio (*Sant'Anna Metterza*), Beato Angelico (*Incoronazione della Vergine*), Piero della Francesca (*Ritratto dei Duchi di Urbino*), Paolo Uccello (*Battaglia di San Romano*), Michelangelo (*Tondo Doni o Sacra famiglia*), Raffaello (*Madonna del Cardellino*), Botticelli (oltre ai famosissimi *Nascita di Venere* e *Primavera*: *Pallade e il Centauro, Madonna del Magnificat*), Filippo

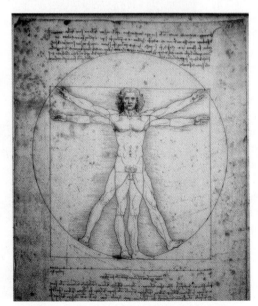

L'Uomo Vitruviano (Leonardo da Vinci, circa 1490).

Lippi (*Adorazione del bambino*), Verrocchio (*Battesimo di Cristo*), Leonardo (*L'Annunciazione* e *L'Adorazione dei Magi*). Nella tua presentazione, oltre ad una breve introduzione sugli artisti e ad una descrizione dei due soggetti, cerca di evidenziare le differenze di stile fra le due opere. Concludi con le tue reazioni personali: Quale opera preferisci? Quale vorresti appendere nella tua camera? A chi regaleresti una riproduzione di queste due opere? Motiva le tue risposte.

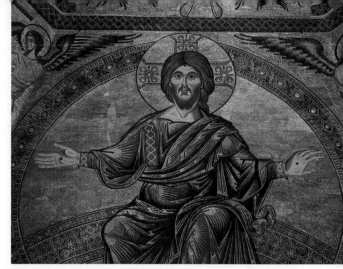

I mosaici di Cimabue (circa 1225) nel Battistero di San Giovanni, Piazza del Duomo

Il fiorentino diventa la lingua nazionale

Lessico nuovo

apparire, *p.p.* apparso, *p.r.* apparvi	*to seem, to appear*
capillare	*widespread, thorough*
colto	*learned, educated*
forgiare	*to forge, to shape*
paragonabile	*comparable*
parere, *p.p.* parso, *p.r.* parvi	*to appear, to seem*
la rete	*network*
rispetto a	*compared to*

La Toscana è caratterizzata, oltre che da una forte identità comunale e regionale, anche da una forte unità linguistica. Nel XIV secolo, la lingua toscana parlata divenne lingua letteraria, poi lingua nazionale, grazie al primato culturale, artistico e ⁵ letterario di questa regione. Il linguista italiano Tullio De Mauro spiega: "Il dialetto fiorentino […] nelle sue forme scritte trecentesche (*from the fourteenth century*), è stato assunto a base della lingua italiana […] per quattro motivi: 1) perché, ¹⁰ rispetto a ogni altro dialetto italiano, era ed apparve di gran lunga più vicino alle forme latine classiche, e quindi, rispetto al lombardo o al napoletano, era e pareva assai più trasparente e familiare al ceto colto tardo medievale e rinascimentale (*late* ¹⁵ *medieval and Renaissance educated classes*) che, non solo in Italia, era abituato a scrivere e leggere latino; 2) per il grande prestigio letterario conferito a quell'idioma (*language*) da Dante, Boccaccio, Petrarca; 3) per la capillare opera di promozione linguistica ²⁰ deltoscano svolta in tutt'Italia (ed Europa) dalla potente rete finanziaria toscana; 4) per la volontà, attecchita (*rooted*) nei gruppi intellettuali e politici rinascimentali, di dotare (*to endow*) anche l'Italia,

La cacciata di Adamo ed Eva dal paradiso: affresco del Masaccio, Cappella Brancacci, Santa Maria del Carmine, Firenze

politicamente divisa, [...] di una lingua nazionale comune paragonabile a francese, spagnolo, portoghese, inglese, insomma alle lingue degli Stati nazionali europei."[4] 25

Una nazione come quella italiana, frammentata politicamente fino alla fine del XIX secolo, investì molta della sua identità nella continuità linguistica e nella comune tradizione letteraria iniziata da Dante nel 1300. In questo sta forse il maggiore contributo della Toscana alla storia nazionale: l'aver dato agli italiani una lingua ed un'arte che hanno contribuito a forgiare l'idea stessa dell'Italia come nazione e stato, oltre che come realtà geografica. 30 35

---

[4]Tullio de Mauro "Dialetti", in Giorgio Calcagno, a cura di, *Bianco, Rosso e Verde. L'identità degli italiani*. Bari: Laterza, 2005, pp. 66–67.

Monumento a Dante Alighieri in Piazza Santa Croce a Firenze

5.14 Controlla la comprensione

1. Usando le seguenti parole, riassumi le ragioni per cui il dialetto fiorentino divenne lingua nazionale: *la lingua latina, Dante, Petrarca, Boccaccio, i banchieri toscani, gruppi intellettuali e politici.*
2. Perché la diffusione dell'italiano come lingua nazionale è stata particolarmente importante per lo sviluppo dell'idea di nazione? Confronta le tue risposte con quelle di un compagno di classe.

5.15 Confronti e riflessioni

1. Commenta i seguenti dati (del 2005) sull'uso dei dialetti e dell'italiano standard:

   - il 13% degli italiani usa soltanto il proprio dialetto o lingua di minoranza (ad esempio, tedesco, sardo, greco, albanese, ecc.);
   - il 49% si dichiara bilingue, cioè parla l'italiano standard e anche un dialetto o una lingua di minoranza;
   - il 38% parla invece solo l'italiano standard.

   Al momento dell'unificazione italiana (1861) solo il 3% circa della popolazione parlava l'italiano standard; gli altri parlavano principalmente il dialetto della città o paese di appartenenza.[5] Quali conseguenze può aver avuto la mancanza di una lingua comune al momento dell'unità nazionale? Quali possono essere i fattori che hanno facilitato la diffusione dell'italiano standard nei primi 150 anni di unità nazionale?
2. La tua prima lingua è un elemento importante della tua identità? Ci sono altri fattori (la religione, la storia, la letteratura, ecc.) che sono più importanti della lingua nel formare il tuo senso di appartenenza alla tua nazione?
3. In generale, secondo te, ci sono lingue che hanno più o meno prestigio di altre? Quali fattori possono determinare il prestigio di una lingua?

---

[5]Tullio de Mauro "Dialetti", in Giorgio Calcagno, a cura di, *Bianco, Rosso e Verde. L'identità degli italiani*. Bari: Laterza, 2005, p. 68.

Il calcio fiorentino

Lessico nuovo

l'arbitro	*referee*
l'assedio	*siege*
di gran lunga	*by far*
diffondersi, *p.p.* diffuso, *p.r.* diffusi	*to spread out*
l'erede	*heir*
la regola	*rule*
regolamentato	*regulated*
la rissa	*brawl*
il torneo	*tournament*
sconfiggere, *p.p.* sconfitto, *p.r.* sconfissi	*to defeat*

I toscani, ed i fiorentini in particolare, non hanno dato agli italiani solo una lingua nazionale ed eccezionali opere letterarie ed artistiche che tutto il mondo conosce: anche il calcio, oggi di gran lunga lo sport più amato e seguito dagli italiani, si è sviluppato ed è cresciuto in popolarità a Firenze. Non furono però i fiorentini ad inventarlo: già nell'antica Grecia si praticava   5 uno sport che assomigliava al calcio moderno o al rugby e che si diffuse poi in tutto l'Impero Romano. Il calcio fiorentino è l'erede di questo sport antico. Da sempre giocato spontaneamente nelle piazze delle città, il calcio cominciò ad essere regolamentato nel Rinascimento quando si organizzò il primo torneo fra quattro squadre ufficiali, ognuna rappresentante un quartiere della città.   10

     La partita forse più famosa fu giocata nel 1529 durante l'assedio (*siege*) della città da parte delle truppe imperiali mandate dal Papa. I fiorentini organizzarono una partita in Piazza Santa Croce, ben visibile dall'esercito imperiale appostato

Una partita di calcio fiorentino in Piazza Santa Croce a Firenze

sulle colline intorno alla città. Con questo gesto, volevano dimostrare che la città era indifferente alle privazioni e non rinunciava al divertimento. Purtroppo, alla fine, i fiorentini dovettero arrendersi: il governo repubblicano fu sconfitto ed i Medici rientrarono in città come vincitori.

Oggi il calcio fiorentino si pratica ancora ed è seguito con la stessa passione che animava i tifosi rinascimentali. Le regole sono ancora quelle codificate per il primo torneo: la palla viene passata non solo con i piedi, ma anche con le mani, e deve essere lanciata senza intercettazioni verso la porta che occupa tutto il lato opposto del campo. Il calcio fiorentino è un gioco piuttosto violento: le risse fra giocatori per il possesso della palla, oggi come nel Quattrocento, sono comuni ed accettate come parte del gioco; è compito del Maestro di Campo (così viene chiamato l'arbitro) ristabilire l'ordine e dividere i contendenti.

All'annuale torneo di calcio fiorentino partecipano le quattro squadre rappresentanti i quattro quartieri della città: i Bianchi di Santo Spirito, gli Azzurri di Santa Croce, i Verdi di San Giovanni e i Rossi di Santa Maria Novella. I "calcianti", che indossano ancora i colorati costumi del Quattrocento, sono i giovani residenti nei rispettivi quartieri. Alla fine del torneo, la squadra vincitrice porta trionfalmente nel proprio quartiere il trofeo: una mucca (*cow*) di razza chianina, animale tipico delle campagne della Val di Chiana da cui prende il nome.

15

20

25

30

 5.16 Controlla la comprensione Rispondi alle seguenti domande, poi confronta le tue risposte con quelle di un tuo compagno o una tua compagna.

A. **Vero o falso?**
1. Nel 1529, Firenze fu sconfitta dall'esercito imperiale. V F
2. Le partite del calcio fiorentino si svolgono in un parco fuori Firenze. V F
3. I giocatori del calcio storico fiorentino sono membri di quattro chiese di Firenze. V F

B. Guarda la fotografia a pagina 197: quali sono, secondo te, le differenze più evidenti fra il gioco del calcio come lo conosci tu e il calcio storico fiorentino? Dove sembra svolgersi la competizione? Che caratteristiche ha il campo?

 ## Ascolto 1: Il *David* di Michelangelo: molto più che una statua

5.17 Prima di ascoltare Osserva attentamente il *David* di Michelangelo (p. 199): l'originale è esposto alla Galleria dell'Accademia, ma copie esatte della statua sono collocate anche davanti a Palazzo Vecchio, centro del governo cittadino, e a Piazza Michelangelo, la terrazza panoramica che sovrasta (*lies above*) la città.

 ## Vocaboli utili alla comprensione

l'assessore al Comune	*elected member of City Council*	osare	*to dare*
l'astuzia	*cleverness*	ritrarre, *p.p.* ritratto, *p.r.* ritrassi	*to portray*
il dibattito acceso	*heated debate*	il sasso e la fionda	*stone and sling*
fiorentini	*inhabitants of Florence*	lo sguardo	*glance*
la fruizione turistica	*touristic access, uses*	il sovrintendente ai beni culturali	*executive director of public museums*
incarnare	*to embody*		
innovare	*to reform, to renew*	spostare	*to move*
lesivo	*harmful*	suscitare	*to arouse*

5.18 Mentre ascolti Cerca di capire il titolo di questo brano di ascolto: perché il *David* di Michelangelo è "molto più che una statua"?

A fine ascolto

5.19 Il *David* In base a quello che hai sentito, completa ogni frase nel modo più logico.

1. Secondo il brano, il *David* è molto più che una statua perché …
   a. è fonte di enormi guadagni: un milione di turisti la visita ogni anno.
   b. rappresenta lo spirito indipendente e fiero della città di Firenze.
   c. è l'oggetto di un'accesa polemica fra il sovraintendente ai beni culturali e il Comune di Firenze.
2. In epoca medioevale e rinascimentale i "giganti" che minacciavano l'indipendenza comunale erano …
   a. il papa e l'imperatore.
   b. Michelangelo e Botticelli.
   c. David e Golia.
3. Il Comune di Firenze propone di trasferire la statua del *David* in periferia per …
   a. alleviare il traffico e la congestione nel centro cittadino.
   b. risolvere problemi di sicurezza.
   c. permettere un accurato restauro.
4. Le persone intervistate …
   a. sono d'accordo di tenere il *David* nel centro, alla Galleria dell'Accademia.
   b. hanno opinioni diverse su questa questione.
   c. vogliono lasciare la decisione ai fiorentini e organizzeranno un referendum.

La statua del *David* di Michelangelo Buonarroti all'Accademia di Firenze

5.20 In conclusione … Tu cosa ne pensi? Credi che sia una buona idea trasferire il *David*?

 5.21 Confronti e riflessioni C'è un monumento o un'opera d'arte simbolica nella quale i cittadini di una nazione, di una regione o di una città si riconoscono? Puoi portare degli esempi? C'è un'opera d'arte che per te ha un alto valore simbolico o che ti trasmette forti emozioni? Rispondi a queste domande, poi parlane in gruppo con altri due o tre studenti.

La campagna toscana come opera d'arte

 ### Lessico nuovo

l'accoglienza	*welcome, reception*
addolcire	*to sweeten*
l'assiduità	*regularity, diligence*
avaro	*poor, parsimonious*
il capolavoro	*masterpiece*
l'equilibrio	*balance*
fecondare	*to fertilize*
la luce	*light*
il pascolo	*pasture*
il reddito	*income*
il volto	*face, appearance*

Paesaggio della Val d'Orcia in Toscana

L'arte in Toscana va cercata non solo nei musei, e nelle strade delle sue città, ma anche nel territorio: è qui che il contadino nel corso dei millenni, con il suo paziente e faticoso lavoro, ha saputo creare un'opera d'arte fra le più belle del mondo: il paesaggio della collina toscana nelle sue varie forme: dai giardini che circondano Firenze, alle colline ondulate (*wavy*) a sud di Siena (le cosiddette 5
"crete"), ai vigneti e uliveti della zona del Chianti. La campagna toscana non è un luogo di bellezza selvaggia, ma un territorio controllato e modificato dalla mano dell'uomo, e per questo unico. Indro Montanelli, giornalista e scrittore, così descrive la campagna toscana dove è nato e cresciuto:

> "Il paesaggio toscano è un capolavoro d'armonie [...] Alla sua base c'è 10
> un miracolo d'intelligenza e di gusto, [...] una concezione rigorosa e asciutta
> delle linee e delle proporzioni che nulla concede al superfluo (*which leaves
> no room for the superfluous*) e che riflette plasticamente quelle qualità
> essenziali del 'genio fiorentino' che si ritrovano anche nelle sue espressioni
> artistiche. Confrontando il paesaggio d'oggi con gli sfondi dei quadri del 15
> Quattro e del Cinquecento, viene da chiedersi se sono stati i pittori a copiare
> i contadini, o i contadini i pittori. Negli uni e negli altri c'è lo stesso rifiuto
> dell'ornato [...] lo stesso nitore (*clarity*) di luci, la stessa ascetica secchezza
> (*dryness*) del disegno. [...] Il lombardo Cattaneo chiamò la Toscana 'un
> immenso deposito di fatiche (*hard work*)'. Ed è vero. Ci sono voluti secoli di 20
> assiduità senza pause per fecondare questa terra avara, per addolcirne senza
> sbavature (*smudges*) i contorni, per vestirla d'alberi, per fissarne i volumi, per
> trovare i giusti rapporti fra città e campagna, fra bosco e coltivo."[6]

Questo fragile equilibrio, mantenuto per secoli, è entrato in crisi a partire dal dopoguerra: con il declino del lavoro agricolo e con la conseguente 25
urbanizzazione, la campagna toscana è stata progressivamente abbandonata. Senza il contadino che lavorava la terra e curava l'equilibrio fra bosco, vigneto, uliveto e pascolo, il paesaggio toscano rischiava di cambiare per sempre. Ma dagli anni '80, lo sviluppo dell'agriturismo, cioè del turismo in campagna, ha

---

[6]Indro Montanelli, *La "mia" Firenze*, San Miniato (Firenze): FM, 2005, pp. 26–27.

contenuto lo spopolamento, permettendo ai contadini di integrare il reddito   30
(*income*) agricolo con l'attività turistica. Il governo italiano ha finanziato la
ristrutturazione delle fattorie (*farms*) al fine di adattarle all'accoglienza turistica:
stalle e fienili (*stables and barns*) che erano vuoti e abbandonati sono stati
trasformati in camere e appartamenti a disposizione di un crescente (*growing*)
turismo culturale. Questo tipo di attività turistica ha salvato l'economia locale e   35
ha contribuito a mantenere intatto il volto del paesaggio toscano.

5.22 Controlla la comprensione

1. Scegli da questo capitolo, o da Internet, una immagine che corrisponda alla
   descrizione della campagna toscana fatta da Indro Montanelli.
2. Come ha contribuito l'agriturismo a preservare la campagna toscana?

5.23 Confronti e riflessioni   Che cosa distingue il paesaggio toscano da un
paesaggio non modificato dall'uomo che conosci? Puoi aiutarti con immagini
prese da questo capitolo o da Internet.

5.24 Alla scoperta di …

1. Quali sono, secondo te, i vantaggi (o forse gli svantaggi) di una vacanza in
   un'azienda agricola rispetto ad una vacanza in una località turistica (al mare,
   in montagna o in una città)?
2. La Toscana, con 2100 aziende agrituristiche, è seconda in Italia solo alla regione
   Trentino-Alto Adige, che, nel lontano 1973, approvò la prima legge italiana a
   sostegno dell'agriturismo. Scegli una zona particolare della Toscana (la Maremma,
   le colline del Chianti, le crete senesi o la Garfagnana). Fa' un po' di ricerca su
   Internet e seleziona due aziende agrituristiche molto diverse per offerta di servizi
   e prezzi. Quali attività è possibile fare soggiornando in questi agriturismi?

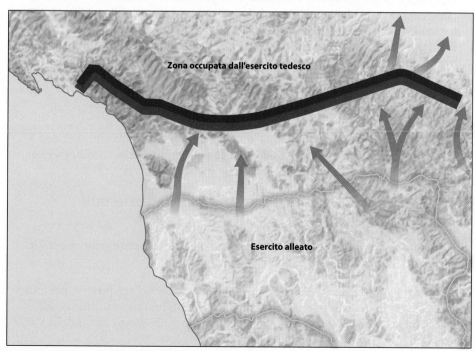

La Linea Gotica era una linea militare difensiva tedesca di circa 320 km. Fu costruita nel 1944 per
impedire agli Alleati di raggiungere l'Italia del nord.

La campagna toscana come teatro di guerra

 Lessico nuovo

attestarsi	*to line up, form up*
l'avanzata	*military advance*
il civile	*civilian*
l'esercito	*army*
fucilare	*to shoot, gun down*
in ritirata	*in withdrawal*
mettere in atto, *p.p.* messo, *p.r.* misi	*to carry out*
radunare	*to gather*
la strage	*massacre*
la testimonianza	*witnessing, testimony*
vendicarsi	*avenge oneself, take revenge*

Le colline toscane sono anche state teatro di alcuni fra i momenti più drammatici della seconda guerra mondiale in Italia. Nell'autunno-inverno del 1944, i nazifascisti si attestarono in posizione difensiva sulla cosiddetta "linea gotica" (descritta nel paragrafo "La Toscana fra nord e sud"), e riuscirono a resistere per molti mesi all'avanzata da sud delle truppe Alleate, cioè degli eserciti inglese e americano. Su questo fronte, i combattimenti furono particolarmente intensi, e le città subirono pesanti bombardamenti che colpirono anche i civili. 5

Sulle montagne e sulle colline operavano anche i partigiani, bande armate di civili antifascisti che mettevano in atto azioni di guerriglia e sabotaggio contro l'esercito tedesco occupante ed i fascisti italiani. I partigiani erano principalmente 10 ex soldati italiani considerati disertori dall'esercito fascista del nord, giovani intellettuali, contadini e operai. Dato che molti residenti di villaggi e paesi aiutavano e proteggevano i partigiani, i tedeschi in fuga spesso si vendicarono contro la popolazione civile che accusavano di fiancheggiare (*aid, assist*) il nemico. Molte furono le stragi di civili messe in atto dall'esercito nazifascista in ritirata (*in retreat*), 15 ma una in particolare rimane a tragica testimonianza dell'atrocità dell'occupazione nazista in questa regione italiana. Il 12 agosto 1944 il Sedicesimo Battaglione delle SS in ritirata si fermò nel villaggio di Sant'Anna di Stazzema nelle Alpi Apuane; tutti i civili furono radunati sul piazzale della chiesa, e fucilati: in poche ore, 560 persone vennero uccise, di cui 130 erano ragazzi al di sotto dei 16 anni. 20

5.25 Controlla la comprensione Con parole tue, riassumi la situazione in Toscana negli ultimi due anni della seconda guerra mondiale, usando i seguenti vocaboli: *i nazifascisti, i partigiani, la linea gotica*.

 ## Ascolto 2: Sant'Anna di Stazzema, Parco Nazionale della Pace

Ascolterai la testimonianza di Enio Mancini, uno dei superstiti (*survivors*) della strage del 12 agosto 1944.

5.26 Prima di ascoltare Perché istituire un Parco della Pace proprio nel luogo dove avvenne un eccidio (*massacre*) di guerra? Vedi una contraddizione in questa iniziativa? Quale potrebbe essere la funzione di questo Parco della Pace? Conosci altre iniziative di questo tipo?

Il monumento alle vittime della strage nazista di Sant'Anna di Stazzema:
La Versilia tutta consacrando i suoi martiri innalza questo monumento per esprimere amore e perdono e la risposta alla folle ira che si abbattè come folgore su 560 innocenti

 ## Vocaboli utili alla comprensione

l'ergastolo	*life sentence*	il processo	*trial*
in contumacia	*in absentia*	il reato	*crime*
l'oblio terapeutico	*the forgetting of / about a traumatic event*	la sentenza	*verdict*
		ultraottantenne	*over eighty years old*
la palestra di educazione	*intensive training*	la vedova	*widow*

5.27 Mentre ascolti In base al contenuto del brano, completa le seguenti frasi, scegliendo fra le tre possibilità.

1. Il ricordo di Sant'Anna è raccontato …
   a. in prima persona singolare.
   b. in terza persona singolare.
   c. in prima persona plurale.
2. Il tono della testimonianza è principalmente …
   a. giornalistico.
   b. doloroso.
   c. distaccato.
3. La fine del racconto lascia un senso di …
   a. irresolutezza e frustrazione.
   b. chiusura e triste soddisfazione.
   c. confusione e ansietà.

 5.28 A fine ascolto Completa questo esercizio; poi confronta le tue risposte con quelle di un tuo compagno o una tua compagna.

A. Rispondi alle seguenti domande con delle frasi complete:
   1. Che cosa ricorda Enio di quella tragica giornata a Sant'Anna di Stazzema?
   2. Perché, secondo Enio, è importante parlare di questa storia anche se è doloroso?
B. In base a ciò che hai sentito, correggi le seguenti affermazioni false.
   1. A Sant'Anna sono stati uccisi molti uomini disertori.
   2. I colpevoli della strage stanno ora scontando la loro pena in prigione.

5.29 Confronti e riflessioni

Puoi pensare ad altri eventi tragici che hanno subito un "oblio terapeutico"?

Alla scoperta di ...

1. Quale film ha girato il regista americano Spike Lee sulla strage di Sant'Anna? Cerca su Internet due o tre notizie interessanti sul film. Com'è stato ricevuto il film dalla critica e dal pubblico, in Italia e nel tuo paese?

2. Vai sul portale di Sant'Anna di Stazzema e scopri come viene ricordato quel giorno. Oltre al Parco della Pace, quali altre iniziative vengono prese a Sant'Anna per ricordare l'eccidio? Porta almeno due informazioni utili in classe.

5.31 Un fine settimana a Collodi [ONLINE]

5.32 Chi è? Che cos'è? [ONLINE]

La poesia regionale (dal *Canzoniere italiano* di Pier Paolo Pasolini)[7]

Giovanettino de lo core ardito,   1
Non ti lascia' ingannar dalle parole.
E fai come la foglia del canneto:
Se tira vento, gli trema lo core.
E fai come lo salcio che si piega: 5
E per dolcezza un altro legno lega.
E fai come lo stralcio della vigna:
E per dolcezza un altro legno piglia

[Note: de lo: **del;** lo core: **il cuore;** lascia': **lasciare;** il canneto (*cane thicket*); lo salcio: **il ramo del salice** (*branch of the willow tree*); lo stralcio della vigna: **il viticcio della vite** (*tendrils of the vine*); un altro legno piglia: **si attacca ad un altro tronco** (*it attaches itself to another branch*)]

5.33 Sintesi In questa poesia in dialetto toscano (che, come vedi, è molto vicino all'italiano standard) la voce narrante si rivolge ad un "giovanettino dal cuore ardito". Cerca il significato di questo aggettivo ed almeno due sinonimi in italiano.

1. Che tipo di consigli dà la voce narrante al giovanettino? Nella tua risposta usa il sostantivo **dolcezza** e il verbo **tremare.**

2. Identifica e spiega i tre elementi dal mondo vegetale che la voce narrante ha scelto per esporre la sua esortazione al giovanettino.

---

[7]Pier Paolo Pasolini, a cura di. *Canzoniere italiano. Antologia della poesia popolare.* Milano: Garzanti. 1992, p. 261, n. 263.

LETTURA 1

Firenze e la golden economy: *due interventi*
di Matteo Renzi e Paolo Perazzolo
Introduzione

La cultura produce economia e ricchezza: questa è l'idea sostenuta nei due interventi che leggerai, ed è l'ispirazione per Florens 2010, una settimana di mostre, spettacoli

(Continua)

e conferenze culturali organizzata a Firenze nel novembre del 2010. L'autore del primo brano è Matteo Renzi*, sindaco di Firenze dal 2009 al 2014. Renzi ha dato un'impronta (*direction*) 5 nuova alla gestione (*management*) della città: ha chiuso il centro al traffico, e ha proibito nuove costruzioni, privilegiando la ristrutturazione di vecchi edifici.

Nel secondo articolo, il giornalista Paolo Perazzolo discute la *golden economy*, cioè il valore economico dei beni artistici e 10 culturali, ed in particolare una ricerca presentata a Florens 2010 dalla European House-Ambrosetti, una *think tank* italiana.

---

*Matteo Renzo è Presidente del Consiglio dei ministri dal 22 febbraio 2014

5.34 Prima di leggere "Con la cultura non si mangia". "La cultura è una gallina d'oro". Che cosa vorranno dire queste due espressioni? Con quale delle due affermazioni sei d'accordo?

 Lessico nuovo

altrove	*elsewhere*
eppure	*yet, still but*
figurarsi	*to imagine*
il finanziamento	*funding*
l'impresa	*business*
l'ingegno	*talent, intelligence*
il lusso	*luxury*
opportuno	*advisable, timely*
il passo in avanti	*step forward*
il relatore / la relatrice	*speaker*
la risata	*laughter*
riscoprire, *p.p.* riscoperto, *p.r.* riscoprii	*to rediscover*
scommettere, *p.p.* scommesso, *p.r.* scommisi	*to bet*
la sfida	*challenge*
spuntare	*to pop up, to appear*
stupire	*to astonish, to surprise*
tagliare	*to cut*
il telespettatore	*television viewer*
temerario	*brave*
togliere, *p.p.* tolto, *p.r.* tolsi	*to take away, off, to remove*

Florens 2010, la settimana internazionale di avvenimenti culturali: performance "*David* la forza della bellezza" (la statua viene spostata in vari punti della città con l'accompagnamento di un corteo in costume)

Libera le parole!

 5.35 Contrari e sinonimi Indica contrari e sinonimi usando le parole dal vocabolario più sopra; poi confronta il tuo lavoro con quello di un compagno o una compagna.

1. È il contrario di qui, in questo luogo: _____
2. È sinonimo di azienda o ditta: _____
3. È sinonimo di adatto, idoneo: _____
4. È sinonimo di giocare, puntare: _____

5. È il contrario di pianto: _____
6. È il contrario di stupidità, idiozia: _____
7. È sinonimo di saltar fuori, apparire: _____
8. È il contrario di codardo, pauroso: _____
9. È sinonimo di dividere, amputare: _____
10. È il contrario di privazione: _____

5.36 Mentre leggi Per entrambi i brani …

- segna a margine con una [C] le argomentazioni a favore della spesa per la cultura;
- segna a margine con [PR] quei paragrafi che dimostrano che lo stato italiano ha poche risorse.

Scommettiamo che con la cultura si può mangiare?
di Matteo Renzi

pubblicato da Matteo Renzi sul suo blog del 3 novembre 2010

"Ragazzi, qui non c'è un euro". È il ritornello[1] che oggi si sentono ripetere gli amministratori, i funzionari, persino i ministri quando bussano alle casse[2] dello Stato per chiedere finanziamenti. Figuratevi quando qualcuno, a bassa voce, domanda: "Scusi, rimane qualcosa per i beni culturali?" Qualunque sia il suo colore politico, il temerario corre il rischio di essere investito da[3] una risata.   5

Lo ha spiegato con chiarezza un autorevole ministro durante una riunione di governo qualche giorno fa: "Con la cultura non si mangia!" Come dire: preoccupiamoci delle cose importanti. Eppure siamo in tanti a pensare che non ci sia niente di più importante della cultura, per il nostro Paese, in questo momento. Non è solo una suggestione ideale o la difesa di valori morali, ma una constatazione   10 economica e concreta. L'Italia non è più una nazione strategica nello scacchiere internazionale[4], non è più al confine della cortina di ferro[5], non è più decisiva nella geopolitica globale. Può giocare la propria leadership solo in alcuni settori. E su questo punto ha il dovere di investire, non di tagliare. Ha il dovere di creare una nuova generazione di appassionati che respirino futuro anziché lasciare la gestione   15 solo agli addetti ai lavori[6] che spesso sono tecnicamente competenti, ma talvolta troppo conservatori e poco aperti alle innovazioni. Provare a cambiare la mentalità di quei politici che lasciano la cultura nella serie B dell'agenda pubblica è una delle più intriganti sfide per il prossimo decennio, anche per il ritorno economico. Scommettere sulla rilevanza economica degli investimenti culturali, provare a   20 creare nuova occupazione basata sulla creatività, l'ingegno, la capacità di raccontare in modo diverso la patria della bellezza. [...] Sta qui, non altrove, il terreno su cui tornare a dare dignità alla parola politica.

---

[1]il ritornello: fig. *chorus, refrain (the same old story)*
[2]bussare alle casse: *to beg for money*
[3]essere investito da: *to get hit by*
[4]lo scacchiere internazionale: *international arena [scacchiere = chessboard]*
[5]la cortina di ferro: *iron curtain*
[6]gli addetti ai lavori: *pundits*

(Continua)

A Firenze economia e cultura hanno sempre viaggiato insieme, fin dai tempi delle famiglie dei grandi banchieri. Ma oggi c'è bisogno di un passo in avanti e in questo senso sarà utile attendere con curiosità e interesse l'iniziativa "Florens 2010" voluta dalla locale Confindustria con il supporto determinante di Banca Intesa Sanpaolo. [...]

I partecipanti a "Florens 2010" troveranno qualcosa di più di un semplice evento. [...] Troveranno le realtà culturali del Comune, come il museo di Palazzo Vecchio e la Biblioteca delle Oblate aperti fino a mezzanotte come a costituire un'alternativa per chi vuole essere cittadino e non solo telespettatore. Vedranno magicamente fiorire la Piazza del Duomo[7], recentemente liberata dalla dittatura del traffico e rifletteranno sul *David*, simbolo di libertà religiosa e civile. Sentiranno risuonare le note del Maggio Musicale Fiorentino[8], guidato dal grande Zubin Mehta[9], con il linguaggio universale dell'emozione. E potranno stupirsi delle tante iniziative di arte contemporanea che un po' a sorpresa spuntano nella città del Rinascimento [...].

25

30

35

---

[7]fiorire la Piazza del Duomo: *for the occasion, Piazza del Duomo in Florence was covered with a grassy pavement to recall a famous miracle by San Zanobi*
[8]il Maggio Musicale Fiorentino: *a music festival held in Florence during the month of May*
[9]Zubin Mehta (1936–): *orchestra conductor originally from India*

Caro ministro, la cultura è ricchezza
di Paolo Perazzolo

Famiglia Cristiana, 2010

... il ministro Tremonti[10] ha detto che la cultura non dà da mangiare. Non è chiaro se le esatte parole che ha pronunciato siano "Con la cultura non si mangia," "La gente non mangia cultura" o "La cultura non dà da mangiare". In ogni caso, il senso è lo stesso: la cultura, nella visione del ministro, non produce benefici materiali, ma rappresenta un costo. [...] A questo proposito, sarebbe stato opportuno che Tremonti avesse fatto visita a Florens 2010, la prima Biennale dei beni culturali e ambientali che si è appena conclusa a Firenze. In questa sede è stato presentato uno studio della European House – Ambrosetti che, incrociando una serie molto ampia di dati, e sfruttando un nuovo indice chiamato *Florens index*, ha dimostrato in maniera scientifica che [...] la cultura dà da mangiare (o che la gente mangia cultura, o che con la cultura si mangia). Facciamo parlare i dati della ricerca. Per ogni euro investito nel settore culturale, l'impatto (diretto, indiretto e indotto[11]) sul sistema economico è di 2,49 euro. [...] di questi 2,49 euro, 1,15 sono trattenuti all'interno del settore culturale, 0,62 vengono generati nell'industria manifatturiera, 0,16 nei trasporti, 0,12 nel commercio, 0,09 nell'industria non manifatturiera, 0,04 nelle costruzioni, 0,02 nel settore ricettivo (alberghi e ristoranti), 0,01 nell'agricoltura. E non è finita. Lo studio calcola gli effetti dell'investimento culturale anche sull'occupazione. Risultato: per ogni incremento di una unità di lavoro nel settore culturale, l'incremento totale sulle unità di lavoro del sistema economico è di 1,65. [...] Non stupisce che gli autori dello studio, così come

40

45

50

55

---

[10]Giulio Tremonti: *Italian Minister of Economy and Finance in 2010*
[11]l'indotto: *satellite businesses and industries*

(Continua)

i tanti relatori di Florens 2010, parlino di *golden economy*: altro che fame e miseria, la cultura è una gallina dalle uova d'oro[12] che produce effetti positivi sull'economia e sull'occupazione. [...] Giovanni Gentile, ideatore di Florens 2010, presidente di Confindustria Firenze, editore, [...] propone qualche riflessione interessante. "La cultura non è un costo né un lusso, è una risorsa. Lo è in generale, ma ancor più in tempi di crisi. È uno dei pochi settori che possono produrre risultati rilevanti. Non dimentichiamo che parliamo di una risorsa nostra, che nessuno ci può togliere, perché l'arte, il patrimonio architettonico, l'ambiente sono l'essenza dell'Italia. È tempo che si capisca che nella cultura bisogna investire. Noi abbiamo proposto la defiscalizzazione[13] degli investimenti, sia per le persone fisiche che per le imprese. Riscoprire il valore, anche economico, della cultura sarebbe il modo migliore per celebrare il 150° dell'Unità d'Italia[14]".

Qualcuno potrebbe inviare al ministro la ricerca European House – Ambrosetti?

60

65

70

---

[12]la gallina dalle uova d'oro: *goose that laid golden eggs from a famous fable by Aesop*
[13]la defiscalizzazione: *tax exemption*
[14]°dell'Unità d'Italia: *in 2011 Italy celebrated the 150th anniversary of its unification as a country*

A fine lettura

5.37 La risposta migliore Leggi ogni domanda e scegli la risposta migliore.

1. In questo articolo, il sindaco di Firenze affronta il problema …
   a. della carenza di spazi per le iniziative culturali.
   b. dello scarso interesse nell'arte da parte dei residenti.
   c. della mancanza di fondi e di sostegno per gli investimenti culturali.
   d. dello scarso afflusso di turisti a mostre, concerti ed altri eventi culturali.
2. Quale di queste iniziative **non** si farà a Florens 2010?
   a. La Piazza del Duomo sarà coperta di erba.
   b. Alcuni musei e biblioteche saranno aperti anche di sera.
   c. Ci saranno concerti e mostre di arte contemporanea.
   d. Il Ministro per i beni culturali farà un discorso in Piazza del Duomo.
3. Come potremmo meglio definire Florens 2010?
   a. È un'iniziativa finanziata dal Ministero per la cultura.
   b. È un congresso sullo stato della cultura nella città di Firenze.
   c. È una serie di iniziative culturali aperte al pubblico.
   d. Promuove una serie di mostre sul Rinascimento fiorentino.

5.38 Interpretazioni Rispondi alle domande.

1. "L'Italia non è più una nazione strategica nello scacchiere internazionale, non è più al confine della cortina di ferro, non è più decisiva nella geopolitica globale". Perché Matteo Renzi menziona questi fattori? Che cosa c'entrano con le politiche culturali?
2. "Provare a cambiare la mentalità di quei politici che lasciano la cultura nella serie B dell'agenda pubblica è una delle più intriganti sfide per il prossimo decennio". L'espressione "serie B" è una metafora sportiva, che deriva dal

gioco del calcio. Che cosa significa in questo contesto? (Considera che esiste anche una serie A e una serie C.)

3. Secondo i politici di cui parla Matteo Renzi, quali potrebbero essere i contenuti "serie A" dell'agenda pubblica?
4. Che cosa potrebbe rispondere un ricercatore della European House – Ambrosetti alla affermazione del ministro Tremonti che "la gente non mangia cultura"?
5. Secondo Giovanni Gentile, quale sarebbe il modo migliore per celebrare il 150° anniversario dell'Unità d'Italia?

 5.39 Confronti e riflessioni

1. Completa una tabella simile alla seguente riflettendo su un evento culturale nella tua città che ha avuto un effetto positivo sull'economia; poi discutine con due o tre compagni/e.

Un recente evento culturale nella mia città	Effetto positivo sull'economia

2. Ora fai le tue proposte: quali iniziative culturali potrebbero avere un beneficio diretto sull'economia? Completa una tabella simile alla seguente:

Le mie proposte	Effetti positivi sull'economia

Grammatica viva

5.40 Dove sono i congiuntivi? Riconosci i congiuntivi nelle seguenti frasi tratte dalle letture su Firenze sopra; poi scrivi l'infinito di ogni verbo.

1. *Qualunque sia il suo colore politico, il temerario corre il rischio di essere investito da una risata (burst of laughter).* Infinito: _____.
2. *Eppure siamo in tanti a pensare che non ci sia niente di più importante della cultura.* Infinito: _____.
3. *Ha il dovere di creare una nuova generazione di appassionati che respirino futuro.* Infinito: _____.
4. *... sarebbe stato opportuno che Tremonti avesse fatto visita a Florens 2010.* Infinito: _____.
5. *Non stupisce che gli autori dello studio, così come i tanti relatori di Florens 2010, parlino di golden economy.* Infinito: _____.
6. *È tempo che si capisca che nella cultura bisogna investire.* Infinito: _____.

5.41 Quale uso del congiuntivo? Ora indica quale dei seguenti usi del congiuntivo si applica ad ogni frase nel esercizio **5.40** (indica a lato il numero della frase).

1. Congiuntivo dopo un pronome indefinito _____
2. Congiuntivo per esprimere un desiderio irrealizzabile _____
3. Congiuntivo per esprimere un'opinione (3) _____ _____ _____
4. Congiuntivo per esprimere una situazione possibile e auspicabile (*desirable*) _____

Un combattente partigiano, 1944

Non c'è nessun che sia …: la storia di Menghino
di Sandro Veronesi

da *Superalbo, le storie complete*, 2002

Introduzione

Sandro Veronesi, nato a Prato (provincia di Firenze) nel 1959, è uno dei più noti scrittori italiani contemporanei, autore di romanzi e saggi tradotti in varie lingue. La storia che stai per leggere è tratta da una serie di inchieste giornalistiche (*journalistic inquiries*) svolte in Italia nel 2002 e raccolte sotto il titolo di *Superalbo*. Per scrivere questo articolo, Veronesi   5
è andato nelle montagne dell'Appennino toscano alla ricerca della vera storia di Menghino, un povero contadino senza terra diventato eroe popolare (*popular hero*): nel 1935 Menghino partì per la Spagna, come molti altri antifascisti italiani, per combattere a fianco del legittimo governo repubblicano contro l'esercito fascista del dittatore Franco.   10
Nel 1943, fu ancora volontario combattente con i partigiani che dalle montagne dell'Appennino attaccavano l'esercito tedesco occupante. Ma Menghino non è solo un umile e coraggioso combattente per la libertà: è anche un raffinato poeta estemporaneo (*improvisational poet*), erede (*heir*) di una tradizione orale che risale (*goes back*) al XIV secolo.   15

 5.42 Prima di leggere Che cosa può aver fatto un umile contadino per diventare eroe popolare in tempo di guerra? Organizza i tuoi pensieri in un paragrafo e parlane con un compagno o una compagna.

 Lessico nuovo

ateo	*atheist*	la mucca	*cow*
avvolgere, *p.p.* avvolto, *p.r.* avvolsi	*to wrap up*	il nascondiglio	*hiding place*
		nullatenente	*penniless, with no property*
la borghesia	*upper-middle class, bourgeoisie*	pare che	*it seems that*
		possedere	*to own*
cascare	*to fall*	pregare	*to pray*
cavare	*to take out, to extract*	il quartier generale	*headquarters*
cogliere di sorpresa, *p.p.* colto, *p.r.* colsi	*to catch by surprise*	rivolgere, *p.p.* rivolto, *p.r.* rivolsi	*to turn to, to talk to*
l'eroe	*hero*	salubre	*healthy*
farsi intendere, *p.p.* fatto, *p.r.* feci	*to make himself understood*	scovare	*to track down, to find*
		sfinito	*exhausted*
il fienile	*barn*	sparare	*to shoot*
la galera	*jail*	sta di fatto che	*it is certain that*
il gesto	*gesture*	strampalato	*odd, weird*
imbattersi	*to run into*	strappato	*torn apart*
in fondo	*at the bottom, at the heart*	varcare la frontiera	*to cross the border*
logoro	*worn out, frayed*	via vai	*coming and going*
il mito	*myth*	il viandante	*wayfarer*

Libera le parole!

5.43 Completa la serie Completa la serie con la parola di significato simile dalla lista sopra.

1. carcere, prigione, penitenziario, _____
2. cadere, crollare, scivolare, _____
3. incontrare, incrociare, trovare, _____
4. povero, indigente, bisognoso, _____
5. esausto, stremato, stanco, _____
6. strano, bizzarro, stravagante, _____
7. viaggiatore, pellegrino, passeggero, _____
8. attraversare, superare, passare, _____
9. trovare, scoprire, stanare, _____

5.44 Mentre leggi Identifica gli elementi della vita e della personalità di Menghino che hanno contribuito a farne un eroe popolare, e quelli che lo classificano come una persona ordinaria, comune. Prendi degli appunti con l'aiuto di una tabella simile a questa:

Menghino l'eroe	Menghino l'uomo comune

Non c'è nessun che sia …: la storia di Menghino
di Sandro Veronesi

Forse facendo ricerche accurate, consultando chissà quali archivi e documenti, si potrà anche venire a sapere qualcosa di più preciso su Domenico detto Menghino, l'uomo che un giorno del 1935 prese la bicicletta e se ne andò in Spagna a far la guerra. […] Di certo però il mito di questo eroe locale e passeggero sopravvive con poco, così come con poco egli è sopravvissuto ai suoi tempi durissimi […] Poche parole, in fondo, si combinano a creare [la sua leggenda]: povertà, comunismo, anarchia, Sten[1], esperanto[2], poesia. Difficile diventare grandi con meno.   5

Quando sia nato non si sa di preciso, nel 1904, forse, o 1908 […]

Menghino lavorava un podere a mezzadria[3] sopra Schignano, un salubre paese abbarbicato[4] sulla collina di Prato, lì dove l'Appennino comincia a erigere il suo muro tra la Toscana e l'Emilia. Possedeva una mucca. Geneticamente antifascista, nel 1935 prese la   10
bicicletta e partì per la guerra civile spagnola. Su questa partenza non ci sono dubbi, e […] il gesto di Menghino, allora già solidamente anarchico e internazionalista, rimane in tutta la sua granitica semplicità: andò a combattere per la libertà. È probabile che abbia risalito un flusso di fuoriusciti[5] toscani che dalle sue zone, e in particolare da Fossato, si diramava   15
(*branched out*) nel sud della Francia, e che da lì poi abbia varcato la frontiera spagnola […] La sua azione, in Spagna, è rimasta anch'essa avvolta nel mistero. Pare, per esempio, che non abbia combattuto nelle Brigate Internazionali, bensì in un anonimo reparto

[1]lo Sten: *a type of rifle*
[2]l'esperanto: *language invented at the end of the nineteenth century with the intent to facilitate international communication. It became the language of many anarchist movements (especially Spanish anarchists) and other internationalist organizations.*
[3]il podere a mezzadria: *a plot of land owned and cultivated with a sharecropping system*
[4]abbarbicato: *perched on top*
[5]il fuoriuscito: *person who moves abroad for political reasons (In this case, Italian antifascists who fled the Mussolini regime moved to Spain, and were then expelled from Spain when the Republic fell to the fascist army of General Francisco Franco in 1936.)*

(Continua)

spagnolo, e che per farsi intendere si servisse dell'esperanto. Come vi si fosse imbattuto è un'altra cosa che non si sa, ma di certo l'esperanto fu l'altra grande utopia della sua vita, insieme all'anarchia: lo parlava e lo scriveva correntemente, persuaso che fosse la lingua del futuro, quando il socialismo avrebbe unito e pacificato tutta l'Europa.

Dai suoi laconici racconti sull'avventura spagnola i suoi amici non hanno potuto ricavare granché: mentre è sicuro che sia stato due anni in galera, laggiù, non si è certi nemmeno di chi ce l'abbia messo, se i franchisti[6] o gli stessi repubblicani. Sta di fatto che nel 1939 è di nuovo a Schignano, alla Pesciola, a lavorare la terra per la Contessa di Fossombrone. Si sposa con Maria, che gli dà due figli, oltre all'altro, più grande, che lei aveva già avuto in precedenza, forse dallo stesso Menghino, forse no, ma che comunque porterà per sempre il suo cognome. Ed è nella guerra di liberazione che il suo mito si radica in quell'impervia[7] parte di mondo, tramite la memoria dei suoi compagni della formazione Starai e della formazione Buricchi.[8] Tanto per cominciare, infatti, Menghino non lasciò la famiglia per andare in montagna: con la famiglia lui *viveva* in montagna, sicché la sua casa divenne quartier generale e rifugio e deposito, in un incessante via vai di pattuglie[9] e vettovaglie[10]. Continuava a lavorare la terra, Menghino, a governare la sua mucca[11], e allo stesso tempo combatteva i repubblichini[12], moltiplicando fatica e i rischi personali. Era un combattente straordinario, dice Vinicio, il suo amico di allora, colui che forse più di ogni altro ha penetrato la sua imperscrutabile semplicità: ma mentre lo ricorda col mitra in mano (lo Sten, immancabile tra le sue braccia, che lui chiamava "annaffiatoio[13]") o nell'atto di fare il saluto a pugno chiuso[14] col braccio piegato, alla maniera contadina, Vinicio si preoccupa di contenere l'idea di guerrigliero puro che potrebbe scaturirne. Non era un sanguinario, Menghino: certo, era difficile da governare, e come vedeva un tedesco l'impulso di tirargli era automatico, ma era anche uno che sapeva aspettare e ragionare […]

Menghino sapeva fare tante cose. Sapeva sparare ma anche costruire capanne, seguire tracce, trovare nascondigli, sapeva cifrare e decifrare messaggi, così che vicino a lui tutti si sentivano al sicuro, anche i comandanti. E cava da un sacchetto, Vinicio, un quaderno nero tutto strappato, a dimostrazione di quante cose Menghino sapeva fare. Oltre a una gran quantità di appunti stenografati in esperanto, una calligrafia gradevole ha fissato in quelle pagine delle limpide ottave toscane[15], composte con grande maestria. Leggerle è un incanto: ce ne sono alcune di soggetto amoroso, e altre di argomento civile e politico, che sono le più belle. Una poesia è composta di due stanze: nella prima parla un contadino, che compatisce un viandante[16] logoro e sfinito, ridotto dalle tribolazioni a una condizione subumana, e gli dà da dormire in un fienile; nella seconda il viandante gli risponde, e gli svela la sua identità con grazia ariostesca[17]: *Già che fosti con me tanto gentile / Rivolgendomi un monte di parole / Io ti risponderò con rozzo stile: / Non c'è nessun che sia quel ch'esser vuole. / E se ti sembro nato in un porcile, / Pur fra di noi comune abbiamo il Sole. / Vuoi saper chi mi credo? Anzi, chi sia? / Sono un prodotto della borghesia.*

In un'altra ottava Vinicio indica dove Menghino ha espresso per iscritto la profezia che ripeteva sempre a voce, di un mondo pacificato dal comunismo entro il 2003: *Non è però il*

---

[6]i franchisti: *Spanish fascists, supporters of General Francisco Franco*
[7]impervio: *inaccessible, wild*
[8]formazione Starai, formazione Buricchi: *groups of antifascist partisan combatants*
[9]la pattuglia: *patrol*
[10]le vettovaglie: *provisions*
[11]governare la sua mucca: *to take care of his cow (in the local jargon)*
[12]i repubblichini: *members of the fascist army that operated in Northern Italy (from Repubblica di Salò, the puppet government that Mussolini founded in Northern Italy in October 1943 with Hitler's support)*
[13]l'annaffiatoio: *watering can*
[14]il pugno chiuso: *closed / clenched fist*
[15]le ottave toscane: *a type of rhyme used by traditional oral poets in Tuscany; it follows the pattern "abababcc"*
[16]il viandante: *wayfarer*
[17]la grazia ariostesca: *un riferimento a Ludovico Ariosto (1474–1533), scrittore rinascimentale, autore del poema epico* Orlando furioso

poter di quei marroni[18] / Stabile come sembra a prima vista: / Se oggi non casca, cascherà domani / Perché anche Cristo era un socialista. / Già che il suo voto dimolti[19] italiani / hanno dato al partito comunista: / Di qui a cinquant'anni, cari miei fratelli / Ci sarà più panìco[20] o meno uccelli. 60

Finita la guerra, Menghino rimase in montagna a lavorare il podere, povero come Geppetto, ma ancora illuminato dalla speranza della rivoluzione. [...] Fotografie di quel periodo, una sola: lo immortala in primo piano accanto a Di Vittorio[21], il giorno in cui, nel 1948, il sindacalista visitò Vaiano, e la popolazione volle fargli incontrare il proprio 65 solitario eroe. È l'unica immagine che resta di lui, questa foto: [...] ha l'aria divertita di chi sta facendo una cosa strampalata (*eccentric*) - posare per una foto - quasi impensabile dopo avere scritto: *È sempre usato fin dal tempo antico / Che nascere e morir non è vergogna / Io son già pronto di notte o di giorno / A far partenza senza far ritorno.*

Era pronto da tempo, dunque, quando la morte venne a prenderselo, ancora 70 giovane, nel 1964, con un ictus[22] mentre lavorava la terra. Per gli amici ci fu giusto il tempo di andare a visitarlo in ospedale, e Menghino se ne andò, nullatenente com'era nato. Vinicio ricorda di avere pianto come solo altre due o tre volte gli è successo nella vita, e ricorda anche il tempaccio, la pioggia e il vento forte, la mattina del funerale, quando la bara[23] fu interrata nel piccolo cimitero di Coiano. "È stato seppellito così 75 come aveva sempre vissuto", dice, "nella tempesta".

E ora che la sua storia non la racconta più nessuno, e anche la sua tomba non esiste più (è stata rimossa, per fare spazio), è proprio Vinicio, l'uomo che l'ha conosciuto meglio e che più volentieri lo ricorda, a gettare un ultimo mistero sulla sua leggenda così lieve. Cava dal sacchetto un altro quaderno nero, più piccolo dell'altro, meglio 80 conservato. "Lui era ateo come me, senza discussione", dice, "ma guardate un po' cosa si portava dietro". Orazioni, preghiere, sgrammaticate dichiarazioni di ubbidienza a Gesù, estemporanee professioni di umiltà dinanzi al Signore. Com'è possibile? Menghino il combattente, Menghino l'anarchico, Menghino il bestemmiatore[24], pregava Dio? Quale altra storia bisogna farsi raccontare, di lui, e da chi, perché ci trovi posto anche questo 85 quadernetto? È una domanda alla quale nessuno può rispondere, oramai, perché tutto può essere, con quest'uomo che ha sempre colto tutti di sorpresa. O forse una risposta invece c'è, ed è semplice, perché in fondo l'ha data lui stesso, Domenico Bandini detto Menghino, nel suo verso più bello: "Non c'è nessun che sia quel ch'esser vuole".

---

[18]i marroni: *scoundrels*
[19]dimolti: molti *(in the local jargon)*
[20]il panìco: pane
[21]Giuseppe Di Vittorio (1892–1957): *Italian trade union organizer and left-wing politician of humble origins*
[22]ictus: *stroke*
[23]la bara: *coffin*
[24]il bestemmiatore: *someone who curses all the time*

A fine lettura

5.45 Collegamenti All'inizio della lettura, Veronesi indica alcuni elementi determinanti nella formazione dell'eroe Menghino (colonna B). Collega questi elementi con le frasi nella colonna A; poi confronta il tuo lavoro con quello di un altro studente.

A	B
1. Non c'è nessun che sia quel ch'esser vuole.	a. povertà
2. Menghino andò in Spagna a combattere per la Repubblica e fu un partigiano antifascista.	b. comunismo e anarchia
3. Menghino sapeva molte cose.	c. poesia
4. Menghino era un mezzadro e possedeva una mucca.	d. esperanto

5.46 Vero o falso? Decidi se ogni affermazione è vera o falsa; poi correggi le frasi false e confronta le tue risposte con quelle di un compagno.

1. Menghino possedeva la terra che lavorava.   V   F
2. Menghino andò a combattere in Spagna con l'esercito italiano.   V   F
3. Menghino combattè in montagna con le formazioni partigiane.   V   F
4. Per Menghino, il comunismo era una forma di giustizia sociale e di uguaglianza.   V   F
5. Vinicio era un grande amico di Menghino.   V   F
6. Menghino era un ateo convinto.   V   F

5.47 Chi era Menghino? Metti i seguenti ruoli in ordine di importanza, secondo te. Poi motiva le tue decisioni.

poeta popolare, antifascista, combattente per la libertà, contadino, eroe popolare

1. _____, 2. _____, 3. _____, 4. _____, 5. _____

5.48 Le tappe della vita di Menghino Indica: 1. la rilevanza che ogni data ha nella vita di Menghino; 2. alcuni eventi storici collegati a queste date e menzionati nella lettura. Usa una tabella simile alla seguente.

	Rilevanza per la vita di Menghino	Eventi storici
1904		
1908		
1935		
1939		
1948		
1964		

5.49 Riflessioni generali Leggi le domande e prepara le tue risposte; poi confronta le tue idee con quelle di un compagno o una compagna.

1. Che cosa significa, secondo te, "geneticamente antifascista" riferito a Menghino?
2. Che cos'è l'esperanto per Menghino? È solo una lingua?
3. Perché, secondo Veronesi, si può capire la personalità di Menghino solo attraverso questo suo verso "Non c'è nessun che sia quel ch'esser vuole"?
4. Rifletti sulle poesie di Menghino riportate da Veronesi in questo racconto. In classe traducile con l'aiuto dell'insegnante. Vedi qualche tematica comune fra le tre poesie? Quale ti è piaciuta di più? Quale, secondo te, riflette meglio la personalità di Menghino?

5.50 Confronti e riflessioni Nella tua cultura, e nel periodo storico in cui vivi, quali sono tre o quattro elementi che contribuirebbero alla formazione di un "eroe popolare"? Crea il tuo "eroe popolare" indicando cinque o sei elementi che lo hanno formato.

Adesso spiega in un breve paragrafo il collegamento fra questi elementi e l'eroismo del tuo personaggio. Infine, discutine con alcuni compagni/e.

5.51 Alla scoperta di ... Fai una breve ricerca sull'esperanto; scopri se si tratta di una lingua ancora usata, e, se sì, da chi. Scopri anche quali sono i vantaggi ed i limiti di questa lingua.

Grammatica viva

5.52 Dislocazione Considera questo esempio di "dislocazione":

> *Quando sia nato non si sa di preciso, nel 1904, forse, o 1908.*

Le parole sottolineate precedono il verbo invece che seguirlo. Difatti, l'ordine logico della frase dovrebbe essere:

> Non si sa di preciso quando sia nato.

Ecco altri due esempi di dislocazione tratti dal testo. Nella frase seguente il soggetto segue il verbo.

> *Non è però il poter di quei marroni / Stabile come sembra a prima vista*

Nella frase seguente le parole introdotte dalla preposizione **da** precedono il verbo invece di seguirlo:

> *Dai suoi laconici racconti sull'avventura spagnola i suoi amici non hanno potuto ricavare granché.*

Riscrivi le due frasi seguendo l'ordine logico delle parole.

1. _____ 2. _____

5.53 Il congiuntivo Ora considera le seguenti coppie di frasi. Le prime frasi di ogni coppia (a) sono tratte dal testo e contengono il congiuntivo (il verbo sottolineato); le seconde frasi di ogni coppia (b) sono simili alle prime, ma contengono alcune variazioni per permettere l'uso dell'indicativo (in **grassetto**). Leggi attentamente ogni coppia di frasi. Quale elemento in ogni frase determina l'uso del congiuntivo o dell'indicativo? Prendi nota delle tue osservazioni; poi confrontale in classe con quelle dei tuoi compagni.

1. a. Quando sia nato non si sa di preciso, nel 1904, forse, o 1908 …
   b. Quando **è nato**, è un fatto certo: nel 1904.
2. a. È probabile che abbia risalito un flusso di fuoriusciti toscani …
   b. Vinicio dice che **ha risalito** un flusso di fuoriusciti toscani …
3. a. Pare, per esempio, che non abbia combattuto nelle Brigate Internazionali … e che per farsi intendere si servisse dell'esperanto.
   b. Nella sua autobiografia ho letto che **non ha combattuto** nelle Brigate Internazionali … e che per farsi intendere **si serviva** dell'esperanto.
4. a. Come vi si fosse imbattuto [nell'esperanto] è un'altra cosa che non si sa.
   b. Lui stesso racconta come **si era imbattuto** nell'esperanto.
5. a. … lo parlava e lo scriveva correntemente, persuaso che fosse [era] la lingua del futuro.
   b. … lo parlava e lo scriveva correntemente, perché **era** la lingua del futuro.
6. a. … mentre è sicuro che sia stato due anni in galera, laggiù, non si è certi nemmeno di chi ce l'abbia messo, se i franchisti o gli stessi repubblicani.
   b. I documenti ufficiali dicono che **è stato** due anni in galera e che i franchisti **l'hanno messo** in galera.
7. a. Non c'è nessun che sia quel ch'esser vuole.
   b. Menghino è quel ch'esser vuole.

Bassorilievo di Lorenzo Maitani:
Il giardino dell'Eden e la tentazione di Adamo ed Eva
(facciata del Duomo di Orvieto)

A me interessa che tu sia una persona
di Oriana Fallaci

da *Lettera a un bambino mai nato*, 1975

Introduzione

Oriana Fallaci (1929–2006), giornalista e scrittrice di fama internazionale, collaborò a vari giornali italiani e stranieri, quali il *New York Times* e *The Washington Post*, oltre a pubblicare circa venti libri tradotti in tutte le principali lingue. Nel 1944, ancora adolescente, partecipò attivamente alla Resistenza antifascista in Toscana a fianco dei genitori e delle tre sorelle. 5
Sempre coinvolta con passione nella politica del suo tempo, e spesso molto polemicamente, la Fallaci ha scritto memorabili corrispondenze dal fronte della guerra in Vietnam e della guerra civile libanese, ed ha intervistato i maggiori protagonisti della storia contemporanea. Negli anni novanta si trasferì a New York; qui fu testimone degli eventi dell'11 settembre 2001 e 10
scrisse il saggio *La rabbia e l'orgoglio* che fu aspramente criticato per i toni molto duri usati dalla scrittrice contro la religione islamica.

Il brano che proponiamo è tratto da *Lettera a un bambino mai nato* del 1975. In questo libro la Fallaci immagina una lunga conversazione con il bambino che porta in grembo (*in her womb*). Il bambino "non è 15
mai nato" a causa di un aborto spontaneo (*miscarriage*) sofferto dalla scrittrice nei primi mesi di gravidanza (*pregnancy*).

 5.54 Prima di leggere Considera il titolo. Che cosa può voler dire? Qualcuno ti ha mai detto una cosa simile: A me interessa che tu sia.....? Tu come finiresti la frase, parlando con il tuo migliore amico o con tuo fratello o tua sorella? Discutine con un compagno di classe.

 Lessico nuovo

avvertire	*to perceive, to feel*	partorire	*to give birth*
badare	*to care, pay attention to the fact that*	il peccato	*sin*
		prepotente	*overbearing person, bully*
battersi	*to fight*	provare	*to feel, to try*
la caverna	*cave*	risparmiare	*to spare, to save*
la coda	*tail*	la schiavitù	*slavery*
cogliere, *p.p.* colto, *p.r.* colsi	*to pick, pick up*	scoraggiarsi	*to get discouraged*
combinare guai	*to give, to make trouble*	lo sguardo	*glance*
il corpo	*body*	sostenere, *p.p.* sostenuto, *p.r.* sostenni	*to claim*
deludere, *p.p.* deluso, *p.r.* delusi	*to disappoint*	spietato	*ruthless*
il dipinto	*painting*	stare in agguato, *p.p.* stato, *p.r.* stetti	*to lurk, to wait / lie in ambush*
la disgrazia	*misfortune*		
il dovere	*duty*	subire	*to suffer, to undergo*
fabbricare	*to build*	tentare	*to make an attempt*
faticare	*to toil*	tramandare	*to pass / hand down*
il giudizio	*judgment*	violentare	*to rape*
instaurare	*to establish*	il viso	*face*
il mestiere	*job, trade*		

Libera le parole!

5.55 Il contrario Trova nel vocabolario qui sopra *il contrario* delle seguenti parole.

1. la virtù: _____
2. spendere: _____
3. la fortuna: _____
4. arrendersi: _____
5. la libertà: _____
6. soddisfare: _____
7. timido, mite: _____
8. compassionevole, pietoso: _____
9. rassicurarsi, confortarsi: _____
10. abolire, terminare: _____

5.56 Mentre leggi

In questo brano leggerai alcune frasi ipotetiche introdotte da **se**, ad esempio: "Ah, se fossi nata uomo!" Identifica tutte le frasi che contengono **se**; poi dividile in due gruppi, usando una tabella simile alla seguente.

Se seguito dal congiuntivo	*Se* seguito dall'indicativo

In classe discuti il significato di queste frasi con i tuoi compagni e l'insegnante.

A me interessa che tu sia una persona di Oriana Fallaci

Sarai un uomo o una donna? Vorrei che tu fossi una donna. Vorrei che tu provassi un giorno ciò che provo io: non sono affatto d'accordo con la mia mamma la quale pensa che nascere donna sia una disgrazia. La mia mamma, quando è molto infelice, sospira: "Ah, se fossi nata uomo!" Lo so: il nostro è un mondo fabbricato dagli uomini per gli uomini, la loro dittatura è così antica che si estende perfino al linguaggio. Si dice uomo per dire uomo e 5 donna, si dice bambino per dire bambino e bambina, si dice figlio per dire figlio e figlia, si dice omicidio per indicare l'assassinio di un uomo e di una donna. Nelle leggende che i maschi hanno inventato per spiegare la vita, la prima creatura non è una donna: è un uomo chiamato Adamo. Eva arriva dopo, per divertirlo e combinare guai. Nei dipinti che adornano le loro chiese, Dio è un vecchio con la barba bianca, mai una vecchia coi capelli 10 bianchi. E tutti i loro eroi sono maschi: da quel Prometeo che scoprì il fuoco a quell'Icaro che tentò di volare, su fino a quel Gesù che dichiarano figlio del Padre e dello Spirito Santo: quasi che la donna da cui fu partorito fosse un'incubatrice o una balia[1].

Eppure, o proprio per questo, essere donna è così affascinante. È un'avventura che richiede un tale coraggio, una sfida che non annoia mai. Avrai tante cose da 15 intraprendere se nascerai donna. Per incominciare, avrai da batterti per sostenere che se Dio esistesse potrebbe anche essere una vecchia coi capelli bianchi o una bella ragazza. Poi avrai da batterti per spiegare che il peccato non nacque il giorno in cui Eva colse la mela: quel giorno nacque una splendida virtù chiamata disubbidienza. Infine avrai da batterti per dimostrare che dentro il tuo corpo liscio 20

---
[1]la balia: *wet nurse*

(Continua)

e rotondo c'è un'intelligenza che chiede d'essere ascoltata. Essere mamma non è un mestiere. Non è neanche un dovere. È solo un diritto fra tanti diritti. Faticherai tanto a ripeterlo. E spesso, quasi sempre, perderai. Ma non dovrai scoraggiarti. Battersi è molto più bello che vincere, viaggiare è molto più divertente che arrivare: quando sei arrivato o hai vinto, avverti un gran vuoto. Sì, spero che tu sia una donna: non badare se ti chiamo bambino. E spero che tu non dica mai ciò che dice mia madre. Io non l'ho mai detto.

Ma se nascerai uomo io sarò contenta lo stesso. E forse di più perché ti saranno risparmiate tante umiliazioni, tante servitù, tanti abusi. Se nascerai uomo, ad esempio, non dovrai temere d'essere violentato nel buio di una strada. Non dovrai servirti di un bel viso per essere accettato al primo sguardo, di un bel corpo per nascondere la tua intelligenza. Non subirai giudizi malvagi quando dormirai con chi ti piace, non ti sentirai dire che il peccato nacque il giorno in cui cogliesti una mela. Faticherai molto meno. Potrai batterti più comodamente per sostenere che, se Dio esistesse, potrebbe essere anche una vecchia coi capelli bianchi o una bella ragazza. Potrai disubbidire senza venir deriso[2], amare senza svegliarti una notte con la sensazione di precipitare in un pozzo, difenderti senza finire insultato. Naturalmente ti toccheranno[3] altre schiavitù, altre ingiustizie: neanche per un uomo la vita è facile, sai. Poiché avrai muscoli più saldi[4], ti chiederanno di portare fardelli[5] più pesi, ti imporranno arbitrarie responsabilità. Poiché avrai la barba, rideranno se piangi e perfino se hai bisogno di tenerezza. Poiché avrai una coda davanti, ti ordineranno di uccidere o essere ucciso alla guerra ed esigeranno la tua complicità per tramandare la tirannia che instaurarono nelle caverne. Eppure, o proprio per questo, essere un uomo sarà un'avventura altrettanto meravigliosa: un'impresa che non ti deluderà mai. Almeno lo spero perché, se nascerai uomo, spero che tu diventi un uomo come io l'ho sempre sognato: dolce coi deboli, feroce coi prepotenti, generoso con chi ti vuol bene, spietato con chi ti comanda. Infine, nemico di chiunque racconti che i Gesù sono figli del Padre e dello Spirito Santo: non della donna che li partorì.

Bambino, io sto cercando di spiegarti che essere un uomo non significa avere una coda davanti: significa essere una persona. E anzitutto, a me interessa che tu sia una persona. È una parola stupenda, la parola persona, perché non pone limiti a un uomo o a una donna, non traccia frontiere tra chi ha la coda e chi non ce l'ha. Del resto il filo che divide chi ha la coda da chi non ce l'ha, è un filo talmente sottile: in pratica si riduce alla facoltà di poter crescere o no una creatura nel ventre. Il cuore e il cervello non hanno sesso. E neanche il comportamento. Se sarai una persona di cuore e di cervello, ricordalo, io non starò certo tra quelli che ti ingiungeranno[6] di comportarti in un modo o nell'altro in quanto maschio o femmina. Ti chiederò solo di sfruttare bene il miracolo d'essere nato, di non cedere mai alla viltà. È una bestia che sta sempre in agguato, la viltà. Ci morde tutti, ogni giorno, e son pochi coloro che non si lasciano sbranare[7] da lei. In nome della prudenza, in nome della convenienza, a volte della saggezza. Vili fino a quando un rischio li minaccia, gli umani diventano spavaldi[8] dopo che il rischio è passato. Non dovrai evitare il rischio, mai: anche se la paura ti frena. Venire al mondo è già un rischio.

[2]venir deriso: *to be made fun of (passive voice)*
[3]ti toccheranno: *you will have to endure (lit. it will touch you, be your turn to)*
[4]saldo: *strong, firm*
[5]il fardello: *burden*
[6]ingiungere: *to order*
[7]sbranare: *to tear to pieces*
[8]spavaldo: *arrogant, cocky*

A fine lettura

5.57 Riassumi ... Ripensando al brano che hai appena letto, completa queste frasi nel modo corretto.

1. La mamma dell'autrice quando è molto infelice dice che vorrebbe ...
   a. che sua figlia fosse nata dieci anni più tardi.
   b. essere nata maschio.
   c. che sua figlia fosse nata maschio.
2. L'autrice dichiara che ...
   a. essere donna ha degli enormi svantaggi.
   b. la vita delle donne è più noiosa di quella degli uomini.
   c. la società impone ruoli diversi ad uomini e donne.
3. Secondo l'autrice, ...
   a. essere donna è un'impresa difficile ma interessante.
   b. la bellezza aiuta le donne in molti modi.
   c. nella storia le donne hanno avuto spesso un ruolo di rilievo.

5.58 Pareri e opinioni

1. Quali riflessioni fa l'autrice sulle leggende di Adamo ed Eva, di Icaro, di Prometeo, di Gesù e sull'iconografia di Dio? Spiega la posizione dell'autrice. Sei d'accordo con lei?
2. Che cos'è la disubbidienza, secondo l'autrice? Sei d'accordo con lei?
3. Secondo l'autrice, contro quali idee dominanti deve battersi una donna?
4. Quali sono i vantaggi e gli svantaggi di nascere uomo, secondo l'autrice?
5. Com'è l'uomo ideale, secondo l'autrice? Corrisponde anche alla tua idea di uomo o di donna ideale?

5.59 Il significato giusto I vocaboli sottolineati possono avere molti significati. Scegli quello che corrisponde al contesto.

1. *Vorrei che tu provassi un giorno ciò che provo io ...*
   provare: controllare, assaggiare, dimostrare, sentire
2. *Per incominciare, avrai da batterti per sostenere che se Dio esistesse potrebbe anche essere una vecchia coi capelli bianchi o una bella ragazza.*
   avere: possedere, dovere, tenere, ottenere
   sostenere: aiutare, sopportare, rinforzare, affermare
3. *... essere un uomo sarà un'avventura altrettanto meravigliosa: un'impresa che non ti deluderà mai ...*
   impresa: azienda, ditta, progetto, spedizione

 5.60 Confronti e riflessioni

1. Secondo te, quali affermazioni dell'autrice potrebbero essere considerate dissacranti (*desecrating*) o blasfeme da alcuni? Che cosa pensi tu al riguardo?
2. Secondo te, le riflessioni della Fallaci sulla posizione della donna e dell'uomo nella nostra cultura sono ancora attuali o sono superate (*surpassed, outdated*)? Completa una tabella simile alla seguente con due o tre idee della Fallaci su ogni sesso.

I ruoli della donna nella società	I ruoli dell'uomo nella società

5.61 Ciak! Con un altro studente improvvisa una scenetta in cui discutete le vostre opinioni a confronto di quelle della Fallaci, utilizzando anche la tabella più sopra. Usate almeno cinque parole dal *Lessico nuovo*.

Grammatica viva

5.62 Frasi ipotetiche Considera attentamente le seguenti frasi che hai scritto nella tabella dell'esercizio **5.56**:

1. Se Dio esistesse potrebbe anche essere una vecchia coi capelli bianchi
2. Se nascerai uomo io sarò contenta lo stesso

La frase 1. è controfattuale (*contrary-to-fact*), cioè presenta un'ipotesi contraria alla realtà: secondo l'autrice, Dio non esiste, ma "se esistesse ..."
La frase 2. invece, presenta una situazione possibile nel futuro: infatti, è possibile che il bambino che nascerà sarà maschio, o uomo.
Nella frase 1. i tempi usati sono il congiuntivo imperfetto (che studierai in questo capitolo) e il condizionale presente.
Nella frase 2. il tempo usato è il futuro.

Ora leggi attentamente le seguenti frasi, e decidi se sono controfattuali (C/F) o possibili (P).

1. Se avessimo i soldi, faremmo un viaggio in Italia.	C/F	P
2. Se la Versilia fosse meno cara, potremmo passarci una settimana.	C/F	P
3. Se avremo tempo, verremo a trovarti.	C/F	P
4. La Garfagnana sarebbe più frequentata, se ci fossero più agriturismi.	C/F	P
5. Se chiuderanno tutto il centro storico al traffico, Firenze diventerà più vivibile.	C/F	P
6. Potrei fare la guida turistica se parlassi correntemente due o più lingue.	C/F	P

CONGIUNTIVO (PRESENTE, PASSATO, IMPERFETTO E TRAPASSATO)

Lingua in contesto

Roberta deve trasferirsi da Milano a Roma per cominciare un nuovo lavoro e ha scritto una mail a Gianni, un vecchio amico di università che abita vicino a Siena. Roberta gli ha chiesto se poteva fermarsi da lui per qualche giorno durante il suo viaggio in macchina da Milano alla capitale. Questa è la risposta di Gianni a Roberta.

Cara Roberta,

sono contento che tu abbia qualche giorno di vacanza e che tu voglia fermarti in Toscana per una breve visita prima di raggiungere Roma e cominciare il tuo nuovo lavoro. Credevo che tu fossi già nella capitale, e temevo che ti fossi dimenticata della tua promessa di venirmi a trovare! Ti avviso però che la Toscana non è una regione che si possa visitare in un paio di giorni. Non è un parco acquatico o una Disney World! Bisognerebbe che tu restassi un po'

(continua)

Panorama di Lucca

più a lungo. Mi sembra che tu abbia già visto la Torre di Pisa, che quasi tutto il mondo conosce, quindi quella puoi saltarla°. Mi dici che non hai mai visto Lucca (strano, credevo che tu ci fossi andata l'estate scorsa): allora è assolutamente necessario che tu visiti Lucca e anche altre cittadine, come Siena, Arezzo, Pistoia … Poi vorrei che tu trovassi il tempo di passare da me, in campagna, nei pressi di Siena. Se tu venissi, potresti fermarti per qualche giorno e da lì potremmo visitare insieme la Maremma e il Mugello. Insomma, spero che tu decida di fermarti almeno un anno nella terra di Giotto e Brunelleschi, rimandando il tuo nuovo lavoro. Ti pare che sia una buon'idea?

Un abbraccio,
Gianni

°skip it

5.63 Detective 1 Nella lettera che hai appena letto, osserva attentamente i verbi delle proposizioni dipendenti (*dependent clauses*). Molti di questi verbi (non tutti!) sono al congiuntivo, il modo verbale (*verbal mood*) che studieremo in questo capitolo. Identifica tutti i congiuntivi.

5.64 Detective 2 Adesso completa una tabella simile alla seguente.

Congiuntivo presente	Congiuntivo passato	Congiuntivo imperfetto	Congiuntivo trapassato

Uso del congiuntivo: introduzione generale

Il congiuntivo non è un nuovo tempo verbale, ma è un nuovo modo (*mood*), diverso dal modo indicativo che hai studiato finora.

Qual è la differenza fra indicativo e congiuntivo?

L'indicativo descrive la realtà obiettiva, mentre il congiuntivo descrive la soggettività:

Indicativo (obiettività)	Congiuntivo (soggettività)
fatti, eventi, certezze	desideri, aspettative, volontà, preferenze, ordini, dubbi, pensieri, convinzioni, possibilità, paure, speranze, rimpianti

Quando si usa il congiuntivo?

Il congiuntivo si usa in proposizioni dipendenti (*dependent clauses*), generalmente introdotte dalla congiunzione **che**, quando il verbo principale esprime un punto di vista soggettivo. Il verbo principale è sempre all'indicativo. Confronta:

Indicativo (obiettività)	Congiuntivo (soggettività)
Ho sentito che questa studentessa *è* americana.	*Dubito* che questa studentessa *sia* americana.
So che *stai facendo* un errore!	*Ho paura* che tu *stia facendo* un errore.
Ho saputo che *si trasferiscono* a Pistoia.	*Credo* che *si trasferiscano* a Pistoia.
Mi *hanno detto* che non *vanno* più in vacanza a Forte dei Marmi.	*Mi dispiace* che non *vadano* più in vacanza a Forte dei Marmi.
Ho letto che il ministro *visita* il Museo della Pace a Sant'Anna.	*Sono felice* che il ministro *visiti* il Museo della Pace a Sant'Anna.

Quali verbi ed espressioni impersonali richiedono il congiuntivo?

Verbi (seguiti dalla congiunzione **che**): aspettarsi, augurarsi, credere, desiderare, dispiacere, dubitare, esigere, negare, ordinare, pensare, piacere, preferire, pretendere, richiedere, ritenere, sperare, temere, volere

Espressioni (seguite dalla congiunzione **che**): avere bisogno, avere paura, essere contento / deluso / dispiaciuto / felice / infelice / sorpreso, non essere sicuro

Espressioni impersonali (seguite dalla congiunzione **che**): bisogna, è meglio è peggio, è bene, è male, è giusto, è ingiusto, è probabile, è improbabile, è importante, è facile, è difficile, non è sicuro, occorre, pare, sembra, peccato

Nota: I seguenti verbi ed espressioni (seguiti dalla congiunzione **che**) vogliono l'indicativo, non il congiuntivo; la lista, naturalmente, non è completa: **assicurare, dichiarare, dire, essere sicuro, essere certo, essere vero, leggere, sapere, sentire, vedere**

Congiuntivo presente: forme

Nel congiuntivo presente, la prima, la seconda e la terza persona singolare hanno la stessa forma; per questo motivo, è consigliabile usare sempre i pronomi soggetto **io, tu** e **lei/lui (ella/egli)**.

La forma del congiuntivo presente per **noi** è la stessa dell'indicativo presente per tutti i verbi, regolari e irregolari.

provare: che io / tu / lui / lei **provi**,
             che noi **proviamo** / voi **proviate** / loro **provino**
eleggere: che io / tu / lui / lei **elegga**,
             che noi **eleggiamo** / voi **eleggiate** / loro **eleggano**
offrire: che io / tu / lui / lei **offra**,
             che noi **offriamo** / voi **offriate** / loro **offrano**
preferire: che io / tu / lui / lei **preferisca**,
             che noi **preferiamo** / voi **preferiate** / loro **preferiscano**

Per ricordare meglio le forme del congiuntivo, studia la seguente tabella:

-are	*-ere*	*-ire*
i	**a**	**a**
prov**i**	elegg**a**	offr**a**

La vocale caratteristica dei verbi in **-are** è la "i" (che io prov<u>i</u>), mentre la vocale caratteristica dei verbi in **-ere** e **-ire** (compresi quelli irregolari) è la "a" (che io elegg<u>a</u>, che io offr<u>a</u>).

Il congiuntivo presente dei verbi che finiscono in **-care, -gare, -iare** segue le stesse regole dell'indicativo presente (vedi il *capitolo 1*):

cercare: che io / tu / lui / lei **cerchi**,
             che noi **cerchiamo** / che voi **cerchiate** / che loro **cerchino**
cominciare: che io / tu / lui / lei **cominci**,
             che noi **cominciamo** / che voi **cominciate** / che loro **comincino**
pagare: che io / tu / lui / lei **paghi**,
             che noi **paghiamo** / che voi **paghiate** / che loro **paghino**

I verbi irregolari all'indicativo presente sono irregolari anche al congiuntivo; la radice (*root*) irregolare è la stessa: sostituisci la terminazione "o" con una "a". Ad esempio:

io **faccio**   ⟶   che io / tu / lui / lei **faccia**
(indicativo presente)   (congiuntivo presente)

Ecco il congiuntivo presente di alcuni verbi che sono irregolari anche al presente indicativo:

fare: che io / tu / lui / lei **faccia**,
             che noi **facciamo** / che voi **facciate** / che loro **facciano**
venire: che io / tu / lui / lei **venga**,
             che noi **veniamo** / che voi **veniate** / che loro **vengano**
dire: che io / tu / lui / lei **dica**,
             che noi **diciamo** / che voi **diciate** / che loro **dicano**

5.65 Detective 3 Ora, (1) ritorna al *Capitolo 1* e ripassa le forme irregolari dell'indicativo presente dei seguenti verbi; (2) su un foglio a parte, completa le forme del congiuntivo presente in base al modello imparato più sopra.

andare, cogliere, condurre, dovere, potere, rimanere, salire, scegliere, tenere, togliere, uscire, volere

I seguenti verbi sono irregolari al congiuntivo e hanno forme molto diverse da quelle dell'indicativo presente:

essere:	che io / tu / lui / lei **sia,** che noi **siamo** / che voi **siate** / che loro **siano**
avere:	che io / tu / lui / lei **abbia,** che noi **abbiamo** / che voi **abbiate** / che loro **abbiano**
dare:	che io / tu / lui / lei **dia,** che noi **diamo** / che voi **diate** / che loro **diano**
sapere:	che io / tu / lui / lei **sappia,** che noi **sappiamo** / che voi **sappiate** / che loro **sappiano**
stare:	che io / tu / lui / lei **stia,** che noi **stiamo** / che voi **stiate** / che loro **stiano**

Congiuntivo passato: forme

Il passato del congiuntivo si forma con il congiuntivo dell'ausiliare **essere** o **avere** seguito dal participio passato:

dare:	che io / tu / lui / lei **abbia dato,** che noi **abbiamo dato** / che voi **abbiate dato** / che loro **abbiano dato**
stare:	che io / tu / lui / lei **sia stato / a,** che noi **siamo stati / e,** che voi **siate stati / e,** che loro **siano stati / e**

Congiuntivo presente e passato: uso

Il **congiuntivo presente** e il **congiuntivo passato** sono usati solo quando il **verbo principale è al presente.**

Il **congiuntivo presente** è usato quando il soggetto esprime un punto di vista soggettivo su un evento o una situazione nel **presente.**

Un momento del Palio di Siena, Piazza del Campo

Credo che lei *arrivi* a Firenze **oggi.**

indicativo presente   congiuntivo presente

Il **congiuntivo passato** è usato quando il soggetto esprime un punto di vista soggettivo riguardo un evento o una situazione nel **passato.**

Credo che lei *sia arrivata* a Firenze **ieri.**

indicativo presente   congiuntivo passato

Esercizi

5.66 *Punti di vista* Tutti sanno che Michele ha dei punti di vista precisi su tutto. Completa i suoi pensieri con la forma corretta del congiuntivo presente.

1. Mi dispiace che tu non _____ (potere) fermarti a Pisa nemmeno un giorno!
2. È difficile che quei signori anziani _____ (salire) a piedi sulla cupola (*dome*) del Duomo di Firenze!
3. Pare che i signori Ricci _____ (dare) una grande festa nella loro villa di Fiesole per il compleanno della figlia.
4. È importante che tutti _____ (scegliere) da subito l'itinerario a piedi che preferiscono.
5. È giusto che tu _____ (cogliere) questa occasione e _____ (rimanere) a San Gimignano per qualche giorno ospite di quella famiglia.
6. Bisogna che tu _____ (sapere) quello che è successo a Sant'Anna di Stazzema, anche se può essere doloroso.
7. È improbabile che (loro) _____ (venire) in Versiglia questo fine settimana. È più possibile invece che _____ (stare) in collina, in quell'agriturismo tranquillo.
8. Vogliono che io _____ (tradurre) questo dépliant in inglese, ma credo che tu _____ (potere) farlo meglio di me!

5.67 *Trasformazioni* Ora scegli almeno quattro frasi dall'esercizio **5.66** e trasformale all'indicativo usando i seguenti verbi: *sapere, vedere, dire, sentire, capire, essere vero*.

1. _____ 2. _____ 3. _____ 4. _____

5.68 *Congiuntivo o indicativo?* Completa ogni frase con il congiuntivo o l'indicativo del verbo.

1. Gabriele mi ha detto che (può / possa) fermarsi a Lucca solo un giorno. Non credo che (abbia / ha) tempo di venire a trovarci.
2. Ho letto sul giornale che il sindaco di Firenze (vuole / voglia) trasferire il *David* in un altro museo in periferia, ma dubito che i cittadini (accettano / accettino) questa decisione.
3. Secondo la Fallaci, essere donna (è / sia) una sfida continua che non (annoi / annoia) mai. Spero che tu (leggi / legga) tutto il suo libro, è davvero interessante.
4. Mi aspetto che il relatore (*speaker*) (dice / dica) qualcosa di interessante, e sono felice che a questa conferenza sulla Resistenza in Toscana (intervengono / intervengano) anche degli ex-partigiani.
5. Avete notato che molti turisti (vengono / vengano) a Firenze dopo aver visto Venezia, e pensano che l'arte rinascimentale (si trovi / si trova) solo in queste città?

5.69 Opinioni e speranze Completa i dialoghi con una delle seguenti espressioni verbali. Attenzione: più di una scelta è possibile.

è giusto che, credi che, è improbabile che, bisogna che,
speri davvero che, è importante che, pare che

1. MAMMA: _____ tu trovi subito un lavoro!

   TU: Hai ragione, mamma, ma _____ sia facile?

2. PAPÀ: _____ il presidente voglia passare le vacanze sulla costa maremmana!

   TU: Davvero? Ma tu _____ che si fermi nella nostra piccola pensione?!

3. GIANNI: _____ il sindaco risolva il problema del traffico a Firenze una volta per tutte (*once and for all*)!

   LIDIA: _____ il centro sia già chiuso al traffico, ma _____ l'amministrazione investa nei trasporti pubblici.

5.70 Congiuntivo passato Trasforma le seguenti frasi cambiando l'espressione di tempo secondo l'esempio.

Es.: Credo che Marta arrivi oggi. (ieri) ⟶ *Credo che Marta sia arrivata ieri.*

1. Mi dispiace che non vengano a Livorno questo weekend. (l'estate scorsa)
2. È probabile che stiano in quella pensione stanotte. (l'anno scorso)
3. È possibile che Lorenzo scelga quel ristorante per il pranzo di oggi. (già)
4. Spero che lui affitti quell'appartamento. (già)
5. È bene che voi lo sappiate subito. (appena è successo)
6. Credi che faccia una bella figura se esce vestito così? (se è uscito vestito così)
7. Pare che beva Chianti classico il sabato sera. (ieri sera a cena)
8. Credi che lei dica molte bugie? (una bugia quando ti ha parlato ieri)

Parliamo

 5.71 Gara Avete 5 minuti per creare delle frasi al congiuntivo seguendo le indicazioni e lavorando con un altro studente. Poi voteremo le risposte più interessanti!

Esprimete …

1. un desiderio riguardante la vostra esperienza universitaria;
2. un comando ad uno o più studenti nella classe o al/alla prof di italiano;
3. un'opinione sulla politica estera del governo degli Stati Uniti;
4. un'opinione riguardo le regole (*rules*) di questa scuola;
5. un'incertezza riguardo una squadra sportiva;
6. un dubbio riguardo la vita privata del tuo / della tua prof;
7. una paura o un rimpianto di qualsiasi tipo.

 5.72 Trova una persona che … [ONLINE]

 5.73 Non ci credo! [ONLINE]

Congiuntivo imperfetto e trapassato: forme

Le forme del congiuntivo imperfetto sono le seguenti. Nota che le forme per **io** e **tu** sono identiche, e che l'imperfetto per **voi** è sempre uguale al passato remoto:

provare: che io / tu **provassi,** che lui / lei **provasse,**
             che noi **provassimo,** che voi **provaste,** che loro **provassero**

eleggere: che io / tu eleggessi, che lui / lei **eleggesse,**
             che noi **eleggessimo,** che voi **eleggeste,** che loro **eleggessero**

offrire: che io / tu offrissi, che lui / lei **offrisse,**
             che noi **offrissimo,** che voi **offriste,** che loro **offrissero**

Nota che il congiuntivo imperfetto dei seguenti verbi ha la stessa radice (*root*) irregolare dell'indicativo imperfetto:

bere: che io / tu **bevessi,** che lui / lei **bevesse,**
             che noi **bevessimo,** che voi **beveste,** che loro **bevessero**

dire: che io / tu **dicessi,** che lui / lei **dicesse,**
             che noi **dicessimo,** che voi **diceste,** che loro **dicessero**

fare: che io / tu **facessi,** che lui / lei **facesse,**
             che noi **facessimo,** che voi **faceste,** che loro **facessero**

Ora, (1) ritorna al *Capitolo 2* e ripassa le forme irregolari dell'indicativo imperfetto dei seguenti verbi. (2) Su un foglio a parte, completa le forme del congiuntivo imperfetto in base al modello imparato più sopra:

tradurre (e simili: **condurre, dedurre, produrre**)
porre (e derivati **comporre, disporre, opporre, proporre**)
trarre (e derivati **attrarre, contrarre, distrarre, protrarre**)

I seguenti verbi hanno forme completamente irregolari:

dare: che io / tu **dessi,** che lui / lei **desse,**
             che noi **dessimo,** che voi **deste,** che loro **dessero**

essere: che io / tu **fossi,** che lui / lei **fosse,**
             che noi **fossimo,** che voi **foste,** che loro **fossero**

stare: che io / tu **stessi,** che lui / lei **stesse,**
             che noi **stessimo,** che voi **steste,** che loro **stessero**

Il congiuntivo trapassato è formato dal congiuntivo imperfetto dell'ausiliare **essere** o **avere** seguito dal participio passato:

faticare: che io / tu **avessi faticato,** che lui / lei **avesse faticato,**
             che noi **avessimo faticato,** che voi **aveste faticato,**
             che loro **avessero faticato**

arrivare: che io / tu fossi **arrivato/a,** che lui / lei **fosse arrivato/a,**
             che noi fossimo **arrivati/e,** che voi **foste arrivati/e,**
             che loro fossero **arrivati/e**

Congiuntivo imperfetto e trapassato: uso

Il **congiuntivo presente e il congiuntivo passato** che abbiamo appena studiato sono usati in proposizioni dipendenti (*dependent clauses*) quando il verbo principale è al **presente**.

Quando il verbo principale è al **passato** (generalmente all'imperfetto), oppure al **condizionale** (generalmente al condizionale presente), il verbo nelle proposizioni dipendenti (*dependent clauses*) sarà al **congiuntivo imperfetto** o al **congiuntivo trapassato**. Considera le frasi che hai osservato nella sezione *Lingua in contesto* (pp. 220–221):

1. *Credevo che tu fossi già nella capitale!*

indicativo imperfetto   congiuntivo imperfetto

Nella frase 1. si usa il congiuntivo imperfetto perché l'azione espressa dai due verbi avviene allo stesso tempo, cioè contemporaneamente.

2. *[...] credevo che tu ci fossi andata l'estate scorsa,*

indicativo imperfetto   congiuntivo trapassato

Nella frase 2. si usa il congiuntivo trapassato perché l'azione nella proposizione dipendente (*dependent clause*) è precedente a quella del verbo principale, cioè è avvenuta nel "passato del passato".

3. a. *Bisognerebbe che tu restassi un po' più a lungo.*

condizionale presente   congiuntivo imperfetto

3. b. *[...] vorrei che tu trovassi il tempo ...*

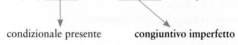

condizionale presente   congiuntivo imperfetto

Nelle frasi 3a. e 3b., il verbo principale è al **condizionale presente**, ed esprime un desiderio o una preferenza, spesso irrealizzabile: in questo tipo di frasi, il verbo della proposizione dipendente (*dependent clause*) è sempre al **congiuntivo imperfetto**. Verbi comunemente usati al condizionale per esprimere un desiderio o una preferenza (e quindi sempre seguiti dal congiuntivo imperfetto) sono:
vorrei che, bisognerebbe che, sarebbe bello se / che, preferirei che / se, mi piacerebbe che / se, mi dispiacerebbe che / se.
    Un desiderio o una preferenza possono essere espressi anche da
Magari ..., Almeno ..., Se solo ... ! (*If only... !*)
    Queste espressioni generalmente sono seguite da un punto esclamativo per significare l'improbabilità dell'evento.

Magari potessi fermarmi in Garfagnana un po' di giorni!
Se solo avessimo abbastanza tempo per visitare Volterra!
Almeno Marta fosse a Firenze con me!

Esercizi

5.74 Un giorno all'università Trasforma le frasi usando il congiuntivo imperfetto o il congiuntivo trapassato secondo gli esempi.

> Es. 1: Credono che lei sia nervosa per l'esame. ———▶ *Credevano che lei fosse nervosa per l'esame.*

> Es. 2: Credono che lei abbia perso il treno. ———▶ *Credevano che lei avesse perso il treno.*

1. Mi dispiace che tu debba pagare tanto per i libri. _____
2. Mi dispiace che tu abbia dovuto pagare tanto per i libri. _____
3. Temete che il professore sia severo. _____
4. Temete che il professore sia stato severo. _____
5. Speriamo che tu lo incontri prima della lezione. _____
6. Speriamo che tu l'abbia incontrato prima della lezione. _____
7. Pensi che lei venga in treno all'università? _____
8. Pensi che lei sia venuta in treno all'università? _____
9. Sei contenta che le ragazze si vedano durante la pausa? _____
10. Sei contenta che le ragazze si siano viste durante la pausa? _____

5.75 Congiuntivo presente o imperfetto? Inserisci la forma corretta del congiuntivo presente o imperfetto per le seguenti frasi che esprimono desideri, speranze, emozioni e opinioni.

1. Volevo che tu le _____ (telefonare) per ringraziarla.
2. Se solo la nostra squadra _____ (vincere) questo torneo di calcio fiorentino!
3. È importante che tu _____ (rendersi conto) che una visita a Firenze richiede almeno quattro giorni!
4. Bisognerebbe che tu _____ (studiare) meglio la storia dei Comuni medievali!
5. Magari Teresa mi _____ (ospitare) nella sua villa di Fiesole!
6. Sono felice che voi _____ (potere) passare un paio di giorni in Chianti!
7. Mi dispiace molto che loro _____ (dovere) partire proprio ora.
8. Volevamo che loro _____ (capire) l'importanza della Resistenza in questa zona.
9. Mia madre vorrebbe che io _____ (tornare) a casa tutti i fine settimana, ma seguo l'Università a Pisa. Come faccio?
10. Il professore pensa che noi _____ (sapere) bene il congiuntivo. Che illuso!

5.76 Il tempo giusto Completa le frasi con il congiuntivo presente, passato, imperfetto o trapassato.

1. Pensavo che tu _____ (studiare) Dante già quando eri al liceo!
2. Eravamo in spiaggia e mio figlio voleva fare il bagno sebbene _____ (essere) ottobre. Non siamo mica in Versilia, gli ho detto!
3. Pensavo che quei 50 euro ti _____ (servire) per andare a Florens 2010, non in discoteca!
4. Mi dispiace che ieri tu _____ (dovere) attraversare tutta Firenze a piedi! Non ti preoccupare. Non volevo che tu mi _____ (accompagnare) in macchina nell'ora di punta!
5. Penso che il professore _____ (volere) darci un esame molto facile ieri perché sa che eravamo tornati tardi dalla gita a Fiesole.

6. Pensavo che Gianna _____ (comprare) un motorino per girare meglio nel centro di Firenze, invece l'ho vista arrivare con un'auto sportiva! Non credi che (lei) _____ (scegliere) il mezzo sbagliato per girare in città?

7. Sono proprio contenta che tu _____ (rifiutare) quell'offerta di lavoro l'anno scorso. Ora hai trovato un'occasione migliore a Prato.

8. Giorgia, mi dispiace che l'anno scorso tu non _____ (potere) andare a trovare i tuoi parenti a Grosseto. Sarebbe bello se _____ (venire) loro qui quest'anno!

9. Bisogna che gli esperti _____ (trovare) un sistema per stabilizzare la Torre di Pisa.

10. È improbabile che lei mi _____ (vedere) ieri a quella pizzeria di Fiesole. Parlava animatamente con un'amica.

11. Magari questo esercizio _____ (essere) più breve! Non preoccuparti, credo che l'esercizio _____ (finire / quasi)!

Parliamo

5.77 Ciak! Rileggi il brano *Lingua in contesto* (pp. 220–221). Con un compagno o una compagna inventa una conversazione nella quale uno di voi cerca di convincere l'altro a cambiare i propri progetti di studio e di lavoro per fare un viaggio di un mese in una regione particolarmente interessante che uno di voi propone, italiana o non. Usate una serie di verbi o espressioni che vogliono il congiuntivo, ad esempio.

> Es.: Sarebbe bello se noi .... / Magari ... / Vorrei che tu ... / Penso che ... / Non credi che ...?

5.78 Desideri e aspettative Scegli tre o quattro personaggi dai racconti che hai letto o dai film che hai visto finora per questo corso. Immagina di essere uno di questi personaggi e spiega quali sono le tue aspettative, i tuoi desideri e/o le tue paure. Forma delle frasi alla prima persona singolare.

> Es.: Caterina dal film *Caterina va in città*: "Pensavo che Roma fosse più accogliente (*welcoming*)."

Ti ricordiamo i personaggi principali dei film che hai visto:

> Giancarlo (padre), Agata (madre), Daniela e Margherita (amiche), Cesarino (cugino) in *Caterina va in città*; Moraldo, Leopoldo, Alberto in *I vitelloni*; Salvatore e Lucy in *Nuovomondo*; Emma, Edoardo, Betta e Antonio in *Io sono l'amore*.

5.79 Sfida i tuoi stereotipi Probabilmente, prima di studiare le regioni italiane, avevi già delle idee o delle informazioni che ora si sono rivelate false o parzialmente false. Prepara una lista di cinque o sei informazioni o idee "false" e condividile con i tuoi compagni. Poi riporta alla classe i risultati della tua conversazione seguendo l'esempio.

> Es.: *Io e Marina non sapevamo che gli arabi avessero dominato la Sicilia per duecento anni!*
>
> *Io non sapevo che molti italiani avessero partecipato alla Resistenza!*

5.80 Traduzione Traduci ogni frase usando la forma del congiuntivo appropriata.

1. I think she studies languages at the University of Florence.
2. I think she studied languages for two years.
3. I thought she was studying in the Philosophy Department (**Facoltà di filosofia**) when I met her.
4. I thought she had studied Italian before coming to Arezzo.
5. I wish she would study in Italy for more than a semester! (Start with **Vorrei …**)
6. We hope they have already studied the subjunctive! (Start with **Vorremmo …**)

 5.81 Sorprese [ONLINE]

 5.82 Brutte scoperte [ONLINE]

 5.83 Conosci i tuoi compagni di classe? [ONLINE]

CONGIUNTIVO O INFINITO?

Uso

Il congiuntivo si usa *solo* quando il soggetto della proposizione dipendente (*dependent clause*) è diverso dal soggetto del verbo principale. Quando il soggetto dei due verbi è uguale, bisogna usare l'infinito:

Soggetto diverso	Soggetto uguale
(io) + (lei)	(io) + (io)
=	=
indicativo + congiuntivo	indicativo + infinito
*Credo che lei **sia** simpatica.*	*Credo di **essere** simpatico.*

L'infinito può essere presente o passato:

Infinito presente	Infinito passato
prendere	avere preso (aver preso)
andare	essere andato/a/i/e
divertirsi	essersi divertito/a/i/e

Si usa l'infinito presente per le azioni contemporanee e l'infinito passato per le azioni precedenti. Considera questi esempi:

Azione contemporanea: infinito presente	Azione precedente: infinito passato
Penso di avere ragione.	*Penso di aver avuto ragione.*
Pensavo di avere ragione.	*Pensavo di aver avuto ragione.*
Crede di arrivare in orario.	*Crede di essere arrivato/a in orario.*
Credeva di arrivare in orario.	*Credeva di essere arrivato/a in orario.*

Esercizi

5.84 **Siamo d'accordo su tutto** Lavora in coppia con un compagno o una companga, trasformando le frasi l'esempio:

Es.: Studente 1: Voglio andare.   Studente 2: Anch'io voglio che tu vada.

1. Preferisco rimanere.   Anch'io _____
2. Spero di prendere un bel voto in questa classe.   Anch'io _____
3. Penso di essere intelligente e simpatico/a.   Anch'io _____
4. Sono felice di poter parlare in italiano.   Anch'io _____
5. Spero di passare il prossimo semestre in Italia.   Anch'io _____
6. Penso di aver guadagnato un sacco di soldi.   Anch'io _____
7. Credo di aver fatto molto bene all'esame!   Anch'io _____
8. Voglio essere il migliore / la migliore.   Anch'io _____
9. Credo di aver conosciuto la donna / l'uomo della mia vita. Anch'io _____

ALTRI USI DEL CONGIUNTIVO: CONGIUNZIONI

Il congiuntivo si usa anche dopo le seguenti congiunzioni:

benché, sebbene, nonostante [tutti sinonimi = *although, even though*]

Dopo **benché, sebbene, nonostante** si usa il congiuntivo anche quando i due soggetti sono uguali:

(lui) È generoso **benché sia** povero. [stesso soggetto: lui = lui]
He is generous even though he is poor.
Ero in ritardo **nonostante avessi** preso un taxi. [stesso soggetto: io = io]
I was late despite the fact that / even though I took a taxi.
Eravamo arrabbiati **sebbene ci avessero chiesto** scusa.
[soggetti diversi: noi / loro]
We were angry even though they said they were sorry.

Purché, a patto che, a condizione che [tutti sinonimi = *provided that, on the condition that*]: Si usa il congiuntivo solo quando i due soggetti sono diversi. Se il soggetto è lo stesso, si usa **a condizione di** + l'infinito:

Vado a vivere a Firenze **purché tu venga** con me.
[soggetti diversi (io / tu): congiuntivo]
I'll move to Florence as long as you come with me.
Vado a vivere a Firenze **a condizione di trovare** un lavoro.
[stesso soggetto (io = io): infinito]
I'll move to Florence as long as I find a job.

Affinché, perché [sinonimi = *so that, in order that*]: Si usa il congiuntivo solo quando i due soggetti sono diversi. Se il soggetto è lo stesso, si usa **per** + l'infinito:

Ci fermiamo qualche giorno in Versilia **perché** (affinché) **tu possa** riposarti un po'. [soggetti diversi (noi / tu): congiuntivo]
We'll stop for a few days in Versilia so that you can rest a bit.
Ci fermiamo qualche giorno in Versilia **per riposarci** un po'.
[stesso soggetto (noi = noi): infinito]
We'll stop for a few days in Versilia (in order to) rest a bit.

Prima che (*before that*): Si usa il congiuntivo solo quando i due soggetti sono diversi. Se il soggetto è lo stesso, si usa **prima di** + l'infinito:

> È uscito **prima che io ritornassi.** [soggetti diversi (lui / io): congiuntivo]
> *He left before I returned / got back.*
> Abbiamo finito i compiti **prima di uscire.** [stesso soggetto (noi = noi): infinito]
> *We finished our homework before going out.*

Senza che (*without*): Si usa il congiuntivo solo quando i due soggetti sono diversi. Se il soggetto è lo stesso si usa **senza** + infinito:

> Preferisco cucinare da sola, **senza che lui mi aiuti.**
> [soggetti diversi (io / lui): congiuntivo]
> *I prefer to cook alone, without him helping me.*
> Sono andati via **senza salutarci.** [stesso soggetto (loro = loro): infinito]
> *They left without saying good-bye.*

A meno che non (*unless*): Si usa il congiuntivo solo quando i due soggetti sono diversi. Se il soggetto è lo stesso si usa **a meno di non** + l'infinito:

> Non potrò venire in Toscana con te, **a meno che tu non mi paghi** l'albergo.
> [soggetti diversi (io / tu): congiuntivo]
> *I wont' be able to come to Tuscany with you unless you can pay for my hotel.*
> Non passeremo una settimana all'Hotel Cavalieri di Firenze, **a meno di non vincere** la lotteria. [stesso soggetto (noi = noi): infinito]
> *We won't spend a week at the Cavalieri Hotel in Florence unless we win the lottery.*

Esercizi

5.85 Tutto il contrario! Queste frasi non sono logiche. Correggile seguendo l'esempio.

Es.: Ho preso un brutto voto, sebbene non abbia studiato nulla! → *Ho preso un brutto voto sebbene (io) abbia studiato molto!*

1. I miei genitori mi hanno dato questi soldi perché io li spenda in cose frivole e inutili!
2. Frequento l'università per imparare cose che già so!
3. Ti lascerò usare la mia macchina purché tu faccia un incidente e la distrugga!
4. Frequenterò il Suo corso a condizione che sia noioso e che Lei sia insopportabile!
5. Ho ancora fame sebbene abbia digiunato (*fasted*) ieri!
6. Non comprerò questo vestito costoso a meno che non aumentino il prezzo!
7. È molto generosa sebbene sia ricchissima.
8. Ha bevuto un bicchiere di latte prima di svegliarsi.
9. È arrivato molto presto al lavoro, addirittura prima che l'ufficio chiudesse!
10. Mi piace farti delle sorprese, come darti dei regali quando tu te lo aspetti.
11. Ricordati di salutare la nonna prima di arrivare!

5.86 Traduzione Traduci ogni frase usando una congiunzione e un congiuntivo dove necessario.

1. Although I have known him for many years, I often don't know what he thinks of me.
2. We will visit Siena, although we don't have much time.
3. Before leaving, please remember to return (**restituire**) your keys.
4. My parents got divorced before I graduated (**laurearsi**).
5. I study hard (**tanto**) so that I can finish early.
6. I study hard (**tanto**) so that my parents are happy.
7. You often leave the restaurant without paying the bill!
8. I don't want to arrive without her knowing it.
9. Unless he changes, I will not marry him!
10. I am not going out, unless it stops raining!

 5.87 Lui vuole che ... [ONLINE]

ALTRI USI DEL CONGIUNTIVO

Pronomi e aggettivi indefiniti

Il congiuntivo si usa anche dopo i seguenti pronomi e aggettivi indefiniti:

Pronomi: **chiunque** (*whoever*) / **dovunque** (*wherever*) / **qualunque cosa** = **qualsiasi cosa** (*whatever [thing]*) / **comunque** (*no matter how, however*)

Aggettivi: **qualunque** = **qualsiasi** (*whatever*)

Nota che, con questi pronomi e aggettivi indefiniti, il congiuntivo si usa anche quando il soggetto del verbo principale è uguale al soggetto del verbo dipendente.

Chiunque sia al telefono, per favore di' che non ci sono.
Whoever it is on the phone, please say that I'm not here.
Dovunque vada, Mario fa molti amici.
Wherever he goes, Mario makes lots of new friends.
Qualunque cosa io faccia, non ti va mai bene!
Whatever I do, you are never happy.
Lina è distratta in **qualsiasi cosa faccia**.
Lina is always distracted, no matter what she does.
Marcello fa una bella figura **comunque si vesta**.
Marcello always looks good, no matter what he wears.

Congiuntivo dopo i pronomi relativi

Si usa il congiuntivo dopo il pronome relativo **che** quando **che** si riferisce ad una persona o ad una cosa ipotetica, di cui non si conosce l'esistenza. In questi casi, generalmente, il verbo principale è **volere, cercare, avere bisogno di**.

Confronta le seguenti frasi con l'indicativo e con il congiuntivo:

Stiamo in un albergo che è scomodo e caro!
We are staying in a hotel that is uncomfortable and expensive.

Cerchiamo un albergo **che sia** comodo e a buon prezzo.
We are looking for a hotel that is comfortable and affordable.
Ho un lavoro che è molto stressante.
I have a very stressful job.
Ho bisogno di un lavoro che **sia** meno stressante!
I need a job that is less stressful.
Avete dei professori che **hanno studiato** negli USA, ma **volete** dei professori che **abbiano studiato** in Italia.
You have professors who studied in the United States, but you want professors who have studied in Italy.

Congiuntivo dopo i superlativi relativi

(Si usa il congiuntivo dopo i superlativi relativi: **il più … che, il meno … che, il peggiore … che, il migliore … che.**)

Considera i seguenti esempi:

È il migliore ristorante italiano che io conosca.
It is the best Italian restaurant I know.
È il film più interessante che **abbia visto** al festival.
It is the most interesting film I have seen in the festival.

Congiuntivo come esortativo

Il congiuntivo da solo può essere usato come esortativo, cioè come un **imperativo** alla terza persona singolare e plurale.

Considera il verso dalla poesia di Lorenzo il Magnifico a pagina 194 questo capitolo: *Chi vuol esser lieto, sia* (*Let he who wants to be happy, be happy*!).

Ecco altri due esempi:

Che vada! (*Let him/her go!*) Che entrino! (*Let them come in!*)

Esercizi

5.88 Un ragazzo distratto A turni, raccontate le disavventure di vostro fratello Marino, un ragazzo estremamente distratto. Traducete e completate seguendo l'esempio.
Es.: Wherever he goes, *he gets lost.* ⟶ *Dovunque lui vada, si perde.*

1. Whomever he meets …
2. Whatever he does …
3. Whatever you tell him …
4. No matter how he dresses …
5. Whatever phone number he writes down …

5.89 Ciak! Adesso presenta le tue risposte in una breve scenetta con un compagno o una compagna che farà la parte di tuo fratello Marino. Modificando le frasi più sopra, gli dici tutte le cose che ti esasperano di lui. Che cosa ti risponde?

5.90 Esortazioni! Usando il congiuntivo, crea delle frasi all'imperativo, terza persona singolare o plurale.

Es.: Vuole andare? ⟶ *Che vada!*

Devono uscire? ⟶ *Che escano!*

1. Deve rimanere?
2. Vogliono entrare?
3. Devono pagare?
4. Vuole alzarsi?
5. Deve partire?
6. Vogliono fare una foto?

Parliamo

 5.91 Il più … Con un compagno, completa queste domande, poi usale per una breve conversazione. Segui l'esempio.

Es.: Qual è il libro più interessante che _____ (*you have ever read*)?

Qual è il libro più interessante che *tu abbia mai letto*?
—*Probabilmente … I promessi sposi!*

1. Qual è il film peggiore che tu _____ (*you have ever seen*)?
2. Qual è la città meno inquinata che tu _____ (*you have ever visited*)?
3. Chi è il ragazzo / la ragazza più simpatico/a che tu _____ (*you have ever met*)?
4. Qual è il corso migliore che tu _____ (*you have ever taken*)?

 5.92 Cerco … Confronta la realtà con i tuoi desideri seguendo l'esempio della frase 1. Poi discutine con un compagno o una compagna.

Indicativo	Congiuntivo
1. Frequento un'università che *è troppo cara*.	Cerco un'università che *sia meno costosa*.
2. Abbiamo un presidente che _____	Voglio un presidente che _____
3. Abito in una stanza che _____	Ho bisogno di una stanza che _____
4. Viviamo in una città che _____	Vogliamo vivere in una città che _____

AGGETTIVI E PRONOMI INDEFINITI

Aggettivi	Pronomi
ogni (*each, every*)	ognuno/a (*everyone*)
tutto/a (*all*)	tutto/a (*everything, all*)
tutti/e (*every, all*)	tutti/e (*everyone*)
qualche (*some*)	qualcuno/a (*someone*), qualcosa (*something*)
alcuni/e (*some*)	alcuni/e (*someone, something*)
ciascun/ciascuno/ciascuna/ciascun' (*each*)	ciascuno/a (*each one*)
nessun/nessuna/nessuno/nessun' (*no, not any*)	nessuno/a (*no one*)
	niente (*nothing*)

Studia le differenze fra aggettivi e pronomi: le frasi (a) contengono aggettivi, mentre le frasi (b) contengono pronomi.

a. **Ogni fiorentino** conosce la storia della propria città.
b. **Ognuno** conosce la storia della propria città.

a. **Tutto il centro** è interessante e tutti i fiorentini sono simpatici.
b. **Tutto** è interessante qui e **tutti** sono simpatici.

a. **Tutti i musei** sono chiusi il lunedì.
b. Tutti sono chiusi il lunedì. (Sono tutti chiusi il lunedì).

a. Hai comprato **qualche libro**?
b. Hai comprato **qualcosa**?

a. **Qualche studente** ha già studiato in Italia.
b. **Qualcuno** ha già studiato in Italia.

a. **Alcune studentesse** hanno già viaggiato in Italia.
b. **Alcune** hanno già viaggiato in Italia.

a. **Ciascun professore** richiede una prova orale.
b. **Ciascuno** richiede una prova orale.

a. **Nessun professore** parla inglese qui.
b. **Nessuno** parla inglese qui.

a. Non c'è **nessun corso** che mi interessi.
b. Non c'è **niente** che mi interessi.

5.93 Traduzione Traduci le seguenti frasi usando i pronomi e gli aggettivi indefiniti fra parentesi. In alcuni casi puoi tradurre la stessa frase in due modi.

1. Everyone loves Florence! (tutti) _____ (ognuno) _____
2. Some restaurants serve authentic **bistecca alla fiorentina**.
   (qualche) _____ (alcuni) _____
3. Each game of **calcio fiorentino** is exciting!
   (ciascuna) _____ (ogni) _____
4. Do you want to eat the whole pizza?
   (tutta) _____
   — No, just a few slices (**fetta**). (alcune) _____ (qualche) _____
5. Nothing motivates these students! (niente) _____
   No one could teach this class! (nessuno) _____
6. Some people like to stay in an **agriturismo**. (qualcuno) _____
   But no one one likes to camp. (nessuno) _____

5.94–5.120 [ONLINE]

LA NOTTE DI SAN LORENZO
DEI FRATELLI TAVIANI (1983) [ONLINE ACTIVITIES]

Nell'estate del 1944 la campagna toscana è trasformata in un campo di battaglia: i tedeschi e l'esercito fascista italiano si sono attestati sulla linea gotica (quel tratto dell'Appennino toscano che divide la Toscana dall'Emilia, di cui si è anche parlato all'inizio del capitolo) in un disperato tentativo di difendere la repubblica fascista di Mussolini dall'attacco proveniente dalle truppe alleate (inglesi e americani) e dai partigiani italiani antifascisti. È una guerra che si combatte paese per paese, collina dopo collina, e che colpisce pesantemente la popolazione civile. I tedeschi ed i fascisti, sentendo ormai vicina la sconfitta (*defeat*), si vendicano contro i civili sospettati di aiutare i partigiani: migliaia di innocenti vengono uccisi e, decine di paesi sono distrutti per rappresaglia (*in retaliation*). I registi del film, i fratelli Paolo e Vittorio Taviani, furono testimoni di una di queste stragi naziste, e la rievocano in questo film, a distanza di quarant'anni: in *La notte di San Lorenzo*, il paese di San Miniato (in provincia di Pisa) dove avvenne la strage di cui i Taviani furono testimoni, prende il nome di San Martino. Tutti i personaggi sono immaginari anche se gli eventi sono storici.

Cecilia incontra due soldati americani nel film *La notte di San Lorenzo*

LA MEGLIO GIOVENTÙ
DI MARCO TULLIO GIORDANA (2003) [ONLINE ACTIVITIES]

Episodio 5

Vedi l'introduzione generale al film nel *Capitolo 1* (pagina 47).

Giulia a Roma, poco prima di entrare in cladestinità

IL VIAGGIO VIRTUALE

Ora spostati in Puglia, facendo prima un giro nell'Abruzzo e nel Molise e seguendo il *Viaggio virtuale* che ti proponiamo nel SAM, oppure vai direttamente al *Capitolo 6* di questo testo.

6

Puglia

Contenuti e obiettivi di apprendimento

1 **La regione:** conoscere la Puglia, in particolare le caratteristiche linguistiche, geografiche e economiche della regione

2 **Le letture:** leggere un brano di narrativa, un'intervista e due poesie

3 **Il tema grammaticale:** esprimere certezze e/o opinioni usando le sequenze corrette dei tempi e alternando tra voce attiva e voce passiva

4 **Ripasso breve:** partitivo

5 **I due percorsi cinematografici:** *Tre fratelli* e *La meglio gioventù, Episodio 6*

Il villaggio di Polignano a Mare, Puglia

PRIMI PASSI IN PUGLIA: LE IMMAGINI PARLANO

I paesaggi umani

 6.1 **Osserva e rifletti** Guarda tutte le foto di questo capitolo, in particolare i paesaggi modificati dall'uomo. Scegli la foto che ti sembra più rappresentativa della regione; poi rispondi alle seguenti domande.

1. Hai visto paesaggi simili in altre regioni d'Italia o in altre nazioni che conosci o che hai visitato? Che cosa trovi di particolarmente interessante nella foto che hai scelto?
2. Quale tipo di intervento dell'uomo e/o di attività economica (agricoltura, turismo, industria, ecc.) ha contribuito a creare questo paesaggio, secondo te?

Persone e ambienti

 6.2 **Brainstorming**

1. Sai fare la pasta in casa? L'hai mai mangiata? Parlane con un compagno o una compagna.
2. In classe fai un elenco delle parole necessarie per descrivere queste foto (A e B).

Foto A: Pasta fatta a mano per il Ristorante La Credenza, Bari

Foto B: Luxitalia: una fabbrica di conserve di pomodoro a San Pietro Vernotico, Puglia

 6.3 **Conversazioni** Ora "entrate" in queste fotografie (A e B) e immaginate di intervistare queste persone: Qual è la relazione fra le persone della foto A? Che cosa domandate a queste persone? Che cosa vi interessa sapere? Che cosa vi rispondono? Che cosa domandate alla donna della foto B? Che cosa vi risponde?

 6.4 **Alla scoperta di ...** Fai una breve ricerca su Internet sulle "orecchiette pugliesi". È facile farle in casa? Con quale condimento o sugo si servono generalmente? Si trovano in un negozio o in un supermercato vicino a dove abiti tu?

Arte e architettura

6.5 Castel del Monte Hai mai visitato un castello? Spiega. Era diverso da questo o simile? Che cosa ti colpisce di questo castello? Ti piacerebbe visitarlo?

 6.6 Alla scoperta di … Castel del Monte è un perfetto esempio di architettura civile medievale, ed è anche il simbolo della Puglia. Usando Internet o altre fonti, scopri …

Quando fu costruito e da chi?

Quali erano le sue funzioni?

Perché chi lo fece costruire era chiamato *Stupor Mundi*?

Castel del Monte, Andria

Il territorio della regione

 6.7 Alla scoperta di … Fai una breve ricerca su Internet, o usando altre fonti, per scoprire …

In quale parte dell'Italia si trova la Puglia? Il suo territorio è caratterizzato da pianure, montagne, colline, altopiani?

Da quali mari è bagnata la Puglia? Qual è il capoluogo regionale? Con quali regioni confina?

6.8 Dati alla mano … [ONLINE]

NOTE CULTURALI

Terra di mezzo fra occidente e oriente

 Lessico nuovo

l'occidente	*west*	uliveto	*olive tree grove*
il polo industriale	*industrial area*	l'economia agricola	*agricultural economics*
il Mezzogiorno	*Southern Italy*	lo stretto	*strait*
meridionale	*southerner*	il muro a secco	*stonewall*

È difficile parlare di una sola Puglia: forse più di ogni altra regione meridionale, il "tacco" (*heel*) dello stivale presenta una varietà enorme di paesaggi, dialetti e tradizioni, oltre a vari livelli di sviluppo economico e di urbanizzazione. La zona adriatica, ad esempio, grazie anche alle veloci linee 5 di comunicazione lungo la costa, è diventata uno dei poli industriali più importanti del Mezzogiorno. Ma viaggiando verso l'estremità meridionale della Puglia, si incontrano basse case bianche, muri a secco ed antichi uliveti: questo paesaggio ci ricorda che la Puglia ha un'economia ancora 10 prevalentemente agricola, e condivide la stessa architettura rurale degli altri paesi del Mediterraneo orientale. Lo stretto di Otranto che divide la Puglia dalla penisola balcanica[1], è largo solo 50 chilometri. E nella Grecìa Salentina, un'area interna nel sud della regione, si parla ancora un dialetto 15 greco, il *grico*.

Vecchio ulivo e terra rossa del Salento

---

[1]La penisola balcanica: la regione europea dove si trovano i paesi della ex-Jugoslavia, l'Albania, la Grecia e la Bulgaria.

6.9 Controlla la comprensione

1. Puglia industriale e Puglia rurale: giustifica queste due definizioni della regione.
2. Con una breve frase, spiega il titolo "terra di mezzo fra occidente e oriente".

Il *grico* in Puglia

Lessico nuovo

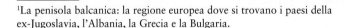

aggiornato	*updated*
arricchirsi	*to enrich*
attualmente	*now, at the moment*
l'etnia	*ethnic group*
la somiglianza	*resemblance, similarity*
sostenere, *p.p.* sostenuto, *p.r.* sostenne	*to claim*
stabilirsi	*to settle*

La Grecìa Salentina comprende circa otto comuni ora uniti in consorzio (*consortium*): in questa zona alcune migliaia di residenti parlano ancora il *grico*, una lingua derivata dal greco antico ma anche molto simile al neogreco, cioè alla lingua attualmente parlata in Grecia. Le origini di questa comunità etnica e linguistica sono ancora incerte: alcuni studiosi sostengono che le 5 popolazioni di questa zona discendono direttamente dai colonizzatori greci che si stabilirono nel sud dell'Italia nell'VIII secolo a.C., e fondarono la civiltà della Magna Grecia; secondo altri, gli abitanti del Salento che parlano *grico* discendono da emigranti greci che arrivarono in Puglia nel Medioevo.

Il *grico* ha continuato ad essere parlato nel corso dei secoli, ma in un 10 territorio sempre più ristretto e da persone che per ragioni di studio e di lavoro dovevano anche usare l'italiano standard. Separato dalla lingua neogreca, dai suoi centri di cultura e dalle sue università, il *grico*, che usa l'alfabeto latino e non l'alfabeto greco, non si è arricchito e possiede un vocabolario non aggiornato per le esigenze della comunicazione contemporanea. Ad esempio, nota il professor 15

Una piazza nel paese di Specchia, in Salento

Salvatore Sicuro, in *grico* non esiste la parola "panetteria", perché in tempi anche recenti il pane non si vendeva ma veniva prodotto in casa; in *grico* quindi esiste solo il termine "furno", cioè "forno" (*oven*), dove si prepara il pane, ma non dove lo si vende.

6.10 Controlla la comprensione Che cos'è il *grico* salentino? Perché questa lingua non si è arricchita?

Ascolto 1: *Grico* o neogreco? Come preservare una tradizione

Ora ascolta due opinioni contrastanti su come preservare la tradizione del *grico* nel Salento.

6.11 Prima di ascoltare Secondo te, è importante preservare lingue e dialetti diversi dalla lingua ufficiale? Se sì, è compito della famiglia o della scuola insegnare queste lingue e dialetti?

Vocaboli utili alla compresnione

l'ellenofonia	*Hellenic / Greek-speaking*
a fianco di	*alongside*
il gricofono	*grico-speaking person*
la redazione	*editorial staff*

6.12 Mentre ascolti Ferma la registrazione più volte e prendi appunti usando una tabella simile a questa:

Lingue e dialetti menzionati	Regioni e/o nazioni dove sono parlati

6.13 A fine ascolto Indica se le seguenti affermazioni sono vere o false secondo le informazioni che hai ascoltato; poi correggi le affermazioni false.

1. Secondo il professor Sicuro, le popolazioni del Salento possono facilmente comunicare con i greci usando il *grico*.   V   F
2. Il *grico* è una lingua dal vocabolario molto vasto.   V   F
3. Secondo il professor Sicuro, il *grico* non è adatto alle esigenze di comunicazione della società contemporanea.   V   F
4. Secondo la redazione di *Spitta*, il *grico* è una parte importante dell'identità del Salento.   V   F

6.14 Confronti e riflessioni Che cosa ne pensi tu? Credi che sia giusto insegnare solo quelle lingue che hanno un riconoscimento ufficiale e una tradizione culturale consolidata (come il greco moderno, o il neogreco)? Oppure credi che sia importante insegnare anche quelle lingue, come il *grico*, che non hanno una letteratura vasta o una funzione ufficiale?

6.15 Alla scoperta di ... Il *grico* del Salento è solo una delle tante lingue di minoranza esistenti nella penisola italiana. Quali sono altre minoranze linguistiche in Italia? Quali di queste lingue sono parlate anche fuori dall'Italia e dove? Presenta i risultati della tua ricerca alla classe.

La storia di San Nicola di Bari

Lessico nuovo

il cristianesimo	*Christianity*
diffondersi, *p.p.* diffuso, *p.r.* diffusi	*to spread, to advance*
il dono	*gift*
esiliare	*to send into exile*
imprigionare	*to imprison*
il marinaio	*sailor*
musulmano	*Muslim*
l'osso / le ossa (*pl.*)	*bone / bones*
prodigarsi	*to do all one can*
rinunciare	*to give up*
il santo	*saint*
il vescovo	*bishop*

I contatti fra la Puglia e l'Oriente fanno da sfondo (*background*) anche alla leggenda di San Nicola, il patrono di Bari, uno dei santi più conosciuti e venerati nel mondo cristiano: la sua 5 figura da vescovo con mitra e bastone pastorale (*miter and pastoral staff*) è comune nelle icone russe così come nell'arte dell'Europa occidentale, dal Medioevo fino al periodo moderno. 10

Nicola (270–343 d.C. circa) nacque, visse e morì in Anatolia (l'attuale Turchia), allora territorio dell'Impero Romano. A quel tempo il cristianesimo era considerato un culto che minacciava 15 la stabilità dell'Impero, e Nicola venne imprigionato, esiliato, ed infine liberato da Costantino, il primo imperatore che si convertì al cristianesimo.

Processione e festa di San 20 Nicola, Bari

Nicola si prodigò ad aiutare i poveri anche usando il patrimonio della sua famiglia, ed ebbe fama di guaritore (*healer*): le leggende dei suoi miracoli si diffusero rapidamente. Per questo godé di un'immensa popolarità tanto che fu proclamato vescovo dai suoi concittadini.

Molto tempo dopo la sua morte, nell'XI secolo, i Musulmani occuparono Mira, la città dell'Anatolia dove San Nicola era seppellito (*was buried*). I baresi 25 (*inhabitants of Bari*), che allora erano sudditi dell'Impero Bizantino, decisero di salvare il sepolcro (*sepulcher, grave*) del santo: così un gruppo di marinai baresi rubò le ossa del santo nel 1087 e le portò a Bari, dove Nicola divenne contemporaneamente patrono della città e dei marinai.

Lentamente si diffuse in Europa la leggenda di Nicola, un santo che aveva 30 rinunciato a tutti i suoi averi (*all his possessions*) per i poveri, e in particolare aveva dato tre doni d'oro a tre sorelle povere perché potessero sposarsi. Nel nord Europa, la figura di Nicola "portatore di doni" si è unita alla figura di un vecchio barbuto (*bearded*) che rappresentava l'inverno, un personaggio già presente nella tradizione popolare e pagana: nacque così Santa Claus (Babbo Natale, in italiano). "I due 35 personaggi non potrebbero essere più diversi", spiega Michele Bacci, organizzatore di una mostra sulla iconografia di San Nicola a Bari, "San Nicola è uomo del mare, solare. Santa Claus uomo dei boschi, del Nord, del freddo".[2] Difatti San Nicola, spesso raffigurato come un magrissimo asceta (*ascetic*) vestito da vescovo, ha in comune con Santa Claus solamente la generosità verso i bambini durante la stagione più fredda dell'anno: la notte del 6 dicembre, giorno della sua festa, a Bari, così come in Germania ed in Olanda, San Nicola porta dei doni ai bambini buoni. 40

---

[2]"Il ritorno di San Nicola" di Goffredo Silvestri, *La Repubblica*, 13 dicembre 2006.

6.16 Controlla la comprensione

1. Perché San Nicola diventò famoso in Turchia?
2. Quale ruolo ha San Nicola nelle tradizioni culturali di Bari?
3. Perché i baresi lo venerano?
4. Come si è trasformata la figura di San Nicola nel corso dei secoli?

6.17 Alla scoperta di ...

1. Scopri come si celebra a Bari la festa per ricordare l'arrivo delle ossa di San Nicola in città.
2. La Basilica di San Nicola di Bari (edificata fra il 1089 e il 1197), oltre ad essere un perfetto esempio di architettura romanica, è anche importante per altri motivi. Fai una breve ricerca su questa chiesa per scoprire ...
   Quali sono le due religioni cristiane che si incontrano in questa chiesa?
   Quali sono i principali tesori artistici della Basilica di San Nicola?

Oro verde, giallo e rosso: le tre ricchezze della Puglia

Lessico nuovo

assumere, *p.p.* assunto, *p.r.* assunsi	to hire
il benessere	wealth, being well-off, affluence
il censimento	census
il contadino	peasant, farmer
il diritto	right, law
il dopoguerra	post WWII period
il grano	wheat
il miglioramento	improvement
la raccolta	harvest
la ricchezza	riches
lo sciopero	strike
il sindacato	trade union
lo sfruttamento	exploitation

La pianura fra Foggia e il Gargano, chiamata il Tavoliere, è la seconda in Italia per estensione dopo la pianura padana, ed è zona agricola per eccellenza. Da questa terra si ricavano le tre grandi ricchezze della regione: un tipo di grano duro pregevole (il cosiddetto "oro giallo") con il quale si produce un pane da molti considerato il migliore d'Italia, il pomodoro per insalate o sughi (l'"oro rosso") e 5 le olive per la produzione dell'olio (l'"oro verde").

La ricchezza di questa terra, però, non ha sempre portato benessere ai contadini che la lavoravano direttamente o ai quei braccianti stagionali (*seasonal farm laborers*) assunti per la raccolta delle olive, dei pomodori o dell'uva. Lo scrittore Guido Piovene, che visitò la Puglia nel 1957, 10 spiega com'era la situazione a quell'epoca:

"[...] il dopoguerra ha trovato la Puglia divisa fra grosse ricchezze agricole e una diffusa povertà. Poiché molte famiglie proprietarie hanno la loro sede principale (*their main residence*) in altre regioni, le rendite (*sources of income*) delle loro terre e dei loro 15 commerci non sono spese nella Puglia; oppure, [le rendite], messe nelle banche, fuggono verso il Nord, dove trovano investimenti fruttuosi. Si ripete qui [...] la tragedia di tutto il Sud: la parte maggiore della ricchezza del paese non va al paese". [3]

Molto è cambiato da allora: gli scioperi, le lotte e le iniziative 20 politiche dei contadini pugliesi negli anni del dopoguerra hanno portato un vero miglioramento nelle condizioni di vita e di lavoro delle campagne del Tavoliere. Anche la riforma agraria negli anni '50 ha in parte eliminato il latifondo (*large land estate*) favorendo la piccola proprietà contadina. Ma la richiesta di lavoro stagionale rimane la 25 stessa: i nuovi braccianti ora sono immigrati, spesso clandestini, dai paesi africani e da altre regioni povere del mondo, e le loro condizioni di vita e di lavoro sono simili a quelle che vivevano i braccianti italiani nel dopoguerra: con la differenza che allora i contadini pugliesi erano protetti dalla famiglia, dalla società, e dalla legge; ora, invece, questi 30 nuovi lavoratori della terra sono isolati e vulnerabili. Non parlando la lingua, senza permesso di soggiorno (*working papers*), senza una società civile o una famiglia alle spalle, possono fare molto poco per migliorare le loro condizioni. Nel 2006 un giornalista de *L'Espresso* finse (*pretended*) di essere un immigrato e si fece assumere (*had himself* 35 *hired*) come bracciante stagionale per documentare lo sfruttamento di questi lavoratori invisibili: "Sono almeno cinquemila. Forse settemila. Nessuno ha mai fatto un censimento preciso. Tutti stranieri. Tutti sfruttati in nero (*illegally hired*). [...] Alcuni sono sbarcati (*got off the boat*) da pochi giorni. Sono partiti dalla Libia e sono venuti qui perché 40 sapevano che qui d'estate si trova lavoro. [...] Li fanno lavorare dalle sei del mattino alle dieci di sera. E li pagano, quando pagano, quindici, venti euro al giorno". [4]

[3]Guido Piovene, *Viaggio in Italia*, Milano: Mondadori, 1966, p. 596.
[4]Fabrizio Gatti, "Io schiavo in Puglia", *L'Espresso*, 1 settembre 2006.

La raccolta delle olive in Puglia

La raccolta dei pomodori vicino a Foggia

6.18 Controlla la comprensione

1. Quali sono i tre "ori" della Puglia?
2. Come vivevano i contadini pugliesi nel dopoguerra e come vivono ora i nuovi braccianti?

6.19 Alla scoperta di ...

1. Fai una ricerca sul pane di Altamura: che cos'ha di unico questo pane? Dove si trova Altamura? Quale importante riconoscimento europeo ha ricevuto questo pane?
2. Olio extra-vergine d'oliva e olio d'oliva: quali sono le differenze fra questi due oli? In classe, confronta i risultati delle tue ricerche.

6.20 Confronti e riflessioni Dopo aver risposto alle seguenti domande, discutine in gruppo con altri due o tre studenti.

1. Rileggi la seguente frase dal paragrafo più sopra: "Li fanno lavorare dalle sei del mattino alle dieci di sera. E li pagano, quando pagano, quindici, venti euro al giorno". A quanti dollari corrispondono 15 e 20 euro? Qual è la paga oraria (*hourly pay*) in dollari di questi immigrati? È simile alla paga minima legale dello stato in cui vivi?
2. Nella regione o nello stato che conosci esiste uno sfruttamento degli immigrati in agricoltura? In quali settori dell'agricoltura lavorano questi braccianti (ad esempio, la raccolta dei pomodori, delle fragole, delle patate, ecc.)? Da dove vengono? Sono residenti permanenti o ritornano al loro paese dopo la raccolta stagionale?

Ascolto 2: Giuseppe Di Vittorio (1892–1957): un santo laico

6.21 Prima di ascoltare Leggi questa breve biografia. Giuseppe Di Vittorio (Cerignola,1892–Lecco, 1957) era un bracciante autodidatta che abbandonò la scuola dopo la seconda elementare, ma che diventò segretario generale della CGIL, il più grande sindacato dei lavoratori italiani. Nel 1948 Di Vittorio fu eletto all'Assemblea Costituente[5] e contribuì a redigere (*to draft*) la nuova Costituzione della Repubblica Italiana. A distanza di più di mezzo secolo dalla sua morte, Di Vittorio è ancora un mito vivo e presente nelle campagne pugliesi. Matteo Valentino, Sindaco di Cerignola, paese natale di Di Vittorio, spiega: "Di Vittorio rappresenta il nostro territorio. Rappresenta la storia di generazioni di lavoratori della terra che, lottando collettivamente contro soprusi (*abuses*) e sfruttamento secolari, hanno ottenuto il riconoscimento dei più elementari diritti, e non solo per loro[6]".

Ora cerca di anticipare il contenuto dell'Ascolto 2 rispondendo alla seguente domanda: Che significato può avere il titolo "un santo laico" in relazione alla vita di Giuseppe Di Vittorio?

Vocaboli utili alla comprensione

l'attrezzo	*tool*
l'autodidatta	*self-taught person*
la bancarella	*stand / bookstand*
la battaglia	*struggle, fight*
crescere, *p.p.* cresciuto, *p.r.* crebbi	*to grow / to grow up*
la figura eroica	*heroic figure*
giurare	*to swear, to promise*
il sindacalista	*trade unionist*
il sindacato	*trade union*
tremendo	*terrible*
la zappa	*hoe*

6.22 Mentre ascolti Prendi appunti sulla vita di Di Vittorio, dividendo le informazioni biografiche dagli aneddoti raccontati. Usa una tabella simile alla seguente:

Informazioni biografiche	Aneddoti raccontati

---

[5]Assemblea Costituente: *the group of elected officials who, between 1946 and 1948, wrote a new constitution for the Italian Republic.*
[6]Matteo Valentino, Sindaco di Cerignola in "La Puglia e la memoria di Di Vittorio" di Vincenzo Santoro, in http://www.casadivittorio.it/ancirivista.html.

6.23 **A fine ascolto** Completa le frasi in modo logico, scegliendo fra i seguenti vocaboli.

dei diritti civili	*la classe operaia*	*un vocabolario*	*gli ulivi*
il grano	*tagliati la testa*	*la Madonna*	*Gesù*
Giuseppe Di Vittorio	*un opuscolo*	*una legge*	*vendicati*
il Presidente Roosevelt	*una bancarella*	*San Nicola*	*proprietà*
il lavoro dei braccianti			

1. Nel secondo dopoguerra, i braccianti erano trattati come _____ delle aziende per cui lavoravano.
2. Di Vittorio riuscì ad ottenere l'estensione _____ nei luoghi di lavoro.
3. Di Vittorio una volta trovò un libro su _____ e scoprì che era _____, allora decise che avrebbe imparato tutte quelle parole.
4. Per Peppino i compagni si sarebbero anche _____.
5. Nelle case contadine, si vedevano appese le tre immagini, cioè _____, _____ e _____.

6.24 **Confronti e riflessioni**

1. Puoi pensare ad un eroe popolare che abbia le stesse caratteristiche di Di Vittorio?
2. Ripensa alla Puglia del dopoguerra e al lavoro di Di Vittorio. Nella zona in cui vivi o che conosci meglio, la ricchezza e il benessere sono ben distribuiti?
3. Qualcuno nella tua famiglia è o è stato autodidatta? Tu sei autodidatta in qualcosa? Spiega.

Un paese di fate e un popolo di formiche

Lessico nuovo

l'abitazione	*dwelling*
la civiltà	*civilization*
disposto	*arranged*
la fata	*fairy*
la formica	*ant*
l'insediamento	*settlement*
il muro / il muretto	*garden or property wall*
la parete	*house wall*
la pietra	*piece of rock*
il sasso	*stone*
lo sforzo	*effort*
spuntare	*to pop up*
il tetto	*roof*
tramandare	*to pass down*
la valle / la vallata	*valley*

Sei mai stato in un edificio di forma circolare? Quali potrebbero essere gli svantaggi (o forse i vantaggi) della vita in un'abitazione di questo tipo? In Puglia potresti fare questa esperienza, visitando la Valle d'Itria.

I contadini che hanno coltivato con amore e fatica queste terre nel corso dei secoli hanno lasciato delle opere di architettura civile fra le più originali di tutto il 5
bacino del Mediterraneo: i cosiddetti "trulli" di Alberobello, abitazioni in pietra di forma circolare che nel 1996 furono riconosciute come Patrimonio dell'Umanità dall'UNESCO.

I trulli ad Alberobello

I trulli sono insediamenti contadini fra i più antichi e meglio conservati d'Italia e forse d'Europa. Hanno una pianta (*floor plan*) quadrangolare o circolare, e un tetto a cono: il materiale da costruzione è costituito da semplici pietre disposte una sull'altra senza malta (*mortar*), seguendo la tecnica del "muro a secco" (*stone wall*). Si costruiscono così due muri, uno esterno e uno interno, e lo spazio in mezzo è riempito di terra e sassi. I muri hanno forma circolare e sono costituiti da anelli concentrici (*concentric rings*) sempre più stretti, fino ad arrivare alla punta più alta del tetto che consiste in un'unica pietra. Infine, il tetto conico è coperto da lastre (*slabs*) di pietra scura che contrastano con il bianco luminoso delle pareti esterne.

Il trullo è costituito quindi da un'unica stanza circolare del diametro massimo di sei metri, a forma di cono; alcuni trulli sono addossati gli uni agli altri (*one attached to the other*) e collegati da porte e corridoi per consentire l'uso di più stanze ad un'unica famiglia; si formano così i cosiddetti "aggregati di trulli" (*joined trulli*), alcuni dei quali comprendono giardini interni e cortili. Così Guido Piovene descrive i trulli che punteggiano (*dot*) la campagna intorno ad Alberobello:

"Le vallate, e in modo speciale la valle d'Itria, assumono così un aspetto fiabesco (*fairy-tale look*), come cosparse dalle (*dotted with*) tende di un esercito esotico, e dalle case delle fate[7]."

L'origine dei trulli è tanto interessante quanto la loro architettura: la forma circolare, così come l'uso della pietra a secco, sono comuni in tutta l'architettura antica del Mediterraneo orientale. Le popolazioni della Puglia, quindi, erano tutt'altro che (*anything but*) isolate, ma condividevano con il resto del Mediterraneo conoscenze avanzate in campo architettonico che si sono poi tramandate nel corso dei secoli.

Ad Alberobello si può veramente parlare di "architettura senza architetti", e la funzionalità e semplicità del trullo riflettono i caratteri essenziali della cultura contadina: il materiale usato non costa praticamente niente, è facilmente disponibile sul posto, e le abitazioni create sono funzionali al clima, calde d'inverno e fresche d'estate.

Attualmente esistono circa 1300 trulli, alcuni dei quali furono costruiti 400 anni fa. Anche se sono state tutte restaurate, queste abitazioni si adattano poco alle esigenze (*needs*) della vita contemporanea: il bagno, ad esempio, deve essere costruito separatamente, se non si vuole modificare l'architettura originale. Per questi motivi, molti trulli sono usati come negozi, uffici o laboratori artigianali, pochi resistono come abitazione.

Alberobello è solo l'esempio più conosciuto di architettura povera in Puglia. In realtà tutta la campagna pugliese rivela in ogni angolo lo sforzo cumulativo di generazioni e generazioni di contadini che hanno liberato la terra dalle pietre, rendendola coltivabile. Come spiega lo scrittore pugliese Tommaso Fiore:

"[…] spuntano trulli innumerevoli dal terreno, non più soli o radi (*sparse*), ma aggruppati (*clustered*) come fratellini per mano, a due, a tre, a quattro […] e dovunque muri e muretti

Muro a secco e trulli nella campagna pugliese

[7]Guido Piovene, *Viaggio in Italia*, Milano: Mondadori, 1966, p. 601.

[…] Mi chiederai come ha fatto questa gente a scavare ed allineare tanta pietra. Io penso che la cosa avrebbe spaventato un popolo di giganti. Questa è la Murgia più aspra (*harsh*) e più sassosa (*stony*): per ridurla a coltivazione (*to make it useful for agriculture*) non ci voleva meno della laboriosità di un popolo di formiche[8]." 60

[8]Tommaso Fiore, *Un popolo di formiche*, Bari: Palomar, 2001, pp. 31–32.

6.25 Controlla la comprensione

1. Oltre alla loro forma circolare, qual è la caratteristica dei trulli che hai trovato più interessante?
2. Guido Piovene parla di "case delle fate": a che cosa si riferisce e perché usa questa metafora?
3. Tommaso Fiore parla di "popolo di formiche": a chi si riferisce e perché usa questa metafora?

6.26 Alla scoperta di …

1. Scopri su Internet quanto costerebbe affittare un trullo per una vacanza di una settimana.
2. Vai sul sito del Comune di Alberobello per scoprire quali sono gli obiettivi dell'Operazione Cielo Libero.
3. I nuraghi in Sardegna sono un altro esempio di architettura primitiva nel bacino del Mediterraneo. Che cosa hanno in comune con i trulli di Alberobello? Che funzione avevano i nuraghi?

6.27 Confronti e riflessioni Pensa alla città o al paese in cui vivi o che conosci meglio. Le abitudini di vita, il clima e la cultura in generale hanno influito sullo stile delle abitazioni e/o sui materiali usati per la loro costruzione? Puoi portare uno o due esempi e poi parlarne con due o tre compagni di classe?

6.28 Un fine settimana a Lecce [ONLINE]

6.29 Chi è? Che cos'è? [ONLINE]

La poesia regionale (dal *Canzoniere italiano* di Pier Paolo Pasolini).[9]

Piangi, misera mia, che so soldato,   1
Piangi la libertà c'aggio perduto!
Per tre anni a servì so ubliato,
Cerco pietà né trovo a chi m'aiuta.
Di notte e iorno vaio sempre armato,   5
Vini compagno mio a dar la muta!
Mentre che mangio cu cumpagno a lato
Piangio, nennella mia, che t'ho perduta!

[Piangi, o poverina, che son soldato, piangi la libertà che ho perduto! Per tre anni a servir sono obbligato, cerco pietà e non trovo chi m'aiuta. Di notte e giorno vado sempre armato: vieni compagno mio, a darmi il cambio! Mentre mangio col compagno al fianco, piango, bambina mia, che t'ho perduta!]

(Continua)

---

[9]Pier Paolo Pasolini, a cura di. *Canzoniere italiano. Antologia della poesia popolare.* Milano: Garzanti. 1992, p. 393, n. 555.

6.30 Osserva… Nella poesia, osserva che l'equivalente di "*I (have) lost*" è ripetuto due volte, una volta in italiano standard e una volta in dialetto. Scrivilo qui sotto.

_____ (italiano standard)
_____ (dialetto)

Qual è l'effetto ottenuto con la ripetizione di questa frase all'inizio e alla fine della poesia?

6.31 Il significato

Chi è la voce narrante di questa poesia? Perché è disperato? Che cosa o chi ha perso?

LETTURA 1

La mia università
di Nino Palumbo

da *La mia università*, 1981

Introduzione

In questo racconto autobiografico, lo scrittore pugliese Nino Palumbo (Trani, 1921–San Michele di Pagana, 1983) racconta un episodio della sua adolescenza, quando era da poco emigrato da Bari a Milano e lavorava come fattorino (*errand boy*) per aiutare la famiglia. Lontano dall'ambiente scolastico, senza l'aiuto di nessun maestro, Nino decide di leggere un libro trovato per caso: si tratta della *Divina Commedia* di Dante Alighieri. Il suo percorso nella comprensione di questo testo diventa un'esperienza che Nino definisce come la "sua" personalissima università.

5

6.32 Prima di leggere L'università che Palumbo descrive in questo racconto non è una vera università, ma una metafora per un'esperienza dalla quale ha imparato molto. Al di fuori della scuola, quali sono state le esperienze più formative che hai avuto tu?

 Lessico nuovo

adatto	*suitable*	incuriosito	*curious*
a malapena	*hardly, just barely*	intravedere, *p.p.* intravisto,	*to glimpse*
andare avanti	*to move ahead*	*p.r.* intravidi	
avvicinarsi	*to draw near*	intruso	*intruder*
avvilito	*dejected, depressed*	istruito	*educated*
cavarsela	*to manage*	il passo avanti	*step forward*
dare del Lei / dare del tu,	*to address someone*	pentirsi	*to regret, to repent*
p.p. dato, *p.r.* diedi	*formally / informally*	rimproverare	*to reproach*
dare fastidio	*to bother, annoy*	lo scaffale	*shelf*
darsi per vinto	*to give up*	scoppiare a piangere	*to burst into tears*
deciso	*determined, self-confident*	sfiduciato	*discouraged*
la fuga	*flight*	tentare	*to attempt*
importuno	*troublesome, inopportune*	la vergogna	*shame*

La Cattedrale di Giovinazzo, a ridosso del porto e delle vecchie mura

Libera le parole!

6.33 Sinonimi Ogni gruppo di quattro vocaboli contiene tre sinonimi e un "intruso". Quale dei quattro è l'"intruso"?

1. la fuga, la distruzione, l'abbandono, l'evasione
2. adatto, idoneo, giusto, fedele
3. istruito, colto, intelligente, gentile
4. la vergogna, l'imbarazzo, l'infelicità, il disonore
5. litigare, rimproverare, criticare, ammonire
6. a malapena, appena, lentamente, quasi
7. antipatico, intruso, importuno, clandestino

6.34 Mentre leggi

1. Quale frase descrive meglio i familiari del narratore?
   a. Sono impegnati in una conversazione sulle attività della giornata.
   b. Sono annoiati dalla vita che conducono.
   c. Sono interessati alla lettura a voce alta della *Divina Commedia*.
2. Identifica le seguenti frasi con il verbo **sentire / sentirsi** quando le incontri nel brano. Poi in classe commenta i diversi usi e significati di questo verbo.
   A. *Credevo che fosse un palazzo vietato ai ragazzi, adatto solamente per i grandi, per gli istruiti, per i preparati. Quella sera però, man mano che m'avvicinavo, <u>sentivo</u> crescermi dentro una decisione nuova, ferma.*
   B. <u>Ora ero contento d'essere lì dentro. <u>Mi sentivo</u> tranquillo, in pace con me stesso e con gli uomini.*

C. *Mi sentii sfiduciato, avvilito. Se non fosse stato per il disturbo che avevo arrecato al bibliotecario, se non fosse stato perché lui e l'altro signore, m'avevano visto, ora me ne sarei andato, di soppiatto*, come un ladro.*

D. *Sentivo il suo petto quasi sulla mia spalla, il suo alito** sul mio collo. Ma non mi dava fastidio. Mi pareva di aver trovato un altro padre, quello che da anni cercavo.*

3. Come descriveresti il percorso emotivo del narratore?
   a. Determinato, poi contento, poi insicuro, infine soddisfatto
   b. Impaurito, poi forzato, poi combattuto e infine devastato
   c. Nervosissimo, poi sicuro di sé, poi arrogante, infine solo

4. Qual è il tono principale del brano?
   a. Introspettivo
   b. Espositivo
   c. Persuasivo

5. Quali aggettivi meglio descrivono il protagonista del brano?
   a. Solo e scoraggiato
   b. Curioso e coraggioso
   c. Irrealista e pretenzioso

---

*di soppiatto: *sneakily, stealthily*
**l'alito: *breath*

La mia università di Nino Palumbo

Era uno dei primi giorni di febbraio. La neve, dopo quella di Natale, solamente quel mattino era caduta di nuovo. Bianca, soffice, grossa. Il piede entrava dentro con piacere, specie dove nessuno l'aveva ancora messo. Uscii di casa che potevano essere le otto e mezzo di sera. Fu una fuga. Da giorni non riuscivo ad andare avanti. Ogni sera tentavo di fare un passo avanti con Dante, ma non mi [5] riusciva. Seduto al tavolo tondo che fungeva anche da[1] tavola da pranzo per la mia famiglia, tentavo tutte le sere di leggere qualche canto della *Divina Commedia*, ancora dell'Inferno; ma tutte le volte, dopo una mezz'ora, mi davo per vinto. I miei, poco lontani, aggruppati intorno alla stufa a carbone[2], parlavano dei fatti capitati durante la giornata. Mio fratello del suo lavoro di fattorino di calzoleria[3], le due [10] mie sorelline delle loro lezioni alla scuola elementare, mia madre e mio padre delle loro preoccupazioni di padre e di madre, la casa, il freddo, la spesa. [...]

Avevo una vecchia *Divina Commedia*. [...] Il commento era antico, mi rimandava sempre ad un "Anonimo" o ad un "Boccaccio[4]", e soprattutto citava molto spesso *La vita nova*[5], l'amore di Dante, la sua poesia amorosa. Così s'era [15] andato maturando[6] in me il convincimento che, prima della *Commedia*, dovessi leggere e studiare almeno questa vita.

---

[1]fungere da: *to serve as*

[2]aggruppati ... : *gathered around the charcoal-burning heater*

[3]il fattorino di calzoleria: *shoemaker's assistant / delivery boy*

[4]Giovanni Boccaccio (Certaldo, Firenze, 1313–1375): autore della famosa raccolta di novelle *Il Decamerone*.

[5]*La vita nova*: la prima opera del poeta fiorentino, scritta interamente in lingua volgare (cioè in italiano, e non in latino). Dante narra la storia del suo amore per Beatrice, da quando la donna era una bambina di nove anni fino alla sua morte nel 1290.

[6]era andato maturando in me: *had been growing / developing in me*

Quella sera uscii fra la sorpresa dei miei. Mio padre e mia madre mi videro così deciso che non mi domandarono neppure dove andassi. Solamente mia madre mi ricordò che alle dieci il portone si chiudeva. [...]

Avevo saputo da Gaetano, il meccanico, il primo amico di mio fratello a Milano, che lì c'era la biblioteca, e che era aperta anche di sera. Ci avevo pensato spesso, ma mai per decidermi ad andarvi. Credevo che fosse un palazzo vietato ai ragazzi, adatto solamente per i grandi, per gli istruiti, per i preparati. Quella sera però, man mano che m'avvicinavo,[7] sentivo crescermi dentro una decisione nuova, ferma.

Ma dove fosse, non sapevo con precisione. Gaetano m'aveva detto solamente: "Al Castello Sforzesco ci puoi trovare i libri che vuoi". Arrivai all'ingresso [...]

Pensai che dovesse essere lì: una porticina su cui era scritto "Biblioteca", e l'orario per il giorno e per la sera. Aprii piano piano. Mi consideravo un intruso. Temevo che fra qualche momento sarei stato messo alla porta. Non ricordavo neppure più perché c'ero venuto, che libro avrei desiderato vedere, guardare, leggere, conoscere. [...]

"Desidera?" mi fece l'uomo seduto. Mi si dava del Lei, là dentro. Che strano! Pensavo d'essere trattato come un ragazzo. "Forse non ha visto ancora come sono vestito", conclusi.

M'avvicinai lo guardai e riuscii a dire: "Vorrei leggere *La vita nova* di Dante".

L'uomo seduto mi guardò incuriosito. Ma io sentii su di me anche gli occhi dell'uomo in piedi. Lo guardai anch'io un momento. In lui c'era la sorpresa. Ritornò subito con gli occhi sul libro.

"Ma quale *Vita nova*?" mi domandò il bibliotecario.

"Ma non so, quella di Dante", dissi io, e mi sbigottii, credendo che di "vita nova" ce ne fosse più d'una.

"Sì, siamo d'accordo", fece l'uomo, buono, gentile, "ma commentata da chi?"

"Ma non so", dissi di nuovo io. Mi pentivo d'essere venuto; avrei voluto girare sui tacchi e di corsa uscire, scomparire. Che ne sapevo io di commenti e di commentatori?

Per fortuna sentii di nuovo su di me gli occhi del signore in piedi. Mi pareva che mi sorridesse. Disse: "Gli dia quella del ... " (e mi sfuggì il nome).

L'uomo si alzò, uscì. Io guardai un momento il signore e non fui capace di dirgli neppure grazie. Lui riportò di nuovo gli occhi sul libro, aperto, quasi fin sotto il mento. Dopo qualche secondo mi fece: "Vada dentro. Aspetti lì". Questa volta riuscii a dirglielo il grazie.

Entrai. Un salone grandissimo, a malapena da intravedersi il fondo. Pieno di scaffali tutt'intorno fino al soffitto. E silenzio, ma accogliente, religioso, di quello che avevo sentito quando qualche volta al mattino presto (ancora prima dell'alba) ero entrato nella chiesa dei cappuccini[8] al mio paese. Allora nel buio, rotto appena da qualche riverbero di lume[9], avevo sentito il silenzio mescolarsi al canto dei monaci al di là dell'altare maggiore, ed avevo intravisto la pace di dentro, quella che soltanto il mare sconfinato mi sapeva dare durante le mie lunghe passeggiate prima d'andare alla bottega, o quando uscivo la sera. [...]

20

25

30

35

40

45

50

55

60

---

[7]man mano che m'avvicinavo: *as I drew closer*
[8]i cappuccini: *order of male Franciscan monks devoted to the vow of poverty*
[9]il riverbero di lume: *reflection of light*

(*Continua*)

Ora ero contento d'essere lì dentro. Mi sentivo tranquillo, in pace con me stesso e con gli uomini. Forse perché lì non c'era nessuno, forse perché pareva un angolo di terra dimenticato dagli uomini, o forse perché finalmente dopo mesi scoprivo nella mia nuova città un angolo di pace, in cui non sentissi intorno a me il senso del vago, del provvisorio. Era finalmente il luogo che avevo cercato, che avevo desiderato, quello che m'avrebbe disancorato[10] dal ricordo della città che avevo lasciato, delle mie passeggiate lungo la spiaggia, e delle domande e risposte chieste e date al mare sconfinato dove il nero del cielo s'univa al nero del mare [...].

C'era al secondo tavolo il signore piccolo. Non alzò neppure la testa. Ma forse perché camminai in punta di piedi. L'oltrepassai[11]. Nessun banco mi pareva che facesse per me. Camminai nel corridoio fino in fondo. Volevo non essere visto, dimenticato. Temevo d'essere ancora un intruso, un importuno. Credevo che sarebbero arrivati altri ormai di casa[12], e che m'avrebbero rimproverato d'essere venuto ad introdurmi nel loro ambiente, nel loro mondo.

Mi sedetti all'ultimo banco ed aspettai. Da lì in fondo la sala pareva più piccola, ma ancora più accogliente. Intorno a me le luci erano tutte spente. Vidi affacciarsi il bibliotecario con un libro in mano. Guardò in giro. Mi cercava. Cominciò a venire avanti. Io non facevo niente per farmi notare. Avevo paura che mi rimproverasse perché ero andato a finire là in fondo. Mi vide, mi fu vicino, alzò la mano all'interruttore[13] sulla mia testa e l'accese.

"Non la vedevo più", disse, e mi mise il libro davanti.

"Grazie e scusi", feci e lo guardai. [...]

Aprii il libro a caso. Prosa e versi. Poi provai a leggere. Ebbi paura. No, non era libro per me. Non capivo niente. [...]

Mi sentii sfiduciato, avvilito. Se non fosse stato per il disturbo che avevo arrecato al bibliotecario, se non fosse stato perché lui e l'altro signore, m'avevano visto, ora me ne sarei andato, di soppiatto[14], come un ladro. Non era luogo per me, benché sentissi il silenzio, la penombra[15] aderire al mio spirito, al mio bisogno di pace e di tranquillità.

"Ora dico che non capisco niente, ringrazio e vado via", mi dissi "E chiedo scusa per il disturbo." [...]

Alzai gli occhi. A due passi da me vidi venirmi incontro il signore alto. Forse mi osservava già da prima. Continuò a venire avanti ed a guardarmi. Aveva un sorriso delicato, affettuoso, che disarmava. Mi fu vicino e rimase in piedi.

"Te la cavi?" mi domandò, senz'ombra di presunzione. Lo guardai. Aveva un occhio vivo, dietro le lenti cerchiate di nero. [...]

"Ma, veramente, non molto", dissi. Ma avrei voluto scoppiare a piangere. Ecco, davanti a lui non avrei avuto vergogna di farmi vedere piangere.

"Ho capito", fece. Si guardò in giro e poi venne a sedersi alla sedia vicino alla mia. "Vediamo. Forse ti posso aiutare io", fece.

Lo guardavo e mi pareva di non capire.

"Cosa fai? Studi?" mi domandò, e avvicinò il libro. Ascoltò senza alzare la testa.

---

[10]disancorato: *detached*
[11]oltrepassare: *to surpass*
[12]ormai di casa: *by now at home in this place*
[13]l'interruttore: *switch*
[14]di soppiatto: *sneakily, stealthily*
[15]la penombra: *twilight*

"Faccio il fattorino, di giorno", dissi. "Ma voglio studiare. Ho incominciato da due mesi la *Divina Commedia*, ma nelle note ci sono sempre richiami alla *Vita nova*. Per questo sono venuto".

Continuava a sfogliare il libro. Pensai che volesse che dicessi qualche altra cosa della mia vita. 110

"A metà del secondo ginnasio[16] dovetti lasciare la scuola e andare a lavorare. Da allora ho cercato sempre di leggere, quando ho potuto. Mi piace studiare. È una cosa più forte di me".

Alzò la testa e mi guardò. Mi sorrideva, ancora affettuoso e comprensivo.

"Quanti anni hai?" mi domandò. 115

"Sedici".

"E puoi venire la sera?"

"Sì", mi uscì come un fiotto[17], improvviso.

"Allora forse ti potrò aiutare io. Sono il direttore qui dentro", fece, ma senza voler dare molta importanza alla cosa. "Vediamo. Cominciamo dalla prima pagina". 120

Avvicinò di più la sedia alla mia. Allungò fino a me il libro e lesse: "In quella parte del libro de la mia memoria, dinanzi a la quale poco si potrebbe leggere, si trova una rubrica la quale dice: *incipit vita nova*".[18]

Sentivo il suo petto quasi sulla mia spalla, il suo alito[19] sul mio collo. Ma non 125 mi dava fastidio. Mi pareva di aver trovato un altro padre, quello che da anni cercavo. Lo ascoltai fino alle undici e un quarto.

Da quella sera cominciò la mia università.

---

[16]la seconda ginnasio: *second year of high school*

[17]come un fiotto: *in spurts*

[18]In quella parte …: sono le prime parole de *La vita nova* di Dante. La frase in latino significa "comincia una vita nuova, rinnovata."

[19]l'alito: *breath*

Coltivazioni di pomodoro nella campagna pugliese

A fine lettura

6.35 Citazioni Rileggi attentamente le frasi tratte dalla lettura e rispondi alle domande. Poi confronta le tue risposte con quelle di altri due o tre studenti.

1. *Da giorni non riuscivo ad andare avanti… dopo una mezz'ora, mi davo per vinto.* (righe 4–5)	Andare avanti, ma … dove? In che direzione? Spiega, con parole tue, cosa significa "mi davo per vinto"?
2. *Mio padre e mia madre mi videro così deciso che non mi domandarono neppure dove andassi.* (righe 18–19)	Dov'era diretto Nino? Che cosa lo rendeva così deciso?
3. *Mi consideravo un intruso.* (riga 30)	In che situazione Nino prova questi sentimenti?
4. *"Forse non ha visto ancora come sono vestito", conclusi.* (righe 35–36)	Com'è vestito Nino, secondo te? Chi non ha ancora visto com'è vestito?
5. *Io guardai un momento il signore e non fui capace di dirgli neppure grazie.* (righe 50–51)	Chi doveva ringraziare Nino e perché? Perché non riuscì a dire niente?
6. *Mi sentii sfiduciato, avvilito.* (riga 87)	Perché Nino si sentiva così?
7. *"È una cosa più forte di me."* (riga 113)	A chi dice queste parole Nino? Che cosa è così "forte"?
8. *Mi pareva di aver trovato un altro padre, quello che da anni cercavo.* (126–127)	A chi si riferisce Nino? Secondo te, che cosa aveva di diverso questo padre dal suo padre biologico?

 6.36 Riflessioni finali Rispondi a queste domande, poi confronta le tue risposte quelle di con altri due o tre compagni.

1. Come credi che continuerà la vita di Nino dopo la serata descritta in questa lettura?
2. Tu hai mai preso una decisione improvvisa che ha determinato una svolta (*turn, change*) importante nella tua vita?
3. Considera la frase "*incipit vita nova*". Che significato hanno le parole di Dante (vedi traduzione a pagina 257) in questo momento della vita del narratore?

 6.37 Confronti e riflessioni Formula le tue idee sui seguenti punti e poi discutine in gruppo.

1. Ci sono biblioteche pubbliche nella città e nel quartiere in cui vivi? Le frequenti mai? Pensi che sia importante finanziare le biblioteche pubbliche?
2. Immagina questa situazione in un comune ipotetico: "Se non si aumentano le tasse, le biblioteche di quartiere rischiano di chiudere o di aprire solo con un orario molto ridotto." Prepara almeno tre argomenti a favore e tre argomenti contro un aumento delle tasse allo scopo di mantenere aperte le biblioteche pubbliche.

3. Nel paragrafo che comincia con "Entrai" (riga 54), il narratore paragona il silenzio e la pace della biblioteca all'atmosfera di una chiesa o di una spiaggia deserta. Che cosa hanno in comune questi tre luoghi: biblioteca, chiesa, spiaggia / mare? Quali associazioni di pensiero faresti tu, pensando ad una biblioteca, ad un luogo religioso, ad una spiaggia? Aiutati con la seguente tabella:

	Biblioteca	Chiesa	Spiagga / Mare
Le associazioni di pensiero che fa Nino			
Le tue associazioni di pensiero			

6.38 Alla scoperta di ... *Bibliobus*: se Nino vivesse ora a Milano, forse potrebbe usare questo servizio. Vai su Internet e ricerca "Milano – biblioteche civiche" per scoprire che cos'è. A quali classi sociali o fasce d'età (*age groups*) si rivolge questo servizio? Quali sono i vantaggi di questo servizio? Esiste un servizio simile nella città o paese che conosci meglio?

Grammatica viva

6.39 Completa la serie

1. Considera attentamente il verbo **cavarsela** (*to pull through, to get by*) alla riga 97 della lettura. Si tratta di un verbo chiamato "intensivo" perché usa il pronome riflessivo unito al pronome oggetto diretto **la**, per dare intensità o enfasi al significato. Cerca di completare la serie; poi confronta le tue risposte con quelle dei tuoi compagni.

   me la cavo, te la cavi, _____,

   _____, ve la cavate, _____

2. Un verbo simile a **cavarsela**, come costruzione e come significato, è **farcela** (*to make it, to manage*). In questo verbo, il pronome **ci** è unito al pronome **la** per enfasi. Anche per questo verbo, completa la serie.

   ce la faccio, _____, ce la fa,

   ce la facciamo, _____, ce la fanno

3. Completa anche il presente indicativo di **prendersela** (*to get worked up, to get offended*), come hai fatto per i verbi precedenti.

   _____, te la prendi, _____,

   ce la prendiamo, _____, _____

6.40 Trasformazioni

1. Rileggi le seguenti frasi tratte dal testo. Poi trasformale usando il tempo giusto al congiuntivo.
   a. *Mi pareva di aver trovato un altro padre (riga 126).* ⟶ Mi pareva che tu _____.
   b. *Volevo non essere visto (riga 73).* ⟶ Volevo che noi non _____.
2. Considera questa frase tratta dal testo: *Temevo che fra qualche momento sarei stato messo alla porta (riga 31).* Il verbo sottolineato è un condizionale passato alla voce passiva (*I would have been shown to the door*). Trasformalo in voce attiva usando come soggetto *il bibliotecario.*
   Temevo che fra qualche momento il bibliotecario mi _____.

Nichi Vendola: la mia educazione
di Cosimo Rossi e Nichi Vendola

da *La fabbrica di Nichi, Cosimo Rossi intervista Nichi Vendola, 2010*

Introduzione

Nichi Vendola (Bari, 1958) è Presidente della Regione Puglia dal 2005. Il suo governo regionale è appoggiato da una vasta coalizione che comprende tutti i partiti del centro-sinistra. Fra i maggiori successi del suo programma segnaliamo il contenimento del fenomeno mafioso locale e la promozione delle fonti di energia alternativa, tanto che la Puglia è prima fra le regioni italiane per la produzione di   5
energia eolica (che viene dal vento) e solare. Vendola ha sempre militato nei partiti della sinistra storica italiana, prima nel partito comunista, poi in Rifondazione comunista, staccandosene (*detaching himself from it*) successivamente per fondare nel 2009 il partito Sinistra Ecologia Libertà. Apertamente gay, Vendola difende il proprio credo cattolico e dichiara di non sentire alcuna contraddizione fra la sua   10
fede religiosa e la tradizione comunista nella quale da sempre si riconosce.

Nel brano che proponiamo, Nichi Vendola parla con il giornalista Cosimo Rossi della sua infanzia negli anni sessanta a Terlizzi, un paese pugliese in provincia di Bari.

 6.41 Prima di leggere Pensa alla tua educazione rispondendo alle seguenti domande; poi confronta le tue risposte con altri due o tre studenti.

Ci sono stati luoghi o incontri al di fuori della tua famiglia che hanno segnato la tua educazione? Pensa soprattutto al ruolo degli anziani (parenti, conoscenti, vicini di casa, ecc.), della religione, e/o di alcune figure modello (allenatori o membri di una squadra sportiva, insegnanti o *tutors*, fratelli o sorelle maggiori, ecc.). Come hanno influito sulla tua educazione? Hanno avuto un ruolo più o meno importante di quello dei tuoi genitori?

 Lessico nuovo

abbattere qualunque barriera	*to break down any barrier; get past any obstacle*
apprendere, *p.p.* appreso, *p.r.* appresi	*to learn*
l'apprendimento	*learning*
il coetaneo	*peer*
il colloquio	*conversation*
la culla	*cradle*
educare	*to raise, to educate*
l'educazione	*upbringing*
la filastrocca	*nursery rhyme*
impedire	*to impede, prevent*
l'impiegato	*clerk, employee*
oltre a ciò	*beyond that*
il rigore	*rigor, severity*
starsene appartato, *p.p.* stato, *p.r.* stetti	*stay off on one's own*

Libera le parole!

6.42 Mentre leggi Riscrivi il brano qui sotto usando un sinonimo per tutti i vocaboli o le espressioni sottolineati.

La mia famiglia ha origini modeste: mio padre era un semplice <u>funzionario</u> delle poste (*post office*) e <u>non permetteva</u> che si spendesse una lira più del necessario. Sono stato <u>formato e allevato</u> in una famiglia che valutava molto <u>lo scrupolo</u> morale. <u>Inoltre, i ragazzi della mia età</u> mi insegnarono che è importante <u>eliminare ogni ostacolo</u> alla vera uguaglianza sociale. Si può dire che ho imparato i principi-guida della mia vita fin <u>dalla prima infanzia</u>, come si imparano <u>le poesie in rima per bambini.</u>

Scena in un quartiere di Bari vecchia

Nichi Vendola: la mia educazione
di Cosimo Rossi e Nichi Vendola

Com'è stata la tua educazione?

Mio padre [...] ci ha sempre impedito di imparare il dialetto. Lui e mia madre parlavano in dialetto di nascosto da noi figli. Perché non solo l'italiano, ma un italiano ricco e corretto, rappresentava la prima protezione dalla miseria sociale e civile. Io sono stato 5 educato sin da bambino al culto delle parole e all'idea che possano abbattere qualunque barriera.

Ma c'è di più. Perché l'universo dei racconti e dei personaggi della mia infanzia è assai più vasto di quello appartenente al mio ambito famigliare[1].

E dove attingeva?[2] 10

Mio padre era impiegato alle poste e, tra le altre cose, pagava le pensioni agli anziani. A quei tempi, quand'ero bambino, papà portava la pensione a casa a una serie di anziani che, per fatica e acciacchi[3] vari, non potevano arrivare fino all'ufficio postale a ritirarla. Parliamo della metà degli anni Sessanta, e io venivo mandato da mio padre a portare le pensioni a quegli 15 anziani. Beh, quelle figure sono state per me un'esperienza straordinaria. Per cominciare hanno rappresentato una lezione di moralità.

A che senso di moralità ti riferisci?

Mio padre era ossessionato dall'idea che potessi farmi regalare anche una lira da quegli anziani: era proibito, assolutamente proibito. Per quel 20 che mi ricordo [...] nei rapporti umani i soldi non dovevano entrare mai. Io sono stato segnato[4] da questa specie di rigore morale assoluto.

Oltre a ciò, le figure fondamentali della mia educazione all'umanità, e della mia educazione sociale, sono nate dall'apprendimento attraverso i colloqui con quelle figure così straordinarie: quelle parole, quegli accenti, 25 quei colloqui tra me, bambino, e quelle persone anziane [...]

---

[1]l'ambito famigliare: *family environment*
[2]E dove attingeva?: *And where did it (his passion for storytelling) come from?*
[3]l'acciacco: *pains of old age*
[4]io sono stato segnato: *I have been influenced / marked by*

(Continua)

Era un'epoca in cui i vecchi erano fondamento delle famiglie. Per cui c'era anche una circolarità della comunicazione generazionale e sociale.

Lo segnalo anche rispetto al dato fondamentale del nostro tempo, in cui ciascuno comunica solo con i coetanei. […]

E l'oratorio? Non frequentavi l'oratorio⁵ o la parrocchia?

Sono stato nella chiesa, nell'azione cattolica⁶, ho fatto il chierichetto⁷. Ma l'associazionismo cattolico era troppo segnato dal machismo⁸ sportivo per me. Non mi piaceva quasi nulla: il ping pong, il calcio, il calcetto⁹. A me piaceva scrivere: mi piaceva scrivere e disegnare. A sei anni scrivevo già filastrocche e poesie. Eppoi [E poi] mi piaceva cantare.

Della vita associativa cattolica proprio non mi piaceva lo spirito di competizione: mi pareva fosse sempre un gara. Inoltre, siccome i miei fratelli più grandi erano dei campioni in tutto—nel calcio, nel ping pong, nel cameratismo¹⁰—a maggior ragione io me ne stavo un po' appartato. […]

Quindi, cosa rappresenta la religione nella tua infanzia e nella tua adolescenza?

È la culla, il mio ambiente culturale, che sono una culla e un ambiente cattolico. C'è una questione di identità culturale. Diciamo che il cattolicesimo è proprio l'indicatore di un alfabeto sociale.

Che riguarda anche il Mezzogiorno?

Il cattolicesimo è un pezzo del Mezzogiorno.

E della Puglia?

Qui, in Puglia, per come l'ho vissuta io, la religione è sempre stata una forma di proiezione cosmopolita del Mezzogiorno. La Madonna protettrice del mio paese è una madonna extracomunitaria¹¹, una madonna con il volto nero che viene da Bisanzio. Una di quelle meravigliose icone sfuggite alla persecuzione iconoclasta di Leone Isaurico¹². Proviene, cioè, dalle stesse terre da cui, mille anni più tardi, sono arrivati i curdi¹³. Ma anche San Nicola, il patrono di Bari, è un santo che viene dalla Turchia […]

Quello pugliese è un cattolicesimo, in qualche maniera, aperto al mondo. Inoltre è anche una cifra di identità popolare, con le forme della sua pietà sempre al limite fra il sacro e il profano. Un cattolicesimo, insomma, con una forte connotazione comunitaria: il cattolicesimo come strumento che ti fa sentire parte del popolo di Dio, che coincide con il popolo del tuo territorio, della tua città, della tua comunità sociale.

---

⁵l'oratorio: *activity center for youth run by a Catholic parish*

⁶l'azione cattolica: *Catholic association formed by laymen, actively engaged in community and missionary work*

⁷il chierichetto: *altar boy*

⁸il machismo: *machoism, chauvinism*

⁹il calcetto: *table football (foosball)*

¹⁰il cameratismo: *camaraderie*

¹¹l'extracomunitario: *an immigrant who comes from outside the European Union*

¹²Leone Isaurico: *Leo the Isaurian, was a Byzantine Emperor from 717 till 741* CE.

¹³i curdi: *Kurds, an Iranian people mostly inhabiting Kurdistan, overlapping territories of Iran, Iraq, Syria, and Turkey.*

A fine lettura

6.43 Con parole tue Ricostruisci il contenuto dell'intervista che hai appena letto completando con parole tue le seguenti frasi.

1. Nella famiglia di Vendola era importante parlare _____ perché

_____.

2. Uno dei compiti del piccolo Nichi era _____.
3. Il padre di Nichi gli proibiva di _____.
4. L'incontro con questi anziani per Nichi è stato _____.
5. Oggi invece i giovani _____.

 6.44 La scelta giusta In base alla lettura, indica la scelta che completa meglio ogni frase. Poi cerca nel testo le affermazioni che sostengono le tue scelte e confronta il tuo lavoro con quello di alcuni compagni.

1. Da piccolo, Nichi preferiva …
   a. partecipare alle gare sportive.
   b. scrivere e cantare.
   c. organizzare le attività dell'oratorio.
2. Per Nichi l'educazione cattolica è stata …
   a. un fatto naturale e culturale.
   b. un'esperienza negativa.
   c. una specie di lavoro perché doveva fare il chierichetto.
3. Il culto della Madonna protettrice del paese di Nichi e il culto di San Nicola di Bari …
   a. confermano la natura cosmopolita della religione cattolica pugliese.
   b. sono diffusi in tutt'Italia.
   c. sono praticati anche dagli extracomunitari recentemente immigrati in Puglia.
4. Secondo Nichi, il cattolicesimo in Puglia …
   a. viene usato dal potere politico a suo vantaggio.
   b. è un forte elemento di identità e di coesione sociale.
   c. è più seguito dagli anziani che dai giovani.

 6.45 Confronti e riflessioni "… è la culla", "è proprio l'indicatore di un alfabeto sociale", "è un pezzo del Mezzogiorno": così si esprime Nichi riguardo al cattolicesimo. Esiste un'ideologia, un'idea, un modo di vita, e/o una morale che costituisce l'"alfabeto sociale" o la "culla" in cui vivi (o hai vissuto)? Parlane con altri due o tre studenti.

 6.46 Alla scoperta di … Gli oratori sono un'istituzione sociale importantissima in Italia, specialmente nei piccoli paesi. Fai una breve ricerca per scoprire che funzione svolgono. Chi li gestisce (*directs and runs*) e chi li promuove? Chi li frequenta? Esiste un'istituzione simile nella tua città? Aiutati con una tabella simile alla seguente:

	Gli oratori	**Un'istituzione simile nella mia città**
Compiti e obiettivi		
Organo di gestione (*ownership/management*)		
Utenti (*users*)		

Grammatica viva

6.47 *Trasformazioni* Considera questi verbi alla voce passiva tratti dalla lettura.

a. Io sono stato educato ... (*I was raised* ...)
b. Io venivo mandato ... (*I was sent* ...)
c. Io sono stato segnato ... (*I have been marked* ...)

Ora trasformali nella forma attiva del verbo usando i seguenti soggetti.

1. La mia famiglia mi _____.
2. Mio padre mi _____.
3. La mia educazione mi _____.

LETTURA 3

Due poesie d'amore dell'antico Salento
a cura di Brizio Montinaro

da Canti di pianto e d'amore dell'antico Salento, 1994

Introduzione

Le poesie che stai per leggere appartengono alla ricca tradizione orale del canto in dialetto pugliese e in *grico* salentino sul soggetto universale dell'amore; questa tradizione si estende a tutti i paesi del Mediterraneo e tocca anche il tema della morte, sviluppato nei canti funebri di chiara derivazione greca, comunemente usati fino agli anni '70 in occasione dei funerali. Gli autori di questi "canti" o poesie sono ignoti: essendo il risultato di una tradizione orale antichissima, essi riflettono lo spirito di tutto un popolo piuttosto che il pensiero di un singolo autore.

Queste due poesie sono in *grico* salentino, e furono registrate dal curatore della raccolta, Brizio Montinaro, nel 1962 a Calimera (provincia di Lecce). I versi di ogni poesia sono formati da undici sillabe (chiamati *endecasillabi*), e la rima segue lo schema ABABABCC (three alternate rhymes and one double rhyme): si tratta della metrica prevalente in tutta la poesia popolare italiana, specialmente quella toscana.

 6.48 *Prima di leggere* Rispondi alle domande e confronta le tue idee con quelle di alcuni compagni o compagne di classe.

1. Qual è la canzone o la poesia d'amore che preferisci? Quali sono le parole o i versi che ti colpiscono di più?
2. L'amore, in arte o in letteratura, può essere rappresentato in vario modo. Ad esempio, come follia, passione, libertà, felicità, dipendenza, dolore, gioia, vita, morte, calore, desiderio, sesso, ecc.

Comincia con "L'amore è ... perché ...", completa la frase con un sostantivo dalla lista, o con uno di tua scelta, e con la tua motivazione. Poi confronta le tue frasi con quelle del resto della classe.

Lessico nuovo

arato	*plowed*
il carcerato	*prisoner*
cupo	*dark*
il padrone / la padrona	*owner*
prosciugare	*to drain, to dry out*
sorgere, *p.p.* sorto, *p.r.* sorsi	*to rise (i.e. of the sun)*
tramontare	*to set (i.e. of the sun)*

Libera le parole!

6.49 Sinonimi e contrari Combina i seguenti vocaboli, in modo da avere tre coppie di sinonimi e tre di contrari. Usa una tabella simile alla seguente.

padrone, sereno, sorgere, prosciugare, carcerato, coltivato, prigioniero, arato, cupo, proprietario, allagare, tramontare

Sinonimi		Contrari	
1. _____	_____	1. _____	_____
2. _____	_____	2. _____	_____
3. _____	_____	3. _____	_____

Mosaici sul pavimento del Duomo di Otranto, XI secolo

Due poesie d'amore dell'antico Salento
a cura di Brizio Montinaro

1. [Versione in *grico* salentino]

Tosso torì ttalassa, cardia,
na ssiccefsi c'en exi pleo nnerò
na lastrefsu' na camu' calaria
c'ecessu na 'rti a ccampo danatò,
c'e pesammeni na 'rtu' 's tin aìa,
ce us carceratu es libertan alò
ce tosso pu ol tua 'xi domena
evò se bbanduneo ma mali pena.

[Traduzione in italiano standard]

Quando vedrai il mare, cuore mio,
prosciugarsi e non aver più acqua
e [lo vedrai] arato e coltivato
e lo vedrai produrre messe rigogliosa[1],
e vedrai i morti tornare alla vita   5
e i carcerati tutti in libertà,
quando avrai visto tutte queste cose
allora ti lascerò e con grande dolore.

2. [Versione in *grico* salentino]

Ìlieme, na mi pai, mino na di
posson en'òria tuti pu agapò.
Ìlie, pu olo to cosmo 'su pratì,
pemmu: secundu tui ide tinò?
Ce o ìlio m'upe: —Mu canni 'ntropì,
tui e' pleon òria p'emena to diplò!—
En' ìlio, agàpimu, pu se flumizi
ce 'mbrò 's tes adde san ìlio jalizi.

[Traduzione in italiano standard]

Sole, non andare, fermati a guardare
quanto è bella colei che io amo.
Sole, tu che giri il mondo,
dimmi: —Hai visto mai nessuna come questa?
E il sole rispose: —Mi fa vergognare,   5
costei è più bella di me il doppio!—
È il sole, amore mio, che t'infiamma,
e davanti alle altre come sole splendi.

---
[1]la messe rigogliosa: *bountiful harvest*

A fine lettura

6.50 Le due poesie a confronto

1. L'autore della prima poesia, rifiuta di parlare del suo amore, ma compone una lista di situazioni concatenate (*linked*), assurde e impossibili, per dichiarare che non lascerà mai l'amante. Prova a ribaltare (*overturn*) la poesia, cambiando la fine "allora ti lascerò e con gran dolore" con le parole "fino a quel giorno io ti amerò". Riscrivi l'intera poesia secondo la tua immaginazione. Ti suggeriamo il primo e l'ultimo verso:

Fino a quando il mare sarà salato …

_____

_____

_____

_____

_____

Fino a quel giorno io ti amerò.

Confronta la poesia in *grico* e la tua. Quale preferisci, e perché?

2. Nella seconda poesia, la voce narrante parla con …
   a. la donna amata.
   b. il sole.
   c. il resto del mondo.

3. La donna amata …
   a. è paragonata al sole.
   b. guarda il sole.
   c. si vergogna davanti al sole.

4. Secondo Brizio Montinato che ha curato la raccolta *Canti di pianto e d'amore dell'antico Salento,* "sono sentimenti semplici, espressi con immagini dure come granito, quelli che circolano in questi canti. […] Nei canti grichi tutto è assoluto". Sei d'accordo con questa interpretazione? Potresti trovare un'espressione o un'immagine o un verso "dura/o come il granito" nelle due poesie?

 6.51 Confronti e riflessioni Esiste una tradizione orale anche nel tuo paese (per esempio, poesie, racconti, leggende, ninnananne [*lullabies*], ecc. che si tramandano oralmente). Si tratta di una tradizione ancora attiva, o che viene mantenuta attiva da qualche organizzazione, da appassionati, da studiosi, ecc.?

 6.52 Alla scoperta di … Fai una breve ricerca su Internet sulla pizzica del Salento (o pizzica salentina). Qual è il collegamento fra questa forma di musica e di ballo popolare e la tarantola (*tarantula*)? Confronta i risultati delle tue ricerche in classe con quelli dei tuoi compagni.

Grammatica viva

6.53 Tempi verbali e contenuti

1. Qual è il tempo verbale prevalente nella prima poesia?
2. In che modo questo tempo verbale accompagna e rafforza il contenuto della poesia?

CONCORDANZE

Lingua in contesto 1

Paolo insegna un corso d'italiano per stranieri all'Università di Bari e parla con un gruppo di studenti che vengono da altri paesi.

PAOLO: Sapete che il rap esiste anche in versione italiana, e che lo canta un cantautore pugliese di nome Caparezza?

AHMID: Credevamo che il rap esistesse solo nei paesi anglofoni!

PAOLO: Non è così. Quando ascolti la sua musica è subito chiaro che Caparezza è contro tutto e tutti, soprattutto contro il conformismo e contro qualsiasi moda.

AYO: È bello che in tanti paesi ci siano degli artisti che esprimono le voci di diverse generazioni e classi sociali. Vorrei che ci fossero tanti Caparezza in ogni parte del mondo!

PAOLO: Nella sua canzone "La mia parte intollerante", per esempio, Caparezza dice che ha sempre avuto "un progetto in mente / rimanere adolescente". Ma non vuole dire che è interessato solo a divertirsi. Credo che in realtà voglia parlare della sua personalità ribelle.

AYO: Sapete che significa Caparezza?

PAOLO: Prima dubitavo che avesse un significato; ma poi ho saputo che in dialetto pugliese significa "testa dai capelli ricci".

AHMID: Divertente! Ascoltiamo un po' della sua musica? Sarebbe bello conoscere anche alcuni dei suoi testi.

PAOLO: Vorrei che sentiste un paio di canzoni in particolare …

6.54 Detective 1 In *Lingua in contesto*, identifica tutte le frasi che hanno un verbo principale e un verbo dipendente (all indicativo o al congiuntivo).

 6.55 Detective 2 In una tabella simile a questa, copia queste frasi dividendole in due gruppi: quelle con un verbo dipendente all'**indicativo** e quelle con un verbo dipendente al **congiuntivo**.

Verbo principale	Verbo dipendente (indicativo)	Verbo principale	Verbo dipendente (congiuntivo)

Comincia ad osservare la relazione fra il verbo principale e il verbo dipendente. In quali frasi l'azione del verbo dipendente è *contemporanea, anteriore* o *posteriore* rispetto all'azione del verbo principale?

1. Quando il verbo principale è al presente

Quando il verbo principale è al presente, il verbo dipendente può esprimere:

- un'azione che succede nel **presente**: esempi (A);
- un'azione che è successa nel **passato**: esempi (B) e (C);
- un'azione che succederà nel **futuro**: esempi (D);
- un'azione che **potrebbe succedere**: esempi (E).

Nei seguenti esempi, osserva che i tempi verbali delle due colonne (1. e 2.) non cambiano. Cambia solo il modo ([*mood*] indicativo o congiuntivo). Negli esempi (D) e (E) il verbo dipendente è lo stesso nelle due colonne perché il futuro o il condizionale hanno solo forme all'indicativo.

1.

(A) *So che **fanno** le vacanze nel Salento.*

presente indicativo → **presente indicativo**

(B) *So che **hanno fatto** le vacanze nel Salento.*

presente indicativo → **passato prossimo indicativo**

(C) *So che **facevano** le vacanze nel Salento.*

presente indicativo → **imperfetto indicativo**

(D) *So che **faranno** le vacanze nel Salento.*

presente indicativo → **futuro**

(E) *So che **farebbero** volentieri le vacanze nel Salento.*

presente indicativo → **condizionale presente**

2.

*Credo che **facciano** le vacanze nel Salento.*

presente indicativo → **presente congiuntivo**

*Credo che **abbiano fatto** le vacanze nel Salento.*

presente indicativo → **passato congiuntivo**

*Credo che **facessero** le vacanze nel Salento.*

presente indicativo → **imperfetto congiuntivo**

*Credo che **faranno** le vacanze nel Salento.*

presente indicativo → **futuro**

*Credo che **farebbero** volentieri le vacanze nel Salento.*

presente indicativo → **condizionale presente**

2. Quando il verbo principale è al passato

Quando il verbo principale è al passato, il verbo dipendente può esprimere:

- un'azione che è successa **contemporaneamente** a quella del verbo principale: esempi (A);
- un'azione che è successa **prima** di quella del verbo principale: esempi (B);
- un'azione che **sarebbe potuta succedere** nel passato: esempi (C).

Nei seguenti esempi, osserva che i tempi verbali delle due colonne (1. e 2.) non cambiano, cambia solo il modo (*mood*): indicativo o congiuntivo. Negli esempi (C) il verbo dipendente è lo stesso nelle due colonne perché il condizionale ha solo forme all'indicativo.

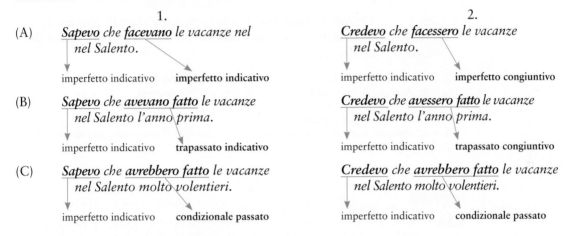

La frase dell' esempio (C) richiede una particolare osservazione. Il futuro del passato in italiano è espresso con il **condizionale passato**, mentre in inglese si usa il condizionale presente.

3. Quando il verbo principale è al condizionale

Un verbo principale al condizionale in genere esprime un desiderio. I verbi più usati in queste frasi sono:

Vorrei che, Preferirei se / che, Sarebbe bello se / che, Mi piacerebbe che se / che, Mi farebbe piacere se / che.

Nota che "**se**" può sostituire "**che**" dopo alcuni verbi.

Nell'esempio (1) il soggetto esprime il desiderio che qualcosa succeda nel presente o nel prossimo futuro (congiuntivo imperfetto); nell'esempio (2) il soggetto esprime un desiderio riguardo un evento passato (congiuntivo trapassato).

(1)　　*Vorrei* che *facessero* le vacanze nel Salento.

　　　　condizionale presente　　**imperfetto congiuntivo**

(2)　　*Vorrei* che *avessero fatto* le vacanze nel Salento.

　　　　condizionale presente　　**trapassato congiuntivo**

Le espressioni **Magari … !**, **Se solo … !**, **Almeno … !** possono sostituire il condizionale presente (ad esempio: **Vorrei …**) per esprimere **un desiderio irrealizzabile**. Anche queste espressioni richiedono il congiuntivo imperfetto o trapassato.

*Magari (Se solo …, Almeno …) **potessimo** visitare il Castel del Monte oggi!*

congiuntivo imperfetto

*Magari (Se solo …, Almeno …) **avessimo visitato** il Castel del Monte ieri!*

congiuntivo trapassato

Attenzione! Quando il soggetto del verbo principale è uguale al soggetto del verbo dipendente, bisogna usare **l'infinito** (presente o passato) invece del congiuntivo. Confronta:

Vorrei che andassero a a San Vito dei Normanni.

Vorrei andare a San Vito dei Normanni.

Vorrei che avessimo visitato Lecce durante il nostro soggiorno in Puglia.

Vorrei aver visitato Lecce durante il nostro soggiorno in Puglia.

Esercizi

6.56 Azione contemporanea, precedente o posteriore? Qual è il rapporto tra i verbi in ogni frase? Scrivi (C) se il verbo della frase dipendente descrive un'azione contemporanea, (PR) se descrive un'azione precedente o (PO) se descrive un'azione posteriore al tempo della narrazione.

Es.: _PO_ Giacomo mi giurava che sarebbe potuto venire alla festa.

1. ___ La mamma mi dice che prima c'era un mercato del pesce tutti i giovedì.
2. ___ Speravamo che l'agriturismo avrebbe organizzato una visita al frantoio.
3. ___ Ci dispiace che i vecchi non abbiano più un ruolo importante nella società.
4. ___ Credo che abbiano già visitato la chiesa di Sant'Agostino.
5. ___ Vorrei che ci fermassimo a Barletta prima di partire per le isole.

6.57 Trasformazioni Ora scegli due frasi dall'esercizio sopra e trasformale usando un diverso rapporto temporale fra i due verbi, seguendo l'esempio. Ricordati di fare tutti i cambiamenti necessari alla frase (vedi parole in **grassetto**).

Es.: • [azione precedente] La mamma mi dice che prima **c'era** un mercato del pesce tutti i giovedì.
  • [azione contemporanea] La mamma mi dice che **c'è** un mercato del pesce **tutti i giovedì**.
  • [azione posteriore] La mamma mi dice che **ci sarà** un mercato del pesce **domani**.

6.58 Impressioni dalla Puglia Completa le seguenti frasi con il presente o l'imperfetto, indicativo o congiuntivo, a seconda del contesto.

1. Temevo che i mandorli pugliesi _____ (fare) meno frutti dell'anno scorso.
2. Gli agricoltori hanno paura che i vigneti _____ (rendere) meno quest'anno.
3. Bisogna che loro _____ (stare) molto attenti all'irrigazione.
4. Sai che il Palazzo Gentile di Bitonto _____ (risalire) all'Ottocento?
5. Paolo mi raccontava che da giovane voi _____ (frequentare) la parrocchia (*parish*) di San Valentino.
6. È incredibile che il parroco di quel paesino _____ (dire) la messa ancora in latino!
7. Ci sembrava importante che loro _____ (leggere) la storia dell'antica Abbazia di San Leone prima di arrivare a Bitonto.

6.59 Obiettivo: il fine settimana Completa la conversazione con la scelta migliore per il verbo principale (Attenzione: in una frase più di una scelta è possibile).

> *credevo che, bisogna che, credi che, è importante, vorrei tanto che,*
> *penso che, sono certa che, è possibile*

VERONICA: (1) _____ tu venissi con me a Gravina in Puglia!

MASSIMO: (2) _____ dovremmo andarci insieme, ma tu (3) _____ sia facile? Abbiamo tanti esami e pochi giorni liberi questo mese.

VERONICA: Dovremmo studiare di più durante la settimana. (4) _____ ce la faremo ad essere più disciplinati se veramente vogliamo prenderci un fine settimana di vacanza!

MASSIMO: (5) _____ studiare dieci ore al giorno? Cosa mi consigli per mantenere un buon ritmo?

VERONICA: (6) _____ tu scherzassi, ma vedo che stai parlando sul serio! Beh, io direi che per studiare con profitto (7) _____ tu dorma otto ore per notte e che tu faccia una mezz'ora di sport ogni giorno.

MASSIMO: Sì, (8) _____ ricordare l'obiettivo: un intero fine settimana con te!

6.60 Trasformazioni Trasforma le seguenti frasi cambiando il verbo della frase dipendente secondo l'esempio.

Es.: Credo che il museo sia chiuso il lunedì.
> *Credevo che il museo fosse chiuso il lunedì.*

1. Ci dispiace che Mario e Sandra non ci raggiungano in spiaggia.
   > Ci dispiaceva …
2. È impossibile che non vadano nel Salento.
   > Era …
3. Roberto dice che visiterà una necropoli in località San Magno.
   > Roberto ha detto …
4. La maestra spera che i bambini dimostrino interesse durante la visita al vecchio frantoio (*oil mill*).
   > La maestra sperava …
5. Bisogna che voi vi mettiate delle scarpe adatte per il trekking.
   > Bisognava …
6. Spero che mangeremo le specialità della zona.
   > Speravo …
7. Voglio che Lorenzo assaggi la focaccia barese.
   > Volevo …

6.61 **Al ritorno da Ostuni** Marisa è contenta della sua recentissima visita ad Ostuni.

Completa la sua email con la forma corretta del congiuntivo o dell'indicativo. Scegli tra il presente, il passato, l'imperfetto o il trapassato.

Le case bianche di Ostuni

Caro Giovanni,

Mi dispiace che tu (1) _____ (dovere) lavorare sabato scorso, anche se so che ti (2) _____ (piacere) molto la tua nuova posizione alla *Gazzetta del Mezzogiorno*. Però è un vero peccato che tu non (3) _____ (venire) con me a Ostuni. È stato bellissimo, ma è difficile raggiungere Ostuni perché i treni non sono frequenti. Infatti, quando sono arrivata alla stazione con un minuto di ritardo, ho pensato che il treno delle 9.00 (4) _____ (passare) e che si (5) _____ (dovere) aspettare altre tre ore! Invece, per fortuna, non (6) _____ (perdere) il treno: è arrivato con dieci minuti di ritardo e ha continuato ad accumulare ritardo perché (7) _____ (procedere) molto lentamente. Sembrava che il viaggio (8) _____ (durare) un'eternità! Una volta arrivata a Ostuni, però, ho dimenticato gli inconvenienti della mattinata. Sapevo che le case bianche del monte di Ostuni (9) _____ (essere) stupende, ma non immaginavo che il centro storico (10) _____ (contenere) un vero labirinto di stradine e vicoli stretti. Non credevo che passeggiare nel borgo alto (11) _____ (essere) così piacevole. Ho scoperto che Ostuni (12) _____ (avere) anche delle belle spiagge. Giovanni, vorrei tanto che noi ci (13) _____ (tornare) insieme: è possibile che il tuo capo ti (14) _____ (concedere) qualche giorno di vacanza? Spero proprio di sì.

Un abbraccio e a presto,
Marisa

Parliamo

 6.62 Ciak! Rileggi la conversazione *Lingua in contesto* a p. 267, e prepara con un compagno un dialogo di almeno dieci battute nel quale parlate di un certo cantautore / una certa cantautrice (italiano/a, americano/a o di qualsiasi altro paese). Parlate del nome del(la) cantante: ha un significato particolare? Parlate anche dell'importanza di alcuni testi delle sue canzoni. Esprimete anche le vostre opinioni personali sul genere e/o sull'artista. Usate una varietà di espressioni come *Sai che ...? Non credevo che ...! Pensavo che ...*

 6.63 So che ... Io invece credevo che ... In gruppi di tre seguite l'esempio per reagire in due modi diversi alle affermazioni. Uno studente fa un'affermazione (Studente 1), un altro concorda (Studente 2), mentre un terzo (Studente 3) reagisce con sorpresa o dubbio. Scambiatevi i ruoli.

> Es.: **Studente 1:** Mirko è appassionato di chiese romaniche.
> **Studente 2:** Infatti! <u>So che</u> lui ne visita tre alla settimana.
> **Studente 3:** Io invece <u>credevo che</u> le chiese non gli interessassero affatto.

1. Lecce è anche chiamata la "Firenze del Sud".
2. L'economia pugliese cresce più velocemente della media nazionale.
3. La mamma di Tonina fa le orecchiette in casa.
4. Il pane pugliese è uno dei migliori d'Italia.
5. I vini pugliesi non sono considerati particolarmente pregiati.
6. In Puglia ci sono circa 60 milioni di alberi di ulivo!
7. I trulli si trovano in tutta la Valle d'Itria, non solo ad Alberobello.

 6.64 Certezze e dubbi [ONLINE]

 6.65 Credo che ... So di certo che ... [ONLINE]

Particolare della chiesa barocca di Santa Croce, Lecce

VOCE PASSIVA

Lingua in contesto 2

Quest'estate hai deciso di lavorare come guida turistica in un antico frantoio (*olive mill*) nei dintorni di Taranto. Questo è il testo della tua presentazione ai turisti. Adesso lo leggi per esercitarti un po':

Vecchio frantoio alla Masseria Il Frantoio

Una visita guidata al frantoio

Benvenuti al nostro frantoio! In Puglia, le olive vanno raccolte di solito nel mese di novembre. In passato si raccoglievano a mano, ma questa procedura è considerata troppo costosa. Ora, invece, sotto gli ulivi si mettono delle reti e si raccolgono i frutti che cadono o che vengono fatti cadere con degli strumenti appositi chiamati pettini (come quelli che si usano per i capelli).

Di grande importanza per un'ottima produzione dell'olio è il grado di maturazione delle olive. Se la fase di maturazione viene prolungata troppo, per esempio, il livello di acidità aumenta. Perciò le olive andrebbero raccolte prima della loro caduta spontanea, e andrebbero portate al frantoio il giorno stesso o al massimo entro due giorni.

Poi le olive vanno messe in acqua e lavate; in questa fase, si divide il frutto dal nocciolo[1] dell'oliva. Le olive vengono poi spremute[2] meccanicamente. Durante la pressatura si divide il "mosto", che diventerà l'olio, dalla "sansa", un prodotto che è utilizzato come combustibile o mangime.[3]

Dopo alcuni giorni, il "mosto" sarà centrifugato, poi filtrato e lasciato riposare per alcune settimane. Il prodotto ottenuto si può legalmente chiamare "olio extra vergine" perché si è usato un procedimento meccanico, senza l'impiego di sostanze chimiche.

---

[1]pit; [2]pressed; [3]animal feed

6.66 Detective 1 Rileggi il testo e identifica tutti i verbi alla voce passiva (con gli ausiliari **essere, venire** o **andare**) e tutti i verbi preceduti dal pronome impersonale **si**. Si tratta di varie forme della voce passiva.

6.67 Detective 2 In una tabella simile alla seguente trascrivi questi verbi dividendoli nei quattro gruppi.

Ausiliare *essere*	Ausiliare *venire*	Ausiliare *andare*	*Si* passivante

Per ogni frase …

1. Indica il soggetto.
2. Rifletti sul significato di **andare** quando è usato nella costruzione passiva.

Voce passiva con l'ausilliare *essere*

Nella voce attiva, il soggetto del verbo compie l'azione, mentre nella voce passiva il soggetto **non** compie l'azione, ma la subisce (*receives it, the action is done unto it*).

> *Poche persone* conoscono e usano *il dialetto*. (*voce attiva*)

> *Il dialetto* è conosciuto e usato *da poche persone*. (*voce passiva*)

La voce passiva richiede l'ausiliare **essere** e il participio passato concorda sempre con il soggetto. L'agente, cioè chi compie l'azione, è introdotto dalla preposizione **da**:

> *Le ragazze hanno raccolto le olive.*

> *Le olive* sono state raccolte *dalle ragazze.*

Nota che l'ausiliare **essere** prende lo stesso tempo del verbo attivo (**hanno raccolto / sono state** = *passato prossimo*) ed è seguito dal participio passato del verbo usato nella voce attiva (**raccolto**).

La voce passiva esiste in tutti i tempi verbali, ma questi sono gli usi più comuni:

Voce attiva	Voce passiva
Presente indicativo	
Tutti **usano** *l'olio pugliese.*	*L'olio pugliese* **è usato** *da tutti.*
Passato prossimo indicativo	
Tutti **hanno usato** *l'olio pugliese.*	*L'olio pugliese* **è stato usato** *da tutti.*

Voce attiva	**Voce passiva**

Imperfetto indicativo

*Tutti **usavano** l'olio pugliese.*	*L'olio pugliese **era usato** da tutti.*

Passato remoto

*Tutti **usarono** l'olio pugliese.*	*L'olio pugliese **fu usato** da tutti.*

Futuro semplice

*Tutti **useranno** l'olio pugliese.*	*L'olio pugliese **sarà usato** da tutti.*

Condizionale presente

*Tutti **userebbero** l'olio pugliese.*	*L'olio pugliese **sarebbe usato** da tutti.*

Congiuntivo presente

*Penso che tutti **usino** l'olio pugliese.*	*Penso che l'olio pugliese **sia usato** da tutti.*

Congiuntivo passato

*Penso che tutti **abbiano apprezzato** l'olio pugliese.*	*Penso che l'olio pugliese **sia stato apprezzato** da tutti.*

Congiuntivo imperfetto

*Vorrei che tutti **usassero** l'olio pugliese.*	*Vorrei che l'olio pugliese **fosse usato** da tutti.*

Uliveti nel Gargano, Puglia

Voce passiva con l'ausiliare *venire*

Il verbo **venire** può sostituire **essere** come ausiliare, ma solo con i **tempi semplici** dei verbi (presente e imperfetto [indicativo e congiuntivo] futuro semplice, passato remoto, condizionale semplice); **venire** non può essere usato con i **tempi composti** (passato prossimo [indicativo e congiuntivo], trapassato prossimo, futuro anteriore, condizionale passato).

Voce attiva	**Voce passiva**

Presente indicativo

I contadini **raccolgono** le olive.	Le olive **vengono raccolte** (sono raccolte) dai contadini.

Imperfetto indicativo

I contadini **raccoglievano** le olive.	Le olive **venivano raccolte** (erano raccolte) dai contadini.

Passato remoto

I contadini **raccolsero** le olive.	Le olive **vennero raccolte** (furono raccolte) dai contadini.

Ma ...
Passato prossimo

I contadini **hanno raccolto** le olive.	Le olive **sono state raccolte** dai contadini.

Voce passiva con l'ausiliare *andare*

Il verbo **andare** può essere l'ausiliare di un verbo passivo quando:

1. si vuole esprimere necessità e obbligo (qualcosa che "deve essere fatta").
2. il tempo del verbo è semplice e non composto (come con l'ausiliare **venire** più sopra).

La raccolta <u>va trasportata</u> al frantoio entro due giorni.

↓

La raccolta <u>deve essere trasportata</u> al frantoio entro due giorni.

Questo lavoro <u>andava fatto</u> prima.

↓

Questo lavoro <u>doveva essere fatto</u> prima.

Si passivante

Un verbo usato con il *si impersonale* (vedi *Capitolo 1* a pp. 35–6) può avere un significato passivo quando è seguito da un soggetto passivo (singolare o plurale). In questi casi il verbo prende la terza persona singolare quando il soggetto passivo è singolare e prende la terza persona plurale quando il soggetto è plurale. Questa costruzione non ha **mai** un agente.

Si parla il grico in certe parti della Puglia.

Si parlano tanti dialetti diversi in Italia.

Il *si passivante*, come il *si impersonale*, prende l'ausiliare **essere** e il participio passato concorda con il soggetto (che generalmente segue il verbo).

Presente	*Si **beve** il vino del Salento.*	*Si **bevono** i vini del Salento.*
Passato	*Si **è bevuto** il vino del Salento.*	*Si **sono bevuti** i vini del Salento*
Imperfetto	*Da giovani, si **beveva** il vino del Salento.*	*Da giovani, si **bevevano** i vini del Salento.*
Passato remoto	*Quel giorno si **bevve** il vino del Salento.*	*Quel giorno si **bevvero** i vini del Salento.*

Esercizi

6.68 Visita a Molfetta (Bari) Hai fatto una ricerca su questa cittadina in provincia di Bari. Scegli la risposta corretta per completare ogni frase.

Cattedrale di San Corrado, Molfetta

1. Nell'undicesimo secolo, la zona _____ dai Normanni.
   a. fu conquistata
   b. sarà conquistata
   c. sono stati conquistati
2. Nel sedicesimo secolo, Molfetta e il suo territorio _____ dai francesi e dagli spagnoli.
   a. sono stati invasi
   b. furono invasi
   c. sarebbero stati invasi
3. Ogni anno, la cartina di Molfetta _____ dagli impiegati del comune e poi _____ alla Pro Loco (*local tourist office*).
   a. viene aggiornata / viene distribuita
   b. fu aggiornata / fu distribuita
   c. sarebbe aggiornata / è stata distribuita
4. Il dialetto non _____ dalle nuove generazioni. Secondo il sindaco, _____ perché fa parte del nostro patrimonio culturale.
   a. non è stato parlato / vada preservato
   b. è parlato / va preservato
   c. è parlato / sia preservato
5. L'anno prossimo il Pulo, un sito Neolitico, _____.
   a. verrà aperto al pubblico
   b. veniva aperto al pubblico
   c. è stato aperto al pubblico
6. Il Duomo di San Corrado, in puro stile romanico, _____ nel XIII secolo.
   a. sarà costruito
   b. fu costruito
   c. sarebbe costruito
7. È probabile che le Torri Calderina e Passari _____ da un ente privato (*company*).
   a. vengano restaurate
   b. sono state restaurate
   c. erano restaurate
8. Non sapevo che il patrono della città, San Corrado di Bavaria, _____ nella chiesa di Santa Maria Assunta in Cielo.
   a. sarà sepolto
   b. viene sepolto
   c. fosse sepolto

6.69 Cuciniamo Un amico pugliese ti spiega una sua ricetta per la pasta con i ceci (*chickpeas*). Metti in ordine numerico tutte le fasi, seguendo l'esempio.

__1__ a. La sera, si mettono a bagno i ceci in acqua tiepida e sale.

_____ b. La pasta, cotta al dente e scolata, va mescolata con i ceci.

_____ c. Poco prima che i ceci siano pronti, si prepara la pasta. Si consiglia una pasta corta.

_____ d. Prima di portarlo in tavola, il piatto va condito con olio d'oliva e pepe nero abbondante.

_____ e. Mentre i ceci cuociono, si aggiunge del sedano (*celery*) e poi uno spicchio d'aglio (*clove of garlic*).

_____ f. Al mattino i ceci vanno scolati (*strained*), sciacquati (*rinsed*) e cotti a fuoco basso per almeno tre ore.

6.70 Visita a Gallipoli (Lecce) Ogni frase contiene informazioni sulla città. Trasforma ogni frase dalla voce attiva alla voce passiva, usando l'ausiliare **essere**.

1. Un ponte collega la parte vecchia alla parte moderna della città.
2. Gli abitanti costruirono il ponte nel XVI secolo.
3. Secondo la leggenda, Idomeneus, re di Creta, fondò la città.
4. Re Ferdinando II delle Due Sicilie iniziò la costruzione del porto.
5. Molti grossisti (*wholesale merchants*) conoscono Gallipoli per il suo mercato di olio d'oliva.
6. Gli abitanti di Gallipoli festeggiano il Carnevale con grandi carri allegorici.
7. I porti e le spiagge di Gallipoli attraggono molti turisti.

6.71 Un presepe in Puglia Riscrivi il seguente brano sulla tradizione del presepe (*nativity scene*) a Tricase. Trasforma i verbi in **grassetto** dal passivo all'attivo e viceversa, usando **essere** e **venire** dove possibile. Fai anche tutte le altre trasformazioni necessarie.

Dal 20 dicembre al 6 gennaio il Presepe Vivente di Tricase (Lecce) (1) **anima** le strade della cittadina pugliese. Tricase si trasforma per l'occasione nella Palestina di epoca romana, mentre scene di vita e di lavoro del Salento tradizionale (2) **vengono riprodotte** con fedele realismo dagli organizzatori della iniziativa. Ogni stazione del presepe (3) **rappresenta** un diverso episodio del Vangelo: i "figuranti" del presepe (tutta gente del posto) (4) **interpretano** vari personaggi della storia della natività, mentre altri "figuranti" (5) **svolgono** i mestieri tradizionali pugliesi, quali il calzolaio, il mugnaio, il fabbro*. Tutti gli anni, alla fine della manifestazione, la Luce della Pace, simbolo del Presepe Vivente, (6) **è portata** da alcuni "figuranti" nella Chiesa di Sant'Antonio. La partecipazione emotiva di migliaia di persone (7) **anima** questo evento artistico e religioso al tempo stesso.

---

*calzolaio = shoemaker; mugnaio = miller; fabbro = blacksmith

6.72 Una visita a Manfredonia (Foggia) Un amico ti chiede consigli per visitare Manfredonia, la tua città. Rispondi ad ogni domanda, usando la voce passiva con **andare**. Scegli il verbo adatto ad ogni risposta fra i seguenti:

dimenticare, provare, fare, prenotare, visitare

Es.: Dove trovo un volo *low-cost*?
    —I voli *low-cost* <u>vanno ricercati</u> su Internet.

1. Dove prendo un'auto a noleggio?
    —Qualsiasi auto _____ all'aeroporto di Bari.
2. Quali specialità gastronomiche locali mi consigli di assaggiare?
    —La nostra focaccia alle olive _____ sicuramente.
3. Che gite mi consigli di fare da Manfredonia?
    —Una gita al Lido di Siponto è d'obbligo, ma _____ la mattina presto, quando fa ancora fresco.
4. Visito la cattedrale?
    —Certamente! La cattedrale _____ senz'altro.
5. E una gita in barca alle Isole Tremiti?
    —Senza dubbio, le Isole Tremiti non _____.

Una scena del Carnevale di Manfredonia

6.73 Consigli per il turista Dai consigli per ognuna delle attrazioni di Foggia.

1. Per il primo verbo, usa la voce passiva con l'ausiliare **andare**.
2. Per il secondo verbo usa il *si passivante*.
3. Unisci le due frasi con "quando", "mentre", "se", "perché", ecc.

Segui l'esempio:

Es.: La Foresta Umbra (visitare in luglio) / spettacoli teatrali all'aperto (allestire).

La foresta Umbra *va visitata* in luglio quando *si allestiscono* spettacoli teatrali all'aperto.

1. L'arco di Federico II (fotografare) / Sant'Antonio (festeggiare con i fuochi d'artificio)
2. Il parco archeologico "Passo di Corvo" (esplorare) / il periodo neolitico (studiare)
3. La storia del Palazzo Dogana (leggere) / cappuccino e paste in un caffè in Piazzale Italia (gustare)
4. Il Santuario di Monte Sant'Angelo (raggiungere a piedi) / le campane del monastero dell'Arcangelo (sentire)
5. La Via dei Longobardi (percorrere) / itinerari religiosi (seguire)
6. Il lago di Lesina (considerare nell'itinerario) / le anguille [*eels*] (volere provare)

6.74 Traduzione Traduci ogni frase sulla tua visita a Vieste usando la voce passiva (con gli ausiliari **essere** o **venire**, o il *si passivante*).

1. Our trip to Vieste was planned by my mother.
2. It will be filmed by Uncle Mike.
3. He is happy that his new camera will finally get used.
4. We are staying in a hotel because all the apartments have already been booked.
5. Our relatives in Vieste have been informed of our arrival.

La costa nei pressi di Vieste, Gargano

Parliamo

 6.75 Ciak! Rileggi *Lingua in contesto* a p. 274, e prepara con un compagno un dialogo di almeno dieci battute su uno dei seguenti soggetti:

1. Sei una guida dei tour informativi sul campus della tua università e spieghi la funzione di ogni edificio: Dove si tengono le lezioni di lingue? Dove si danno gli esami di ingegneria? Dove si comprano i libri di testo? Dove si può prendere un caffè o fare uno spuntino (*get a snack*)? Un altro studente fa la parte di un genitore (o di uno studente in visita) che ha molte domande sull'organizzazione dell'università.

2. Tu ed un compagno o una compagna parlate degli stage (*training courses / apprenticeships*) che farete in Puglia quest'estate. Esprimete le vostre opinioni sui vantaggi o gli svantaggi del lavoro che ognuno/a di voi ha scelto. Paragonate le vostre scelte: un uliveto, un frantoio, un pastificio, un'azienda vinicola, uno stabilimento balneare (*beachfront establishment*), un museo regionale o un parco nazionale?

6.76 La tua ricetta Sai cucinare? Sai preparare qualche piatto particolare? Oggi devi portare la tua ricetta preferita in classe. Usando il *si passivante* (esempio: *si sbattono le uova*) e il passivo con l'ausiliare **andare** (esempio: *lo zucchero va aggiunto alla farina*), spiega una ricetta semplice ai tuoi compagni di classe senza dire loro di che cosa si tratta. Saranno loro a indovinare il piatto che tu stai presentando. Usa almeno sei verbi diversi.

6.77 Giornalista in Puglia Ecco alcune iniziative culturali che hanno luogo quasi tutti gli anni in Puglia:

Folk Festival (Alberobello) / Festival di Sant'Oronzo (Ostuni) / Festival del cinema indipendente (Foggia) / Jazz Festival (Barletta) / Festa di San Nicola (Bari) / Festival delle Olive (Lecce) / La Notte della Taranta a Melpignano (Lecce)

Scegli una di queste iniziative; poi fai una ricerca su Internet e prepara un breve servizio giornalistico da presentare in classe. Usa diverse forme del passivo, seguendo quest'esempio.

La Sagra di San Giuseppe **si tiene** *tutti gli anni a San Cassiano in provincia di Lecce. Durante la festa* **si potranno** *gustare tutti i piatti tradizionali della zona, allestiti sulla famosa "taùla" (tavola) di San Giuseppe.* **Si accenderà** *anche un grande falò (bonfire) in onore del Santo. E la sera in piazza* **si balla** *con la musica tradizionale del Salento, la pizzica!*

 6.78 Il Club d'Italiano Dovete definire alcune regole fondamentali per il Club Italiano del tuo campus. Che tipo di regole volete proporre? Fate le domande e rispondete a turno, usando la costruzione passiva e/o il *si passivante*. Seguite l'esempio e aiutatevi con una tabella simile alla seguente.

Es.: eleggere gli ufficiali

Studente 1: Quando si eleggono gli ufficiali del club?
Studente 2: Gli ufficiali si eleggono/vengono eletti ogni anno nel mese di settembre.

Attività	Domanda	Risposta
Fare riunioni		
Raccogliere fondi		
Sponsorizzare eventi		
Gestire il lavoro di volontariato		
Programmare le feste		
(Decidi tu): _____		
(Decidi tu): _____		

 6.79 Sei mai stato/a ...[ONLINE]

 6.80 Non io! [ONLINE]

PARTITIVO

Il partitivo esprime una parte del tutto, ed ha forme diverse quando si usa con cose numerabili (*countable things*) o non numerabili (*uncountable things*).

Ad esempio, posso numerare o contare le tazze di caffè, ma non il caffè; posso contare le persone, ma non la gente; posso contare le fette di pane, ma non il pane.

	Il partitivo con cose numerabili	Il partitivo con cose non numerabili
Di + articolo plurale	dei biscotti	X
Di + articolo singolare	X	della birra
Alcuni / e + nome plurale	alcune chiese / alcuni negozi	X
Qualche + nome singolare	qualche chiesa	X

Un po' di (contrazione di "un poco di"); è usato principalmente per cose non numerabili e significa "a little bit of")
*Ha bevuto solo **un po' di caffè** stamattina.*

6.81 Traduzioni Per queste traduzioni, usa tutti i partitivi possibili scrivendo un'intera frase per ogni partitivo usato.

1. There is always a bit of traffic downtown.
2. Some archeological sites are near the city.
3. A few of the churches are always closed!
4. Unlike bread from Tuscany (**Al contrario del pane toscano**), bread from Puglia has some salt.
5. For some dishes, you must use only fresh tomatoes.
6. A few people in our group are only interested in the beach.
7. There are some local traditions that some of us want to learn about.

I due percorsi cinematografici

TRE FRATELLI
DI FRANCESCO ROSI (1981) [ONLINE ACTIVITIES]

Introduzione

Tre fratelli, originari di un piccolo paese delle Murge in Puglia, sono emigrati da giovani in tre diverse città italiane. La morte della vecchia madre li obbliga a ritornare al paese d'origine dove il padre è rimasto da solo nella vecchia casa di campagna. Questo ritorno alla terra natale è anche un viaggio indietro nel tempo che costringe i fratelli a confrontarsi con le proprie scelte di vita e con la società contadina che hanno dovuto, o voluto, lasciarsi alle spalle (*leave behind*).

Nel 1981, *Tre fratelli* è stato candidato al Premio Oscar come miglior film straniero.

Una scena dal film *Tre fratelli* di Francesco Rosi

LA MEGLIO GIOVENTÙ
DI MARCO TULLIO GIORDANA (2003) [ONLINE ACTIVITIES]

Episodio 6

Vedi l'introduzione generale al film nel *Capitolo 1* (pagina 47).

Giulia al Colosseo

IL VIAGGIO VIRTUALE

Ora spostati in Campania passando per la Basilicata e seguendo il *Viaggio virtuale* che ti proponiamo nel SAM, oppure vai direttamente al *Capitolo 7* di questo testo.

7

Campania

Mosaico di maschera teatrale da Pompei
(Museo Archeologico Nazionale di Napoli)

PRIMI PASSI IN CAMPANIA: LE IMMAGINI PARLANO

I paesaggi umani

7.1 Osserva e rifletti Guarda tutte le foto di questo capitolo, in particolare i paesaggi modificati dall'uomo, le vie e le piazze.

1. Scegli la foto che ti ha colpito di più. Che cosa trovi particolarmente interessante nella foto che hai scelto? Hai incontrato luoghi simili in altre regioni d'Italia o in altre nazioni che conosci o che hai visitato?
2. In alternativa, scegli due foto di contrasto (fra città e paese, fra due periodi storici o artistici). Presenta le tue scelte in classe.

Persone e ambienti

7.2 Descrivi e partecipa

1. In classe fai un elenco delle parole necessarie per descrivere queste foto (A e B).

Foto A: Una processione religiosa nei Quartieri Spagnoli, Napoli

Foto B: Piazza del Plebiscito e Chiesa di San Francesco sullo sfondo, Napoli

2. Guarda la foto A e considera la scena dal punto di vista di queste due bambine. Che cosa stanno guardando? Che cosa attira la loro attenzione? Com'è il quartiere in cui abitano? Che cosa sta succedendo oggi in questa strada?

   Con un compagno o una compagna "**entra**" in questa foto per creare insieme una conversazione di almeno dieci battute fra le due bambine. Recitate la vostra conversazione davanti alla classe.

3. Guarda la foto B. Con l'aiuto di una tabella simile alla seguente, confronta una domenica pomeriggio d'estate in una piazza di Napoli e nel centro del tuo paese o della tua città (puoi aiutarti con una foto o una cartolina, se ne hai una). Trova almeno quattro differenze importanti. Porta in classe le tue riflessioni e confrontale con quelle dei tuoi compagni. Insieme decidete qual è la più grande differenza che avete riscontrato.

Domenica pomeriggio nel centro di Napoli	Domenica pomeriggio nel centro della mia città / del mio paese

Affresco rinvenuto a Pompei: *Paquius Proculus e sua moglie* (Museo Archeologico Nazionale di Napoli)

Arte e architettura

7.3 Una strana coppia

1. Sai che cos'è un affresco (*fresco*)? Quali sono le differenze fra un affresco e un dipinto? Cerca alcune informazioni su questa tecnica pittorica su Internet e portale in classe.
2. Osserva attentamente questo affresco rinvenuto a Pompei; poi rispondi ad una domanda descrittiva e ad una domanda interpretativa di tua scelta.

   <u>Domande descrittive</u>: Quale caratteristica fisica dell'uomo e della donna trovi più interessante? Che espressione hanno i loro visi? Quali oggetti riesci ad identificare in questo affresco? Che cosa stanno facendo?

   <u>Domande interpretative</u>: Qual è il rapporto fra le due persone, secondo te? Che cosa può dirci questo affresco della vita quotidiana in epoca romana? Se tu potessi intervistare questa coppia, che cosa chiederesti ad ognuno di loro?

Il territorio della regione

 7.4 Alla scoperta di … Fai una breve ricerca su Internet, o usando altre fonti, per scoprire …

   In quale parte dell'Italia si trova la Campania? Con quali altre regioni confina? Com'è il suo territorio (prevalgono le montagne, le colline o le pianure)? Quali isole fanno parte del territorio regionale? Come descriveresti le coste? Da quale mare è bagnata la Campania? Qual è il capoluogo regionale?

7.5 Dati alla mano [ONLINE]

NOTE CULTURALI

Una regione ambasciatrice dell'Italia nel mondo

 Lessico nuovo

appassionato	*enthusiastic, passionate about*
diffuso	*widespread, popular*
finire per	*to end up*

La cultura italiana più diffusa nel mondo è sicuramente quella napoletana: gli spaghetti, la pizza e la canzone popolare sono stati esportati dagli emigranti napoletani. Questi elementi della cultura napoletana hanno finito per definire l'Italia all'estero, anche se sono "italiani" quanto il *clam chowder* può essere considerato "americano"!

Una scena a Spaccanapoli, una via nel centro storico di Napoli

Anche molti stereotipi sul carattere degli italiani hanno avuto origine   5
nell'immagine di Napoli che si trova in vari film, canzoni, e altri prodotti culturali
in Italia e nel mondo.

Nel bene o nel male, Napoli, grande metropoli del Mediterraneo e capitale
storica del Sud, con la sua musica, la sua tradizione teatrale, la sua cucina e la sua   10
arte, ha per secoli rappresentato l'Italia nel mondo, forse molto di più di Roma, la
capitale politica, o di altre città del Nord più efficienti ed industriali.

 7.6 Confronti e riflessioni

1. Fai una breve inchiesta (*survey*): chiedi a due tuoi amici di nominare cinque
   cose (prodotti, cibi, luoghi, paesaggi, ecc.) che associano all'Italia, e un
   personaggio dello spettacolo (musicista, attore/attrice, regista, ecc.) italiano.
   Poi a casa fai un po' di ricerca in rete: quali di queste cose o persone hanno
   avuto origine a Napoli o nella Campania? Porta in classe i risultati della tua
   mini-inchiesta e confrontali con quelli dei tuoi compagni.
2. C'è una città o regione nel tuo paese d'origine che all'estero rappresenta il
   carattere generale della nazione o degli abitanti di quella nazione? Discutine
   in gruppo.
3. Ci sono dei prodotti o dei caratteri regionali che hanno finito per rappresentare
   l'intera nazione all'estero? Parlane con altri due o tre compagni.

 7.7 Alla scoperta di ...

1. La canzone popolare napoletana, derivata da una forte tradizione orale,
   è nota in tutto il mondo, tanto che Napoli e musica sono diventate ormai
   sinonimi. Quali sono le canzoni napoletane più conosciute nel mondo? Fai
   una breve ricerca su Luigi Denza e Eduardo Di Capua, autori della fine
   dell'Ottocento, epoca d'oro della canzone napoletana. Cerca su Internet i
   testi di queste canzoni popolari in napoletano e la loro traduzione in italiano.

Cerca anche su *YouTube* qualche esecuzione (*performance*) di una canzone che ti è piaciuta e presentala alla classe.

2. Come si è evoluta la canzone popolare napoletana dagli anni '60 ad oggi? Vai alla ricerca dei gruppi musicali che in diversi periodi hanno recuperato, adattato ed arricchito la tradizione musicale napoletana, facendola conoscere nel mondo: la Nuova Compagnia di Canto Popolare (anni '60–'70), Pino Daniele e Alan Sorrenti (anni '70), 99 Posse (un gruppo di *ragamuffin*). Scegli una delle loro canzoni e presentala alla classe.

Pasta e pizza: sinonimi di Napoli?

Lessico nuovo

l'alimento	*food item*
la farina	*flour*
l'impasto	*dough*
la panna	*cream*
paragonare	*to compare*
rosolare	*to sauté*
il sapore	*flavor*
saporito	*tasty*
svariato	*diverse, varied*

Un negozio che vende solo pasta a Napoli

In molti paesi del mondo, pasta, pizza e Napoli formano quasi una trinità, sono cioè inseparabili. Tuttavia, non furono i napoletani ad inventare la pasta come la conosciamo oggi: l'abitudine di bollire impasti di farina e acqua esisteva già presso gli antichi greci e romani, ma gli Arabi, nell'XI secolo, inventarono il sistema di essiccazione (*drying process*) della pasta che consentiva il facile trasporto e conservazione del prodotto. Furono però i napoletani, alla fine del XVIII secolo, a trasformare la pasta in un prodotto di grande consumo. La migrazione di masse di contadini dalla campagna alla città aveva causato una grave crisi alimentare. Allo stesso tempo, nuove tecnologie permisero di produrre pasta in grandi quantità ed a buon prezzo: nacque quindi l'alimento ideale per soddisfare la fame di una popolazione urbana moderna. La pasta diventò presto "regina della tavola", un ruolo che ancora detiene in gran parte dell'Italia.

Ormai diffusa in ogni angolo della terra, la pasta è servita con svariati condimenti che riflettono i gusti locali. L'uso di panna, pesce, verdure e pollo per accompagnare spaghetti e penne, comune all'estero, è disapprovato dai napoletani per i quali la pasta deve essere servita con un sugo semplice a base di pochi ingredienti freschi ed aromatici. Uno storico della cucina napoletana paragona la pasta alla dea della bellezza: "La pasta che esce nuda e purissima dalla pentola di acqua bollente come Venere (*Venus*) dalla spuma del mare (*sea foam*) non dovrebbe essere costretta ad accompagnarsi, come fosse una prostituta, ad ingredienti come la panna che la sviliscono (*debase*)."[1]

L'umorismo napoletano ha trovato espressione anche nella cucina povera: i famosi *spaghetti a vongole fujute* si chiamano così perché le vongole (*clams*), che dovrebbero far parte del condimento, sono "fuggite"

5

10

15

20

25

---

[1]Lambertini Egano, Volpe Enrico e Guizzaro Antonio. *La cucina nella storia di Napoli.* Napoli: Edizioni Scientifiche Cuzzolin, 1996, p. 140.

(*fujute* in dialetto napoletano), cioè non ci sono proprio: essendo troppo costose, sono state sostituite da spicchi d'aglio (*garlic cloves*) che, rosolati nell'olio, assomigliano nella forma, anche se non nel sapore, ai famosi frutti di mare: chi gusta 30 questo piatto saporito può facilmente dimenticarsi della "fuga" delle vongole!

7.8 Controlla la comprensione È vero che la pasta fu inventata a Napoli? Qual è il condimento ideale per gli spaghetti, secondo i napoletani? Perché gli spaghetti a *vongole fujute* si chiamano così?

7.9 Confronti e riflessioni

1. Che cosa penserebbero i napoletani di molti piatti di pasta serviti in ristoranti italiani nella città dove vivi e dove studi? Porta un esempio di piatto che non farebbe mai parte di un menù di un ristorante di Napoli, e discutine con altri due o tre studenti.
2. Se conosci più di una cultura, puoi identificare dei piatti che vengono cucinati in modo completamente diverso fuori dal loro luogo di origine? Parlane in gruppo.

Ascolto 1: La storia della pizza margherita

7.10 Prima di ascoltare Quale tipo di pizza preferisci? Quali sono gli ingredienti comuni a tutti i tipi di pizza? Ci sono ingredienti che, secondo te, non dovrebbero mai accompagnare la pizza?

Vocaboli utili alla comprensione

la bandiera	*flag*
il castagnaccio	*chestnut cake typical of the Tuscan Appennines*
la cottura	*cooking process*
cuocere nel forno, *p.p.* cotto, *p.r.* cossi	*to bake*
il panettone	*Christmas cake from Milan*
il pizzaiolo	*pizza maker*
la stonatura	*jarring note, also figurative for something "out of tune"*

7.11 Mentre ascolti In questo *Ascolto* sono menzionati due personaggi. Chi erano? Completa le frasi con una breve descrizione.

Matilde Serao _____.
Margherita di Savoia _____.

7.12 A fine ascolto Decidi se le seguenti affermazioni sono vere o false; poi correggi quelle false.

1. Secondo Matilde Serao, la vera pizza napoletana si trova solo a Napoli.   V   F
2. Margherita di Savoia inventò la pizza margherita.   V   F
3. I colori della pizza margherita sono anche quelli della bandiera italiana.   V   F
4. Gli antichi romani mettevano gli ingredienti sulla pizza prima della cottura, mentre i moderni napoletani mettono gli ingredienti sulla pizza dopo la cottura.   V   F

7.13 *Confronti e riflessioni* Ci sono piatti della cucina locale del tuo paese che sono difficili da trovare altrove (*elsewhere*)? Per quale motivo? (Ad esempio: gli ingredienti si trovano solo localmente, non possono essere trasportati, ecc.) Discutine con almeno due altri compagni di classe.

La fine del mondo: 24 agosto 79 d.C.

Lessico nuovo

avvertire	*to warn*
la cenere	*ash*
la cima	*mountain top*
congelato	*frozen, petrified*
il fango	*mud*
giungere, *p.p.* giunto, *p.r.* giunsi	*to reach, to arrive*
intatto	*unspoiled*
la nube	*cloud*
la sciagura	*disaster*
soccorrere, *p.p.* soccorso, *p.r.* soccorsi	*to rescue, to help*

Una pizzeria a Napoli

"Molte sciagure sono accadute nel mondo ma poche hanno procurato altrettanta gioia alla posterità", così scrisse Goethe[2] nel suo diario il 13 marzo 1787, subito dopo aver visitato Pompei. Hai mai visitato o sentito parlare di Pompei ed Ercolano?

Ecco la cronaca di quello che successe a Pompei, raccontata dallo scrittore romano Plinio il Giovane, che fu testimone di quella tragica giornata. Si tratta di una lettera che Plinio scrisse allo storico Tacito: 5

Era il 24 agosto 79 d.C., e mi trovavo a casa, a Miseno, una cittadina sulla baia di Napoli, con mia madre e mio zio, Plinio il Vecchio, famoso naturalista e storico. Avevamo appena pranzato quando mia madre venne ad avvertirci di un evento straordinario: una nube enorme, dall'aspetto bizzarro, si levava dalla cima del Vesuvio. Corremmo a vedere. La nube era in tutto simile ad un albero di pino marittimo (*maritime pine*): un'altissima colonna di fumo si alzava dalla montagna e si apriva poi ad ombrello, coprendo quasi completamente la campagna circostante e la costa. Mio zio, sempre 15 interessatissimo ai fenomeni naturali, ordinò che si preparasse una barca perché voleva avvicinarsi alla costa per osservare più da vicino l'eruzione. Nel frattempo aveva anche ricevuto un biglietto da alcuni amici che abitavano proprio sotto il Vesuvio e che lo imploravano di andare a soccorrerli via mare. Mio zio allora partì con una piccola imbarcazione ed alcuni servi, 20 ma giunto sulla costa, morì soffocato dai vapori e dalla cenere nella casa degli amici che aveva cercato di soccorrere.[3] 10

Con Plinio il Vecchio morirono quasi 30.000 mila persone: una pioggia di cenere vulcanica e un fiume di fango sommersero completamente Pompei

---

[2]Johann Wolfgang von Goethe (Francoforte 1749–Weimar 1832), scrittore tedesco autore di *Faust* e de *I dolori del giovane Werther*. Viaggiò e visse in Italia; nel 1817 pubblicò *Viaggio in Italia*, le sue riflessioni sugli italiani e il loro paese.

[3]La lettera di Plinio è stata adattata e semplificata.

ed Ercolano, congelando nel tempo abitazioni, strade, negozi, 25
edifici privati e pubblici, persone ed animali. A distanza di quasi
due millenni, le due città si presentarono quasi intatte ai moderni
archeologi che le disseppellirono (*unearthed*): gli affreschi
delle ville conservavano ancora i loro colori brillanti, gli oggetti
domestici erano al loro posto, perfino i graffiti e le scritte sui 30
muri erano rimasti intatti: frasi in latino, greco, osco (un dialetto
italico), e in aramaico (la lingua parlata in Palestina), a conferma
del carattere cosmopolita di Pompei, città marinara aperta ai
commerci con tutto il Mediterraneo. Poco sapremmo della vita
di tutti i giorni ai tempi dell'Impero Romano senza le preziose 35
testimonianze di quella tragica giornata del 24 agosto 79 d.C.

7.14 Controlla la comprensione Che cosa successe a Plinio il
Vecchio il 24 agosto 79 d.C.? Perché Goethe definì quell'evento
"una sciagura che portò gioia"?

7.15 Alla scoperta di ... Visita il sito Internet della Soprintendenza
Archeologica di Napoli e Pompei. Clicca su "Pompei", "visita gli
scavi". Poi scegli un "percorso" (ad esempio: "la casa romana",
"la pittura", "la vita quotidiana", ecc.). Per ogni percorso puoi
leggere dei testi, vedere delle immagini e anche "muoverti" con la
telecamera all'interno di vari ambienti. Dopo aver scelto uno di
questi percorsi prepara una breve presentazione che includa una o
più immagini, e qualche informazione interessante che hai appreso
dalla lettura dei testi.

Casa del Fauno, Pompei

Campania felix

La costa nei pressi di Sorrento

il colono	*settler*
i dintorni	*surroundings*
massiccio	*massive*
scambiare	*to exchange*
scomparire, *p.p.* scomparso, *p.r.* scomparsi	*to disappear*
lo svago	*fun, amusement*
la villeggiatura	*holidays, vacation*

Pompei è solo uno dei tanti tesori archeologici di questa regione: più di qualsiasi altra area del Mediterraneo, la Campania conserva ricche testimonianze di arte e architettura greca, oltre che romana. Settecento anni prima che Pompei scomparisse sotto le ceneri del Vesuvio, le coste della Campania videro uno dei più massicci fenomeni di immigrazione e colonizzazione nella storia   5
dell'umanità. Dalle città della Grecia partirono navigatori, mercanti, artigiani e contadini in cerca di nuove terre da abitare e di nuovi porti per i loro commerci: nel golfo di Napoli trovarono il clima e il territorio ideale per le loro attività. Napoli fu fondata da questi coloni nel VII secolo a.C. con il nome di Parthenope: difatti "partenopeo" è ancora oggi un aggettivo comunemente usato come   10
sinonimo di napoletano (ad esempio: "canzone partenopea" significa "canzone napoletana"). In posizione migliore, vicino a Parthenope, i coloni greci fondarono successivamente una seconda città che chiamarono Neapolis, cioè "nuova città" in greco. Neapolis divenne un centro di cultura greca influente quanto Atene o Sparta in Grecia, e Siracusa in Sicilia. È qui che i Greci incontrarono per la prima   15
volta le popolazioni italiche pre-romane, ed è qui che scambiavano merci, arte ed idee con i vicini Etruschi nel centro-nord della penisola. La moderna Napoli è la diretta discendente di questa "nuova città", vecchia di 2.700 anni.

I Romani arrivarono nel III secolo a.C. e chiamarono la zona di Napoli e dintorni *campania felix* (terra felice), perché era ricca di pianure fertilissime,   20

Particolare di un affresco dalla *Tomba del Tuffatore,* Paestum

sorgenti termali (*hot springs*) e porti naturali, e godeva di un clima mite tutto l'anno. La Campania diventò, per l'aristocrazia romana, un luogo di svaghi, di villeggiatura, e di meditazione: i resti della villa dell'Imperatore Tiberio a Capri ne sono testimonianza. Egli infatti preferiva governare il suo vasto impero da questa spettacolare residenza piuttosto che da Roma, la capitale.   25

7.16 Controlla la comprensione

1. Quali sono le origini di Napoli?
2. Perché questa zona era particolarmente amata dai Romani?

 7.17 Alla scoperta di … Fai una visita virtuale al Museo Archeologico Nazionale di Napoli, il "più ricco e pregevole patrimonio di opere d'arte e manufatti di interesse archeologico in Italia", secondo il sito ufficiale. Qui puoi decidere di seguire vari percorsi; scegli un'opera esposta che ti ha particolarmente interessato per il suo valore storico e/o artistico e presentala brevemente alla classe.

Ascolto 2: La vera storia di Spartaco

7.18 Prima di ascoltare Sai chi è Spartaco? Hai mai visto un film (o serie televisiva) su Spartaco? Ti è piaciuto/a? Perché?

Vocaboli utili alla comprensione

allenare	*to train*
allineare	*to line up*
la croce	*cross*
la fama	*fame, renown*
impossessarsi	*to seize*
scappare	*to flee, escape*
lo schiavo	*slave*
scontrarsi	*to clash*

7.19 Mentre ascolti Secondo il brano, quali informazioni sulla vita di Spartaco **non** sono vere? Scrivi una F vicino alle affermazioni false.

1. Fu un imperatore romano.
2. Fu un soldato diventato disertore.
3. Diventò un gladiatore.
4. Visse nel I secolo d.C.
5. Visse nel I secolo a.C.
6 Scappò dalla prigione e si rifugiò nel Colosseo di Roma.
7. Scappò dalla prigione e si rifugiò nei dintorni del vulcano Vesuvio.
8. Formò un esercito di schiavi e combatté contro l'esercito romano.
9. Visse liberamente dopo la ribellione sconfiggendo ogni forza nemica fino al momento della sua morte per cause naturali.

7.20 A fine ascolto Completa con parole tue le seguenti frasi in base al brano che hai appena ascoltato.

1. Spartaco fu condannato alla schiavitù perché _____.
2. I gladiatori, al contrario di quanto si crede, raramente venivano uccisi, perché

_____.

3. Spartaco ed i suoi compagni riuscirono a _____.
4. La ribellione durò _____.
5. Ma alla fine Spartaco fu _____.

 7.21 Confronti e riflessioni Perché, secondo te, la figura di Spartaco affascina ancora, a duemila anni dalla sua morte? Rispondi a questa domanda, poi discutine con altri due o tre studenti.

 7.22 Alla scoperta di …

1. Alcuni gruppi politici in passato si sono ispirati alla figura di Spartaco. Quali? Fai una breve ricerca su Internet per scoprirlo.
2. Oltre a Spartaco, altri schiavi romani divennero famosi, ad esempio Epitteto e Livio Andronico. Scopri chi erano e perché diventarono famosi.

La capitale del Sud

 Lessico nuovo

esteso	*vast*
la grandezza	*size, greatness*
la posizione di rilievo	*prominent position*

La Campania continuò a rimanere, nel corso dei secoli, al centro della vita culturale economica e politica dell'Europa: dal XIII secolo e fino all'Unità d'Italia nel 1861, il Regno di Napoli comprendeva tutte le regioni dell'Italia meridionale (con l'esclusione della Sardegna), ed era lo stato più esteso della penisola. L'Italia centrale e settentrionale, invece, era divisa in molti ducati (*duke-governed* 5 *territories*) o regni, oppure era occupata da potenze straniere. Napoli, in quanto capitale del Regno, ebbe sempre una posizione di rilievo nel Meridione d'Italia ed è tuttora un punto di riferimento culturale, economico e commerciale per le altre regioni del Sud e per l'Europa. A Napoli ha sede una delle università più antiche d'Europa, fondata nel 1224 da Federico II della dinastia degli Svevi. Con i 10 suoi 96 mila studenti iscritti è per grandezza la seconda università italiana dopo l'Università La Sapienza di Roma.

Monaci nel Chiostro di Santa Chiara, Napoli

7.23 Controlla la comprensione Con parole tue, spiega il titolo del paragrafo sopra, "La capitale del Sud".

7.24 Alla scoperta di … Napoli è, come Roma, una città che offre una grande varietà di stili architettonici e di monumenti di qualsiasi epoca storica: vi troviamo resti della civiltà greca e romana, castelli medievali e palazzi rinascimentali, chiese barocche, edifici in stile neoclassico. Come hai fatto per Roma nel *Capitolo 1*, cerca un monumento (chiesa, castello, palazzo, villa, monastero) di un periodo storico-artistico che ti interessa, e presentalo alla classe. Ecco alcuni suggerimenti: Maschio Angioino (periodo medievale),

Castel dell'Ovo (periodo medievale), Chiesa del Gesù Nuovo (Rinascimento), Basilica di Santa Chiara (stile gotico e barocco), Basilica di Santa Maria della Sanità (barocco), Cappella di San Gennaro (barocco), Piazza del Plebiscito (periodo neoclassico), Villa Rosebery (periodo neoclassico).

Una città di contrasti

Lessico nuovo

adeguato	*fitting, suitable*
agire	*to act*
il degrado	*urban decay, decline*
l'edilizia	*building industry*
essere ben accolto, *p.p.* stato, *p.r.* fui	*to be welcome*
inquinare	*to pollute*
i rifiuti	*trash, garbage*
la spazzatura	*trash, garbage*
lo spopolamento	*depopulation*
trarre, *p.p.* tratto, *p.r.* trassi	*to draw*
il veleno	*poison*

Nel terzo millennio, Napoli è una città di forti contrasti, afflitta da gravi problemi socio-economici: la sua popolazione giovanissima e l'arrivo di nuovi immigrati dai paesi dell'interno e da altre nazioni europee ed extra europee conferiscono alla città quella atmosfera vibrante e creativa che da sempre si respira in questo angolo del Mediterraneo. Tuttavia, alla forte esplosione demografica della costa non ha corrisposto un adeguato sviluppo economico, e la disoccupazione, specie quella giovanile, è molto alta.

Alle origini del mancato sviluppo economico della città e di vaste zone della regione è la presenza della camorra, una forma di criminalità organizzata che da anni governa il territorio e la sua economia tramite il monopolio sugli appalti pubblici (*public work contracts*), l'industria edilizia, il riciclaggio di denaro sporco (*money laundering*), e addirittura la raccolta e lo smaltimento (*disposal*) dei rifiuti tossici e di quelli urbani. Nell'estate del 2008 è scoppiata la cosiddetta "emergenza rifiuti": montagne di spazzatura non raccolta hanno invaso le strade di Napoli, creando una situazione intollerabile per residenti e turisti. Le cause di questa "emergenza", che purtroppo continua da anni, sono molteplici: la mancata attuazione di un programma di riciclaggio, l'obiettiva congestione urbana della zona, il controllo delle discariche (*landfills*) da parte della camorra che trova più lucrativo smaltire i rifiuti tossici, piuttosto che i rifiuti urbani di Napoli. Le industrie del Nord utilizzano da anni le imprese della camorra per smaltire illegalmente, ma a basso prezzo, i propri rifiuti tossici e pericolosi, traendone così grossi profitti (*gaining a high profit*).

In un'intervista del 2006, l'arcivescovo (*archbishop*) di Napoli Crescenzio Sepe ha offerto un ritratto realistico degli aspetti problematici della sua città, ma anche della grande generosità dei suoi abitanti:

Immagini di devozione popolare in una strada di Napoli: pittura murale e tabernacolo

Eminenza, a Roma lei si occupava del mondo, ora solo di una città. Troppo poco?

[...] Napoli [è] terra di frontiera. È una città terribilmente inquinata. Ma quel che è peggio è che non sempre nei suoi cittadini c'è una coscienza forte capace di reagire al degrado. [...] Qui il crimine si ramifica in mille rivoli 35 illegali (*branches out into a thousand illigal activities*) che segnano la vita di tutti i giorni. I giovani crescono diseducati al senso civico. La solidarietà, invece che sostenere chi fa del bene, si salda intorno a chi agisce male. [...]

Ma vede anche degli aspetti positivi, nella città, su cui far leva (*to leverage with*)? 40

Certamente, e li sto toccando con mano ogni giorno. Anzitutto c'è nei napoletani un forte senso del sacro. La pietà popolare è molto diffusa e coinvolge anche chi va poco a messa (*Catholic mass*). [...] E poi c'è il forte senso della famiglia. Il dolore e la gioia di ciascuno sono il dolore e la gioia di tutti. I napoletani sono molto ospitali. Gli immigrati cinesi, filippini, africani, 45 polacchi sono tutti ben accolti.[4]

Nonostante queste contraddizioni, Napoli continua ad esercitare il fascino della sua storia e della sua cultura uniche al mondo, e di fronte alle quali non si può rimanere indifferenti.

---

[4]"Degrado e peccato", colloquio con Crescenzio Sepe di Sandro Magister, *L'Espresso*, 14 settembre 2006, p. 32.

7.25 Controlla la comprensione Quali sono gli aspetti positivi e negativi della società napoletana che hai imparato leggendo questo brano e l'intervista a Crescenzio Sepe? Quali sono i problemi che Napoli deve affrontare con più urgenza, secondo te?

 7.26 Confronti e riflessioni Da una parte, la presenza di un'antica e ricca tradizione culturale, e dall'altra la presenza di grossi problemi socio-economici: conosci altre città che presentano questa contraddizione in termini così estremi? Confronta la tua risposta con quelle di due o tre compagni.

 7.27 Alla scoperta di ... La famosa Costiera Amalfitana, una delle coste più spettacolari del mondo, ricca anche di testimonianze artistiche e archeologiche, possiede la più alta concentrazione di abusivismo edilizio (*unauthorized building*) della nazione, secondo un rapporto di Legambiente. Ti proponiamo di esplorare i cosiddetti "ecomostri". La parola "ecomostro" è la contrazione di "ecologia" e "mostro" (*monster*). Che cosa significa, secondo te? Quali sono (o quali erano) gli "ecomostri" della Campania, in particolare della Costiera Amalfitana? Quali sono, invece, alcune iniziative prese nella zona per salvaguardare l'ambiente? Scoprilo con una ricerca su Internet che presenterai brevemente alla classe.

Il teatro napoletano e il grande Eduardo

 ### Lessico nuovo

affamato	*hungry*
l'arte di arrangiarsi	*the art of getting by*
il codardo	*coward*
il copione	*script*
il palcoscenico	*stage*
recitare	*to act, to perform*

Uno dei più famosi personaggi della *Commedia dell'Arte* è Pulcinella, la maschera di Napoli: sempre affamatissimo, codardo e millantatore (*braggart*), maestro nell'arte di arrangiarsi, ribelle a ogni regola e imposizione, Pulcinella è la personificazione dell'anima popolare napoletana. Secondo 5 l'attore Gianno Crosio, uno degli interpreti di Pulcinella, la maschera napoletana è un "personaggio multiforme: campagnolo e cittadino, triste e allegro, saggio e folle. Pulcinella è tutto. Pulcinella è errabondo (*wanderer*); è andato in tutto il mondo; esistono infatti versioni di Pulcinella in 10 Francia, in Inghilterra ed in molti altri paesi. Pulcinella è un vero emigrante". Perfino il personaggio di Paperino (*Donald Duck*) creato da Walt Disney sarebbe, secondo Crosio, una versione hollywoodiana di Pulcinella!

La tradizione teatrale di Napoli non si esaurisce con 15 Pulcinella: il teatro napoletano in dialetto fiorì a Napoli già nel '600–'700 con la commedia in musica, o opera buffa, destinata a trionfare in tutta Europa, e continuò nel XX secolo con le opere del grande attore e commediografo Eduardo De Filippo (1900–1984). Nato in una famiglia di 20 attori, Eduardo visse nell'ambiente teatrale fin da bambino, e dedicò al teatro tutta la sua vita: "La mia vera casa è il palcoscenico, là so esattamente come muovermi, cosa fare: nella vita sono uno sfollato (*refugee, a homeless person*)". Eduardo riuscì a realizzare qualcosa di veramente unico: le sue opere, pur essendo scritte in dialetto napoletano, 25 sono comprese ed amate da italiani di tutte le provenienze (*origins*), tradotte e rappresentate in tutti i paesi del mondo, in quanto riflettono temi e situazioni che trascendono la realtà napoletana per diventare veramente universali: "Lo sforzo di tutta la mia vita è stato quello di sbloccare (*set free*) il teatro dialettale portandolo verso quello che potrei definire, grosso modo (*roughly*), 30 Teatro Nazionale Italiano", dichiarò Eduardo in uno scritto del 1970. Durante una conversazione con un gruppo di studenti al Teatro Eliseo di Roma nel 1976, Eduardo così rispose ad uno studente che gli aveva chiesto a chi si rivolgessero le sue opere: " Ogni volta che posso, mi rivolgo al borghese medio per cercare di liberarlo dalla 35 paura cieca che ha chi possiede dei beni, per fargli capire che al mondo ci sono anche cose più importanti della proprietà".

Il pubblico ha sempre ricompensato (*rewarded*) Eduardo delle sue fatiche: egli è diventato una vera "celebrità del popolo", uno degli intellettuali più riconosciuti e amati del XX secolo. L'amore del pubblico 40 era totalmente ricambiato da Eduardo:

"La storia del mio lavoro termina con la parola fine, scritta in fondo all'ultima pagina del copione; poi ha inizio la storia del nostro lavoro, quello che facciamo insieme noi attori e voi pubblico, perché non voglio trascurare (*fail, forget*) di dirvi che non solo quando recito, ma 45 già da quando scrivo il pubblico io lo prevedo. Se in una commedia vi sono due, cinque, otto personaggi, il nono per me è il pubblico: È quello a cui do maggiore importanza perché è lui, in definitiva, a darmi le vere risposte ai miei interrogativi (*questions*)."[5]

Eduardo De Filippo in *Le ragazze di Piazza di Spagna*, con Cosetta Greco e Liliana Bonfatti, un film di Luciano Emmer del 1952

Un artista di strada vestito da Pulcinella, Napoli

---

[5]Le citazioni di De Filippo sono tratte da De Filippo, Isabella, a cura di. *Eduardo: polemiche, pensieri, pagine inedite*. Milano: Bompiani, 1986, p. 148.

7.28 Controlla la comprensione Secondo te, che cos'ha Pulcinella in comune con Paperino (*Donald Duck*)? Perché Eduardo De Filippo fu così importante per il teatro italiano? Quale ti ha colpito di più fra le citazioni di Eduardo De Filippo?

 7.29 Confronti e riflessioni Esiste, nel tuo paese, un autore / un'autrice che sia riuscito/a a far diventare "nazionale" un'espressione artistica regionale e/o in dialetto (musica, teatro, narrativa, ecc.)? Discutine con due o tre compagni di classe; poi presentate i risultati della vostra discussione alla classe.

 7.30 Alla scoperta di … Sai cos'è la *Commedia dell'Arte*? Dove e quando ha avuto origine? Conosci alcuni personaggi della *Commedia dell'Arte*? Scoprilo su Internet; poi riporta i risultati della tua breve ricerca alla classe.

7.31 Un fine settimana a Amalfi [ONLINE]

7.32 Chi è? Che cos'è? [ONLINE]

La poesia regionale (dal *Canzoniere italiano* di Pier Paolo Pasolini)[6]

Vurri' addeventà nu pesce d'oro,   1
'Mmiez'a lu mare vurria i' a natare.
Veness' 'o marenar' e me piscasse,
'Mmiez 'a la chiazzetella me vennesse;
Veness' 'o tavernar' e m'accattasse,   5
Dint' 'a tiella soia me friesse;
Venesse ninno mio e me magnasse,
Dint'a la vocca soia me mettesse;
Nu' me ne curo ca me muzzecasse,
Basta che dint' 'core le scennesse.   10

[Vorrei diventar un pesce d'oro, andarmene a nuotare in mezzo al mare. Che venisse il marinaio e mi pescasse, e mi vendesse in mezzo alla piazzetta; che venisse il taverniere (*tavern cook*) e mi raccogliesse, e dentro la padella sua mi friggesse (*fried me*); che venisse ninno mio (*my love*) e mi mangiasse, e mi mettesse dentro la sua bocca. Non me ne importa che mi morsicasse (*bit me*), basta che gli scendessi in mezzo al cuore.]

7.33 Scopri …

1. Quale tempo e modo verbale viene ripetuto in ogni verso (a cominciare dal terzo) della versione in dialetto e della versione in italiano? Perché viene usato?
2. Puoi trovare l'equivalente in dialetto napoletano dei seguenti articoli in italiano?
   un: _____   il: _____
3. Ti sembra che le principali differenze fra il dialetto napoletano e l'italiano standard siano grammaticali o lessicali (di vocabolario)? Motiva la tua risposta con esempi dal testo.

[6]Pier Paolo Pasolini, a cura di. *Canzoniere italiano. Antologia della poesia popolare.* Milano: Garzanti, 1992: 362, n. 526.

7.34 Il significato

1. Come descriveresti la voce narrante di questa poesia? A che cosa si paragona? Quali sono i suoi desideri?
2. Secondo te, il suo amore è accettato o rifiutato?
3. Chi o che cosa vorresti diventare per amore? Comincia con "Vorrei diventare …" e continua.

La cittadina di Amalfi che dà il nome alla famosa Costiera

LETTURA 1

Non ti pago **di Eduardo De Filippo (1940)**

Introduzione

In questa commedia ritroviamo molti elementi tipici della cultura partenopea (*Neapolitan*): la passione per il gioco del lotto (*lottery*), la convinzione che i morti comunichino con i vivi attraverso i sogni, e l'idea che solo con l'aiuto della fortuna si possano superare miseria e ingiustizia.

Ferdinando è proprietario di un banco del lotto ma, ironicamente, è sfortunato al gioco, mentre Mario Bertolini, il suo giovane impiegato (*employee*), vince sempre. Ferdinando è tormentato dall'invidia: come è possibile che un suo dipendente (*underling*) sia più ricco di lui? Ma non basta: Mario e Stella, la figlia di Ferdinando, sono innamorati e vorrebbero sposarsi, nonostante la disapprovazione di Ferdinando.

Per Ferdinando, il colmo (*limit, maximum*) della disgrazia e della beffa (*mockery*), è raggiunto quando Mario dichiara di aver vinto una grossa somma giocando dei numeri che il defunto (*deceased*) padre di Ferdinando gli ha dato in sogno. Ferdinando rifiuta di pagare la vincita a Mario e, per risolvere la disputa, chiama l'avvocato Strumillo e don Raffaele, il prete del quartiere.

Avvertenze

- Le frasi in dialetto napoletano sono trascritte in corsivo e tradotte fra parentesi in italiano.
- Il "voi" è usato al posto del "Lei" formale, seguendo un'usanza comune nell'Italia del Sud.
- Nota l'uso di "don" prima del nome proprio (don Ferdinando, don Raffaele, don Ciccio, ecc.) Si tratta di una forma di cortesia comunemente usata in dialetto napoletano ed in altri dialetti meridionali.

7.35 Prima di leggere In gruppi di due o tre, rispondete alle domande e confrontate le vostre risposte.

1. Hai mai giocato al lotto? Se sì, hai mai vinto?
2. Ti ritieni una persona superstiziosa o no? Ad esempio, leggi l'oroscopo? Ci credi?

ad occhio e croce	*roughly speaking*
andare in fallimento	*to go bankrupt*
l'anima	*soul*
apparire, *p.p.* apparso, *p.r.* apparsi	*to appear*
l'avvocato	*lawyer*
la buon'anima di	*good soul, deceased*
chi s'è visto s'è visto	*that's the end of it*
il conoscitore	*connoisseur*
dare un parere, *p.p.* dato, *p.r.* diedi	*to give an opinion*
la fantasia	*imagination*
l'intesa	*agreement*
la messa	*Catholic mass*
mettersi d'accordo, *p.p.* messo, *p.r.* misi	*to come to an agreement*
il parroco	*parish priest*
pretendere, *p.p.* preteso, *p.r.* pretesi	*to demand*
seguire la propria strada	*to follow one's own path, ideas*
testardo	*stubborn*
il Tribunale	*Court of Law*
la truffa	*swindle, trick*

Libera le parole!

7.36 La parola giusta Completa ogni frase con un vocabolo o un'espressione dalla lista più sopra. Coniuga i verbi al passato prossimo.

1. Il defunto padre di Ferdinando _____ in sogno a Ferdinando, e gli ha dato dei numeri da giocare al lotto.
2. Il prete dice che i sogni sono frutto della _____.
3. Ferdinando ha consultato l'avvocato, il quale gli _____ molto chiaro sulla faccenda.
4. Secondo l'avvocato, non è possibile vincere la causa in _____ per mancanza di prove.
5. La ditta di Ferdinando non andava molto bene, difatti _____ un mese fa.
6. Ferdinando e Mario litigavano in continuazione, ma ora finalmente _____.
7. Mario non sa esattamente l'ammontare (*total sum*) della vincita, ma pensa, _____, di aver vinto almeno quattro milioni.
8. L'avvocato Strumillo consiglia a Ferdinando di ritirare il premio, di non pensarci più, e _____.

7.37 Mentre leggi

1. Prendi appunti sui personaggi e sulle loro caratteristiche usando una tabella simile alla seguente:

	Protagonista	Antagonista (fuori scena)	Personaggio secondario 1	Personaggio secondario 2
Nome				
Professione				
La frase più umoristica				
Un aspetto della personalità				

2. Cerca anche di individuare (A) il conflitto principale che i protagonisti devono risolvere, e (B) gli elementi culturali che hai notato e che ti hanno interessato.

A. Conflitto _____

B. Elementi culturali _____

Non ti pago di **Eduardo De Filippo (1940)**

FERDINANDO	Si tratta di una truffa bella e buona. Io ho vinto una quaterna[1] di quattro milioni con quattro numeri che mio padre ha dato a un certo Mario Bertolini. Il biglietto vincente ce l'ho io.
RAFFAELE	Ma il padre del signore …
FERDINANDO	Don Rafae', scusate, fatemi finire. Ora questo Mario Bertolini dice che il biglietto è suo, che la vincita spetta[2] a lui e a me mi vorrebbe dare centomila lire.
STRUMILLO	E voi non mollate[3]. Questo Mario Bertolini deve essere pazzo senza dubbio. Il biglietto lo avete voi, ritiratevi il premio e chi s'è visto s'è visto.
FERDINANDO	E no, perché s'è messo d'accordo con mia moglie e mia figlia: dicono che il biglietto l'ha giocato lui con i soldi suoi.
STRUMILLO	Invece lo avete giocato voi.
FERDINANDO	No, l'ha giocato lui.
STRUMILLO	E allora?
FERDINANDO	Ma i numeri glieli ha dati mio padre in presenza di don Ciccio il tabaccaio.
STRUMILLO	Ah! Ho capito! Allora l'ha giocato lui con i soldi vostri.
FERDINANDO	No, con i soldi suoi.
STRUMILLO	Vedete signor Ferdinando, così, ad occhio e croce, non posso darvi un parere preciso. Vorrei studiare la cosa nei minimi particolari. Il biglietto non è stato neppure giocato in società, perché pare che non esisteva nessuna intesa fra voi e Mario Bertolini; ma siccome egli vorrebbe riconoscervi un premio di centomila lire, è già qualche cosa. Se come dite voi, vostro padre gli ha dato i numeri in presenza di un testimone, qualche diritto, penso, potremmo accamparlo[4]. Voi seguite la vostra strada, ritiratevi i quattro milioni, se questo Mario Pedrolini dovesse agire legalmente, noi chiameremmo in causa[5] questo don Ciccio il tabaccaio.
FERDINANDO	Non è possibile, don Ciccio non può venire a testimoniare.

5

10

15

20

25

30

35

Ufficio della lotteria nazionale, Napoli, 1958

---

[1]la quaterna: *a combination of four numbers*

[2]spettare a qualcuno: *to be owed / due to someone*

[3]non mollate: *don't give up*

[4]accampare un diritto: *to stake a claim*

[5]chiamare in causa: *to call to testify*

(Continua)

STRUMILLO	Voi scherzate? Non si può rifiutare. *'O facimmo venì cu' 'e carabiniere* [Lo facciamo venire con i carabinieri].
FERDINANDO	Ma don Ciccio è morto.
STRUMILLO	È morto? Beh … vostro padre …
FERDINANDO	E mio padre pure è morto.
STRUMILLO	Aspettate … Ma da quanto tempo?
FERDINANDO	Mio padre da due anni, e don Ciccio il tabaccaio da diciotto.
STRUMILLO (*DISORIENTATO*)	Ma scusate, il biglietto in questione, quando è stato vinto?
FERDINANDO	Sabato scorso.
STRUMILLO	E allora come è possibile che vostro padre ha dato i famosi numeri a Bertolini?
FERDINANDO	In sogno.
RAFFAELE	Mario Bertolini ha sognato del padre di don Ferdinando, il quale gli ha dato i quattro numeri in presenza di don Ciccio il tabaccaio, anch'egli a suo tempo defunto.
STRUMILLO	Ma allora il sogno è di Mario Bertolini.
FERDINANDO	No! E questo è l'errore. Perché Bertolini abita alla casa dove abitavo io con mio padre e che io lasciai per venire ad abitare qua dopo la sua morte, perché mi faceva impressione. Dunque, la buon'anima di mio padre, povero vecchio, credeva di trovare me in quella camera, e non si è accorto che nel letto *invece 'e ce sta' io, ce steva* [invece di starci io ci stava] Mario Bertolini. Tanto è vero che non ha detto: Bertoli' … ha detto: *"Picceri' giochete sti nummere".* [Piccolo mio, gioca questi numeri]. Perché mio padre *accussí me chiammava* [mi chiamava così]: picceri'. E posso provare che mio padre teneva antipatia per[6] questo Bertolini, e mai e poi mai *l'avarria dato na* [gli avrebbe dato una] quaterna simile.
STRUMILLO	*A me sta cosa me pare sballata assaie. Io che lle vaco a cuntà 'e Giudice in Tribunale?* [Questa storia mi sembra senza senso. Che cosa dovrei andare a dire al Giudice in Tribunale?]
RAFFAELE	Vostro padre, buon'anima, è apparso in sogno a Bertolini e gli ha dato i numeri. Dunque, rispettate la volontà del morto, che in fondo ha voluto agiatezza anche a vostra figlia, poiché pare che i due giovani si amino.
FERDINANDO (*TESTARDO*)	Ma aspettate, ditemi una cosa. La buon'anima (l'avete detto voi: buon'anima) è apparso in sogno a Bertolini e gli ha dato i numeri sicuri che sono usciti, è vero? E giacché[7] ci troviamo a parlare di anime, ne possiamo parlare seriamente perché voi ne siete conoscitore.
RAFFAELE	Conoscitore? Don Ferdina', ma io faccio *'o prevete, non faccio 'o canteniere* [io faccio il prete, non faccio il vinaio[8]].
FERDINANDO	Ad ogni modo, mi potete spiegare una cosa. Voi sapete se io faccio mai mancare le candele ed il lumino[9] davanti alla nicchia[10] di mio padre, voi sapete che ogni venerdì vado al

Line numbers in margin: 40, 45, 50, 55, 60, 65, 70, 75

[6]tenere antipatia per … : *to dislike someone*
[7]giacché: *since*
[8]il vinaio: *wine trader*
[9]il lumino: *small light*
[10]la nicchia: tomba (*tombstone*)

Camposanto[11], e *ce vonno cinquecento lire 'e taxí a gghi', e* 80
cinquecento a vení, [ci vogliono cinquecento lire di tassì ad
andare e cinquecento a tornare] e metteteci due o trecento
lire di fiori, sono milleduecento lire. Quattro messe al mese a
duecento lire *ll'una, so' n'ati ottocento lire; da che è morto, nun m'*
'o scordo maie [ognuna, sono altre ottocento lire; da quando è 85
morto non me ne sono dimenticato mai].

RAFFAELE   E fate bene, ho sempre apprezzato e lodato il vostro
atteggiamento verso la buon'anima di vostro padre.

FERDINANDO   Ogni venerdì milleduecento lire, *so'* [sono] quattromilaotto-
cento lire *'o mese* [al mese], più ottocento di messe, sono 90
cinquemilaseicento lire. È stata l'anima di mio padre che è andata
in sogno a Bertolini? Questo mondo dell'al di là[12] esiste sì o no?

RAFFAELE   Certo, e non dovete offenderlo con i vostri dubbi.

FERDINANDO   *E allora facimmo comme a chillo d' 'o cunto?* [Ma allora questa
è una favola?] Io spendo cinquemilaseicento lire al mese, per 95
candele, trasporto, fiori e messe per mio padre defunto, e il
defunto, padre legittimo mio, *piglia na [una] quaterna sicura*
'e quattro milioni e 'a porta a n'estraneo? [prende una quaterna
sicura di quattro milioni e la porta ad un estraneo?] Ma scusate,
don Rafae', io lo posso giustificare solamente perché essendo 100
morto non aveva il dovere di sapere che io avevo cambiato
casa e che sto in un quartiere nuovo. Ma se l'ha fatto con
preconcetto[13], è stata una birbantata[14] imperdonabile. Questo si
deve assodare[15]. Se c'è stata o no malafede da parte del defunto.
Rispondete adesso, non v'imbrogliate[16]. 105

RAFFAELE   *Ma che m'agg' 'a mbruglià?* [Ma perché dovrei confondermi?]
Perdonate, don Ferdinando, voi sembrate pazzo.

FERDINANDO   *E pazzo io esco* [E diventerò pazzo] se voi non mi sapete dare
una spiegazione.

RAFFAELE   Le messe, caro don Ferdinando, si fanno dire in suffragio[17] 110
dell'anima di un caro estinto[18]. Ma non è consentito farne
una speculazione. Anzi, se è con questa intenzione che osate
ordinarmele, vi dichiaro che io non le dico più. E scusate, se per
ogni messa, che in fondo costa duecento lire, si pretendesse
di guadagnare *na* [una] quaterna di quattro milioni, non ci 115
sarebbe proporzione e lo Stato andrebbe in fallimento. Che
c'entra[19] l'anima in queste meschinità? Bertolini ha sognato. I
quattro numeri sono il frutto della sua fantasia.

---

[11]il Camposanto: *cemetery*
[12]al di là: *netherworld*
[13]con preconcetto: *intentionally*
[14]la birbantata: *bad trick* (da birbante: *trickster*)
[15]questo si deve assodare: *this must be ascertained*
[16]non v'imbrogliate: *don't get confused*
[17]il suffragio: *mass celebrated for the soul of the dead*
[18]il caro estinto: *dear deceased one*
[19]che c'entra … : *what does it have to do …*

(Continua)

FERDINANDO	Aspettate! Voi avete detto che l'anima di mio padre è andata in sogno a Bertolini. Adesso è la fantasia? 120
RAFFAELE	Ho detto l'anima per avvicinarmi alla vostra comprensione, perché la maggioranza crede proprio quello che voi avete creduto. Ma non bisogna confondere il prodigio[20] con l'interesse egoistico della nostra vita di tutti i giorni. Che c'entra l'anima … è sempre la fantasia che lavora. 125
FERDINANDO	E la fantasia che cos'è? Non è l'anima?
RAFFAELE	La fantasia, in questo caso, potrebbe essere un residuo di immagini che continuano a vivere sovrapponendosi[21] frammentariamente[22] fra loro, nel nostro subcosciente, durante il sonno. 130
FERDINANDO	Ah! Potrebbe essere, non ne siete sicuro … e allora, il mondo dell'al di là[23] che abbiamo detto prima?
RAFFAELE	Don Ferdina', voi che volete da me? Io sono un servo del mistero, che si può definire con una sola parola: mistero.
STRUMILLO	Sentite, ma io non posso portare in Tribunale l'anima di vostro 135 padre, il mistero e la fantasia. In Tribunale si portano documenti e carta bollata[24]. Voi avrete tutte le ragioni possibili, ma il Giudice non può correre appresso[25] al mistero dell'anima. Io vi consiglio di restituire il biglietto al legittimo proprietario, e di accettare le centomila lire che vi ha promesso. E con questo me 140 ne vado perché ho da fare.
FERDINANDO	E allora?
STRUMILLO (ALZANDOSI)	Regolatevi[26] come meglio vi piace. Permesso. I miei rispetti, padre. In tribunale ci vogliono prove testimoniali, documenti importanti, carta bollata. Di 145 nuovo, buona giornata. […]
RAFFAELE	Sentite a me, *nun ve mettite mmiez' 'e mbruoglie*, [non rendetevi la vita complicata] tanto è denaro che rimarrà 150 in famiglia. (*Si alza*) Io me ne vado e spero che le mie parole trovino la giusta eco nel fondo del vostro animo.
FERDINANDO	Io ho capito: per me esiste 155 l'anima e per Mario Bertolini esiste la fantasia.

Un presepio napoletano, Chiesa di San Domenico Maggiore, Napoli

---

[20]il prodigio: *miracle, marvel*

[21]sovrapporsi: *to overlap*

[22]frammentariamente: *fragmentarily*

[23]il mondo al di là: *netherworld*

[24]la carta bollata: *bonded paper; stamped paper*

[25]correre appresso: *to run behind (i.e. to worry about)*

[26]regolarsi: *to act, to behave*

A fine lettura

7.38 Contesti Leggi ogni citazione e poi rispondi alla domanda che segue.

1. (riga 42) "*Mio padre da due anni, e don Ciccio il tabaccaio da diciotto*". A cosa si riferiscono i periodi di due e diciotto anni? Che verbo bisognerebbe inserire nella frase?

2. (riga 51) "*No! E questo è l'errore*", esclama Ferdinando. A quale errore si riferisce?

3. (righe 102–3) "*Questo si deve assodare*", dichiara Ferdinando. Che cosa vorrebbe sapere con certezza?

4. (riga 146) " *... tanto è denaro che rimarrà in famiglia*" dichiara don Raffaele: a quale famiglia si riferisce? Perché il denaro rimarrà nella famiglia?

7.39 Vero o falso? Indica se le seguenti affermazioni sono vere o false; poi correggi quelle false.

1. Strumillo porterà in tribunale la causa di Ferdinando. V F

2. Secondo don Raffaele, Ferdinando ha ragione a pretendere gratitudine dal padre defunto. V F

3. Secondo Ferdinando, il padre ha commesso un errore involontario quando ha dato i numeri a Mario Bertolini. V F

4. Ferdinando si sente in colpa perché pensa di non aver fatto dire abbastanza messe alla memoria del padre. V F

5. Alla fine, Strumillo consiglia a Ferdinando di accettare le centomila lire da Mario Bertolini. V F

7.40 Riflessioni finali

1. Secondo la mentalità di Ferdinando, che rapporto esiste fra i morti ed i vivi? Qual è la funzione delle messe e dei preti?

2. Possiamo dire che Ferdinando è un uomo religioso, un uomo di fede?

3. Qual è l'origine dei sogni, secondo don Raffaele e secondo Ferdinando?

4. Che ruolo hanno il prete e l'avvocato in questa scena?

5. Secondo te, qual è il bersaglio (*target*) dell'ironia dell'autore?

6. Tu che consiglio avresti dato a Ferdinando?

7.41 Come va a finire? Insieme a un compagno / una compagna, scegli una conclusione della commedia fra le seguenti (una è quella giusta). Poi proponete la vostra conclusione originale e discutetene in classe.

1. Bertolini dà la sua vincita a Ferdinando, ma Ferdinando acconsente (*agrees to*) al matrimonio fra Mario Bertolini e sua figlia Stella, consegnando agli sposi la somma vinta come regalo di nozze.

2. Bertolini darà la sua vincita (*winnings*) a Ferdinando, ma don Raffaele convincerà Ferdinando ad offrirla tutta in beneficienza (*charity*).

3. Bertolini terrà la vincita ma il padre di Ferdinando darà al figlio, in sogno, degli altri numeri: li giocherà e vincerà una somma pari a quella che aveva vinto Mario Bertolini.

4. Don Raffaele convincerà Ferdinando e Mario Bertolini a dividere equamente la somma vinta; entrambi però perderanno questa somma giocando a carte.

La vostra conclusione: _____.

7.42 Ciak! Dividetevi a coppie e preparate un dialogo immaginario di almeno otto battute fra Ferdinando e suo padre defunto, seguendo la seguente traccia: (1) conflitto iniziale (accuse di Ferdinando al padre, risposte del padre); (2) spiegazione del malinteso (*misunderstanding*); (3) riconciliazione. Per rendere la scena più realistica e interessante, potete portare un oggetto di scena (*prop*) molto semplice, ad esempio un biglietto del lotto (finto), oppure una candela.

7.43 Alla scoperta di … A Napoli, la lotteria è molto più che un semplice gioco. Secondo la scrittrice napoletana Matilde Serao, la passione per il gioco del lotto a Napoli è come la dipendenza dall'alcol in altre culture: una soluzione illusoria ai propri problemi. Cerca su Internet che cos'è la "smorfia napoletana", e come viene usata nel gioco del lotto. Scopri anche chi è uno "jettatore", e l'origine di questa parola.

Grammatica viva

7.44 Frasi ipotetiche Considera le seguenti frasi tratte dal testo; sono frasi ipotetiche che studierai nella grammatica di questo capitolo. Identifica ogni tempo verbale.

Se questo Mario Bertolini <u>dovesse</u> agire legalmente, noi <u>chiameremmo</u> in causa questo don Ciccio il tabaccaio. (righe 32-33).

… se per ogni messa, che in fondo costa duecento lire, <u>si pretendesse</u> di guadagnare na [una] quaterna di quattro milioni, <u>non ci sarebbe</u> proporzione e lo Stato <u>andrebbe</u> in fallimento. (righe 112-115).

Ora completa le seguenti frasi scegliendo fra le due alternative.

1. Se Ferdinando (fosse / sarebbe) meno invidioso, la famiglia (fosse / sarebbe) più unita.
2. Se Mario Bertolini non (sarebbe / fosse) così fortunato, Ferdinando lo (avrebbe / avesse) più in simpatia.
3. Se l'anima del padre di Ferdinando (avrebbe riconosciuto / avesse riconosciuto) Mario Bertolini, non gli (avesse dato / avrebbe dato) i numeri vincenti.

7.45 Dislocazioni Considera i seguenti esempi di *dislocazione a sinistra*: in queste frasi tratte dal testo, l'oggetto diretto è posto prima del verbo.

1. *Il biglietto vincente ce l'ho io (riga 3).*
2. *I numeri glieli ha dati mio padre (riga 16).*

Riscrivi le due frasi usando l'ordine più comune delle parole:
soggetto – verbo – predicato (oggetto diretto / indiretto, ecc.).

1. _____

2. _____

L'amore corre sulle corde di Luciano De Crescenzo

da Così parlò Bellavista, 1976

Introduzione

Luciano De Crescenzo (Napoli, 1928) lavorò a Milano come ingegnere per la IBM fino al 1976 quando scrisse *Così parlò Bellavista,* una serie di dialoghi fra vari amici napoletani. Con questo libro, De Crescenzo voleva spiegare la filosofia di vita dei napoletani ai suoi amici e colleghi milanesi. Il libro ebbe un enorme successo di pubblico e fu tradotto in varie lingue. In questo brano, alcuni amici napoletani—il professor Bellavista, Saverio e Luigino—discorrono delle differenze fra le abitazioni londinesi e quelle napoletane. Nota che Luigino e Saverio si rivolgono al professore con il "voi", mentre usano il "tu" fra di loro.

5

7.46 Prima di leggere Rifletti sulle tue esperienze di abitazione e sul valore della *privacy*, rispondendo alle seguenti domande. Poi discutine in classe:

1. Sei cresciuto in una casa o in un appartamento? In un quartiere di villette (*individual homes*) o di palazzi? In una città, un paese o una zona suburbana?
2. Quali sono stati gli aspetti positivi e negativi di questa esperienza?

Lessico nuovo

l'abitazione	*residence, dwelling*
accadere, *p.p.* accaduto, *p.r.* accadde	*to happen, take place*
accorgersi, *p.p.* accorto, *p.r.* accorsi	*to become aware, to realize*
l'attesa	*wait, waiting*
il bucato	*laundry*
la corda	*rope*
fare la fila, *p.p* fatto, *p.r.* feci	*to stand in line*
l'ingresso	*entrance*
l'inquilino	*tenant*
legare	*to tie*
litigare	*to argue, to fight*
il palazzo	*apartment building*
i panni	*clothes, laundry*
il piano superiore	*upper floor*
il piano terra	*ground floor, first floor*
il quartiere	*neighborhood*
il quartiere signorile	*upperclass neighborhood*
ricambiare	*to pay back, to exchange*
stendere, *p.p.* steso, *p.r.* stesi	*to hang out to dry, i.e. laundry*

Libera le parole!

7.47 La parola giusta Completa con uno dei due vocaboli fra parentesi.

1. A Napoli è facile vedere (delle corde / del bucato) fra una casa e l'altra per asciugare (i panni / le corde).
2. Non mi piace abitare al primo piano perché c'è troppo rumore. Preferisco (i piani superiori / le abitazioni signorili).

3. In quella via ci sono molti (palazzi eleganti / quartieri signorili) con appartamenti carissimi, e (tutti gli inquilini / tutti i piani) sono professionisti.
4. Non vado d'accordo con i miei vicini: spesso noi (litighiamo / leghiamo) perché loro (stendono / ignorano) sempre (il bucato / le corde) fuori e non sarebbe permesso.
5. Tutti gli uffici del Comune erano affollatissimi e ho dovuto (ricambiare / fare la fila): (l'attesa / l'ingresso) è (stata lunga / stato lungo).
6. In questo quartiere nessuno si conosce, tutti (litigano / si ignorano).
7. Mi sembri agitato … che cosa (è accaduto / hai litigato)? —Ho perso il treno per Napoli e arriverò in ritardo al mio appuntamento.

7.48 Mentre leggi Prendi appunti su alcune caratteristiche dei londinesi e dei napoletani. Usa una tabella simile alla seguente:

	Carattere	Abitudini	Aneddoti riportati nella storia
I londinesi			
I napoletani			

L'amore corre sulle corde di Luciano De Crescenzo

"Quando penso a Londra", continua Bellavista "penso sempre a quella volta che vidi, di notte, un signore "solo" che faceva la fila alla fermata dell'autobus."

"Come? Non ho capito bene". chiede Saverio "Faceva la fila da solo? E voi come ve ne siete accorto che faceva la fila?"

"Me ne sono accorto perché era fermo accanto al palo 5
indicatore[1], con il fianco destro alla strada, in modo da consentire ad altri viaggiatori, che però non c'erano, di formare eventualmente una fila d'attesa".

"Gesù! Gesù!"

"Ma che volete fare, nell'inglese verace[2] il rispetto degli altri è 10
religione! L'abitazione tipica inglese è costituita da un ingresso, da un viale d'accesso attraverso un piccolo giardino, da alcune camere di rappresentanza[3] al piano terra e da qualche camera da letto al piano superiore. Ora, accanto a questa casa che vi ho descritto ce n'è un'altra uguale e poi un'altra uguale ancora. Cioè, voglio dire, non 15
è che per risparmiare abbiano detto: adesso facciamo un grande palazzo con un solo ingresso, una sola scala e tanti appartamenti. Nossignore[4], là ognuno desidera il suo ingresso, il suo giardino, la sua scala personale interna, così che potrà vivere senza sapere come si chiama il vicino di casa, senza sapere chi è, che fa, come è fatto, 20
eccetera, eccetera; e, con eguale convinzione, desidera sopra ogni cosa al mondo che anche i suoi vicini lo ignorino e ricambino questa indifferenza nei suoi riguardi[5]".

"Io", dice Saverio "del mio quartiere so tutto".

---

[1]il palo indicatore: *the pole that marks a bus stop*
[2]verace: *true, authentic*
[3]la camera di rappresentanza: *parlor*
[4]nossignore: *not at all (No, Sir!)*
[5]nei suoi riguardi: *towards him*

Una via dei Quartieri Spagnoli a Napoli

"E per forza, perché a Napoli ci sono le corde tese da palazzo a palazzo   25
per stendere i panni, e su queste corde le notizie corrono e si diffondono" dice
Bellavista. "E già, perché se ci pensate bene un momento, per stendere una corda
tra il terzo piano di un palazzo ed il terzo piano di un altro palazzo è necessario
che le signore inquiline dei suddetti appartamenti si siano parlate, si siano
messe d'accordo: 'Signò, adesso facciamo una bella cosa, mettiamo una corda   30
fra noi e voi, così ci appendiamo il bucato tutt'e due. Voi il bucato quando lo
fate? Il martedì? Brava, allora vuol dire che noi lo faremo il giovedì che così
non ci possiamo *tozzare*[6]. È nato il colloquio ed è nato l'amore".

"I panni stesi al sole sono tutti belli". dice Luigino. "Io da piccolino pensavo
che i panni si stendessero al sole per festeggiare qualcosa come se fossero   35
bandiere. E ancora oggi tutti questi panni mi danno allegria. Non ho mai
capito perché in certi quartieri signorili è proibito stendere i panni all'esterno.
Il fatto poi che a Napoli queste corde legano tutte le case l'una all'altra è una
cosa veramente importante; ma voi ci pensate? Immaginate per un momento
che il Padreterno[7] volesse portarsi in cielo una casa di Napoli. Con sua grande   40
meraviglia si accorgerebbe che piano piano, tutte le altre case di Napoli, come
se fossero un enorme granpavese[8], se ne vengono dietro alla prima, una dietro
l'altra, case corde e panni, *canzone 'e femmene e 'allucche e guaglione*[9]".

"E bravo Luigino, su questo fatto delle case di Napoli che salgono in cielo ci
devi fare una poesia!" dice Saverio.   45

"Dopo stesa la prima corda[10]" continua il professore "le nostre signore
diventeranno più intime, litigheranno e si riappacificheranno[11], si metteranno
insieme per litigare con le signore del piano di sotto fino a diventare amiche
con queste ultime. Ovviamente il sistema ha i suoi inconvenienti, i suoi prezzi
da pagare. E quindi nulla di ciò che accade in una delle case può essere tenuto   50
nascosto alle altre: amori, speranze, compleanni, corna[12], vincite al lotto e diarree,
tutto dovrà essere di pubblico dominio. Insomma è l'amore che corre sulle
corde ad informare e a ripartire gioie e dolori. Nessuno è libero, ma nessuno è
solo, ed il clima mite favorisce la solubilità delle notizie mantenendo aperte le
finestre delle case ed i portoni [...]".   55

---

[6]tozzarsi: scontrarsi *(to bump into each other)*
[7]il Padreterno: Dio
[8]il granpavese: *flags used to decorate tall ships on special occasions*
[9]la *canzone ... guaglione*: Neapoletan expression to mean *"everything together"*
[10]dopo ... corda: *after the first rope has been fastened*
[11]riappacificarsi: *to make peace again*
[12]le corna: *cheating* (fare le corna a ...: *to cheat on* in a love relationship ...)

 A fine lettura

7.49 Napoli o Londra? In base al brano appena letto, risponde alle varie domande.

1. Indica se i seguenti vocaboli ed espressioni si referiscono a Napoli (N) o a
   Londra (L).

   a. le corde   N   L
   b. la fila alla fermata dell'autobus   N   L
   c. la casetta   N   L
   d. il palazzo   N   L
   e. i panni stesi   N   L

2. Ora scegli due di queste espressioni e crea per ognuna una frase che descriva una caratteristica di Londra o del londinese, e poi una caratteristica di Napoli e del napoletano.

Londra (e/o i londinesi): _____

Napoli (e/o i napoletani): _____

3. Quali possono essere i vantaggi e gli svantaggi del vivere "alla londinese" o del vivere "alla napoletana"? Considera anche l'impatto ambientale (*environmental cost*) di ogni stile di vita. Crea prima una tabella simile alla seguente poi rispondi: In quale ambiente preferiresti vivere? Perché?

	Vantaggi	**Svantaggi**	**Impatto ambientale**
Vivere alla londinese			
Vivere alla napoletana			

4. Bellavista conclude dicendo che nel palazzo napoletano "*Nessuno è libero, ma nessuno è solo*". Che cosa direbbe della vita nelle casette londinesi? Completa la seguente frase:

Nel palazzo napoletano "*Nessuno è libero, ma nessuno è solo, mentre nelle casette londinesi* _____ ".

5. Luigino descrive quello che succederebbe se Dio decidesse di portarsi in cielo un palazzo di Napoli. Che cosa succederebbe, secondo te, se decidesse di portarsi in cielo una casetta della periferia di Londra?

6. In questa lettura la parola "amore" è usata due volte: "*È nato il colloquio ed è nato l'amore*" (riga 33) e "*Insomma è l'amore che corre sulle corde ...*" (riga 52). Puoi spiegare il significato di "amore" in questo contesto?

 7.50 Ciak! Create una conversazione di almeno dieci battute fra un londinese e un napoletano sui rispettivi stili di vita. Portate un paio di oggetti di scena (*props*) in classe da usare per la scenetta (ad esempio: un cappello o un ombrello per il londinese, e un berretto per il napoletano).

 7.51 Confronti e riflessioni

1. A Napoli, le corde per stendere i panni hanno una precisa funzione sociale. Puoi pensare a qualche luogo, oggetto o attività in un quartiere che conosci che abbia la stessa funzione di coesione sociale? Rispondi a questa domanda; poi discutine in gruppo.

2. Credi davvero che il tipo di abitazione e di quartiere determini anche il tipo di vita sociale che i residenti conducono? Qual è la tua esperienza al riguardo? Rispondi a questa domanda; poi discutine con altri due o tre studenti.

Grammatica viva

7.52 Usi del congiuntivo Osserva l'uso del congiuntivo nelle seguenti frasi tratte dal testo.

(righe 21-2) *desidera sopra ogni cosa al mondo che anche i suoi vicini lo ignorino e ricambino questa indifferenza nei suoi riguardi ...*

(righe 28-30) *è necessario che le signore inquiline dei suddetti appartamenti si siano parlate, si siano messe d'accordo ...*

1. Ora riscrivi le stesse frasi cambiando il tempo del verbo principale al passato.

a. [...] desiderava sopra ogni cosa al mondo che anche i suoi vicini lo _____ e _____ questa indifferenza nei suoi riguardi ...

b. [...] era necessario che le signore inquiline dei suddetti appartamenti si _____, si _____ d'accordo ...

2. Ora fai l'operazione opposta con la seguente frase, cioè comincia con il verbo al presente.
   a. *Io [...] pensavo che i panni si stendessero al sole per festeggiare qualcosa ...* (righe 34-4)
   b. Io penso che i panni _____ al sole per festeggiare qualcosa ...

LETTURA 3

Salvare chi deve morire di Roberto Saviano

da Gomorra, 2006

Introduzione

Gomorra, da cui è tratto questo brano, è il primo libro del giovane scrittore nato a Napoli nel 1979. Uscito nel 2006, il libro ebbe subito un enorme successo di critica e di pubblico.

   Gomorra è una coraggiosa denuncia della camorra, il sistema mafioso che domina vaste aree della Campania; in seguito alla sua pubblicazione, Saviano ha ricevuto diverse minacce, ed è costretto a vivere nell'anonimato e costantemente sotto scorta (*bodyguards*).   5

   Nel 2009, il film *Gomorra*, tratto dal libro di Saviano e diretto da Matteo Garrone, rappresentò l'Italia all'Oscar come miglior film straniero.

   Nel brano che proponiamo, lo scrittore ricorda le "lezioni di vita" che suo   10 padre gli dava da piccolo, con l'intento di educarlo a sopravvivere nei territori dominati dalla camorra.

7.53 Prima di leggere In questo brano leggerai l'espressione: "comandare le cose" in contrapposizione a "comandare le parole". Prova ad anticiparne il significato. Pensa a degli esempi di persone che "comandano le cose" e persone che "comandano le parole".

Lessico nuovo

ammazzare	*to kill*
il bene	*the good, good deed*
ferito	*wounded*
fingere, *p.p.* finto, *p.r.* finsi	*to pretend*
l'infermiere/a	*nurse*
il male	*the bad, bad deed, evil*
mettersi in soggezione, *p.p.* messo, *p.r.* misi	*to feel uneasy to be in a state of apprehension*
la potenza	*power*
sentirsi infastidito	*to feel bothered or annoyed*
lo sgarbo	*unkindness, bad manners*
la sorte	*fate*
il timore	*fear*

Libera le parole!

7.54 *Trova l'intruso!* Per ogni gruppo, indica la parola che non appartiene.

1. la paura, il timore, lo spavento, la diffidenza
2. arrestare, uccidere, assassinare, ammazzare
3. il destino, la sorte, il presente, il fato
4. la scortesia, lo sgarbo, la maleducazione, la pazienza
5. il paramedico, l'ortopedico, l'infermiere, l'operatore sanitario
6. colpito, indignato, percosso, ferito
7. simulare, mentire, fingere, costringere
8. essere addolorato, essere seccato, essere annoiato, essere infastidito
9. la potenza, la forza, l'autorità, la ricchezza

7.55 *Differenze* Rifletti sulla differenza fra **fare bene, fare del bene** e i loro contrari **fare male** e **fare del male**. Scrivi una frase per ogni espressione.

(fare bene) _____   (fare del bene) _____
(fare male) _____   (fare del male) _____

7.56 *Mentre leggi* Prendi appunti sulle caratteristiche personali, la professione e le scelte delle seguenti persone. Usa una tabella simile a questa:

	Il padre di Roberto	Il professor Iannotto	I boss camorristi
Caratteristiche personali			
Professione			
Scelte di vita			

Una pittura murale contro la camorra in una via di Napoli

Salvare chi deve morire di Roberto Saviano

"Il migliore, Robbè[1] non deve avere bisogno di nessuno, deve sapere, certo, ma deve anche fare paura. Se non fai paura a nessuno, se nessuno guardandoti non si mette soggezione, allora in fondo non sei riuscito a essere veramente capace."

Quando andavamo a mangiare fuori, nei ristoranti si   5
sentiva infastidito dal fatto che spesso i camerieri servivano, anche se entravano un'ora dopo di noi, alcuni personaggi della zona. I boss si sedevano e dopo pochi minuti ricevevano tutto il pranzo. Mio padre li salutava. Ma tra i denti strideva la voglia[2] di avere il loro medesimo rispetto. Rispetto che consisteva nel   10
generare uguale invidia di potenza, eguale timore, medesima ricchezza.

"Li vedi quelli? Sono loro che comandano veramente. Sono loro che decidono tutto! C'è chi comanda le parole e chi comanda le cose. Tu devi capire chi comanda le cose, e fingere   15
di credere a chi comanda le parole. Ma devi sempre sapere la verità in corpo a te. Comanda veramente solo chi comanda le cose." I comandanti delle cose, come li chiamava mio padre,

[1]Robbè: *Roberto*
[2]tra ... voglia: *deep down he felt like ...*

erano seduti al tavolo. Avevano deciso della sorte di queste terre da sempre. Mangiavano assieme, sorridevano. Negli anni poi si sono scannati[3] fra loro, lasciando scie[4] di migliaia di morti, come ideogrammi dei loro investimenti finanziari. I boss sapevano come rimediare allo sgarbo d'essere serviti per primi. Offrivano il pranzo a tutti i presenti nel locale. Ma solo dopo essersene andati, temendo di ricevere ringraziamenti e piaggerie[5]. Tutti ebbero il pranzo pagato, tranne due persone. Il professore Iannotto e sua moglie. Non li avevano salutati, e loro non avevano osato offrirgli il pranzo. Ma gli avevano fatto dono, attraverso un cameriere, di una bottiglia di limoncello[6]. Un camorrista sa che deve curarsi anche dei nemici leali perché sono sempre più preziosi di quelli nascosti. Quando dovevo ricevere un esempio negativo, mio padre mi additava il professor Iannotto. Erano stati a scuola insieme. Iannotto viveva in fitto[7], cacciato dal suo partito, senza figli, sempre incavolato[8] e mal vestito. Insegnava al biennio di un liceo[9], lo ricordo sempre a litigare con i genitori che gli chiedevano a quale amico mandare i figli a ripetizione privata[10] per farli promuovere. Mio padre lo considerava un uomo condannato. Un morto che camminava.

"È come chi decide di fare il filosofo e chi il medico, secondo te chi decide dei due della vita di una persona?"

"Il medico!"

"Bravo. Il medico. Perché puoi decidere della vita delle persone. Decidere. Salvarli o non salvarli. È così che si fa il bene, solo quando puoi fare il male. Se invece sei un fallito, un buffone, uno che non fa nulla, allora puoi fare solo il bene, ma quello è involontario, uno scarto di bene[11]. Il bene vero è quando scegli di farlo perché puoi fare il male".

Non rispondevo. Non riuscivo mai a capire cosa volesse realmente dimostrarmi. E in fondo non riesco nemmeno ora a capirlo. Sarà anche per questo che mi sono laureato in filosofia, per non decidere al posto di nessuno. Mio padre aveva fatto servizio nelle ambulanze, come giovane medico, negli anni '80. Quattrocento morti l'anno. In zone dove ammazzavano anche cinque persone al giorno. Arrivava con l'autoambulanza, quando però il ferito era per terra e la polizia non era ancora arrivata, e non si poteva caricarlo. Perché se la voce si spargeva[12], i killer tornavano indietro, inseguivano l'autoambulanza, la bloccavano, entravano nel veicolo e finivano di portare a termine il lavoro. Era capitato decine di volte, e sia i medici che gli infermieri sapevano di dover

[3]scannarsi: *to butcher, to kill each other*
[4]la scia: *track, trace*
[5]la piaggeria: *servility*
[6]il limoncello: *lemon-flavored liquor*
[7]viveva in fitto: *lived in a rental apartment*
[8]incavolato: *angry, upset*
[9]il biennio di un liceo: *the first two years of a **liceo** (specialized high school oriented for the study of the classics or the sciences)*
[10]la ripetizione privata: *after-school tutoring*
[11]lo scarto di bene: *a "second-rate" good*
[12]la voce si spargeva: *the rumor spread*

(*Continua*)

star fermi dinanzi a un ferito e attendere che i killer tornassero per finire l'operazione. Una volta mio padre però arrivò a Giuliano, un paesone tra il napoletano e il casertano, feudo[13] dei Mallardo. Il ragazzo aveva diciotto anni, o forse meno. Gli avevano sparato al torace[14], ma una costola[15] aveva deviato il colpo. L'autoambulanza arrivò subito. Era in zona. Il ragazzo rantolava,[16] urlava, perdeva sangue. Mio padre lo caricò. Gli infermieri erano terrorizzati. Tentarono di dissuaderlo, era evidente che i killer avevano sparato senza mirare e erano stati messi in fuga da qualche pattuglia[17], ma sicuramente sarebbero ritornati. Gli infermieri provarono a rassicurare mio padre: "Aspettiamo. Vengono, finiscono il servizio[18] e ce lo portiamo".

Mio padre non ce la faceva. Insomma, anche la morte ha i suoi tempi. E diciotto anni non gli sembrava il tempo per morire, neanche per un soldato di camorra. Lo caricò, lo portò e fu salvato. La notte, andarono a casa sua i killer che non avevano centrato il bersaglio[19] come si doveva. A casa di mio padre io non c'ero, abitavo con mia madre. Ma mi fu raccontata talmente tante volte questa storia, troncata sempre nel medesimo punto, che io la ricordo come se a casa ci fossi stato anche io e avessi assistito a tutto. Mio padre, credo, fu picchiato a sangue, per almeno due mesi non si fece vedere in giro.[20] Per i successivi quattro non riuscì a guardare in faccia nessuno. Scegliere di salvare chi deve morire significa voler condividerne la sorte […] Questa è la vera solitudine.

---

[13]il feudo: *stronghold*
[14]il torace: *chest*
[15]la costola: *rib*
[16]rantolare: *breathe with difficulty*
[17]la pattuglia: *police patrol*
[18]finiscono il servizio: *they finish the job*
[19]non avevano … bersaglio: *had missed the target*
[20]farsi vedere in giro: *to be seen / make oneself seen in the neighborhood*

 A fine lettura

7.57 A chi si riferisce? Spiega a chi si riferiscono i pronomi sottolineati in queste frasi tratte dal testo.

1. *Li vedi quelli? (riga 13)*
2. *Non li avevano salutati, e loro non avevano osato offrirgli il pranzo. Ma gli avevano fatto dono, attraverso un cameriere, di una bottiglia di limoncello. (riga 25–27)*
3. *Salvarli o non salvarli. (riga 39)*
4. *Gli avevano sparato al torace, ma una costola aveva deviato il colpo. […] Mio padre lo caricò. (riga 55–57)*
5. *Scegliere di salvare chi deve morire significa voler condividerne la sorte. (riga 71–72)*

7.58 Quale contesto? Per ogni espressione più sotto, scrivi una frase per spiegare il suo significato nel contesto della lettura.

Es.: Fare paura ———→ *Secondo il padre dell'autore, solo quelli che riescono a fare paura o incutere rispetto agli altri hanno successo nella vita.*

1. *un morto che camminava (riga 34)*
2. *uno scarto di bene (riga 41)*
3. *gli infermieri erano terrorizzati (riga 58)*
4. *anche la morte ha i suoi tempi (riga 63)*
5. *non si fece vedere in giro (riga 70)*
6. *questa è la vera solitudine (righe 72-3)*

7.59 Confronti e riflessioni

1. Rifletti sui "valori" della camorra: chi è "il migliore" e chi ha successo nella vita? Confronta questi valori con i tuoi e con quelli prevalenti nell'ambiente in cui vivi, usando una tabella simile a questa. Poi parlane con altri due o tre studenti.

	Secondo i camorristi	Secondo me	Secondo la morale prevalente nell'ambiente in cui vivo
1. Chi è una persona da ammirare?			
2. Che caratteristiche ha? Che cosa fa?			

2. Perché Roberto ha deciso di laurearsi in filosofia? L'ambiente in cui ha vissuto ed il suo rapporto con il padre sicuramente hanno influito sulla sua decisione. Tu hai già deciso in quale materia vuoi laurearti? Il tuo ambiente o la tua famiglia hanno influenzato questa decisione? Confronta la tua esperienza con quella di Roberto Saviano.

7.60 Alla scoperta di … Cerca qualche notizia interessante sulla vita attuale di Roberto Saviano: è ancora protetto dalla scorta? Può apparire in pubblico? Ha pubblicato altri libri oltre a *Gomorra*? Quali impegni pubblici ha avuto in questi anni?

Grammatica viva

7.61 *Chi* e *che* Considera l'uso dei pronomi relativi nelle seguenti frasi tratte dal testo. In quali situazioni si usa **chi** e in quali situazioni si usa **che**?

- *C'è <u>chi</u> comanda le parole e <u>chi</u> comanda le cose. Tu devi capire <u>chi</u> comanda le cose, e fingere di credere a <u>chi</u> comanda le parole … (righe 14-15) È come <u>chi</u> decide di fare il filosofo e <u>chi</u> il medico, secondo te <u>chi</u> decide dei due della vita di una persona?* (righe 35-6)
- *Ma tra i denti strideva la voglia di avere il loro medesimo rispetto. Rispetto <u>che</u> consisteva nel generare uguale invidia di potenza, eguale timore, medesima ricchezza …* (righe 9-12)
- *Sono loro <u>che</u> comandano veramente …* (riga 13)
- *Mio padre lo considerava un uomo condannato. Un morto <u>che</u> camminava.* (riga 34)

Come hai sicuramente osservato, **che** ha sempre un antecedente, cioè un nome (cosa o persona) a cui si riferisce. **Chi**, invece, non ha mai un antecedente: difatti potrebbe essere sostituito con "la persona che" ("la persona" diventa l'antecedente di "che").

Ora completa le frasi usando il pronome corretto.

1. Mio padre era un uomo _____ aveva osato opporsi alla camorra.
2. Nella zona dominata dalla camorra _____ pensa con la propria testa è un uomo morto.
3. _____ si trova isolato nel suo ambiente è più vulnerabile.
4. L'ambulanza _____ avrebbe dovuto trasportare il ferito non poteva muoversi fino all'arrivo della polizia.
5. Non approvo _____ attacca la camorra a parole, ma poi nei fatti convive con un sistema _____ mantiene questa zona nella più profonda arretratezza (*backwardness*).

7.62 Usi di *fare* Osserva questi usi del verbo **fare** tratti dal brano.

1. *Farcela: Mio padre <u>non ce la faceva</u>. Insomma, anche la morte ha i suoi tempi.* (riga 63)
2. *Fare dono: Ma gli <u>avevano fatto dono</u>, attraverso un cameriere, di una bottiglia di limoncello.* (righe 26-7)
3. *Fare paura: Il migliore, Robbè, non deve avere bisogno di nessuno, deve sapere, certo, ma deve anche <u>fare paura</u>.* (righe 1-2)
4. *Farli promuovere: Lo ricordo sempre a litigare con i genitori che gli chiedevano a quale amico mandare i figli a ripetizione privata per <u>farli promuovere</u>.* (righe 32-33)
5. *Farsi vedere: Per almeno due mesi <u>non si fece vedere in giro</u>.* (riga 70)

Ora riscrivi le cinque frasi usando una delle seguenti espressioni al posto di quelle sottolineate:

uscire di casa, regalare, spaventare, non riuscirci), passare ad un esame

1. _____
2. _____
3. _____
4. _____
5. _____

PERIODO IPOTETICO

Lingua in contesto 1

Marta non sa se il suo cugino americano Joe verrà in Italia quest'estate, così gli scrive una mail.

Caro Joe,

ti scrivo per sapere se hai sempre intenzione di venire a trovarci quest'estate. Spero proprio di sì. Se verrai, ti porterò in alcuni dei luoghi più incredibili d'Italia: già conosci Capri e Sorrento che hai visitato due anni fa, quindi ho deciso che quest'anno ti farò vedere Paestum. Ti troverai in mezzo a templi greci così ben conservati che sicuramente penserai: "Se qualcuno mi avesse portato qui ad occhi chiusi, avrei creduto di essere in Grecia!" Se andremo al tramonto, le rovine avranno una tonalità particolare, quasi rosa.

I templi di Paestum

Non tutto però è così bello e romantico in questa regione! Molto del nostro territorio è stato devastato dall'abusivismo edilizio e, se ci sposteremo più a nord, vedrai molte zone archeologiche chiuse per mancanza di fondi o per negligenza. Se la Campania avesse una classe politica più decisa a combattere la camorra, potremmo finalmente dirci liberi abitanti di una terra bellissima, chiamata "felix" dai romani e conosciuta nel mondo come il "giardino d'Europa".

Scusa, non volevo annoiarti con le mie solite lamentele. Torniamo a noi: quando verrai a trovarci? Ti aspettiamo!

Salutoni,

Marta

7.63 Detective 1 In *Lingua in contesto 1*, identifica tutte le frasi con se.

7.64 Detective 2 Usando una tabella simile a questa, dividi le frasi con se in due gruppi:

Frasi ipotetiche con l'indicativo dopo il *se*	Frasi ipotetiche con il congiuntivo dopo il *se*

7.65 Detective 3

1. Quali frasi descrivono **situazioni reali**, e quali descrivono **situazioni irreali o controfattuali**?
2. Quali tempi e modi verbali sono usati in ogni frase?

Uso

Le frasi ipotetiche sono formate da un verbo principale e da una proposizione introdotta da **se** (*"if" clause*). Si possono dividere in tre gruppi:

1. Periodo ipotetico: la realtà

In queste frasi, la proposizione introdotta da **se** (*the "if" clause*) descrive una realtà o una possibilità molto concreta. I tempi più comuni usati in queste frasi sono il presente indicativo o il futuro.

> **Presente**
> *Se ho tempo, passo sempre qualche giorno a Paestum.*
> [Se + presente indicativo, presente indicativo]

> **Futuro**
> *Se avrò tempo, passerò qualche giorno a Paestum.*
> [Se + futuro, futuro]

2. Periodo ipotetico: le situazioni controfattuali (*contrary-to-fact*)

In queste frasi, la proposizione introdotta da **se** descrive una **situazione inesistente** o **irreale** (nel presente o nel passato), cioè controfattuale. Il verbo principale esprime la logica conseguenza di quella situazione **inesistente** o **irreale**.

> **Presente controfattuale** (*present contrary-to-fact*)
> *Se guadagnassi il doppio, farei una vacanza a Capri.*
> [Se + congiuntivo imperfetto, condizionale presente]

> **Passato controfattuale** (*past contrary-to-fact*)
> *Se avessi guadagnato il doppio, avrei fatto una vacanza a Capri.*
> [Se + congiuntivo trapassato, condizionale passato]

3. Altre possibili combinazioni

Oltre alle frasi ipotetiche più comuni elencate sopra, esistono altre possibilità di periodi ipotetici misti. Considera, per esempio:

> *Se guadagni così tanto, allora pagami una vacanza a Capri!*
> [Se + presente indicativo, imperativo]

> *Se ha guadagnato così tanto, significa che ha fatto una vacanza a Capri come sperava.*
> [Se + passato prossimo, presente indicativo]

> *Se avessi guadagnato il doppio l'anno scorso, quest'anno farei una vacanza a Capri.*
> [Se + congiuntivo trapassato, condizionale presente]

Ipotesi interrotta

Questa è una frase ipotetica incompleta: la conclusione è così ovvia che non bisogna finire la frase. L'interruzione dà maggiore emozione ed enfasi alla frase.

> *Se avessi tempo!*
> *Se avessi avuto tempo!*

Esercizi

7.66 **La realtà o l'ipotesi** Vicino ad ogni frase, scrivi "R" se il verbo introdotto da **se** descrive una situazione reale, e scrivi "C" se descrive una situazione irreale o controfattuale.

1. ___ Se quest'estate passi da Napoli, devi visitare il Vesuvio.
2. ___ Se ci fosse un'altra eruzione del Vesuvio, milioni di persone sarebbero in pericolo.
3. ___ Una visita al Parco Nazionale del Vesuvio sarebbe più piacevole se ci fossero meno turisti.
4. ___ Vedrai sia il vulcano che la città di Napoli se salirai sulla collina di Posillipo.
5. ___ Se tu avessi studiato vulcanologia, invece che letteratura, avresti trovato un lavoro migliore.
6. ___ Se ti piacciono tanto i vulcani, visita anche l'Etna!
7. ___ Capiresti meglio alcuni aspetti della cultura locale, se prima di venire a Napoli avessi letto delle commedie di De Filippo.

Il Vesuvio visto da Pompei

7.67 **Previsioni ed ipotesi** Abbina ogni frase della colonna a sinistra con la frase della colonna a destra che la completa correttamente.

1. Se passeranno la notte a Salerno,

2. Se tu frequentassi l'Università Federico II di Napoli,

3. Sceglierei di visitare anche Capri,

4. Se ci fosse un altro terremoto in Irpinia simile a quello del 1980,

5. La Casa dei Gladiatori di Pompei non sarebbe crollata,

6. Lo sviluppo urbanistico di Napoli sarebbe stato più razionale,

a. se ci fossero stati più interventi di restauro in passato.

b. se l'isola offrisse alloggi più economici.

c. potresti studiare qualsiasi lingua orientale.

d. se l'amministrazione della città fosse stata meno corrotta.

e. l'economia locale sarebbe nuovamente in crisi.

f. potranno trovare un albergo di tre stelle a buon prezzo.

7.68 **Trasformazioni** Trasforma le frasi 1–4 dal presente al futuro, o viceversa; poi trasforma le frasi 5–8 dal presente controfattuale al passato controfattuale, o viceversa.

Es.: Di solito, se ha un giorno libero, va alla scoperta di piccoli paesi dell'interno. ⟶

La settimana prossima, se *avrà* un giorno libero, *andrà* alla scoperta di piccoli paesi dell'interno.

1. Domani, se farà bel tempo, andremo in Irpinia per fare una camminata sul Monte Terminio.

Di solito, _____

2. In genere, arrivi a Salerno in un'ora se passi direttamente da Avellino.
   Domani sera, _____

3. Se andremo ad Avellino a fine maggio, parteciperemo al festival Prata Jazz.
   Tutti gli anni, _____

4. Se prenotiamo in ottobre, troviamo sempre posto in un piccolo albergo a Ravello per Capodanno.
   Anche l'anno prossimo, _____, _____.

5. (Oggi) Se avessimo tempo, prenderemmo la funicolare del Vesuvio.
   Ieri, _____

6. Ieri al ristorante avremmo ordinato dei vini locali (ad esempio il Taurasi e il Fiano), se avessimo avuto abbastanza soldi!
   Oggi _____

7. (Oggi) Se quella ceramica di Capodimonte costasse di meno, la comprerei.
   Ieri, se _____

8. L'estate scorsa saremmo andati a cercare dei tartufi (*truffles*) in Irpinia, se qualcuno del posto ci avesse accompagnato.
   Anche adesso, _____

7.69 Roberto visita Avellino Elisabetta ha saputo che il suo amico Roberto è appena arrivato ad Avellino e decide di scrivergli una mail. Completa ogni frase con uno dei seguenti verbi:

> *devi, consiglio, avessi letto, potete, farete, preferiste,*
> *entrerai, cercherò, ci sarà, andrai*

Caro Roberto,

so che sei già arrivato ad Avellino: ti piace? Sei andato alla Torre dell'Orologio? Se tu non ci sei ancora andato, io ti (1) _____ di vederla. Poi, se hai tempo, (2) _____ vedere anche il Palazzo Cucciniello. Se ci andrai di mercoledì, forse (3) _____ al Palazzo anche gratis! Una volta lì, se (4) _____ nel giardino pensile, vedrai degli alberi e delle piante rari. Mi chiedi dov'è il convento dei Benedettini. Beh, se (5) _____ il libretto che ti ho mandato, avresti scoperto che è proprio nel Palazzo Cucciniello: nel 1966 furono addirittura trovati degli scheletri sotto il palazzo, probabilmente i resti del cimitero monastico.

Viaggi con Dora, vero? Se vi interessa "assaggiare" le tradizioni locali, in questo periodo tu e Dora (6) _____ visitare qualche sagra della zona. Se sarete qui il fine settimana del 17 giugno, (7) _____ la Sagra dell'Asparago e del Fungo Porcino . . . specialità deliziose! Se per caso voi due (8) _____ assaggiare il baccalà (*dried cod fish*) come lo facciamo noi, potremmo andare tutti insieme alla Sagra del Baccalà il 24 giugno.

In ogni caso, se mi (9) _____ sapere fino a quando vi fermate, (10) _____ di prendere un giorno libero per vederci e fare qualcosa insieme.

Un abbraccio e buona visita,

Elisabetta

Statue nel giardino della Reggia di Caserta

7.70 Conoscere Caserta Completa la conversazione con il tempo e il modo giusto del verbo fra parentesi. Scegli tra futuro, condizionale, condizionale passato, congiuntivo imperfetto o congiuntivo trapassato.

VANESSA: Samuele, so che è molto improbabile che tu venga a trovarci, ma mi piace sognare . . . : se tu avessi qualche giorno di vacanza, (1) _____ (potere) venire da noi a Caserta? Mi farebbe un enorme piacere.

SAMUELE: Ho sempre voluto visitare Caserta, e forse quest'anno manterrò la promessa! Se verrò, (2) _____ (volere) sicuramente visitare la Reggia. E se per caso mio fratello (3) _____ (venire) con me (anche se non credo che succederà), io (4) gli _____ (consigliare) di visitare anche la cittadina etrusca di Capua. Lui è appassionato di storia.

VANESSA: Davvero? A tuo fratello piace la storia? Se io (5) l'_____ (sapere), ti (6) _____ (prestare) un libro uscito recentemente sui duri scontri tra i popoli Greci e Sanniti a Capua.

SAMUELE: Se ora (7) (io) _____ (essere) a Caserta, mi interesserebbe di più la cucina locale, a dire la verità. Pensiamoci un po': che cosa (8) _____ (noi, mangiare), se venissimo alla fine di giugno?

VANESSA: Se quest'estate voi (9) _____ (essere) qui in giugno, mangerete sicuramente i broccoli e i peperoni che sono di stagione. Se invece (10) _____ (arrivare) verso la fine di luglio, ci saranno i cardoni e anche le melanzane.

SAMUELE: E se noi, volessimo mangiare dei dolci tipici tu cosa ci (11) _____ (proporre)? Anche se sicuramente non succederà perché siamo a dieta!

VANESSA: In questo caso vi (12) _____ (suggerire) la cassata, un dolce fatto con ricotta, cioccolato e frutta candita (*candied fruits*).

7.71 Traduzione Scrivi l'equivalente in italiano di ogni frase ipotetica. Nota bene che troverai anche casi misti e casi interrotti del periodo ipotetico.

1. If only we had another day to spend in Benevento!
2. If we had two full days, we would discover that it is a special city.
3. If you (*pl.*) want to see the Città Spettacolo theater festival, you must come to Benevento in early September.
4. If they had known you (*sing.*) were interested in architecture, they would have shown you the Arch (**Arco**) of Traiano.
5. If you (*pl.*) like history and art, then you should spend the morning at the Museo del Sannio.
6. I don't understand architecture! If only I had taken that seminar with Professor Banti last semester!
7. If you (*sing.*) know that you will visit the Teatro Romano tomorrow, why don't you do some research online first?

Parliamo

 7.72 Ciak! Rileggi la conversazione *Lingua in contesto 1* a pp. 318–9, e prepara con un compagno o una compagna un dialogo di almeno dieci battute nel quale parlate di un luogo storico che vorreste visitare se solo aveste tempo, soldi, ecc. Parlate del perché vorreste visitare questo luogo e di cosa vi piacerebbe esplorare o conoscere da vicino. Cercate di usare il periodo ipotetico (Se…) nella vostra conversazione.

 7.73 Sarei più contento/a se … [ONLINE]

 7.74 Domande assurde: Se tu fossi …? [ONLINE]

 7.75 Cosa faresti tu, se … ? [ONLINE]

FAR FARE / LASCIARE / PERMETTERE

Lingua in contesto 2

Suonatore di tamburello

Pippo non è andato a scuola oggi perchè era malato. Pietro, un suo compagno, gli scrive questa mail descrivendogli la lezione di musica.

Ciao Pippo. Perché eri assente a scuola oggi? Spero che tu stia bene. Ti volevo dire che oggi il prof ha fatto una lezione sulla musica napoletana. Prima ci ha fatto ascoltare delle canzoni e poi abbiamo cantato tutti insieme. Poi ci ha chiesto cosa pensavamo di quel tipo di musica e ha lasciato che esprimessimo le nostre opinioni liberamente, ma non ha permesso che ci interrompessimo.

    Poi (non ci crederai!) ha tirato fuori un mandolino e dei tamburelli e ci ha fatto suonare insieme. Giuro! Ci ha permesso di usare i suoi preziosi strumenti e ci ha lasciato ballare come dei pazzi … inizialmente. Dopo un quarto d'ora ci ha fatto smettere e abbiamo dovuto ascoltare la sua lunga introduzione sulle origini della musica popolare napoletana: non ci ha permesso di chiudere i quaderni finché non è suonata la campanella e ci lasciava uscire solo se gli mostravamo i nostri appunti. Se vuoi avere i miei appunti, posso far fare delle fotocopie a mio padre e portartele a casa tua. A presto, eh Pippo? Chiamami!

Pietro

 7.76 Detective 1 Rileggi il testo e identifica tutte le frasi con le costruzioni **fare** + infinito, **lasciare** + infinito e **permettere di** + infinito.

 7.77 Detective 2 In una tabella simile alla seguente trascrivi i verbi che hai identificato in 7.76, dividendoli nei tre gruppi. Per ogni frase indica anche il soggetto.

Fare + infinito	*Lasciare* + infinito	*Permettere di* + infinito

 7.78 Detective 3 Puoi identificare due tipi diversi di costruzione con **permettere** e **lasciare**? In una tabella simile alla seguente trascrivi i due esempi con **permettere** e **lasciare** seguiti dalla congiunzione **che**.

Lasciare che	*Permettere che*

Far fare

La costruzione causativa **far fare** è usata quando il soggetto dell'azione **non** compie l'azione del verbo, ma **fa fare** l'azione del verbo a qualcun altro. Quest'altra persona (l'agente), quando è specificata, è sempre introdotta dalla preposizione **a** o **da**.

In inglese questa costruzione può essere tradotta in vari modi: *to have / to get something done, to make someone act on or do something*. Paragona:

Il soggetto compie l'azione	Il soggetto fa compiere l'azione a qualcun'altro
Compro i biglietti.	*Faccio comprare i biglietti a / da mio fratello.* [*agente specificato*] *Faccio comprare i biglietti.* [*agente non specificato*]

Far fare nei vari tempi verbali

La costruzione causativa può essere usata in tutti i tempi verbali, ad esempio:

A *causa del forte vento, non* **fanno partire** *il traghetto per Ischia.*

A *causa del forte vento, non* **hanno fatto partire** *il traghetto per Ischia.*

A *causa del forte vento, non* **faranno partire** *il traghetto per Ischia.*

A *causa del forte vento, temo che non* **facciano partire** *il traghetto per Ischia.*

Far fare con oggetti diretti e indiretti

1. Gli oggetti diretti o indiretti seguono sempre l'infinito:

L'insegnante fa studiare **la geografia della regione.**

L'insegnante fa studiare **la geografia della regione** *ai suoi studenti.*

2. Il pronome oggetto diretto precede la forma coniugata di **fare**.
   Quando c'è solo un oggetto (persona o cosa), questo oggetto è sempre diretto (vedi frasi a. e b.).
   Quando ci sono due oggetti (persona e cosa), la cosa di solito è l'oggetto diretto, e la persona è l'oggetto indiretto (vedi frase c.):

   a. *L'insegnante ha fatto studiare* <u>**la geografia della regione**</u>.

   L'insegnante **l'**ha fatta studiare.

   b. *L'insegnante ha fatto studiare* <u>**i suoi studenti**</u>.

   L'insegnante **li** ha fatti studiare insieme.

   c. *L'insegnante ha fatto studiare* <u>**la geografia della regione ai suoi studenti**</u>.

   L'insegnante **gliel'**ha fatta studiare insieme.

3. I pronomi vengono attaccati alla fine di **fare** quando **fare** è usato all'infinito, al gerundio e all'imperativo informale (tu, noi, voi).

   È difficile **farli** studiare. (È difficile far studiare **i ragazzi**.)
   Facendoli studiare insieme, la maestra li aiuta a conoscersi meglio.
   (Facendo studiare **i ragazzi** insieme, la maestra li aiuta a conoscersi meglio.)
   Falli studiare di più! (Fa' studiare di più **i ragazzi**!)

Vari significati di fare + infinito

La costruzione **far fare** è usata per esprimere molte azioni. Ad esempio, *to charge* in italiano è **far pagare**, cioè *to make someone pay*; *to show* è **far vedere**, cioè *to make someone see*, e così via. Leggi attentamente gli esempi e nota che molte espressioni verbali con **fare** si traducono meglio con *to let*, quindi in inglese hanno un significato di **permesso** (*to let someone do something*), più che una funzione causativa (*to make someone do something*).

   far pagare (*to charge, make someone pay*)

   far vedere (*to show*)

   far sapere (*to inform*)

   far osservare (*to point out, to make someone note*)

   far cuocere (*to cook [on the stove top]*)

   far entrare (*to let in*)

   far uscire (*to let out*)

*Il cameriere **ci ha fatto pagare** il piatto che abbiamo rotto!*

__Ci fai vedere__ le foto della tua gita a Ischia?

__Fammi sapere__ quando arrivi!

__Gli ho fatto osservare__ che non può dare del tu a un professore!

*Devi **far cuocere** il sugo a fuoco lento, altrimenti brucia!*

__Fallo entrare__ subito, non farlo aspettare in strada!

*Apri la porta e **fammi uscire** che qui si soffoca!*

Esercizi

7.79 Al mare in Campania Riscrivi ogni frase usando la costruzione causativa (con **fare**, al presente, al futuro o al passato prossimo) e un pronome per le parole sottolineate.

Isola di Capri

Es.: La mamma <u>vuole che il babbo prenda</u> più decisioni.

La mamma *gli fa prendere* più decisioni.

1. La mamma <u>vuole che il babbo scelga</u> la destinazione per le nostre vacanze di agosto.
2. Il babbo <u>ha deciso che noi facciamo</u> campeggio nel Cilento.
3. I campeggi <u>ci hanno obbligato a pagare</u> in anticipo.
4. Mio fratello Gianni <u>ci convincerà a visitare</u> prima il Parco Vallo di Diano.
5. La mamma <u>preferisce che noi ci sistemiamo</u> nel campeggio appena arrivati.
6. Tutti <u>vorranno che io porti</u> le varie guide nello zaino.

7.80 Una gita a Capri Completa la descrizione della gita con i pronomi adatti, seguendo l'esempio. Per le frasi nel passato completa anche il participio passato facendo l'accordo con il pronome oggetto diretto, se necessario.

Es.: La mamma vuole che il babbo legga la guida ad alta voce.
    Lei *gli* fa leggere la guida ad alta voce.

1. Gianni vuole che camminiamo per tre ore dalla Grotta Azzurra ai Fortini.
   Lui ____ fa camminare per tre ore.
2. Per la camminata, Gianni ha voluto che la mamma preparasse i panini.
   Lui ____ ha fatt___ preparare alla mamma.
3. Sandra ha chiesto al babbo di noleggiare una barca per arrivare al Faro.
   Lei ____ ha fatt ____ noleggiare una barca per arrivare al faro.
4. Gianni si aspetterà che ci fermiamo al castello per un picnic.
   Lui ____ farà fermare al castello per un picnic.
5. Il babbo ha voluto che la mamma si riposasse dopo la lunga passeggiata. Il babbo _____ ha fatt ____ riposare dopo la lunga passeggiata.

7.81 Durante la gita a Capri Riscrivi ogni frase con (a) un pronome oggetto diretto, poi (b) un pronome oggetto indiretto e poi (c) un pronome doppio. Attenzione alla posizione dei pronomi.

Es.: Sandra fa provare i piatti locali a noi.

    a. Sandra *ci* fa provare i piatti locali.
    b. Sandra *li* fa provare a noi.
    c. Sandra *ce li* fa provare.

1. Sandra ha fatto eliminare al babbo tutte le visite guidate perché sono troppo noiose.
2. Sandra farà pagare i biglietti d'ingresso alla Villa Jovis ai suoi genitori.
3. Sandra ha fatto spiegare al proprietario dell'albergo la strada per arrivare a piedi alla Grotta Azzurra.
4. Sandra ha fatto guidare il motoscafo a Gianni.
5. Se la raggiungesse in Italia, Sandra farebbe vedere il panorama di Anacapri alla sua amica Jenny.

7.82 Fa' fare a me! Completa ogni frase con una delle seguenti espressioni verbali. Fai attenzione al tempo verbale (presente o passato) e usa i pronomi diretti e/o indiretti quando necessari.

far pagare, far uscire, far entrare, far cuocere, far osservare, far vedere

Es.: Com'è cara Capri! Ho speso 10 euro per un cappuccino al tavolo.

Mi hanno fatto pagare 10 euro per un cappuccino al tavolo!

1. Per preparare le cozze al basilico bisogna _____ a fuoco lento.
2. Non avete ancora visto le mie foto dalla gita a Pompei? Adesso _____.
3. Sei arrivata al Museo Archeologico mezz'ora prima della chiusura e loro non _____.
4. Visitavamo la Reggia di Caserta quando è suonato l'allarme e (loro) _____.
5. Il direttore dell'albergo non ha accettato la mia carta di credito. _____ in contanti (*cash*)!
6. Il tassista mi _____ che ci sono 400 scalini nella Scala Fenicia di Capri. Per fortuna, così ho scelto un altro itinerario!
7. Sono arrivata in ritardo al teatro ma l'usciere (*usher*) è stato gentile: mi _____ subito. Meno male!
8. Bruno non sapeva che la gita non era compresa. Noi gli _____ che c'era un foglio con tutti i prezzi all'ingresso dell'albergo.

Lasciare

Lasciare + infinito

Questa costruzione è simile nella forma alla costruzione causativa **fare** + infinito. In inglese si può tradurre in diversi modi: *to allow someone to do something, to let someone do something*. Dagli esempi qui sotto noterai le somiglianze con la costruzione causativa **fare** + infinito:

*Lascio cantare **i bambini**.*

↓

Li lascio cantare.

*Ho lasciato cantare **i bambini**.*

↓

Li ho lasciati cantare.

*Ho lasciato suonare **la chitarra a mio fratello**.*

↓

Gliel'ho lasciata suonare.

*Non dovevo lasciar cantare **i bambini**.*

↓

Non dovevo lasciar**li** cantare.

*Lasciando cantare **le ragazze**, le ho rese felici.*

↓

Lasciando**le** cantare, le ho rese felici.

*Lasciamo cantare **"Santa Lucia" a Marina**!*

↓

Lasciamo**gliela** cantare!

Lasciare + *che* + **congiuntivo**

Esiste una seconda costruzione con il verbo **lasciare**:

> **Lasciare** + **che** + il verbo al modo congiuntivo (in genere, presente o imperfetto).
> Studia attentamente i seguenti esempi, nei quali il congiuntivo è in grassetto.

> *Lascio che i bambini **cantino**.*
> *Lasciavo che i bambini **cantassero**.*

Permettere

Permettere + a qualcuno + *di* + **infinito**

In questa costruzione bisogna specificare la persona che riceve il permesso di fare qualcosa. Questa persona (che è l'oggetto indiretto del verbo) è preceduta dalla preposizione **a**. Nota che l'infinito deve essere preceduto da **di**:

> *Il musicista ha permesso **agli studenti di suonare** i tamburelli.*
> *Il musicista **gli** ha permesso **di suonare** i tamburelli.*

La costruzione con **permettere** è diversa da quella con **lasciare** e **fare**. Confronta questi esempi:

> **Lasciare:** *Il musicista lascia suonare (**i tamburelli ai ragazzi**).*
>
> *Il musicista **glieli** lascia suonare.*

> **Permettere:** *Il musicista permette (**ai ragazzi**) di suonare (**i tamburelli**).*
>
> *Il musicista permette **loro** di suonarli.*

Permettere + *che* + **congiuntivo**

Esiste una seconda costruzione con il verbo **permettere**, molto simile a quella con il verbo **lasciare** più sopra.

Studia attentamente i seguenti esempi, nei quali il congiuntivo è in grassetto.

> *Il musicista permette che i ragazzi **suonino** i tamburelli.*
> *Il musicista permetteva che i ragazzi **suonassero** i tamburelli.*

Castello Aragonese di Ischia

Esercizi

7.83 Cosa possiamo fare a Ischia? Riscrivi le frasi con un pronome singolo oppure doppio per le espressioni sottolineate. Ricordati di fare l'accordo con il participio passato quando necessario. Segui gli esempi.

Es.: Lascio decidere <u>Marco</u>. ⟶ *Lo* lascio decidere.
    Ho lasciato decidere <u>a Marco</u> <u>il programma della giornata</u>.
    ⟶ *Gliel*'ho lasciato decidere.

1. I nostri genitori <u>ci</u> lasciano spendere venti <u>euro</u> a testa.
2. La guida <u>gli</u> ha lasciato fare molte <u>foto</u> anche dentro il Museo Archeologico.
3. I professori non hanno lasciato parlare <u>gli studenti</u> durante le visite.
4. La professoressa lascia spedire <u>le cartoline a Teresa</u>.
5. In spiaggia, il bagnino (*lifeguard*) non lascia fare <u>il bagno ai bambini</u> quando il mare è mosso (*rough*).
6. Al ritorno a Napoli, i professori <u>ci</u> lasceranno cantare <u>le canzoni popolari</u>.

7.84 È possibile farlo? Crea delle frasi per esprimere quello che è permesso o non è permesso fare. Usa **lasciare** o **permettere** con l'infinito (esempio a.) e con il congiuntivo (esempio b.). Segui l'esempio.

Es.: (Io / lasciare / uscire / gli studenti / tutte le sere / non rientrare dopo mezzanotte)

a. **Lascio uscire gli studenti** tutte le sere, **ma** non **li lascio rientrare** dopo mezzanotte.
b. **Lascio che gli studenti escano** tutte le sere, **ma** non **lascio che rientrino** dopo mezzanotte.

1. (Il Comune / permettere / ai residenti / di frequentare le terme gratuitamente / non fumare)
   a. _____
   b. _____
2. (Il professore / permettere / a noi / di nuotare / non salire sugli scogli)
   a. _____
   b. _____
3. (I vigili di Ischia / lasciare / i turisti / parcheggiare / gratis / non sporcare le spiagge)
   a. _____
   b. _____
4. (Il Sindaco / permettere / ai turisti / di usare tutte le spiagge libere / non fare campeggio)
   a. _____
   b. _____
5. (Tu / lasciare / cucinare / piatti tipici / a Gennaro / non scegliere il vino)
   a. _____
   b. _____
6. (Gennaro / lasciare / a voi / stare a casa sua / non usare il suo motoscafo)
   a. _____
   b. _____

7.85 Traduzione Esprimi ogni frase in italiano usando la costruzione fra parentesi.

1. I let him cook **coniglio alla ciacciatora**. (**permettere che**)
2. I allowed you to use my kitchen to cook the **fritto di paranza**. (**lasciare + infinito**)
3. We don't let them buy swordfish (**pesce spada**) too often because it's too expensive. (**permettere di + infinito**)
4. Generally they let the students buy ingredients for the **zuppa di pesce**. (**lasciare che**)
5. She will let us serve local wines with the meal! (**lasciare + infinito**)

Parliamo

 7.86 Ciak! Rileggi *Lingua in contesto 2* a pp. 324–5, e con un compagno prepara un dialogo di almeno dieci battute su uno dei seguenti soggetti. Usa le espressioni: **fare + infinito, lasciare + infinito** (o **lasciare che + congiuntivo**) oppure **permettere + di + infinito**.

1. Sei appena tornato da una visita di una settimana dai tuoi cugini che stanno a _____ (scegli una località). Un tuo amico ti chiede come è andato il tuo viaggio. Che cosa hai fatto e visto durante il tuo soggiorno? Quali sono tutte le cose che i tuoi zii e cugini ti hanno fatto fare e quali sono le specialità che ti hanno fatto provare?

2. Ieri sera c'è stata una festa nel tuo dormitorio. La musica era fantastica, ma il gruppo ha fatto troppo rumore. È arrivata purtroppo la polizia che ha portato te e altri tuoi compagni in questura (*police station*) dove siete rimasti per ben 10 ore. Oggi siete tornati al dormitorio e un altro studente vi fa diverse domande per sapere tutti i particolari della vostra esperienza. Cosa vi ha fatto fare la polizia quando è arrivata? Cosa non era permesso fare in questura?

 7.87 Le faccende di casa [ONLINE]

 7.88 La festa di fine anno [ONLINE]

 7.89 Genitori autoritari o permissivi? [ONLINE]

 7.90 Decidiamo noi giovani! [ONLINE]

PRONOMI RELATIVI

1. Il pronome relativo **che** è sempre preceduto dalla persona o dall'oggetto a cui si riferisce (l'antecedente: *the antecedent*):

   *La ragazza **che** vedi si chiama Marcella.*

   *La reggia **che** visiteremo si trova a Caserta.*

2. Il pronome relativo **cui** si usa sempre con una preposizione. **Cui**, come **che**, è sempre preceduto da un antecedente (*the antecedent*).

3. Invece di **cui**, si possono usare **il quale / la quale / i quali / le quali**: questi pronomi relativi si accordano in genere e numero con l'antecedente, e sono usati con l'articolo:

   Ti presento la ragazza __con cui__ viaggerò a Paestum.

   Ti presento la ragazza __con la quale__ viaggerò a Paestum.

   Conosci Alberto, l'uomo __di cui__ ti ho parlato?

   Hai conosciuto Alberto, l'uomo __del quale__ ti ho parlato?

   Il progetto __al quale__ ho lavorato sarà presentato all'Università Federico II.

   Il progetto __a cui__ ho lavorato sarà presentato all'Università Federico II.

4. I pronomi relativi **il quale / la quale / i quali / le quali** sono anche usati occasionalmente al posto di **che**, per eliminare possibili ambiguità. Considera i seguenti esempi:

> *Ho conosciuto il fratello di Adelina, **il quale** frequenta l'Università di Napoli.*

Il pronome relativo **il quale** elimina ogni ambiguità: è chiaro che il fratello di Adelina (e non Adelina) frequenta l'Università di Napoli.

> *Ho conosciuto il fratello di Adelina **che** frequenta l'Università di Napoli.*

Questa frase è ambigua: il pronome relativo **che** potrebbe riferirsi ad Adelina oppure a suo fratello.

5. I pronomi relativi **il cui / la cui / i cui / le cui** sono usati per esprimere possesso e corrispondono a *whose*. L'articolo si accorda con il sostantivo che segue.

> *Mario, **la cui** figlia si è laureata in Lingue Orientali, vive ancora a Napoli.*
>
> *Marina, **i cui** due figli sono stati uccisi dalla camorra, ha deciso di testimoniare.*

6. Il pronome relativo **chi** è usato solo per persone e quando non c'è un antecedente; corrisponde a *the person who / whom* e può essere preceduto da una preposizione.

> *Anche **chi** non conosce il dialetto napoletano può capire le commedie di Eduardo.*
>
> *Con **chi** vai a vedere il film **Gomorra** stasera?*

7. I pronomi relativi **quello che / quel che / ciò che** sono usati solo per oggetti e quando non c'è un antecedente; corrispondono a *the thing that … / that which …*

> *Non capisco **quello che** (**quel che / ciò che**) dici quando parli in napoletano.*
>
> *È vero **quello che** (**quel che / ciò che**) si legge sui giornali sul nuovo sindaco di Napoli?*

8. Come tradurre *the way (in which)*: **il modo in cui / la maniera in cui**

> *Ho cucinato il coniglio **nel modo in cui** mi aveva consigliato mia nonna.*

Come tradurre *the reason why*: **il motivo per cui / la ragione per cui**

> *Non capisco il motivo **per cui** non vuoi fermarti a Salerno.*

7.91 **Il pronome relativo giusto** Completa le frasi scegliendo un pronome relativo fra quelli dati.

1. Ti presento il ragazzo _____ diventerà mio marito.
   a. che   b. chi   c. cui   d. quale
2. Non so _____ ha scritto il libro *Gomorra*.
   a. di chi   b. chi   c. di cui   d. che
3. Hai capito _____ hanno detto quegli uomini? Parlavano in dialetto!
   a. chi   b. quale   c. quello che   d. cui
4. Questo è il parco nazionale _____ hanno costruito una discarica!
   a. che   b. nel quale   c. quale   d. in chi
5. Guarda! Quella è la ragazza _____ ti parlavo poco fa.
   a. a cui   b. che   c. di cui   d. alla quale
6. La Campania è una regione _____ popolazione ha sempre dovuto emigrare per trovare lavoro.
   a. il quale   b. la quale   c. la cui   d. il cui
7. Il costo proibitivo delle case _____ hanno deciso di non trasferirsi a Capri.
   a. per cui   b. di cui   c. il quale   d. perché
8. La trattoria _____ il portiere ci ha consigliato si chiama La Fenice.
   a. la quale   b. in cui   c. che   d. chi

7.92 **Traduzione** Scrivi l'equivalente di ogni frase usando i pronomi relativi imparati sopra. In alcuni casi più di un pronome è possibile.

1. The reason why I don't frequent the San Carlo Theater is that the tickets are too expensive.
2. The store we found the Pino Daniele CD in is in the Spaccanapoli neighborhood.
3. My mother loves (**adorare**) the way native Neapolitans speak.
4. The guidebook that I used to visit Caserta's historical center was very recent and up-to-date (**aggiornato**).
5. You don't know who he is?! He is the teacher I study music with in Naples!
6. Have I ever introduced you to the women that I met in Amalfi last year?
7. Who are they? Are they those (people) who helped you (*sing.*) find a room for rent?
8. The tiny island Elsa Morante talks about in her book *Arthur's Island* is Procida.

7.93–7.115 [ONLINE]

L'ORO DI NAPOLI
DI VITTORIO DI SICA (1954) [ONLINE ACTIVITIES]

Sofia Loren nel film *L'oro di Napoli* (1953)

Introduzione

In questo film, diviso in quattro episodi, il regista Vittorio De Sica ci presenta quattro vignette (*sketches*) di una Napoli popolana e aristocratica, comica e tragica, generosa e crudele allo stesso tempo. *L'oro di Napoli* è il bello ma anche il brutto e il grottesco di questa città: la prostituta che vuole riscattarsi (*redeem*) così come il barone impoverito, il "guappo" (*local mafioso*) e la sua vittima, la bella pizzaiola (*pizza maker*) che tradisce il marito e l'uomo che finge disperazione per la moglie morta.

N.B.: L'edizione italiana del film contiene altri due episodi (*Il professore* e *Il funeralino*) che sono stati tagliati nella versione americana.

LA MEGLIO GIOVENTÙ
DI MARCO TULLIO GIORDANA (2003) [ONLINE ACTIVITIES]

Episodio 7

Vedi l'introduzione generale al film nel *capitolo 1* (pagina 47).

Mirella porta Nicola a fare un giro in barca al largo di Stromboli.

IL VIAGGIO VIRTUALE

Ora spostati in Veneto passando per le Marche e seguendo il *Viaggio virtuale* **che ti proponiamo nel SAM, oppure vai direttamente al** *Capitolo 8* **di questo testo.**

8

Veneto

Costume e maschera di Carnevale a Venezia

PRIMI PASSI NEL VENETO: LE IMMAGINI PARLANO

I paesaggi umani

8.1 *Osserva e rifletti* Guarda tutte le foto di questo capitolo, in particolare le varie immagini di città e paesi, ed osserva il contrasto fra questi luoghi ed i paesaggi naturali. Scegli la foto che ti sembra più rappresentativa della regione. Poi rispondi alle seguenti domande e discutine con altri due o tre studenti.

1. Hai incontrato luoghi simili in altre regioni d'Italia o in altre nazioni che conosci o che hai visitato?
2. Quale dettaglio ha catturato la tua attenzione? Quale domanda vorresti fare se incontrassi una persona da questo luogo?

Persone e ambienti

8.2 *Brainstorming* In classe fai un elenco delle parole necessarie per descrivere queste foto (A e B).

Foto A: Acqua alta a Venezia

Foto B: Un canale di Venezia

8.3 *Foto A* Queste tre persone sono alle prese (*are dealing with*) con il problema dell'acqua alta a Venezia. Chi sono, secondo te? Sono residenti del quartiere? Oppure sono turisti, o gente di passaggio? Perché sono usciti? Dove stanno andando?

Ora considera la scena dal loro punto di vista. Quali sono i pensieri del bambino, della giovane, della donna anziana? Come racconteranno la loro passeggiata quando arriveranno a casa?

8.4 *Foto B* Chi sono, secondo te? In che attività sono impegnate queste persone? Qual è la relazione fra di loro? Che cosa facevano un'ora fa? Che cosa faranno fra un'ora?

8.5 Ciak! (foto B a pagina 337) Ora create in classe una conversazione a catena basata sulla foto B:

Lo studente 1 immagina di essere una di queste persone: fa una domanda allo studente 2 che a sua volta (*in turn*) risponde come se fosse una persona di questa foto; poi lo studente 2 fa una domanda ad un terzo, e così via, finché avete raggiunto il numero di sei (le persone in primo piano nella foto B). Il contenuto delle vostre domande deve corrispondere al contesto della foto. Un altro gruppo di sei studenti può cominciare un'altra conversazione a catena, ma nessuno può ripetere il contenuto delle domande e risposte già date.

Arte e architettura

Tintoretto, *Arianna, Venere e Bacco* (1576–1577), Palazzo Ducale, Venezia

Sai che cos'è un'allegoria?

L'allegoria è una figura retorica simile alla metafora, nella quale un oggetto sostituisce un altro oggetto, oppure un'idea o una situazione. Pertanto, il significato dell'immagine allegorica è diverso da quello manifesto o letterale. L'allegoria richiede un'interpretazione. Per esempio, la pioggia può significare la purificazione, oppure una donna con un cesto pieno di frutti può significare la primavera o la fertilità.

Il mito di Arianna e Bacco

Secondo la mitologia greco-romana, Arianna fu abbandonata da Teseo sull'isola deserta di Naxos. Venne ritrovata da Bacco, il quale subito se ne innamorò e volle sposarla. Per le nozze (*wedding*), Bacco diede alla sposa un anello d'oro, e Venere le diede una corona d'oro. Questa corona, secondo una versione del mito, fu poi lanciata in cielo e formò la costellazione Corona Boreale.

8.6 Il quadro del Tintoretto: Arianna, Venere e Bacco (1576–1577) Osserva attentamente questo dipinto e rispondi ad almeno una domanda descrittiva e ad una domanda interpretativa. Poi discutine in classe.

Domande descrittive:

1. Identifica ogni personaggio. Chi è Bacco? Chi è Arianna? E chi è Venere? Da cosa lo capisci (caratteristiche fisiche, azioni, gesti, espressioni, ecc.)? Quali caratteristiche hanno in comune i tre personaggi? Come si distinguono tra di loro? Cosa porta la figura femminile in alto a destra? Cosa offre l'uomo alla donna?
2. Quali sono i colori dominanti in questo dipinto? Da quali elementi deriva la luminosità di questo quadro? Come descriveresti lo sfondo (*background*) del quadro?
3. Descrivi la composizione pittorica: che posizione hanno i tre personaggi in relazione al quadro nel suo complesso e allo sfondo?

Domande interpretative:

1. Nell'arte rinascimentale Arianna viene a volte rappresentata come una donna passiva, abbandonata e addormentata, e a volte come una donna sveglia e indipendente. A quale descrizione si avvicina di più l'Arianna del Tintoretto? Motiva la tua risposta.
2. Quest'opera del Tintoretto trasforma la tragedia dell'abbandono di Arianna da parte di Teseo in una storia diversa … in quale storia, secondo te? Sviluppa la tua idea.

8.7 Interpretazione dell'allegoria Questo quadro si trova nel Palazzo Ducale di Venezia, il centro civico della città. Le opere esposte in questo luogo potevano avere un soggetto non religioso; difatti, in questa opera del Tintoretto, la leggenda di Arianna e Bacco è un'allegoria della città di Venezia e del suo ruolo nel Mediterraneo. Rispondi alle seguenti domande, poi discutine in classe.

1. Quale dei tre personaggi rappresenta Venezia, secondo te? Motiva la tua risposta.
2. Quale oggetto rappresenta la libertà e l'indipendenza di cui Venezia gode?
3. Quale può essere il significato di questo matrimonio fra una donna (Arianna) ed un dio (Bacco)?
4. Qual è il ruolo di Venere in questa scena?

Il territorio della regione

8.8 Alla scoperta di … Fai una breve ricerca su Internet, o usando altre fonti, per scoprire …

In quale parte dell'Italia si trova il Veneto? Con quali altre regioni confina? Com'è il suo territorio (prevalgono le montagne, le colline o le pianure)? Da quale mare è bagnato il Veneto? Qual è il capoluogo regionale?

8.9 Dati alla mano … [ONLINE]

Due parole veneziane che hanno fatto il giro del mondo

 Lessico nuovo

ampliarsi	*to expand*
l'ebreo / a	*Jewish person*
lo schiavo / la schiava	*slave*
scomparire, *p.p.* scomparso, *p.r.* scomparsi	*to disappear*

Bambini che giocano in un campo del ghetto di Venezia

Il dialetto veneto, al contrario di altri dialetti del nord Italia ormai quasi scomparsi, come il milanese, è una delle lingue locali più parlate della penisola, non solo dagli anziani, ma anche dai giovani. Due parole dal dialetto veneto 5 sono usate correntemente in italiano standard, così come in molte altre lingue europee e non europee: *ghetto* e *ciao*. L'etimologia di queste parole rivela aspetti interessanti della storia e della cultura veneziana. "Ghetto" era ed è il 10 nome del quartiere abitato dagli ebrei a Venezia. Esisteva, infatti, già nel primo Medioevo, una consistente comunità ebrea a Venezia che si ampliò nel corso dei secoli. Un decreto della Repubblica Veneziana del 1516, il primo di questo 15 tipo in Europa, obbligava gli ebrei a risiedere in un quartiere le cui porte venivano chiuse di notte e riaperte di giorno. Sull'area di questo quartiere esisteva una fonderia (*foundry*), e la parola *ghetto* deriverebbe da "gettata" di metallo o "getto" di metallo della fonderia, pronunciati dagli 20 ebrei di origine tedesca con una "g" dura; *ghetto* significherebbe quindi "il posto della fonderia".

Ciao invece deriva dal veneto "sciao", cioè "schiavo vostro", una forma di saluto. A sua volta, la parola *schiavo* deriva da "slavo", cioè una persona di etnia slava: infatti molti schiavi di origine slava passavano per Venezia prima di essere 25 venduti in altri porti del Mediterraneo. Secondo lo scrittore Andrea Tarabbia, "Questo senso di sottomissione ormai è scomparso, e nessuno quando saluta pensa di prostrarsi: *ciao* è una parola nata in catene (*in chains*) che si è liberata, a suo modo è una parola rivoluzionaria".

8.10 Controlla la comprensione Spiega il collegamento fra le due parole o frasi.

1. ciao ⟶ slavo
2. ghetto ⟶ getto di metallo

 8.11 Alla scoperta di ... Oltre a *ghetto* e *ciao*, molte altre parole italiane sono usate correntemente nella lingua inglese, ad esempio: *fiasco, vendetta, terracotta, malaria*, ecc. L'etimologia, cioè l'origine di queste parole, è molto interessante: scoprila e riporta i risultati della tua ricerca in classe.

Venezia, la città del silenzio

Lessico nuovo

chiacchierare	*to chat*
a decine	*by the tens*
piegare	*to bend, fold*
il richiamo	*call, cry*
sbattere	*to hit against*
sfiorare	*to brush against*
sgusciare via	*to slip away*

"Vai a vedere le gondole in partenza dal loro parcheggio principale, in bacino Orseolo, accanto a Piazza San Marco. Sgusciano via [...] senza toccarsi in mezzo a decine, con i gondolieri che chiacchierano fra loro vogando (*rowing*), si salutano, si lanciano richiami, si disinteressano del ponte basso dove stanno andando a sbattere il naso: all'ultimo momento piegano il collo quasi senza guardare, 5 sfiorano la parte inferiore dell'arco [...]"[1]

Così lo scrittore veneziano Tiziano Scarpa descrive la naturalezza con cui i gondolieri manovrano l'imbarcazione più difficile del mondo. Le gondole, le uniche "automobili" di Venezia, silenziosissime e ad emissione zero, erano un tempo il mezzo di trasporto più usato dai residenti, ma ora sono un lusso 10 accessibile solo ai turisti più ricchi.

Condurre una gondola è una vera arte che viene tramandata di padre in figlio, oggi come cinquecento anni fa: fare il gondoliere significa anche appartenere ad un gruppo ristrettissimo di compagni orgogliosi del proprio lavoro e gelosi della propria tecnica. L'esame per diventare gondolieri è 15 rigorosissimo: richiede forza fisica e rare doti di equilibrio, e il gondoliere deve dimostrare di saper manovrare la sua gondola in stretti canali e curve, in mezzo ad un intenso traffico di imbarcazioni di tutti i tipi.

8.12 Controlla la comprensione Quali caratteristiche del lavoro del gondoliere ti hanno colpito di più? Come è cambiato il ruolo della gondola nel corso del tempo?

8.13 Confronti e riflessioni Qual è il lavoro più difficile che riesci ad immaginare? In che cosa consiste questa difficoltà? Conosci qualcuno che ha svolto o che svolge un lavoro molto difficile che richiede una tecnica o un'arte particolare? Parlane con altri due o tre studenti.

Ascolto 1: La prima donna gondoliere

8.14 Prima di ascoltare Il gondoliere è la persona che guida o manovra la gondola. Hai sicuramente già visto delle immagini di gondolieri: erano uomini o donne? Secondo te, "la prima donna gondoliera" è un brano storico e contemporaneo? Spiega la tua risposta.

Gondola con lo sfondo della Chiesa di San Giorgio Maggiore (progettata da Andrea Palladio nel 1565)

---

[1]Scarpa, Tiziano. *Venezia è un pesce*, Milano: Feltrinelli, 2000, pp. 40–41.

Vocaboli utili alla comprensione

appunto	*precisely*
il cappello di paglia	*straw hat*
la divisa	*uniform*
farsi valere, *p.p.* fattp, *p.r.* feci	*to stand up for oneself*
l'impresa	*undertaking, enterprise*
intraprendere, *p.p.* intrapreso, *p.r.* intrapresi	*to undertake, to engage in*
le polemiche	*obstacles, problems*
stonare	*to be out of tune, to be out of place*

8.15 Mentre ascolti Secondo il brano, quali sono le ragioni per cui alcuni si oppongono all'entrata delle donne nella professione del gondoliere?

1. Ci sono tradizioni secolari che vanno rispettate.   Sì   No
2. Non ci sono posti disponibili nemmeno per gli uomini gondolieri. Sì   No
3. Il gondoliere veneziano è una figura maschile ormai nota in tutto il mondo.   Sì   No
4. Fare il gondoliere richiede una forza fisica che le donne non hanno. Sì   No

8.16 A fine ascolto Indica se le seguenti affermazioni sono vere o false; poi correggi quelle false.

1. Giorgia ha quarantatré anni.   V   F
2. Giorgia ha passato l'esame di gondoliere ed ora può guidare una gondola ma non può indossare la divisa ufficiale.   V   F
3. Il Presidente dell'Ente Gondola si è opposto all'entrata di Giorgia nell'associazione.   V   F
4. L'autore della prima opinione dice che la professione del gondoliere è troppo pericolosa per una donna.   V   F
5. L'autore della seconda opinione dice che non c'è molta differenza fra la professione del tassista e quella del gondoliere.   V   F

 8.17 Confronti e riflessioni Quali sono alcune professioni o mestieri (*trades*) tradizionalmente maschili e/o ancora dominate dall'uomo nel tuo paese? Qual è il ruolo della donna in queste professioni o mestieri oggi?

Venezia e la sua foresta invisibile

 Lessico nuovo

affacciato	*facing onto*
fitto	*thick*
le mura	*city walls*
reggere, *p.p.* retto, *p.r.* ressi	*to uphold, support*
la sabbia	*sand*
sorreggere, *p.p.* sorretto, *p.r.* sorressi	*to support*
trattenere, *p.p.* trattenuto, *p.r.* trattenni	*to keep, hold back*

Molte città sono attraversate da canali, come Amsterdam, altre si affacciano sul mare, come Napoli. Venezia, però, è molto di più: i veneziani sono gli unici al mondo ad aver costruito nel mare le fondamenta della loro città, su cui poi hanno innalzato mura, case, 5 chiese e ponti.

La città infatti è retta da milioni di tronchi tagliati dalle foreste della terraferma e conficcati (*planted, driven*) nella sabbia della laguna. Goethe parlò di Venezia come di "una repubblica di castori" (*beavers*), 10 e il veneziano Gianfranco Bettin spiega: "Il sottosuolo di Venezia è una fitta, sepolta foresta che trattiene la terra e sorregge la vita urbana di 117 isole comunicanti attraverso 378 ponti, nel cuore di una laguna, lunga 55 chilometri e larga 13, quanti ne 15 dista il mare dalla terraferma."[2]

I primi "castori", cioè i primi costruttori della città ed abitanti della laguna, migrarono per fuggire dalle invasioni barbariche nel V secolo d.C. Lentamente, in seguito a migrazioni successive, si formarono comunità permanenti che vivevano di pesca e di commercio marittimo. 20

Tracce della "foresta invisibile": i tronchi di legno che fanno da fondamenta a Venezia

___

[2]Bettin, Gianfranco. *Dove volano i leoni*. Milano: Garzanti, 1970, p. 25.

8.18 Controlla la comprensione Perché Goethe definì Venezia "una repubblica di castori"?

8.19 Alla scoperta di ... Scopri chi è il patrono di Venezia e qual è la sua leggenda. Trovi qualche somiglianza con la leggenda di un altro santo patrono di una regione che hai già studiato?

8.20 Confronti e riflessioni Anche Amsterdam, in Olanda, e Bruges, nel Belgio, sono città attraversate da canali. Possono essere paragonate a Venezia? Quali sono le principali differenze fra queste città e Venezia?

La stagione d'oro di Venezia

Lessico nuovo

il coetaneo / la coetanea	*peer*
l'entroterra	*inland*
l'erede	*heir*
facoltoso	*well-off*
galleggiare	*to float*
la merce	*merchandise*
rafforzarsi	*to grow stronger*

Nel Medioevo la Repubblica di Venezia controllava già i commerci del Mediterraneo e la sua posizione di dominio si rafforzò nel Cinquecento. Le merci che venivano dall'Oriente ed erano dirette nei paesi dell'Europa centrale dovevano necessariamente passare per Venezia, o per una delle sue numerose colonie nel Mediterraneo orientale e nel Mar Nero. Venezia divenne così la città europea 5

(*Continua*)

più vicina alla cultura araba: difatti l'influenza dello stile arabo si osserva tutt'ora nell'architettura della Basilica di San Marco e del Palazzo Ducale.

Dopo la fine dell'Impero Bizantino, con la caduta di Costantinopoli nel 1453 per mano dei turchi, e dopo il "sacco di Roma" del 1527, Venezia diventò la maggior potenza del Mediterraneo, da molti considerata la naturale erede 10 dell'Impero Romano. Il governo della città cominciò un grande programma di rinnovamento e di abbellimento (*embellishment*): il Rinascimento veneziano fu influenzato da artisti toscani, quali il Donatello, attirati dalla cultura umanistica della vicina Università di Padova, una delle più antiche e prestigiose d'Europa. Il Canal Grande si arricchì di sontuosi (*luxurious*) palazzi; l'aristocrazia, così 15 come i ricchi mercanti ed i conventi, cominciarono a commissionare opere d'arte ai migliori artisti dell'epoca. Fra questi, il Tiziano (1488–1576), uno dei pittori più pagati del mondo, fu anche uno dei primi a godere di una vasta popolarità. Tiziano aveva committenti (*buyers*) in tutte le corti d'Europa, nei più ricchi conventi e nelle famiglie più facoltose. Se il fiorentino Michelangelo, 20 suo coetaneo, era maestro del disegno, Tiziano può essere definito maestro dei colori intensi e luminosi, e della luce. Lo stesso si può dire degli altri due grandi artisti del Rinascimento veneto: Tintoretto (1518–1594) e Veronese (1528–1588).

Molti critici sostengono che questi pittori veneti sono riusciti a creare la luminosità particolare che caratterizza tutte le loro opere proprio perché vivevano 25 in una città completamente circondata dall'acqua. La Serenissima (così era chiamata Venezia) raggiunse una posizione di grande prestigio e potenza non solo sui mari, ma anche nell'entroterra veneto. Le famose ville dell'architetto Palladio in provincia di Vicenza sono preziose testimonianze della ricchezza dell'aristocrazia veneziana che cercava nella terraferma investimenti per i profitti derivati dai commerci marittimi. 30

8.21 Controlla la comprensione Perché Venezia diventò così importante nel Mediterraneo? In che cosa si distinsero gli artisti veneti del Rinascimento?

 8.22 Alla scoperta di … Cerca (su Internet o altra fonte) un dipinto di Tiziano, Tintoretto o Veronese che trovi eccezionale per la qualità della luce e dei colori, e presentalo brevemente alla classe.

Ascolto 2: L'Inquisizione e il Veronese

8.23 Prima di ascoltare Sai che tipo di attività svolgeva l'Inquisizione? In che periodo e in quali nazioni veniva praticata?

Premessa

Nel 1573, il pittore Veronese fu vittima di un famoso caso di censura (*censorship*) quando dipinse, per il convento di San Zanipolo a Venezia, un quadro che rappresentava l'Ultima Cena. L'opera attirò presto l'attenzione dell'Inquisizione perché rappresentava, oltre al Cristo e agli Apostoli, alcune figure, quali nani (*dwarves*), soldati tedeschi ed animali, che parevano fuori luogo in una pittura di soggetto sacro. In quel periodo, la Chiesa Cattolica voleva avere un diretto controllo sulla produzione artistica perché quadri e sculture con soggetti religiosi servivano ad istruire gli analfabeti (*illiterate people*), cioè la maggioranza della popolazione. L'interrogatorio del pittore fu trascritto (*transcribed*) ed è giunto fino a noi. Le parole chiare e sincere di Veronese rimangono tuttora fra le più limpide difese della libertà di espressione di un artista contro il potere della censura. Ascolta l'interrogatorio del Veronese, inalterato nel contenuto ma adattato all'italiano moderno.

Veronese, *Convito in casa Levi* (1573)

 ## Vocaboli utili alla comprensione

il banco delle imposte	*tax bureau*
la bruttura	*ugliness*
il buffone	*buffoon*
il convito	*feast, banquet*
l'esattore	*collector*
la licenza	*license, freedom*
matto	*crazy*
il peccatore	*sinner*
per onor mio	*for my name and reputation's sake*
il sangue	*blood*
se avanza spazio	*if there is space leftover*
la stupidaggine	*stupid action or thing*

8.24 Mentre ascolti Indica la risposta esatta.

1. Chi dice che la Maddalena non starebbe bene nel
   quadro del Veronese?   Inquisitore   Veronese
2. Chi parla di poeti e matti?   Inquisitore   Veronese
3. Chi dice che in Germania ci sono molte
   eresie nemiche della Chiesa Cattolica?   Inquisitore   Veronese
4. Chi dice che dipingere peccatori o corpi nudi non
   significa insultare la religione?   Inquisitore   Veronese
5. Chi dice che il *Giudizio Universale* di Michelangelo
   è un'opera spirituale, nonostante la nudità?   Inquisitore   Veronese

8.25 A fine ascolto Completa le frasi scegliendo fra le due alternative quella giusta.

1. Il Veronese risponde all'Inquisitore …
   a. con tono aggressivo.
   b. con tono conciliante.
2. I soldati fanno la guardia …
   a. nel dipinto del Veronese.
   b. durante l'interrogatorio.
3. Secondo il Veronese, …
   a. la sua opera è una creazione di fantasia.
   b. la sua opera rispecchia fedelmente la storia del Vangelo.

8.26 Conclusioni Leggi le domande e scegli la risposta migliore.

1. Come si concluse la vicenda? Dopo aver deciso qual è la risposta giusta, motiva brevemente la tua scelta.
   a. L'inquisitore diede al Veronese una dura condanna, come ammonimento (*warning*) a tutti gli artisti veneziani.
   b. L'inquisitore obbligò il Veronese a cambiare il titolo del suo quadro.
   c. L'inquisitore obbligò il Veronese a distruggere il primo quadro e a dipingerne uno nuovo.
   d. Il Veronese fu condannato a pagare una forte tassa e a dipingere un altro quadro gratis.
2. Il *Convito in casa Levi* è una scena del Vangelo che rappresenta:
   a. una cena fra Gesù e molti peccatori.
   b. l'ultima cena di Gesù.
   c. un matrimonio al quale Gesù partecipò.
   d. una famosa parabola.

 8.27 Ciak!

Trovi che le argomentazioni del Veronese siano ancora attuali? Con un compagno o una compagna trasporta la scena in epoca moderna: uno studente fa la parte di un artista (pittore, poeta, scrittore, ecc.) e un altro studente fa la parte di un "moderno inquisitore".

In alternativa, potete mantenere inalterato il contesto ricostruendo l'interrogatorio del Veronese con parole vostre. Per rendere più realistica e interessante la scena, usate anche un oggetto di scena (*prop*) molto semplice per ogni personaggio, ad esempio: un pennello, un libro, una croce, ecc.

 8.28 Alla scoperta di …

1. Ricerca su Internet un'altra "Ultima Cena" e confrontala con quella del Veronese (parole chiave: "Leonardo da Vinci", "Duccio di Buoninsegna", "Jacopo Bassano", "Andrea del Castagno", "Domenico Ghirlandaio", "Ultima Cena", "Cenacolo").
2. Fai una breve ricerca su Internet sul declino di Venezia come potenza navale e commerciale. Come perse la sua importanza strategica Venezia, e perché la perse? Nella tua ricerca usa le parole "rotte atlantiche" e "Capo di Buona Speranza".

Resurrezione di Cristo di Veronese, San Francesco della Vigna, Venezia

Venezia muore?

Lessico nuovo

allagato	*flooded*
ambientale	*environmental*
l'effetto serra	*greenhouse effect*
la marea	*tide*
minacciare	*to threaten*
scavare	*to dig*
spezzare	*to break*
il suolo	*ground*

Passerella costruita per i pedoni durante l'acqua alta

Venezia è la "città più città che esista", secondo Gianfranco Bettin, eppure è anche la più fragile, quella che maggiormente dipende da un precario equilibrio di fattori umani e ambientali. Il paradosso di Venezia è proprio nel suo essere tutta costruita dall'uomo con enorme fatica (un labirinto di canali e ponti che non lascia spazio alla natura), eppure nell'essere immersa nella natura, circondata dal mare che la isola e la minaccia ma che è anche fonte di commercio e ricchezza. 5

La cosiddetta "acqua alta" è un segnale che questo secolare compromesso fra Venezia e il mare si sta forse spezzando. Molte volte all'anno, specialmente nelle stagioni più piovose e nelle ore di alta marea, il livello dell'acqua sale anche al di sopra di un metro: ciò significa che calli, campi e sestieri (così 10 si chiamano rispettivamente le vie, le piazze e i quartieri di Venezia) sono sommersi dall'acqua. La vista può essere suggestiva (*stimulating, fascinating*) per i turisti, perché sembra veramente che le case galleggino (*float*) sulla laguna, ma vivere in una città allagata per diversi giorni all'anno diventa difficile per i residenti. L'acqua alta non è il risultato di fenomeni naturali 15 inevitabili ma è l'effetto dello sconsiderato (*reckless*) sviluppo industriale del porto e della terraferma (*mainland*) che ha danneggiato il fragilissimo ecosistema della laguna. Infatti, per ampliare il porto e la zona industriale di Marghera e per consentire l'arrivo di grandi navi, si sono creati dei canali profondi anche 20 metri scavando nel fondo sabbioso e privando quindi la 20 laguna della sua naturale capacità di assorbimento delle maree. L'acqua ha così via libera e sommerge regolarmente il centro storico della città. Un dato significativo: dal 1870 al 1909 l'acqua alta superò il metro 11 volte; cento anni dopo, e cioè dal 1970 al 2009, questo superamento si è verificato ben 137 volte. L'innalzamento del livello del mare dovuto al riscaldamento della terra 25 ("effetto serra") ed il naturale abbassamento del suolo hanno ulteriormente aggravato il problema; è facile quindi capire come una città già fragile e bisognosa di continui restauri rischi di scomparire per sempre.

8.29 Controlla la comprensione È giusto dire che l'acqua alta è un fenomeno naturale? Spiega la tua risposta.

8.30 Alla scoperta di … Come salvare Venezia? Le uniche grandi barriere artificiali contro le maree sono i cosiddetti "murazzi", argini (*banks*) di pietra costruiti dagli austriaci nella seconda metà del diciottesimo secolo. Il progetto più recente per difendere la città dalle maree è ancora in corso di realizzazione, ed ha un nome biblico: Mo.S.E. Il suo completamento è previsto per il 2016. In che cosa consiste questo progetto? Scoprilo su Internet; poi presentalo brevemente alla classe.

La terza Italia: il caso Benetton

 Lessico nuovo

l'azienda	*business*
far parte, *p.p.* fatto, *p.r.* feci	*to belong, to be part of*
la gestione	*management*
orgoglioso	*proud*
porre, *p.p.* posto, *p.r.* posi	*to put, to place*
il risparmio	*savings*

Il Veneto è forse la regione italiana che ha vissuto il passaggio più drammatico e veloce da un passato di povertà ed emigrazione ad un presente di relativa prosperità. Si pensi che dalle campagne venete, ai tempi del boom economico (anni '50–'60), emigrarono verso le città del cosiddetto triangolo industriale (Milano, Torino e Genova) più contadini che da tutte le altre regioni del Nord messe insieme. 5 Attualmente (*Today*) la situazione è completamente invertita: il Veneto è la regione italiana che, negli ultimi decenni, ha assorbito il maggior numero di immigrati dal Nord Africa e da altri paesi extra europei. Ciò è dovuto all'eccezionale sviluppo della piccola e della media industria, un fenomeno che ha posto il Veneto al centro della cosiddetta "terza Italia" della quale fanno parte anche le regioni del Trentino 10 e del Friuli. Al contrario delle altre "due Italie" (quella meridionale, dall'economia tradizionalmente debole, e quella settentrionale del nord-ovest, dominata dalla grande industria), la "terza Italia" è caratterizzata da un'economia leggera, dinamica e innovativa, sostenuta da una miriade (*myriad*) di piccole e medie aziende a conduzione familiare; queste aziende sono il frutto dell'inventiva e dell'operosità dei 15 veneti, alla quale si accompagna una forte tradizione del risparmio.

L'azienda Benetton rappresenta una realtà economica tipicamente veneta, da "terza Italia" perché è nata come impresa familiare e, pur diventando nel giro di pochi anni una multinazionale presente in 120 paesi diversi, non ha mai abbandonato la gestione familiare. Nel 1965 i quattro fratelli Benetton 20 cominciarono a produrre dei maglioni in un piccolo laboratorio e, dopo qualche anno, raggiunsero un notevole successo puntando sulla produzione di moda giovanile di alta qualità, ma a prezzi accessibili, e sulla gestione diretta dei propri negozi; ciò significa che i 25 prodotti Benetton sono venduti solo nei negozi Benetton.

Tuttora la famiglia Benetton (i quattro fratelli che la fondarono più 14 figli) è proprietaria dell'azienda. Alessandro Benetton, il figlio di uno dei fondatori, è ora Vicepresidente del gruppo. In un'intervista del 2008, alla 30 TV privata La7, Alessandro spiega la "ricetta" della sua azienda per combattere la concorrenza:

"Non abbiamo accettato di seguire il modello della moda "usa e getta", questi prodotti disegnati bene, di moda, ma che alla fine costa di meno 35 buttarli via dopo tre volte che li hai usati che portarli in lavanderia. [...] La maglieria (*knitwear*) è sempre il nostro punto focale nella quale abbiamo una lunghissima tradizione e della quale siamo fortemente orgogliosi". 40

Foto di Oliviero Toscani all'interno di un negozio Benetton, Nanjing Road, Shanghai

8.31 Controlla la comprensione

1. Che cos'è la "terza Italia"?
2. Che tipo di azienda è la Benetton? Sei mai stato/a in un loro negozio? Spiega.

8.32 Alla scoperta di ...

Il paese di Soave in Veneto

1. Il successo di Benetton è da attribuirsi anche alla campagna pubblicitaria guidata da un fotografo italiano fra i più controversi, Oliviero Toscani. Le fotografie di Toscani spesso presentano tematiche scioccanti che non hanno niente a che vedere (*nothing to do with*) con il prodotto pubblicizzato, ma che comunque richiamano l'attenzione del pubblico e suscitano un intenso dibattito. Ricerca una delle pubblicità Benetton di Toscani e commentala.
2. Scopri che cos'è il progetto "Fabrica" (con una sola "b") sponsorizzato da Benetton. Puoi anche vedere su *YouTube* un'intervista ad Alessandro Benetton sul progetto "Fabrica" realizzata dalla RAI. Quali sono gli obiettivi di "Fabrica"? Dove ha sede questa iniziativa? Com'è possibile parteciparvi?

8.33 Un fine settimana a Verona [ONLINE]

8.34 Chi è? Che cos'è? [ONLINE]

La poesia regionale (dal *Canzoniere italiano* di Pier Paolo Pasolini)[3]

> *Incùo ze sabo, vizilia de la festa:*   1
> *L'ultimo zorno de la setemana;*
> *Incùo ze sabo: più a cason no i resta,*
> *I vien a casa tuti i pescauri;*
> *I sa de fango, i sa de mile oduri:*   5
> *Ma i xe più beli de i mazzi de fiuri!*

[Oggi è sabato, vigilia della festa: l'ultimo giorno della settimana; oggi è sabato: non restano più nei casoni [case del porto]; tutti i pescatori vengono a casa; odorano di fango, di mille odori: ma sono più belli dei mazzi di fiori!]

8.35 Scopri ...

1. In dialetto veneto, la "z" corrisponde a quali consonanti in italiano?
2. Quale consonante viene usata solo in veneziano e non in italiano? In che parola? Che cosa significa?
3. Esistono delle consonanti doppie in veneziano? Trova l'equivalente in veneto di tre parole in italiano con consonanti doppie.

---

[3]Pier Paolo Pasolini, a cura di. *Canzoniere italiano. Antologia della poesia popolare.* Milano: Garzanti, 1992, p. 221, n. 144.

1. Questa poesia racconta due eventi felici. Quali?
2. Come sono descritti i pescatori e a che cosa vengono paragonati? Perché?

LETTURA 1

Le letture

A caso e senza meta per Venezia di Tiziano Scarpa

da *Venezia è un pesce,* 2003

Introduzione

Tiziano Scarpa (Venezia, 1963) è uno scrittore di romanzi e di opere teatrali. Il libro *Venezia è un pesce*, dal quale è tratta questa lettura, è una sorta di guida non convenzionale della sua città natale.

 Lessico nuovo

afferrare al volo	*to grab quickly, to seize, to understand immediately*	in fretta e furia	*as fast as one can, hurriedly*
allagare	*to flood*	gonfio	*swollen*
assecondare	*to go along with someone's ideas or wishes*	insonnolito	*sleepy*
		lasciar perdere	*forget about something*
il campanile	*bell tower*	legare	*to tie*
la cartina	*map, street map*	il liceale	*high school student*
la caviglia	*ankle*	mal che vada	*if worse comes to worse*
dappertutto	*everywhere*		
dare noia a qualcuno, *p.p.* dato, *p.r.,* diedi	*to bother someone*	l'orlo	*edge*
		il percorso	*route, distance*
		la pozzanghera	*puddle*
		il quartiere malfamato	*bad neighborhood*
la diga	*dam*	sbalordirsi	*to be shocked, surprised*
discutere una causa in tribunale, *p.p.* discusso, *p.r.* discussi	*to present a case in a court of law*	la sciagura	*disaster, adversity*
		la segnaletica	*street signs*
		smarrirsi	*to get lost*
essere abituati a, *p.p.* stato, *p.r.* fui	*to be used to*	sprofondare	*to sink*
		traghettare	*to cross by ferry*
		valere la pena, *p.p.* valso, *p.r.* valsi	*to be worthwhile*
la fetta	*slice*		

 8.37 Prima di leggere Che cosa potrebbe succederti, se tu cominciassi a passeggiare "a caso e senza meta" (*aimlessly, without a destination*) nella tua città? Secondo te, sarebbe un'esperienza positiva o negativa. L'hai mai fatto?

Libera le parole!

8.38 La parola giusta Completa ogni frase con l'espressione più adatta.

1. Perché guardi sempre la cartina? _____ (Non dare noia a nessuno! / Lascia perdere!) A Venezia è impossibile perdersi!
2. Anche se perdiamo la strada, _____ (mal che vada / in fretta e furia) arriveremo ad un canale!
3. I turisti _____ (si sbalordiscono di / lasciano perdere) quanto sia facile perdersi per Venezia.
4. La mamma vuole assolutamente fare un giro in gondola. Anche se è molto caro, _____ (assecondiamo / sprofondiamo) il suo desiderio!
5. Venezia è una città molto sicura: nessuno _____ (ti sbalordirà / ti darà noia), nemmeno di notte.
6. Smarrirsi per Venezia è una bellissima esperienza: _____ (ne vale la pena / afferriamo al volo).
7. Prima che il mio amico cadesse nel canale, riuscii a _____ (sbalordirmi / afferrare al volo) la sua borsa.

8.39 Mentre leggi …

1. Mentre leggi, segna con una C i paragrafi che contengono i consigli dell'autore e con una E i paragrafi che descrivono alcuni aspetti eccezionali della vita a Venezia.
2. Per ognuna delle quattro persone menzionate dal narratore, indica quale avventura gli/le è capitata a Venezia, usando una tabella simile alla seguente:

	Avventura veneziana
Un'amica americana	
Un'amica veneziana	
Un amico procuratore legale	
Il padre	

A caso e senza meta per Venezia di Tiziano Scarpa

Dove stai andando? Butta via la cartina! Perché vuoi sapere a tutti i costi dove ti trovi in questo momento? D'accordo: in tutte le città, nei centri commerciali, alle fermate degli autobus o della metropolitana sei abituata a farti prendere per mano dalla segnaletica; c'è quasi sempre un cartello con un punto colorato, una freccia sulla mappa che ti informa chiassosamente[1]: "Voi siete qui". Anche a Venezia, basta che alzi gli occhi e vedrai molti cartelli gialli, con le frecce che ti dicono: devi andare per di là, non confonderti, *Alla ferrovia*, *Per San Marco*, *All'Accademia*. Lasciali perdere, snobbali pure. Perché vuoi combattere contro il labirinto? Assecondalo, per una volta. Non preoccuparti, lascia che sia la strada a decidere da sola il tuo percorso, e non il percorso a farti scegliere le strade. Impara a vagare, a vagabondare. Disorientati. Bighellona[2]. Fai anche tu "il veneziano" […]

5

10

15

---
[1]chiassosamente: *loudly*
[2]bighellonare: *to loiter about*

(*Continua*)

Calle nel sestiere Castello, Venezia

Il primo e unico itinerario che ti suggerisco ha un nome. Si intitola: *A caso*. Sottotitolo: *Senza meta*. Venezia è piccola, puoi permetterti di perderti senza mai uscirne davvero. Male che ti vada, finirai sempre su un orlo, una riva davanti all'acqua, di faccia alla laguna. Non c'è nessun Minotauro in questo labirinto, nessun mostro acquattato[3] che aspetta di divorare le proprie vittime. Una mia amica americana è arrivata a Venezia per la prima volta in una notte d'inverno. Non riusciva a trovare l'albergo, girava sempre più angosciata nella città deserta, con l'indirizzo inutilmente segnato su un foglietto. Più passavano i minuti e più si convinceva che sarebbe stata violentata di sicuro. Si sbalordiva di essere da tre ore in una città straniera senza che nessuno l'avesse ancora assalita portandole via le valigie. Era una ragazza di Los Angeles! [...]

Smarrirsi è l'unico posto dove vale la pena di andare. Puoi girare tranquillamente dappertutto a qualsiasi ora del giorno e della notte. Non ci sono quartieri malfamati, o non ce ne sono più, ormai [...]. A proposito, comincia a familiarizzarti con le parole di Venezia; non li dovresti chiamare quartieri, ma sestieri, perché i quartieri del centro storico sono sei, non quattro: sono ciascuno un sesto di Venezia, non un quarto come i quattro gruppi di case cresciute in quelle città che sono sorte all'incrocio di due vie di comunicazione importanti, nelle quattro fette di terra tagliata da una croce di strade.

Come sai bene dai soliti servizi del telegiornale, ti può capitare di girare a Venezia con i piedi a mollo[4]: l'acqua alta è una sfortunata combinazione di brutto tempo, venti e correnti che stipano l'alta marea in laguna. Succede soprattutto da ottobre a dicembre; ma qualche anno fa, in aprile, sono uscito dal cinema su un campiello[5] completamente allagato; [...] ho accompagnato a casa un'amica trasportandola sulle spalle, con le gambe nell'acqua gelida fino al ginocchio, avanzando lentamente, per un paio d'ore: un atto—letteralmente—di cavalleria[6] che mi è costato tre giorni di raffreddore e febbre.

I veneziani chiamano *braghe acqua alta* i pantaloni troppo corti, ineleganti, con le caviglie comicamente scoperte, come se fossero stati tagliati apposta per non inzuppare gli orli. L'acqua alta è una sciagura di questo secolo; una parte della laguna è stata interrata, canali profondi sono stati scavati per non far incagliare le petroliere[7], permettendo al mare di allagare la città in pochi minuti, rapinosamente[8]. Le isole basse e spugnose della laguna, le *baréne* coperte di sterpaglie[9], smangiate dal moto ondoso[10], non sono state più sufficienti ad assorbire la marea in eccesso. [...]

Con meno di un metro di dislivello, molte zone sono già sott'acqua; l'emergenza seria scatta oltre il metro e dieci. Nella tremenda notte del 4 novembre 1966, di ritorno dal suo turno di lavoro, mio padre è tornato a casa nuotando.

---

[3]acquattato: *crouched down*
[4]a mollo: *soaking*
[5]il campiello: *a small square in Venice*
[6]la cavalleria: *chivalry*
[7]far incagliare le petroliere: *to cause the oil tankers to get stuck*
[8]rapinosamente: *impetuously*
[9]le sterpaglie: *brushwood*
[10]smangiate dal moto ondoso: *gnawed at by the wavy motion*

Le sirene che suonavano l'allarme durante le incursioni aeree della seconda 55
guerra mondiale sono rimaste in cima ai campanili. Ora segnalano le incursioni
marine, quando sta per montare l'acqua alta: ti svegliano alle cinque, alle sei di
mattina. Gli abitanti insonnoliti fissano agli ingressi paratie d'acciaio[11], infilano
piccole dighe nelle cornici di metallo gommato sugli stipiti delle porte[12] di casa.
Vanno difese persino quelle finestre dei piani terra che si affacciano sui canali 60
gonfi d'acqua [...] I commercianti corrono ad avviare gli interruttori delle pompe
idrauliche, in fretta e furia tirano su le merci dagli scaffali più bassi: anni fa, dopo
un'alta marea molto forte, mi ricordo le bancarelle improvvisate fuori dai negozi
che svendevano scarpe alluvionate, rovinate. Squadre speciali di netturbini[13]
escono all'alba a montare le passerelle[14] di legno nelle calli sommerse. I liceali 65
con gli stivaloni di gomma al ginocchio—o addirittura con quelli da pesca, che
foderano tutta la gamba—offrono un passaggio agli amici usciti di casa con le
scarpe basse; si caricano sulle spalle il dolce peso di una compagna di classe
carina; trasportano professori a cavalcioni sulla schiena[15], braccia al collo e gambe
strette sui fianchi, li afferrano sotto le ginocchia: impersonano a trenta secoli di 70
distanza Enea che porta in salvo il padre Anchise fuggendo da Troia in fiamme.
Se si è usciti con le scarpe sbagliate, si entra dal droghiere a chiedere un paio di
borse di plastica, si insacchettano i piedi dentro le sporte della spesa[16], legando i
manici intorno alle caviglie. Giovani con i carretti da trasporto-merci traghettano
i passanti, attraversano pozzanghere larghe come piscine, li depongono a terra 75
asciutti; accettano una moneta. I turisti si divertono come pazzi, fotografano,
girano a piedi nudi [...]; ce n'è sempre uno che passeggia beato [...] non si accorge
che sta pericolosamente avvicinandosi all'orlo della fondamenta sommersa, la
riva invisibile sotto i suoi piedi è terminata, ma lui continua a trascinare le caviglie
sott'acqua e il passo gli cede, sprofonda in canale. 80

Anni fa un mio amico procuratore legale stava accompagnando un avvocato
in tribunale. Camminavano sulle passerelle di legno mal collegate, c'era un buco
di un metro fra una e l'altra, all'improvviso l'avvocato è scomparso: dall'acqua
spuntava solo la manica di una giacca, in cima un polso con un orologio d'oro, la
mano sventolava disperatamente la cartella di cuoio; il mio amico l'ha afferrata 85
al volo; l'avvocato ha discusso la causa in tribunale completamente bagnato,
grondante, maneggiando soddisfatto i documenti salvati dalle acque.

---

[11]la paratia d'acciaio: *steal shutter, plan*
[12]lo stipite della porta: *door jamb*
[13]il netturbino: *street cleaner*
[14]la passerella: *boardwalk, foot-bridge*
[15]a cavalcioni sulla schiena: *piggy-back ride*
[16]la sporta della spesa: *shopping bag*

 ## A fine lettura

8.40 Risposte guidate Rispondi alle seguenti domande con una breve frase
usando almeno **tre** vocaboli fra quelli in parentesi.

1. *A caso* e *Senza meta* sono i due consigli che l'autore dà al lettore: che cosa
   significano? (*il labirinto, i cartelli, perdersi, il percorso, smarrirsi, la strada*)
2. Come si chiamano i quartieri di Venezia? Perché le sezioni di qualsiasi città (ma
   non di Venezia) si chiamano "quartieri"? (*incrocio, quattro, sei, quarto, sesto, parte*)

3. Perché è facile bagnarsi i piedi a Venezia? (*l'acqua alta, allagare, il brutto tempo, la marea*)
4. Che cosa succede a Venezia quando c'è l'acqua alta? (*le borse di plastica, caricarsi sulle spalle, le passerelle, le sirene, sprofondare, gli stivaloni, trasportare sulla schiena, i turisti*)

8.41 Qual è il significato esatto? Indica l'esatto significato delle seguenti espressioni tratte dalla lettura.

1. *Lasciali perdere. Snobbali ...* (riga 10)
   a. Lascia perdere e snobba i veneziani.
   b. Lascia perdere e snobba i turisti.
   c. Lascia perdere e snobba i cartelli.
2. *Lascia che sia la strada a decidere da sola il tuo percorso, e non il percorso a farti scegliere le strade ...* (righe 12-3)
   a. Cammina per le strade scegliendo il percorso migliore.
   b. Cammina per le strade senza preoccuparti della meta finale.
   c. Scegli un percorso preciso prima di metterti in cammino.
3. *Fai anche tu il "veneziano" ...* (righe 14-5)
   a. Cambia casa e trasferisciti a Venezia.
   b. Aiuta un veneziano; sii gentile.
   c. Comportati come un veneziano.
4. *Smarrirsi è l'unico posto dove vale la pena di andare ...* (riga 27)
   a. Perdersi nella città è la cosa più divertente che puoi fare.
   b. Non dovresti andare da solo da nessuna parte perché è molto facile perdersi.
   c. Perdersi nella città è praticamente impossibile.
5. *Ti può capitare di girare a Venezia con i piedi a mollo ...* (righe 35-6)
   a. A Venezia dovrai camminare molto e ti faranno male i piedi.
   b. A Venezia ti può succedere di camminare nell'acqua.
   c. A Venezia può succederti di cadere in un canale.
6. *... mi ricordo le bancarelle improvvisate fuori dai negozi che svendevano scarpe alluvionate, rovinate ...* (righe 63-4)
   a. Si vendevano a basso prezzo scarpe adatte per l'acqua alta.
   b. Si vendevano a basso prezzo scarpe che erano state danneggiate dall'acqua alta.
   c. Si vendevano scarpe molto care, resistenti all'acqua.

 8.42 Confronti e riflessioni In quale città consiglieresti ad un turista semplicemente di "smarrirsi"? Spiega le tue risposte con degli esempi.

 8.43 Alla scoperta di ... Cerca su *YouTube* un filmato sull'alluvione (*flood*) di Venezia del 4 novembre 1966 quando l'acqua salì in città fino a metri 1,94. Quali furono le conseguenze di questa alluvione? Presenta il filmato alla classe con un tuo breve commento. In quello stesso tragico giorno, anche Firenze veniva sommersa dalle acque del fiume Arno, un evento evocato nel film *La meglio gioventù* (Episodio 2, *Capitolo* 2 di questo testo).

Grammatica viva

8.44 L'imperativo Identifica almeno cinque imperativi (soggetto "tu") che hai letto nel primo paragrafo di questa lettura. Ora scrivi le forme verbali per gli altri soggetti usando una tabella simile alla seguente.

Imperativo (tu)	Imperativo (noi)	Imperativo (voi)
1.		
2.		
3.		
4.		
5.		

LETTURA 2

Le Compagnie di Luigi Meneghello

da *Libera nos a Malo*, 2006

Introduzione

Luigi Meneghello (Malo, 1922–Thiene, 2007) era uno scrittore e un accademico italiano che partecipò attivamente alla Resistenza antifascista. Dopo la guerra si trasferì in Inghilterra dove insegnò italiano alla Università di Reading. Collaborò anche con la BBC per la diffusione della cultura e della letteratura italiana in Inghilterra. Tradusse vari testi di filosofia dall'inglese all'italiano, e pubblicò in italiano libri di narrativa e saggistica (*essays*). Il brano qui riprodotto è tratto da *Libera nos a Malo*, una raccolta di ricordi della sua infanzia e giovinezza a Malo, suo paese natale, in provincia di Vicenza.

5

 8.45 Prima di leggere

1. Cerca su un dizionario i vari significati dei sostantivi *compagnia* e *compagno*.
2. Un po' di etimologia: *compagnia* deriva da due parole latine "cum" (*con*) e "panis" (*pane*). Quale può essere, secondo te, il collegamento fra il significato di *compagnia* e le parole *con pane*?

 Lessico nuovo

ammazzare	*to kill*	precedente	*preceding*
appagato	*fulfilled*	precipitarsi	*to rush*
badare a qualcuno	*to care for someone, to listen to*	raggrupparsi	*to gather, to form a group*
		il resoconto	*summary, overview*
ciò che	*what (in indirect speech)*	sciupare	*to waste*
la compagnia	*group of friends*	stravolto	*exhausted, worn-out*
la dote	*gift, talent*	successivo	*following*
esercitare un'influenza su	*to have an influence on*	il traditore	*traitor*
essere processato	*to undergo a trial*	trascorrere il tempo, *p.p.* trascorso, *p.r.* trascorsi	*to spend time*
fare uno scherzo, *p.p.* fatto, *p.r.* feci	*to play a trick*		
		Viva ... !	*Up with ... ! Long live ... !*
fissare l'ora	*to set a time*	il vuoto	*emptiness*
impallidire	*to turn pale, to fade*		

Libera le parole!

8.46 Sinonimi Riscrivi le seguenti frasi usando un sinonimo scelto fra i vocaboli più sopra. Ricordati di coniugare i verbi se necessario.

Es.: Volevano <u>uccidere</u> i partigiani ⟶ Volevano *ammazzare* i partigiani.

1. Stasera mi vedo con <u>il mio gruppo di amici</u>.
2. Perché non ascolti mai <u>quello che</u> ti dico?
3. Il tempo che <u>passo</u> lontano dai miei amici mi sembra un'eternità.
4. Perché <u>sei così di fretta</u>? Ho un appuntamento con Marina!
5. Hanno già <u>stabilito</u> l'ora di inizio delle lezioni?
6. Stare con gli amici è un grande piacere. Tutto il resto, al confronto, <u>svanisce</u>.
7. Io gli parlavo, ma lui si comportava come se non esistessi: non mi <u>ascoltava</u> per niente!
8. Parla sempre dei miei difetti, ma non menziona mai <u>le mie qualità</u>.

8.47 Mentre leggi Prendi degli appunti (*notes*) sul contenuto delle due parti principali di questa lettura usando una tabella simile alla seguente.

	Prima parte	Seconda parte
Contenuto generale		
Luoghi (dove?)		
Protagonisti (chi?)		
Periodo storico (quando?)		

Una marcia di ragazzi appartenenti ai "Balilla" (organizzazione fascista per ragazzi) a Venezia, 1930 circa

Le Compagnie di Luigi Meneghello

Ciò che dà più vivo senso delle generazioni è la suddivisione per Compagnie. Ciascuna Compagnia ha un suo raggio ana-grafico[1], forse di una mezza dozzina di anni, e c'è relativamente poca sovrapposizione ai margini; gli amici si raggruppano attorno a due, tre classi centrali determinate probabilmente 5 dal caso. Si forma una piccola costellazione compatta, e sopra e sotto si ha il senso del vuoto. Con le compagnie precedenti e successive si hanno scarsi rapporti: sono formazioni extra-galattiche di cui possiamo appena distinguere la struttura generale, e giudicare che è simile alla nostra. 10

Negli anni dell'adolescenza e della gioventù la Compagnia è l'istituzione più importante di tutte, l'unica che sembra dar senso alla vita. Stare insieme con gli amici è il più grande piacere, davanti al quale tutto il resto impallidisce.

"Il tempo che si trascorreva lontano dagli amici pareva 15 sempre tempo perduto", dice mio fratello. Andare a scuola, fare i compiti, erano attività in sé né belle né brutte, ma sgradite perché consumavano tempo; si sciupava tempo perfino a mangiare alla tavola di casa. Appena possibile ci si precipitava "fuori", ci si trovava con gli amici, e solo allora ci si 20

---
[1]il raggio anagrafico: *age span*

sentiva contenti. Per questo verso nessun'altra esperienza successiva può mai essere altrettanto perfetta. Il mondo era quello, auto-sufficiente, pienamente appagato. Se si potesse restare sempre così, non si vorrebbe mai cambiare.

Di queste forme di associazione tra i giovani la società urbana moderna è oggi molto più conscia: non solo si ammette ufficialmente che esistono, ma ci si rende conto della loro importanza, le vediamo studiate, descritte e rappresentate. Invece nella nostra società paesana non era così; tutti vedevano che c'erano le Compagnie, ma le consideravano un accidente marginale. Eravamo inquadrati[2] in varie altre associazioni e istituzioni riconosciute: messi per così[3] eravamo i giovani dell'Azione Cattolica[4], messi per così la gioventù del regime[5]; c'erano poi la famiglia e la scuola. Ma l'influenza di tutte queste belle cose era superficiale di fronte a quella esercitata dal gruppo dei propri compagni di elezione.

In essenza la Compagnia era una libera associazione coi propri pari; normalmente non c'era un *pecking order*, e non c'erano veri capi. Le varie capacità di ciascuno erano bensì conosciute e apprezzate, ma il requisito fondamentale era quello del piacere di stare insieme da pari a pari[6]: o c'era questo piacere, o non c'era; e quando c'era, le doti e i difetti personali diventavano cose secondarie.

Gli anni della guerra separano la storia vecchia del paese da quella nuova. Gli amici della Compagnia si dispersero, e la guerra gli fece ogni genere di scherzi.

Mino e Sandro, dopo non so che tentativo di fuga da un campo Todt[7], furono processati e condannati a morte: li misero nella stessa cella, e fu fissata l'ora dell'esecuzione. Quando vennero a prenderli stavano lì a guardarsi con la bocca aperta; li misero in fila per uno e li fecero marciare per un lungo corridoio deserto, fino a una porticina in fondo. Una guardia bussò, annunciò "I condannati!" e li spinse avanti. Dietro al tavolo c'era il comandante col viso stravolto.

"Siete due traditori," disse, "e ora riceverete quello che meritate: un pugno di piombo[8]. Ma prima di firmare l'ordine di esecuzione voglio darvi un'ultima possibilità: tornerete in cella e scriverete un resoconto della vostra miserabile vita. Poi vedremo".

Mino ha sempre odiato i compiti in classe. A scuola, mentre gli altri scrivevano, gli piaceva raccogliere un po' di saliva tra le labbra socchiuse, e gonfiarla.

Faceva bei palloni variopinti, effimeri. Questa volta però capì che bisognava darci dentro[9]. Scrisse il più bel compito della sua vita, pagine e pagine, e terminò con la frase VIVA IL DUCE[10] in stampatello, con tre punti esclamativi.

E Sandro poveretto? Anche Sandro detestava i compiti in classe. Era seduto a un angolo dello stesso tavolo, morsicando la matita: Mino, rapito[11] dalla furia del comporre, non gli badava, ma a un certo punto un movimento di Sandro richiamò la sua attenzione. Sandro allungava il collo schermandosi[12] gli occhi col palmo della mano… Sandro copiava!

---

[2]essere inquadrato: *to be organized into, to be part of*
[3]messi per così: *considered from one point of view …*
[4]Azione Cattolica: fondata nel 1867, è la più grande organizzazione di cattolici laici (*laymen*) in Italia.
[5]il regime: *fascist regime*
[6]da pari a pari: *as equals*
[7]il campo Todt: durante la seconda guerra mondiale, i "campi Todt" erano campi di lavoro controllati dall'esercito tedesco nei quali venivano rinchiusi i prigionieri di guerra.
[8]il pugno di piombo: *fistful of lead (i.e. many bullets)*
[9]darci dentro: *to work hard*
[10]Duce: *leader, i.e. Benito Mussolini, Italian fascist dictator*
[11]rapito: *entranced, enraptured*
[12]schermarsi: *to protect oneself*

(Continua)

Mino ebbe il senso che tutto era perduto, e lo lasciò fare. Sandro copiò tutto, anche la frase finale e i punti esclamativi.

"È chiaro che tu non sei un ribelle", disse il capitano a Sandro protendendo la mascella; e per riguardo a te[13] non farò ammazzare neanche il tuo compaesano[14]."

---

[13]per riguardo a te: *out of regard / respect for you*
[14]il compaesano: *friend from the same village*

A fine lettura

8.48 Domande aperte In base al brano appena letto, rispondi alle seguenti domande.

1. Quale metafora usa l'autore per descrivere la Compagnia?
2. Scegli e commenta le due frasi del brano che, secondo te, descrivono meglio l'istituzione della Compagnia.
3. Qual è stato il compito più difficile che i due amici, Mino e Sandro, hanno dovuto scrivere? Come si sono salvati?
4. Possiamo dire che l'amicizia ha aiutato Mino e Sandro ad evitare la condanna a morte? Come?
5. Qual è il tono dell'ultima parte della lettura: tragico o comico?

8.49 Riassunto Ritorna all'attività *Mentre leggi* e rivedi i tuoi appunti per scrivere due brevi paragrafi di riassunto della storia. Usa i seguenti titoli.

- Primo paragrafo: L'adolescenza e la gioventù
- Secondo paragrafo: La condanna a morte

 8.50 Confronti e riflessioni

1. La tua compagnia: avevi o hai una compagnia, cioè un gruppo stabile di amici inseparabili? Il vostro modo di stare insieme è simile o diverso da quello descritto in questo brano?
2. L'autore scrive: *Eravamo inquadrati in varie altre associazioni e istituzioni riconosciute* (righe 28–29). Anche tu ti senti "inquadrato" in una rete di rapporti e istituzioni sociali? Quali sono?

Grammatica viva

8.51 Il si impersonale Ripassa la costruzione con il *si* impersonale e il *si passivante*: trasforma le seguenti frasi tratte dal testo usando **noi** al posto del **si**.

Es.: Con le compagnie precedenti e successive <u>si hanno</u> scarsi rapporti
Con le compagnie precedenti e successive *abbiamo* scarsi rapporti.

1. [...] *<u>si sciupava</u> tempo perfino a mangiare alla tavola di casa.*
2. *Appena possibile <u>ci si precipitava</u> "fuori", <u>ci si trovava</u> con gli amici, e solo allora <u>ci si sentiva</u> contenti.*
3. *Se <u>si potesse</u> restare sempre così, non <u>si vorrebbe</u> mai cambiare.*

La villeggiatura
di Carlo Goldoni

Atto primo, scena V (1761)

Carlo Goldoni (Venezia 1707–Parigi 1793) fu
uno dei più grandi autori di teatro italiani
ed europei. Scrisse le sue opere in dialetto
veneziano ed in italiano, utilizzando spesso
i tradizionali personaggi della Commedia   5
dell'Arte (Arlecchino, Pantalone, Colombina,
ecc.). Goldoni ebbe un grande successo sia in
Francia che in Italia, perché espose con grande
realismo, ma anche con grazia ed umorismo,
le ipocrisie dell'aristocrazia dell'epoca.   10

Dipinto di personaggi goldoniani del Settecento italiano (artista
sconosciuto, Museo Casa Goldoni, Venezia)

Premessa

In questo brano, tratto da una famosa
commedia di Goldoni dallo stesso titolo,
Lavinia e suo marito Gasparo, due nobili veneziani, sono in villeggiatura nella
loro villa di campagna, insieme ad un gruppo di amici. A Gasparo piacciono la
caccia, la natura e la vita all'aria aperta, mentre Lavinia adora stare con gli amici   15
e giocare alle carte. Per questo motivo, i due coniugi (*spouses*) spesso litigano.
La scena che leggerai comincia con l'annuncio della prossima visita di don
Paoluccio, il *cavalier servente* di donna Lavinia. Leggi qui sotto chi erano i *cavalier
serventi* e che funzione avevano.

Il cavalier servente (o cicisbeo) nell'Italia del XVIII secolo

All'epoca in cui scrive Goldoni, il *cavalier servente* era un giovane nobile che si   20
metteva al servizio di una nobildonna sposata: la proteggeva, la accompagnava
ovunque, le faceva compagnia e ne ascoltava le confidenze. A quell'epoca, i
matrimoni erano di convenienza: la passione, l'intimità e l'amore erano sentimenti
spesso assenti nel rapporto fra coniugi. Il *cavalier servente*, quindi, soddisfaceva un
bisogno emotivo che non trovava appagamento (*satisfaction*) nel matrimonio. Non   25
sempre era l'amante della nobildonna, spesso era semplicemente un amico e un
confidente, ed era in genere accettato o tollerato dal marito. L'istituzione del *cavalier
servente* era tipicamente italiana, e spesso suscitava la curiosità degli stranieri che
viaggiavano in Italia. Scomparve definitivamente nella metà del XIX secolo.

Avvertenza: l'ortografia di alcune parole è stata aggiornata per facilitare la   30
comprensione. Nota anche l'uso del "voi" invece del "tu" come forma di cortesia
anche fra marito e moglie.

8.52 Prima di leggere La villeggiatura è una vacanza prolungata, generalmente
fatta con la famiglia in un luogo fisso, al mare, in montagna o in campagna.
Come ti immagini una villeggiatura di una famiglia aristocratica veneta
contemporanea di Goldoni? Nella tua risposta puoi usare alcuni vocaboli dal
Lessico nuovo qui sotto.

Lessico nuovo

l'accoglienza	*welcome*
ben venga	*may he / she/it be welcome*
la caccia	*hunting*
il cavaliere	*knight, escort, gentleman*
fare a modo mio, tuo, suo, ecc., *p.p.* fatto, *p.r.* fece	*to do as I / you / he, etc., pleases*
già	*common interlocution to agree, such as "right" or "of course"*
il mazzo di carte	*deck of cards*
il peso	*weight, i.e. literal or metaphorical*
sfogarsi	*to let off steam, to give vent to*
la stima	*respect, esteem*

Libera le parole!

8.53 **Senso figurativo o letterale?** Nelle seguenti frasi, i vocaboli sottolineati possono essere usati in senso figurativo (F) o letterale (L). Scegli fra i due l'uso corretto.

1. Devo controllare <u>il peso</u> del mio bagaglio a mano prima di andare in aeroporto.   F   L
2. Ti hanno fatto una buona <u>stima</u> per quel bracciale d'oro?
—No, mi hanno offerto solo 200 euro, così ho deciso di tenerlo.   F   L
3. Sai quanti erano <u>i cavalieri</u> della tavola rotonda alla corte di re Artù?   F   L
4. È una persona così noiosa! Come fai a sopportare <u>il peso</u> della sua compagnia?   F   L
5. Al marito di Lavinia piace molto <u>la caccia</u>, ma per praticarla deve alzarsi la mattina molto presto, ancora prima dell'alba.   F   L
6. Matteo è incredibilmente gentile e si comporta da vero <u>cavaliere</u>: apre sempre la porta della macchina per far salire una signora.   F   L
7. Quel tipo è sempre a <u>caccia</u> di nuove esperienze. Non gli basta la grande avventura quotidiana di vivere a Venezia?   F   L
8. Non ho nessuna <u>stima</u> di quell'uomo: per me non vale niente!   F   L

8.54 **Mentre leggi** Prendi nota di quello che Gasparo e Lavinia fanno in varie ore della giornata. Usa una tabella simile alla seguente.

	Dalle ... (ora) alle ... (ora)	Attività
Lavinia		
Gasparo		

La villeggiatura di Carlo Goldoni

Donna LAVINIA, poi don GASPARO da cacciatore con lo schioppo[1] in spalla.

LAVINIA   Non so s'egli lo sappia che oggi si aspetta don Paoluccio. Vorrei che gli si preparasse un'accoglienza onorevole. È un cavalier che lo merita, ed ha per me una bontà assai grande. Oh, se mio

---

[1]lo schioppo: *shotgun, hunting gun*

	marito avesse tanta stima di me quanta ne ha don Paoluccio, sarei contentissima! 5
GASPARO	Eccomi qui ai comandi della signora consorte[2]. Per venir presto non mi ho nemmeno levato dalle spalle lo schioppo.
LAVINIA	Eh, voi quel peso lo soffrite assai volentieri.
GASPARO	Sì, certo. Tanto a me piace lo schioppo quanto a voi un mazzo di carte. 10
LAVINIA	Io gioco per mero divertimento.
GASPARO	Ed io vado a caccia per mera soddisfazione.
LAVINIA	Non so come facciate a resistere. Ogni giorno faticare, camminare, sudare. Non siete più giovinetto.
GASPARO	Io sto benissimo. Non ho mai un dolore di capo. 15
LAVINIA	Fareste molto meglio a starvene a letto la mattina, come fanno gli altri mariti con le loro mogli.
GASPARO	Allora non starei bene come sto.
LAVLNIA	Già, chi sente voi, la moglie è la peggiore cosa di questo mondo. […]
GASPARO	Perché non c'incontriamo nell'opinione. 20
LAVINIA	Il male da chi deriva?
GASPARO	Non saprei, io vado a letto alle quattro. Ci sto fino alle dodici. Otto ore non vi bastano?
LAVINIA	E chi è che in questi giorni voglia andare a letto alle quattro?
GASPARO	E chi è colui che ci voglia stare fino alle sedici[3]? 25
LAVINIA	Non c'incontreremo mai, dunque.
GASPARO	Mai, se seguiteremo così.
LAVINIA	La sera non posso abbandonare la conversazione.
GASPARO	La mattina non lascerei la caccia per la più bella donna di questo mondo. 30
LAVINIA	Per la moglie non si può lasciare la caccia?
GASPARO	Per il marito non si può lasciare la conversazione?
LAVINIA	Bene. Lasciate voi la caccia, ch'io vedrò di sottrarmi dalla conversazione.
GASPARO	Verrete voi a dormire quando ci andrò io? Verrete voi a letto alle quattro?
LAVINIA	Sì, ci verrò. E voi starete a letto fino alle sedici? 35
GASPARO	Diavolo! Dodici ore si ha da stare nel letto?
LAVINIA	Dunque, vi andremo più tardi.
GASPARO	Dunque, ci leveremo più presto.
LAVINIA	Già; quando si tratta di stare con me vi pare di essere nel fuoco.
GASPARO	Dodici ore di letto? Altro che andare a caccia[4]! 40
LAVINIA	Ma io non posso la mattina levarmi[5] presto.
GASPARO	Ed io non posso la sera stare levato tardi.
LAVINIA	Pare siam fatti apposta[6] per essere d'un umore contrario.
GASPARO	Divertitevi dunque e lasciatemi andare a caccia.
LAVINIA	E dopo la caccia, in conversazione con i villani[7], e con le villane. 45
GASPARO	Io con i villani, e voi con i cavalieri. Se non v'impedisco di fare a modo vostro, perché volete impedirmi di fare al mio?
LAVINIA	Bene, bene. Lo sapete che oggi si aspetta don Paoluccio?

---

[2]il consorte: **il marito** (la consorte: la moglie)

[3]le sedici: *4 p.m.*

[4]altro che andare a caccia!: *by comparison hunting is much easier!*

[5]levarmi: **alzarmi**

[6]siam fatti apposta: *our personality is such that*

[7]i villani (le villane): **contadini/e** (*peasants*)

(Continua)

GASPARO	Ben venga don Paoluccio, don Agapito e don Marforio e tutta Napoli, se ci vuol venire.
LAVINIA	Voi forse non lo vedrete nemmeno.
GASPARO	Lo vedrò a desinare[8]; non basta?
LAVINIA	Un cavaliere amico di casa, che torna dopo tre anni merita che gli si faccia un'accoglienza graziosa.
GASPARO	Ehi! Viene per trovar me, o viene per ritrovar voi?
LAVINIA	Non è amico di tutti e due?
GASPARO	Sì; ma circa all'accoglienza pensateci voi, cara donna Lavinia.
LAVINIA	Qual camera, qual letto gli vogliamo noi dare?
GASPARO	Basta che non gli date il mio.
LAVINIA	Spropositi[9]! Il vostro ed il mio non è il letto medesimo?
GASPARO	Per questo dicevo…
LAVINIA	Voi avete voglia di barzelettare[10].
GASPARO	Sono allegro questa mattina. Ho preso sei beccacce, quattro pernici, ed un francolino[11].
LAVINIA	Ho piacere che vi sia del selvatico[12]. Se viene don Paoluccio…
GASPARO	Oh, del mio selvatico don Paoluccio non ne mangia.
LAVINIA	E che ne volete fare dunque?
GASPARO	Mangiarmelo con chi mi pare.
LAVLNIA	Con le villane?
GASPARO	Con le villane.
LAVINIA	Si può sentire un gusto più vile?
GASPARO	Consolatevi, che voi avete un gusto più delicato. […] Veramente vi sono obbligato. Se non ci foste voi, non avrei casa piena di cavalieri. […]
GASPARO	Ehi; *ps, ps* (chiama verso la scena)
LAVINIA	Chi chiamate?
GASPARO	Chiamo quelle ragazze.
LAVINIA	Che cosa volete da loro?
GASPARO	Quello che vogl'io, non lo avete da saper voi.
LAVINIA	Andate lì; che bisogno c'è che le facciate venire in sala?
GASPARO	Non ci possono venire in sala? Avete paura che dai piedi delle contadine sia contaminata la sala della vostra nobile conversazione?
LAVINIA	Quando ci sono io, non ci devono venire le contadine.
GASPARO	Il ripiego è facile, cara consorte.
LAVINIA	Come sarebbe a dire?
GASPARO	Non ci devono essere quando ci siete voi; io voglio che ci siano, dunque andatevene voi.
LAVINIA	Ho da soffrire[13] anche questo?
GASPARO	Soffro tanto io.
LAVINIA	Non occorre altro, sarà questo l'ultimo anno che mi vedete in campagna.
GASPARO	Oh, il cielo volesse che mi lasciaste venire da me solo!

50

55

60

65

70

75

80

85

90

---

[8]desinare: **cenare**
[9]gli spropositi!: **assurdità!**
[10]barzelettare: **scherzare**
[11]le beccacce … il fracolino: *different types of birds*
[12]il selvatico: **la selvaggina** (*wild game*)
[13]Ho da soffrire … ?: **Devo soffrire … ? Devo sopportare … ?**

(Continua)

LAVINIA	Indiscretissimo.	
GASPARO	Tutto quel che volete.	
LAVINIA	Nemico della civiltà.	
GASPARO	Sfogatevi pure.	
LAVINIA	Senza amore per la consorte.	95
GASPARO	C'è altro da dire?	
LAVINIA	Ci sarebbe, purtroppo. […] Divertitevi con le villane; meritereste ch'io vi amassi come mi amate, e che insegnassi ad un marito indiscreto come si trattano le mogli nobili, le mogli oneste. (parte)	

A fine lettura

8.55 Gasparo o Lavinia? Indica chi potrebbe essere il soggetto delle seguenti frasi.

1. Ama la caccia. — Gasparo — Lavinia
2. Ama giocare a carte. — Gasparo — Lavinia
3. Ama la compagnia di contadini e contadine. — Gasparo — Lavinia
4. Ama la conversazione. — Gasparo — Lavinia
5. Va a letto alle quattro del pomeriggio e si alza a mezzanotte. — Gasparo — Lavinia
6. Ha una personalità "democratica". — Gasparo — Lavinia
7. Ha una personalità "snob". — Gasparo — Lavinia
8. Vuole servire la selvaggina a don Paoluccio. — Gasparo — Lavinia
9. Vuole invitare le contadine in sala. — Gasparo — Lavinia
10. Va a letto la mattina presto e si alza alle quattro del pomeriggio. — Gasparo — Lavinia
11. Vorrebbe passare più tempo con il/la consorte. — Gasparo — Lavinia
12. Vorrebbe passare la villeggiatura da solo/da sola. — Gasparo — Lavinia

8.56 Domande generali

1. Indica almeno tre differenze principali fra i coniugi scrivendo delle frasi complete. Aiutati con una tabella simile alla seguente:

	Laviania	Gasparo
1.		
2.		
3.		

2. Con chi vorresti passare un periodo di villeggiatura: con Lavinia o con Gasparo? Perché?
3. Che atteggiamento (*attitude*) hanno Gasparo e Lavinia verso le classi sociali più basse (villani e villane)? Usa una o più citazioni dal testo.

8.57 La comicità del Goldoni Secondo te, qual è il bersaglio (*target*) dell'ironia di Goldoni? La comicità del Goldoni deriva anche dall'ovvio doppio significato (chiaramente a sfondo sessuale) di alcune frasi. Puoi trovare una di queste frasi?

 **8.58** Ciak!

1. Scegliete la quattro battute che trovate più umoristiche. Poi semplificatele nella lingua e/o variatene il contenuto secondo la vostra fantasia. Infine, recitate la vostra scenetta in classe. Per rendere la scena più realistica, usate un oggetto di scena (*prop*): ad esempio, un ventaglio (*fan*), un cappello, un bastone (da usare come fucile), un mazzo di carte, ecc.
2. Come alternativa, potete creare una mini-versione contemporanea di *La villeggiatura*, con un conflitto fra coniugi (*spouses*) di contenuto più attuale.

Grammatica viva

8.59 Imperativo Trasforma le seguenti frasi usando **tu** invece di **voi**.

Es.: (voi) <u>Divertitevi</u> con le villane. (tu) <u>*Divertiti*</u> con le villane.

1. <u>Consolatevi</u>, che voi avete un gusto più delicato. (tu) _____
2. <u>Lasciatemi</u> andare a caccia. (tu) _____
3. … <u>andatevene</u> voi. (tu) _____
4. <u>Sfogatevi</u> pure. (tu) _____

8.60 Congiuntivo (ripasso) Riscrivi le seguenti frasi tratte dal testo seguendo le regole della concordanza dei tempi.

1. *Vorrei che gli si preparasse un'accoglienza onorevole.* ⟶
   Voglio che gli si _____.
2. *Non so come facciate a resistere.* ⟶
   Non sapevo come _____
3. *Ho piacere che vi sia del selvatico.* ⟶
   Avevo piacere che vi _____.
4. *Se non ci foste voi, non avrei la casa piena di cavalieri.* ⟶
   Se non ci _____ voi, non avrei avuto la casa piena di cavalieri.
5. *… che bisogno c'è che le facciate venire in sala?* ⟶
   … che bisogno c'era che _____?
6. *… io voglio che ci siano.* ⟶
   Io volevo che ci _____.

8.61 Il verbo mancante Nella seguente frase (riga 44) manca il verbo. Riscrivila con un verbo di tua scelta che rifletta il pensiero di Lavinia:

E dopo la caccia, in conversazione con i villani, e con le villane.

IMPERATIVO

Lingua in contesto 1

Paola ha scritto questa e-mail alla sua amica Isabella che intende visitare Venezia il prossimo anno.

Ciao Isabella,

ti dico solo poche cose su Venezia (il resto lo trovi sulle guide turistiche): non venire in estate o durante la settimana di Pasqua (troppi turisti!); porta delle scarpe comode e vieni con tanta voglia di camminare. Poi, quando sei a Venezia, non comprare cartoline! Non comprarle proprio! Chiedi il prezzo della gondola prima di salirci. E non mangiare in nessun ristorante che sia a meno di duecento metri da Piazza San Marco! Un ultimo consiglio: svegliati presto la mattina, così vedrai Venezia come la vedono i suoi abitanti e non i turisti che si alzano sempre tardi. Infine, segui le calli meno battute[1] e perditi di proposito[2]. Quando scopri di esserti completamente persa, perditi ancora di più: solo così scoprirai la trattoria autentica, il caffè tranquillo, la piazzetta dove i bambini giocano a pallone contro il muro della chiesa.

Sbrigati[3] a venire! Ti aspettiamo!

Paola

_____
[1]the streets less taken
[2]on purpose
[3]Hurry

 8.62 Detective 1 Identifica tutti gli imperativi nella e-mail di *Lingua in contesto* sopra.

8.63 Sii formale! Adesso scrivi la stessa lettera al papà di Isabella che vuole accompagnare la figlia a Venezia. Completa la lettera formale, riempiendo gli spazi bianchi con i seguenti verbi.

> *compri, venga* (2×), *chieda, mangi, le compri, segua, si perda* (2×), *porti, si sbrighi, si svegli*

Gentile Signor Bianchi,

Le dico solo poche cose su Venezia (il resto lo trova sulle guide turistiche): non (1) _____ in estate o durante la settimana di Pasqua (troppi turisti!); (2) _____ delle scarpe comode e (3) _____ con tanta voglia di camminare. Poi, quando è a Venezia, non (4) _____ cartoline! Non (5) _____ proprio! (6) _____ il prezzo della gondola prima di salirci. Non (7) _____ in nessun ristorante che sia a meno di duecento metri da Piazza San Marco! Un ultimo consiglio: (8) _____ presto la mattina, così vedrà Venezia come la vedono i suoi abitanti e non i turisti che si alzano sempre tardi. Infine, (9) _____ le calli meno battute e (10) _____ di proposito. Quando scopre di essersi completamente perso, (11) _____ ancora di più: solo così scoprirà la trattoria autentica, il caffè tranquillo, la piazzetta dove i bambini giocano a pallone contro il muro della chiesa. (12) _____ a venire!

La aspettiamo, Paola

Turisti di prima mattina a Venezia

 8.64 Detective 2 In una tabella simile alla seguente inserisci le varie forme dell'imperativo che hai incontrato in *Lingua in Contesto* e nell'esercizio 8.63. Abbiamo cominciato con due esempi.

	-are	-ere	-ire
Informale affermativo	porta		
Informale negativo			
Informale con un pronome			
Formale affermativo			
Formale negativo			
Formale con un pronome	si svegli		

IMPERATIVO

Forme e uso

L'imperativo è un ordine o un'esortazione al singolare (**tu, Lei**) o al plurale (**noi, voi, Loro**); può essere informale (**tu, noi, voi**) o formale (**Lei, Loro**).

	tu	Lei	noi	voi	Loro
spiegare	spiega	(non) spieghi	(non) spieghiamo	(non) spiegate	(non) spieghino
	non spiegare				
vendere	vendi	(non) venda	(non) vendiamo	(non) vendete	(non) vendano
	non vendere				
seguire	segui	(non) segua	(non) seguiamo	(non) seguite	(non) seguano
	non **seguire**				
gestire	gestisci	(non) gestisca	(non) gestiamo	(non) gestite	(non) gestiscano
	non gestire				

Nota le caratteristiche dell'imperativo nella seguente tabella.

Soggetto	Imperativo
tu	verbi in **–are**: la terminazione è sempre **–a**
	verbi in **–ere** e **–ire**: uguale all'indicativo presente
	negativo: uguale all'infinito preceduto da **non**
noi / voi	verbi in **–are**, **–ere** e **–ire**: uguale all'indicativo presente
Lei / Loro	verbi in **–are**, **–ere** e **–ire**: uguale al congiuntivo presente

Nota che le forme del congiuntivo e dell'imperativo formale sono identiche.

	Congiuntivo (lui/lei)	Congiuntivo (loro)	Imperativo (Lei)	Imperativo (Loro)
andare	che lui/lei vada	che loro vadano	Vada!	Vadano!
venire	che lui/lei venga	che loro vengano	Venga!	Vengano!

In alcune situazioni è scortese (*rude*) usare l'imperativo per esortare qualcuno a fare qualcosa: per esempio, se si richiede l'attenzione e il silenzio di tutti, le seguenti frasi sono più cortesi degli imperativi "Ascoltino l'annuncio!" e "Ascoltate l'annuncio!"

"I signori sono pregati di ascoltare l'annuncio".
"Vi chiediamo cortesemente di ascoltare l'annuncio".

Forme irregolari

Avere, dire, essere e **sapere** hanno forme irregolari al *tu* dell'imperativo (per le altre persone seguono le regole più sopra):

avere ⟶ (tu) **abbi**   dire ⟶ (tu) **di'**   essere ⟶ (tu) **sii**   sapere ⟶ (tu) **sappi**
Abbi pazienza!   *Di' la verità!*   *Sii buono!*   *Sappi che ti ho sempre amato!*

Dare, fare e stare hanno due forme al *tu* dell'imperativo (per le altre persone seguono le regole più sopra):

dare ⟶ (tu) da' / dai   fare ⟶ (tu) fa' / fai   stare ⟶ (tu) sta' / stai
Da' una mano alla mamma!   *Fa' attenzione!*   *Sta' fermo!*

Imperativo con pronomi

1. Tutti i pronomi sono attaccati alla fine dell'imperativo, ma precedono l'imperativo formale (Lei e Loro). Nota che la *e* dell'infinito è omessa prima di un pronome:

(Tu) Usa**la**! [la cartina]   (Lei) Non **la** usi!
(Voi) Non legger**li**! [gli orari]   (Loro) Non **li** leggano!
(Tu) Riempi**lo**! [lo zaino]   (Lei) **Lo** riempia!
(Voi) Non date**glieli**! [a Laura / i soldi]   (Loro) Non **glieli** diano!

2. La consonante iniziale dei pronomi **mi, ti, le, ci** e **ne** è raddoppiata con le forme dell'imperativo **fa', da', di', sta'** e **va'**:

Fa' + mi un favore! ⟶ Fa**mm**i un favore! ⟶ Fa**mm**elo!
Di' + ci quanto costa. ⟶ Di**cc**i quanto costa! ⟶ Di**cc**elo!
Da' + gli una mano! ⟶ Da**gl**i una mano! ⟶ Da**gl**iela!
Sta' + le vicino! ⟶ Sta**ll**e vicino!
Sta' + in spiaggia. ⟶ Sta**cc**i!

Esercizi

8.65 Formale o informale? Una guida dà dei consigli ai turisti durante una visita al lago di Garda, usando solo l'imperativo formale (Lei o Loro). Indica con una X quali sono i consigli che la guida ha dato.

1. ___ Leggano il depliant sul patrimonio storico e artistico della zona!
2. ___ Fate attenzione a non bruciarvi durante la gita sul lago!
3. ___ Sappia che le ville risalgono al Seicento e al Settecento!
4. ___ Non dimentichino di fermarsi al Castello Scaligero!
5. ___ Se rimane tempo, visita il museo del castello!
6. ___ Mi seguano se vogliono andare al Museo della Pesca e dell'Olivicultura!
7. ___ Non salire al Santuario della Madonna senza scarpe molto comode!

8.66 Un altro modo per dirlo I turisti ti chiedono ancora tanti consigli. Scegli l'alternativa più cortese.

1. a. Prendano la strada per Peschiera di Garda.
   b. Sarebbe meglio prendere la strada per Sirmione.
   c. Prendete la strada per Sirmione.
2. a. A pranzo provi il Bardolino locale.
   b. Deve provare il Bardolino locale.
   c. È consigliabile provare il Bardolino locale.
3. a. Si fermi alla Villa Carlotti.
   b. Le dico di fermarsi alla Villa Carlotti.
   c. Sarebbe un'ottima idea fermarsi alla Villa Carlotti.

Vista del lago di Garda a Marcesine (provincia di Verona)

4. a. Si rilassi a Villa Cedri, rinomato centro termale.
   b. Le consiglio di rilassarsi a Villa Cedri, rinomato centro termale.
   c. Non perda Villa Cedri, rinomato centro termale.
5. a. Risalgano sul pullman entro le ore 19.00.
   b. Risalite sul pullman non più tardi delle ore 19.00.
   c. Abbiate la cortesia di risalire sul pullman entro le ore 19.00.

8.67 **Fermiamoci a Eraclea** Sul pullman della gita a Eraclea, tutti dicono e chiedono qualcosa di diverso. Scegli la risposta giusta per completare ogni frase.

1. Studenti, _____ mentre vi spiego il programma del giorno!
   a. ascoltino   b. ascoltate   c. ascoltiamo
2. Signori, se vogliono fare il bagno, _____ l'ingresso alla spiaggia!
   a. pagano   b. paghino   c. pagate
3. Se conosci Jesolo o Caorle, _____ agli altri cosa ne pensi!
   a. di'   b. dite   c. dica
4. Ragazzi, _____ un momento insieme questa fantastica pineta!
   a. ammiriamo   b. ammirino   c. ammirano
5. Dottore Sarti, _____ che Eraclea ha ricevuto molti riconoscimenti per le sue spiagge eccezionalmente pulite!
   a. si ricorda   b. ricordati   c. si ricordi

8.68 **Cortina d'Ampezzo** La classe 3a della scuola media di Caorle parla della prossima gita scolastica. Completa il dialogo con la forma corretta del verbo all'imperativo. Includi il pronome oggetto diretto o indiretto se indicato (dopo il segno +).

Es.: _____ (voi / pagare + a me) una bibita! ⟶ _Pagatemi_ una bibita!

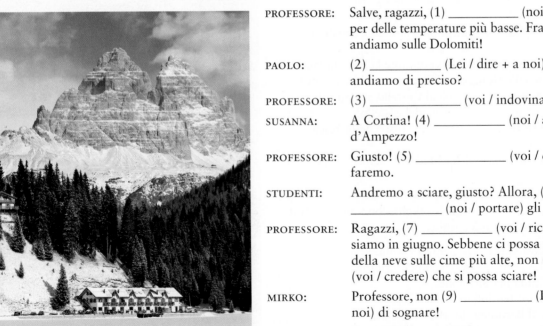

PROFESSORE:	Salve, ragazzi, (1) _____ (noi / prepararsi) per delle temperature più basse. Fra due settimane andiamo sulle Dolomiti!
PAOLO:	(2) _____ (Lei / dire + a noi), Professore, dove andiamo di preciso?
PROFESSORE:	(3) _____ (voi / indovinare)!
SUSANNA:	A Cortina! (4) _____ (noi / andare) a Cortina d'Ampezzo!
PROFESSORE:	Giusto! (5) _____ (voi / dire + a me) cosa faremo.
STUDENTI:	Andremo a sciare, giusto? Allora, (6) _____ (noi / portare) gli sci!
PROFESSORE:	Ragazzi, (7) _____ (voi / ricordarsi) che siamo in giugno. Sebbene ci possa essere ancora della neve sulle cime più alte, non (8) _____ (voi / credere) che si possa sciare!
MIRKO:	Professore, non (9) _____ (Lei / proibire + a noi) di sognare!
PROFESSORE:	E tu, Mirko, non (10) _____ (tu / fare) tanto lo sciocco (_don't be silly_)!

Albergo sul lago di Misurina, Dolomiti (Cortina d'Ampezzo)

8.69 Ancora a Cortina Trasforma ogni richiesta cortese in un imperativo, come nell'esempio.

Es.: Signor Mancini, <u>potrebbe dirci</u> quali persone famose vengono a Cortina?
Signor Mancini, *ci dica* quali persone famose vengono a Cortina!

1. Ragazzi, volete indovinare quale film di James Bond 007 è stato filmato a Cortina?
2. Marco, potresti prendere nota del fatto che nel 1956 i giochi olimpici furono a Cortina?
3. Professor De Luca, può spiegarci perché i giochi olimpici di Cortina sono stati cancellati nel 1944?
4. Sara, dovresti sapere che Cortina è una delle poche città con una squadra di hockey professionale.
5. Professori, potrebbero dirci qualcosa di più sui vari film girati a Cortina?

8.70 Una giornata al mare In preparazione per una giornata al mare con amici e genitori, tu dai i seguenti ordini. Riscrivi ogni frase sostituendo le parole sottolineate con i pronomi (singoli o doppi).

Es.: Hai mal di gola? Sta' <u>in camera</u> tutto il giorno! ⟶ *Stacci* tutto il giorno!

1. Gina, va' <u>alla spiaggia</u> con Pio!
2. Guglielmo e Sara, prestate <u>l'ombrellone</u> <u>a noi</u>!
3. Dottore, dia <u>la crema solare</u> <u>a me</u>, per favore.
4. Carlo, di' <u>il nome del bagno</u> <u>a Rita</u>, per favore.
5. Ragazzi, non preparate troppi <u>panini</u> <u>per noi</u>!
6. Barbara, non dimenticare <u>il costume</u>!
7. Signori, non dimentichino <u>le macchine fotografiche</u>.
8. Signora, faccia <u>una foto</u> <u>a noi</u> con lo sfondo della pineta.

8.71 Gli ordini sono ordini! Oggi vai al Lido di Venezia con due amici. Scrivi un imperativo per ogni tuo desiderio o esigenza. Prima scrivi (a) l'ordine senza pronomi oggetto diretto. Poi scrivi (b) l'ordine con i pronomi. Segui l'esempio.

Es.: *You want Massimo to show you the train schedule.*
a. Fammi vedere l'orario dei treni!
b. Fammelo vedere!

1. *You want Mr. Posato to tell you where you can get the steamboat* (**vaporetto**) *for the Lido.*
2. *You want Alessia to buy you tickets for the Venice Film Festival.*
3. *You want your friends to lend* (**prestare**) *you their camera.*
4. *You want an older couple you don't know to point out* (**indicare**) *to you the beach where Visconti filmed* (**girare**) *Morte a Venezia.*
5. *You want Patrizio and Alessia to look at the shop windows* (**vetrine**) *with you.*
6. *You want Alessia to take a picture of you on the beach.*

La spiaggia del Lido di Venezia

Parliamo

 8.72 Ciak! Rileggi la e-mail *Lingua in contesto* a pp. 364–5. Con un compagno o una compagna …

1. scegliete insieme una città che conoscete bene tutt'e due.
2. create una serie di consigli / ordini / suggerimenti che date al resto della classe su cosa fare, visitare, vedere, mangiare, ecc., nella città che avete scelto.

C'è un piccolo problema, però … Tu e il tuo compagno / la tua compagna avete dei gusti completamente diversi, e quindi date consigli opposti: uno di voi, ad esempio ama l'arte ed i musei, mentre l'altro ama la buona cucina e lo shopping. In alternativa, uno di voi ama l'avventura e gli incontri casuali, mentre l'altro vuole tutto organizzato perfettamente.

Es.: Studente 1: Prenotate l'albergo con un anticipo di almeno cinque mesi.
      Studente 2: Non sono d'accordo! Non prenotate per niente! Decidete tutto all'ultimo momento! Vi divertirete di più!

8.73 Ispezione nel dormitorio Il direttore del vostro dormitorio dovrebbe venire a controllare le condizioni del vostro mini-appartamento stasera. Tu e i tuoi due compagni di camera avete ancora molto da fare prima del suo arrivo. Create una conversazione usando gli imperativi per decidere come dividervi il lavoro. Usate i verbi ed i sostantivi della lista qui sotto:

Es.: Studente 1: Organizza i libri sugli scaffali (*bookshelves*)!
      Studente 2: Va bene, li organizzo. Ma voi due, allora pulite il frigorifero!
      Studente 3: Uffa! Fallo tu, per favore!

 Verbi

buttare via	*to throw away*
mettere a posto	*to tidy up*
organizzare	*to organize*
passare	*to use (a cleaning appliance in a room)*
pulire	*to clean*
scopare	*to sweep*
spolverare	*to dust*

Sostantivi

l'aspirapolvere	*vacuum cleaner*
gli asciugamani	*towels*
il bagno	*bathroom*
il detersivo	*detergent*
la lavastoviglie	*dishwasher*
le lenzuola	*bed sheets*
il pavimento	*floor*
il ripostiglio	*closet*
gli scaffali	*shelves, cupboards*
la scrivania	*desk*
la spazzatura	*trash, garbage*
le tende	*curtains*

 8.74 Campagna "Un Lido per tutti" [ONLINE]

 8.75 Ordini e contrordini [ONLINE]

GERUNDIO, PARTICIPIO, INFINITO

Lingua in contesto 2

Leggi l'intervista trasmessa alla TV ieri sera con Marta Merini, la professoressa che ha vinto il Premio Laguna Veneta con i suoi studenti della Scuola Media Palladio.

Giornalista: Buonasera ai nostri telespettatori. Stasera abbiamo qui con noi Marta Merini, vincitrice di quest'anno del Premio Laguna Veneta. Parlandole poco prima della trasmissione, abbiamo capito che vincere questo premio è stata un'esperienza molto emozionante. Dottoressa, ci dica, perché questo premio a Lei e alla sua classe?

Merini: Siamo stati premiati per aver vinto un'importante battaglia ambientale: la salvaguardia della bellissima pineta[1] del Lido di Venezia. Alcuni ragazzi della mia classe, avendo sentito, un po' per caso, che il Comune stava per abbattere[2] centinaia di alberi per ampliare il Palazzo del Cinema, hanno deciso di agire subito e, dopo averne parlato con me, hanno organizzato un'assemblea di quartiere. Una volta coinvolta tutta la popolazione, il compito è stato facile. Abbiamo occupato la pineta ed abbiamo impedito alle ruspe[3] di abbattere gli alberi.

Giornalista: Vinta questa battaglia ecologica, e vinto anche questo premio, come pensate di continuare il vostro impegno per l'ambiente?

Merini: Avendo la fortuna di vivere in un quartiere dove tutti sentono molto forte l'impegno civile, sarà facile continuare questo tipo di lavoro a favore dell'ambiente. Poi, una volta mobilitati, i ragazzi sono proprio un vulcano di idee!

Veduta aerea della laguna di Venezia

---

[1]pine forest; [2]cut down; [3]excavators

8.76 Detective 1 Nel paragrafo sopra, identifica:

1. i gerundi presenti e passati (le forme verbali che finiscono in **-ando** o **-endo**).
2. i participi passati usati da soli.
3. gli infiniti presenti e passati.

8.77 Detective 2 Ora completa una tabella simile alla seguente, includendo eventuali pronomi.

gerundio		infinito		participio passato
presente	passato	presente	passato	

1. Questi verbi sono usati in proposizioni principali (*main clauses*), o proposizioni dipendenti (*dependent clauses*)?
2. Queste forme verbali esistono anche in inglese? Pensa a un equivalente delle espressioni verbali che hai inserito nella tabella.

GERUNDIO

Forme

Il gerundio ha due tempi:

	Presente	Passato (con **avere** e **essere**)
ricercare	ricercando	avendo ricercato
nascere	nascendo	essendo nato/a/i/e
fornire	fornendo	avendo fornito
sbrigarsi	(io) sbrigandomi*	(io) essendomi sbrigato/a**

———
*(tu) sbrigandoti, (lui/lei) sbrigandosi, (noi) sbrigandoci, (voi) sbrigandovi, (loro) sbrigandosi
**(tu) essendoti sbrigando/a, (lui/lei) essendosi sbrigato/a,
(noi) essendoci sbrigati/e, (voi) essendovi sbrigati/e, (loro) essendosi sbrigati/e

Per le forme irregolari del gerundio, ritorna al *Capitolo 1* (**stare** + gerundio: Forma, pagina 40).

Uso

Gerundio con *stare*

Nei *Capitoli 1 e 2* hai già studiato il gerundio con **stare**. Questa costruzione è usata per esprimere un'azione in progresso al presente o al passato:

Sto camminando per le calli di Venezia.
Stavamo aspettando il traghetto quando ha cominciato a nevicare.

Gerundio da solo

In questo capitolo, studierai il gerundio da solo (al presente e al passato) usato in proposizioni subordinate (*dependent clauses*), dove può avere diverse funzioni:

Funzione temporale—con il significato di **mentre** o **quando**:
Abbiamo visto la facciata di molti palazzi **attraversando** *il canale in gondola.*

Funzione ipotetica—con il significato di **se**:
Avendo più tempo, sarei passata da Treviso.

Funzione modale—esprime il **modo** in cui viene svolta un'azione:
Quel gondoliere manovra la sua gondola **usando** *solo una mano.*

Funzione causale—con il gerundio presente e passato si esprime la **causa** di un'azione. Vedi gli esempi nella pagina seguente.

Gerundio presente

a. *Essendo* stanca, non sono andata alla festa.
b. *Avendo* molta fame, Sara ha deciso di pranzare alle 11!

Gerundio passato

c. *Avendo dormito* tutta la notte, ora mi sento molto meglio.
d. *Essendo arrivati* senza prenotazione, non hanno trovato posto in albergo.
e. *Essendoci svegliati* così tardi, abbiamo perso il treno.

ATTENZIONE! Si usa il **gerundio presente** quando c'è contemporaneità fra le due azioni (**esempio a.:** ero stanca = non sono andata alla festa), mentre si usa il **gerundio passato** quando l'azione espressa dal gerundio è precedente a quella del verbo principale (**esempio c.:** ho dormito tutta la notte ⟶ ora mi sento molto meglio).

Nota: È possibile esprimere la stessa funzione causale anche con le congiunzioni **siccome / dato che / poiché**. Ad esempio, le frasi più sopra sono equivalenti alle frasi qui di seguito:

a. *Siccome (Dato che / Poiché) ero* stanca, non sono andata alla festa.
b. *Siccome (Dato che / Poiché) aveva* molta fame, Sara ha deciso di pranzare alle 11!
c. *Siccome (Dato che / Poiché) ho dormito* tutta la notte, ora mi sento molto meglio.
d. *Siccome (Dato che / Poiché) sono arrivati* senza prenotazione, non hanno trovato posto in albergo.
e. *Siccome (Dato che / Poiché) ci siamo svegliati* così tardi, abbiamo perso il treno.

Funzione concessiva—con **pur** + il gerundio presente o il gerundio passato): questa costruzione può sostituire **sebbene** o **benché** + il congiuntivo:

Presente

Pur risparmiando tutto l'anno, non ho mai soldi per una vacanza.
(Sebbene io risparmi tutto l'anno, non hai mai soldi per una vacanza.)

Passato

Pur avendo viaggiato insieme in pullman, Sandra e Martino non si sono né visti né parlati.
(Sebbene abbiano viaggiato insieme in pullman, Sandra e Martino non si sono né visti né parlati.)

ATTENZIONE! Il gerundio deve avere lo stesso soggetto del verbo principale:

(io) L'ho incontrato (io) passando davanti a casa sua.
(loro) Studiando molto (loro) si sono laureati in tre anni.

PARTICIPIO PASSATO

Hai già studiato il participio passato nel *Capitolo 2*, nel paragrafo sul passato prossimo. Qui studierai l'uso del participio passato da solo (senza ausiliare **essere** o **avere**).

Forme

Verbi regolari	
scaricare	scaric-**ato**
tenere	ten-**uto**
progredire	progred-**ito**

La maggior parte dei verbi in **-ere** hanno participi passati irregolari. Per le forme irregolari del participio passato, vedi il *Capitolo 2* (pp. 79–80) o il materiale online.

Uso

Il participio passato può essere usato da solo in una proposizione dipendente (*dependent clause*) per esprimere un'azione avvenuta prima dell'azione del verbo principale. È spesso preceduto da *appena* e *una volta*. Ad esempio:

- *Appena **arrivati** a Murano, Serena e Vito sono **andati** alla fabbrica di vetro soffiato.*
- *Una volta **raggiunto** il rifugio (mountain refuge), abbiamo visto che la vetta (peak) non era lontana.*
- ***Coinvolta** tutta la popolazione, il nostro compito è stato facile.*

Il participio passato segue due regole particolari:

1. Con i verbi transitivi (quelli che usano **avere** al passato prossimo) l'accordo è fra il **participio passato** e l'**oggetto diretto** del verbo:

   *Finit**i** **i compiti**, sono finalmente uscita. (i compiti sono l'oggetto diretto del verbo **finire**.)*

2. Con i verbi intransitivi (quelli che usano generalmente **essere** al passato prossimo) l'accordo è fra il **participio passato** e il **soggetto** del verbo principale:

   *Arrivat**e** a Venezia, **Maria e Lina** cercarono un albergo. (Maria e Lina sono il soggetto del verbo **arrivare**)*

INFINITO

Forme

L'infinito ha un tempo presente (semplice) e passato (composto). La forma presente è l'infinito semplice:

   parlare
   vincere
   riuscire

Il passato dell'infinito si forma con l'infinito dell'ausiliare + il participio passato:

   aver parlato
   aver vinto
   essere riuscito/a/i/e

Nota: Nell'infinito passato, la "e" finale di **avere** viene spesso omessa.

Uso

Infinito presente

1. Infinito può seguire direttamente un verbo coniugato (ad esempio: **dovere, potere, volere, preferire**).

2. L'infinito può seguire un verbo coniugato dopo una preposizione (ad esempio: **sperare di, riuscire a, cercare di, aiutare a**). Vedi l'**Appendice** per una lista completa dei verbi che vogliono *a* o *di* prima dell'infinito.

> *Voglio scaricare la musica del Rondò Veneziano dall'Internet. È bellissima.*
> *Va' a fare la doccia!*
> *Cercherà di riposarsi un po'.*

3. L'infinito può anche seguire un aggettivo. In questo caso, è preceduto dalle preposizioni **di** o **da**:

> *A Venezia ci sono 35 gradi centigradi: **sono contenta di essere** a Cortina!*
> *Il dialetto di Treviso è un dialetto molto **piacevole da ascoltare**.*

Nota: si usa **da** quando il soggetto della frase è anche l'oggetto dell'infinito: *il dialetto di Treviso* (soggetto della frase) è anche l'oggetto di **ascoltare**.

4. L'infinito può essere un sostantivo, cioè può essere il soggetto di un verbo:

> <u>*Salire e scendere*</u> gli scalini dei ponti veneziani *è bello ma faticoso.*
>
>   (soggetto)   (verbo)

Infinito passato

L'infinito passato o composto indica un'azione compiuta, e può avere due funzioni:

Funzione temporale—con *dopo*:

> *Dopo avere mangiato il branzino* (sea bass), *ci siamo sentiti molto male.*
> *Dopo essere rientrati da una lunga nuotata al Lido, i ragazzi si sono addormentati subito.*

Funzione causale—con *per*:

> *Siamo finiti in ospedale **per avere mangiato delle cozze** (mussels) **che erano andate a male**.*
> *Secondo me, sarai punito **per essere andato** in vacanza con la BMW di papà.*

Nota:

Per altri usi dell'infinito presente e passato vedi la sezione "Congiuntivo o infinito?" del *Capitolo 5* (p. 231).

Dopo + l'infinito passato può essere sostituito dal **gerundio passato** o dal **participio passato**, ma …

- il **gerundio passato** ha valore **causale** (esprime la causa dell'azione nel verbo principale),
- il **participio passato** e **dopo + l'infinito passato** hanno un valore **temporale** (esprimono un'azione avvenuta prima di quella del verbo principale).

Confronta:

- *Dopo **aver finito** i compiti, sono finalmente uscita. (**Prima** ho finito i compiti, **poi** sono uscita).*
- ***Finiti** i compiti, sono finalmente uscita! (**Prima** ho finito i compiti, **poi** sono uscita).*
- ***Avendo finito** i compiti, sono finalmente uscita! (Sono uscita **perché** ho finito i compiti).*

Mucche al pascolo nella zona di Asiago con il paese sullo sfondo

Uso dei pronomi con gerundio, participio passato e infinito

I pronomi, singoli o doppi, vengono attaccati:

• alla fine del gerundio (o del gerundio dell'ausiliare, nelle forme composte):

–*Parlandole a lungo, ho capito meglio i suoi problemi.*
–*Essendoci stata solo per due giorni, non posso dire di conoscere Padova!*

• alla fine del participio passato:

–*Alzatici di buon'ora, siamo partiti prima delle sette.*

• alla fine dell'infinito (o dell'infinito dell'ausiliare nelle forme composte):

–*Venezia in agosto? Andarci in quella stagione significa fare lunghe code sotto il sole.*
–*Quel Pinot gli è piaciuto molto. Dopo averlo provato, ne hanno ordinato un litro.*

Esercizi (gerundio)

8.78 Una gita ad Asiago Completa le riflessioni fatte da alcuni amici prima e dopo la gita ad Asiago. Coniuga il verbo fra parentesi al gerundio presente o passato.

1. _____ (volere) conoscere la città di Asiago, abbiamo deciso di fare lì la nostra prima tappa.
2. _____ (prendere) l'autobus, risparmieremo parecchio denaro.
3. _____ (andare) in palestra regolarmente per tutto l'inverno, siamo riusciti a finire il trekking dell'altopiano senza troppa fatica.
4. _____ (essere) appassionati di storia europea, vorremmo visitare la linea di resistenza austriaca sul Monte Zebio.
5. _____ (sentire) che le previsioni davano bel tempo, siamo rimasti delusi dai quattro giorni di pioggia.

8.79 Le spiagge di Jesolo Farai una gita con un paio di compagni nella cittadina di Jesolo, vicino a Venezia. Scegli un verbo appropriato e coniugalo al gerundio presente o passato, secondo il contesto della frase.

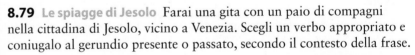

avere, considerare, trovarsi, conoscere, sapere, svilupparsi

1. _____ voglia di goderci il sole senza allontanarci molto da Venezia, abbiamo deciso di andare a Jesolo questo fine settimana.
2. _____ tra Eraclea e Cavallino-Treporti, noi potremo scegliere una spiaggia diversa ogni giorno.
3. _____ degli austriaci a Jesolo l'hanno scorso, vogliamo ripassare un po' di tedesco prima del viaggio.
4. _____ che il nome Jesolo viene da "Equilium" (il luogo dei cavalli), mi aspetto di vedere tanti cavalli!
5. È ovvio che l'economia di Jesolo si basa sul turismo, _____ i suoi 15 km di spiaggia.
6. La città, _____ lungo la costa negli anni passati, deve ora affrontare problemi di traffico e inquinamento.

Vista di Portogruaro dal fiume Lemene

8.80 La cittadina di Portogruaro Ecco alcune informazioni che hai raccolto su Portogruaro. Riscrivi ogni frase con il gerundio, presente o passato, di uno dei verbi fra parentesi.

Es.: (scegliere / arrivare) Portogruaro come meta della nostra gita, abbiamo studiato prima un po' di storia locale. ——>
Avendo scelto Portogruaro come meta della nostra gita, abbiamo studiato prima un po' di storia locale.

1. (essere sul mare / avere poche industrie), Portogruaro ha una cucina a base di pesce.
2. Pur (appartenere / guardare) al territorio della Serenissima, Portogruaro era un libero Comune nel Cinquecento.
3. (pulire / esplorare) la città, i turisti si sono fermati alla Chiesa di Sant'Agnese.
4. (arrivare / svegliarsi) alle nove, a causa di un ritardo del treno, abbiamo trovato il Duomo già chiuso.
5. (vendere / assaggiare) tanti vini locali, abbiamo finalmente scelto il Verdiso.

8.81 In gita nel Veneto Nel corso di una gita in tutta la regione, gli studenti della tua classe hanno fatto tante osservazioni. Riscrivi ogni frase con la costruzione **Pur + gerundio presente / gerundio passato**.

1. Sebbene sia una regione industriale, il Veneto ha anche una solida economia agricola.
2. Benché ci siamo annoiati in certi momenti della visita guidata, dobbiamo riconoscere che abbiamo imparato moltissimo!
3. Abbiamo preso tanti appunti, anche se sapevamo che quello che la guida spiegava non sarebbe stato sull'esame finale.
4. Benché ci lasciasse rientrare dopo mezzanotte, il professore era molto severo sull'orario della sveglia la mattina.
5. Sebbene omettano le vocali finali di tante parole, i dialetti locali sono abbastanza comprensibili.

Esercizi (participio passato)

8.82 Vittorio Veneto Tornato/a in albergo, racconti la gita a Vittorio Veneto ai compagni che sono rimasti in camera a studiare. Completa ogni frase con il participio passato corretto, facendo attenzione alla concordanza.

Es.: (decidere) Una volta *deciso* cosa visitare, ci siamo avviati a piedi.

1. (ammirare) Una volta _____ la cattedrale, abbiamo proseguito per il Museo della Battaglia che si trova proprio accanto.
2. (finire) _____ il programma della mattina, la guida ci ha lasciati liberi per tre ore.
3. (arrivare) _____ al Castello di San Martino, ci siamo riposati perché abbiamo fatto tutta la salita a piedi!
4. (attraversare) _____ la città, abbiamo continuato la nostra visita alla Galleria d'Arte.
5. (fare) _____ una telefonata a casa per rassicurare i genitori, Walter si è finalmente rilassato. Che mammone!
6. (ritornare) _____ al pullman alle 17.00, come previsto, siamo ripartiti per raggiungere il centro storico di Serravalle.

8.83 Incontri nel Veneto Al ritorno dalla gita, Costanza fa diverse riflessioni sull'esperienza di gruppo. Riscrivi ogni frase usando un participio passato.

Es.: <u>Dopo aver capito le regole</u>, (noi studenti) abbiamo giocato a carte con i ragazzi del bar. ⟶
    Capite le regole, abbiamo giocato a carte con i ragazzi del bar.

1. <u>Avendo provato</u> tanti piatti locali, abbiamo comprato un libro di ricette.
2. <u>Dopo aver fatto</u> un po' di pratica dei suoni dialettali più comuni, ho osato (*dared to*) dire una frase in dialetto al bar … Tutti si sono messi a ridere!
3. <u>Quando ci siamo svegliati</u> presto, abbiamo fatto colazione al Bar dello Sport anziché all'albergo.
4. <u>Dopo aver finito tutti i nostri soldi</u>, abbiamo deciso di cenare in camera con pane e salame!
5. <u>Quando Eva e io siamo tornate a casa</u>, abbiamo scelto le foto per il nostro blog.

Una veduta di Vittorio Veneto

Esercizi (infinito)

8.84 Lettera alla nonna Con il suo amico Vittorio, Gemma visita la città natale di sua nonna e le scrive questa lettera. Completala inserendo l'infinito presente o passato, in base al contesto di ogni frase.

scriverti, esplorare, seguire, proseguire, leggere, passare, visitare, scappare, noleggiare, cercare, iniziare

Nonna, ciao!

Indovina dove sono? Sono a Padova, la tua città! (1) _____ qui nel Veneto mi ha riempito di bei ricordi. Sono anni che non ci vengo. Non mi ricordavo che Padova fosse così facile da (2) _____ a piedi. Sul treno, avevamo deciso di

(3) _____ delle biciclette, ma poi Vittorio ha suggerito di (4) _____ il nostro percorso a piedi. Sono felice di (5) _____ il suo consiglio! Passeggiando per tutto il centro abbiamo visto la Piazza dei Signori e la bellissima loggia Gran Guardia e anche il Palazzo del Capitaniato. Dopo (6) _____ che Galileo Galilei insegnò all'Università di Padova e che inventò qui il cannocchiale, abbiamo deciso di (7) _____ la sua casa. Vittorio ha consigliato di (8) _____ per via Galileo Galilei (logico, vero?) ed infatti la casa era proprio lì!

    Devo (9) _____ ora, nonna. Ma prometto di (10) _____ di nuovo domani dopo (11) _____ meglio questa bellissima città.

        Un abbraccio forte,
        Gemma

Il mercato all'aperto in Piazza delle Erbe a Padova (sullo sfondo, il Palazzo della Ragione)

8.85 La Cappella degli Scrovegni, Padova Gemma e Lisa decidono di visitare la Cappella. Leggi il loro dialogo e riscrivi le parole sottolineate con un infinito presente o un infinito passato. Prima dell'infinito usa **dopo**, **devo**, **bisogna**, dove necessario.

Es.: GEMMA: Mi piace <u>quando passiamo</u> molto tempo in musei e gallerie.
          Mi piace *passare* molto tempo per musei e gallerie.

LISA: Anche a me! Tanto. (1) <u>Quando avremo finito</u> (_____) la colazione, andiamo alla Cappella degli Scrovegni?

GEMMA: Sì, (2) <u>è necessario che io scriva</u> (_____) una descrizione degli affreschi di Giotto per il mio corso di storia dell'arte. Secondo te, (3) <u>la descrizione degli</u> (_____) affreschi mi risulterà difficile?

LISA: Ti aiuterò, non ti preoccupare. Sai che (4) <u>è obbligatorio che i turisti aspettino</u> (_____) 15 minuti in una stanza ermetica (*airtight*) prima di entrare nella cappella? (5) <u>Quando hanno stabilizzato</u> (_____) la temperatura fra dentro e fuori, i custodi lasciano entrare la gente.

GEMMA: Infatti! Me l'ha detto mio fratello che è andato alla Cappella due anni fa. (6) Gli piace <u>quando mi insegna</u> (_____) tante cose!

Il Giudizio Universale di Giotto, Cappella degli Scrovegni, Padova

8.86 **Ricordi di Padova** Riscrivi ogni frase con un pronome singolo o doppio per le parole sottolineate, facendo tutti i cambiamenti necessari.

Es.: Ci piace conoscere bene le città che visitiamo.
  Ci piace conoscer*le* bene.

1. Dopo essere arrivati al Palazzo della Ragione, siamo andati subito nel grande *Salone*.
2. Volevamo capire la storia dell'architettura prima di osservare i dettagli del palazzo.
3. Matteo voleva spiegare a voi la leggenda di Fra' Giovanni.
4. Siamo stati rimproverati dalla guardia per aver fotografato le porte.
5. Credo di aver visto gli affreschi di Nicolò Miretto e Stefano da Ferrara.
6. Preferisco raccontare ai miei genitori le nostre avventure della giornata via e-mail.
7. È bello ripensare alle giornate trascorse insieme.

Parliamo

8.87 **Ciak!** Dopo aver riletto *Lingua in contesto* a p. 371, prepara con un altro studente una conversazione di almeno otto battute su uno dei seguenti soggetti.

1. Un/Una giornalista intervista uno studente che è il presidente di un club della tua scuola o del tuo quartiere. Il club ha appena concluso un'importante iniziativa in campo politico-sociale e/o ambientale. Rispondendo alle domande del giornalista, il presidente racconta le varie fasi del lavoro e la sua conclusione. Nel vostro dialogo, cercate di usare le costruzioni con **dopo + infinito passato**, il **participio passato** e il **gerundio** (presente e passato).

2. In alternativa, il giornalista/la giornalista può intervistare il capitano di una squadra sportiva (della tua scuola o del tuo quartiere) dopo un'importante vittoria. Il capitano, rispondendo alle domande del giornalista, descrive le varie tappe che hanno portato la squadra al successo, usando **dopo + infinito passato**, il **participio passato** e il **gerundio** (presente e passato).

8.88 Giornata a Venezia [ONLINE]

8.89 Autobiografia [ONLINE]

Ripasso breve

PIACERE

In italiano *piacere* corrisponde all'inglese *"to be pleasing / appealing to someone"*. Le frasi con **piacere** non seguono l'ordine "soggetto + verbo + oggetto", ma il seguente:

- A (+ nome) + piacere + soggetto
  A Lina piace l'Italia.

- A (+ pronome tonico) + piacere + soggetto
  A lei piace la cucina italiana.

- Pronome oggetto indiretto + piacere + soggetto
  Le piace Venezia.

I soggetti del verbo *piacere* sono le cose, le persone o le attività (singolari o plurali) che piacciono **alla** persona o **alle** persone (**oggetti indiretti**, singolari o plurali). Nota che in genere il soggetto segue il verbo *piacere*.

Il verbo *piacere* è più comunemente usato alla terza persona singolare e plurale, ma esistono tutte le altre forme del verbo. Nota le forme irregolari del verbo in grassetto:

io **piaccio**, tu piaci, lui/lei piace, noi **piacciamo**, voi piacete, loro **piacciono**

Quando il soggetto del verbo **piacere** è un pronome soggetto (io, tu, ecc.), in genere precede **piacere** invece di seguirlo. Confronta:

*Gli piacciono **le commedie di Goldoni**.*   *Tu gli piaci molto.*
He likes Goldoni's comedies.   He likes you very much.

Studia questi esempi:

Io ti piaccio? Sì, tu mi piaci!
Do you like me? Yes, I like you.

Lui le piace? E lei gli piace?
Does he like her? And does she like him?

Voi gli piacete.
They like you (you all, plural).

Nei tempi composti, *piacere* usa l'ausiliare *essere*. Il participio passato (piaciuto/a/i/e) concorda con il soggetto della frase.

*Mi è **piaciuta** la gita in vaporetto.*   *Non mi sono piaciute **le gite** in vaporetto.*

*Non ci è piaciuto **il vino locale**.*   *Non ci sono piaciuti **i vini locali**.*

Piacere può essere coniugato in altri tempi e modi. Nota le forme irregolari al congiuntivo (che io/tu/lei/lui **piaccia**, che noi **piacciamo**, che voi **piacciate**, che loro **piacciano**), e al passato remoto (**piacqui**, piacesti, ecc.)

Imperfetto:	*Quando ero piccolo, mi **piaceva** passare le estati al Lido.*
Condizionale presente:	*Ci **piacerebbe** andare a Torcello con voi.*
Passato remoto:	*Mi **piacque** molto l'isola di Burano.*
Congiuntivo:	*È importante che vi **piaccia** camminare se andate a Venezia!*

Verbi coniugati come piacere

Il verbo **dispiacere** ha due significati diversi:

1-*to be sorry; to feel bad*

Mi dispiace *che tu abbia perso il treno.*

Ci dispiace *molto che lei si sia ammalata.*

2-*to mind* (generalmente usato nelle domande e spesso al presente condizionale)

Ti dispiace *chiudere la finestra? Fa freddo!*

Vi dispiacerebbe *pagare anche per me?*

Anche i verbi **servire** (*to be useful, necessary*), **bastare** (*to be enough, sufficient; to suffice*), **mancare** (*to be missing*) e **restare** (*to be remaining*) seguono la stessa costruzione di **piacere**. Vedi gli esempi:

*Ci **serve** una cartina del centro.*

*Vi **basteranno** due ore per visitare il Palazzo Ducale.*

*Angela e Pia **mi sono mancate** molto oggi.*

*Quanti giorni di vacanza **le restano**?*

*Non **ti sono bastati** due vasi di Murano? **Te ne servivano** proprio tre?*

*Mi **manca** molto Venezia: sono due anni che non ci torno.*

*I soldi **sono serviti** per pagare l'entrata al museo Guggenheim a Venezia.*

*Non **ci resta** molto tempo prima della partenza del treno. Sbrighiamoci!*

8.90 Dillo in un altro modo Riscrivi ogni frase usando uno dei verbi qui di seguito e facendo tutti i cambiamenti necessari.

> *servire, piacere, mancare, bastare, dispiacere, restare*

Es.: Che peccato che tu non sia potuto venire in gita con noi!
      Mi dispiace che tu non sia potuto venire in gita con noi.

1. Sono belli questi orecchini di vetro!
2. Ho solo tre ore per finire i compiti.
3. Non ho bisogno di tre uova per la torta, solo di due!
4. Ho tanta nostalgia dei nonni che non vedo da tre mesi!
5. Non volete lasciare questo bel posto, vero?
6. Una pizza grande è sicuramente sufficiente per noi.

8.91 Traduzione Scrivi l'equivalente di ogni frase in italiano usando la coniugazione nel tempo e modo corretto di uno dei seguenti verbi.

> *piacere, mancare, servire, restare, bastare*

1. Did you like the paintings by Tintoretto we saw in the Doges' Palace (**Palazzo dei Dogi**)?
2. We'll surely (**di sicuro**) miss Italy when we go back home.
3. Three weeks are not enough to visit this country!
4. We would need at least two months to see all (**tutto quello che**) we want to see.
5. I agree, but I don't like being away from home for so long. I miss it.
6. When we arrived in Veneto we only had three vacation days (**giorni di vacanza**) left.
7. Sir, would you mind helping me with this suitcase?—I don't mind at all!
8. We are sorry that you didn't like Padova as much as Venice.

8.92–8.119 [ONLINE]

PANE E TULIPANI
DI SILVIO SOLDINI (1999) [ONLINE ACTIVITIES]

Introduzione

Da Pescara, in Abruzzo, a Venezia: è il viaggio di Rosalba, breve ma pieno di sorprese. Rosalba è una casalinga che viene "dimenticata" dalla famiglia e dagli amici in un autogrill (*rest stop*) dell'autostrada, e decide di non ritornare a casa. La sua fuga si trasforma in una scoperta di se stessa e di Venezia, la magica città che fa da cornice (*frame*) alla sua nuova vita.

Il film ha vinto nove David di Donatello, e ha avuto un notevole successo anche internazionale, sia di pubblico che di critica.

Rosalba contempla Venezia in *Pane e tulipani*

LA MEGLIO GIOVENTÙ
DI MARCO TULLIO GIORDANA (2003) [ONLINE ACTIVITIES]

Episodio 8

Vedi l'introduzione generale al film nel Capitolo 1 (pagina 47).

Nicola e suo nipote Andrea sull'isola di Lipari

IL VIAGGIO VIRTUALE

Ora puoi decidere di intraprendere l'ultimo Viaggio virtuale che ti proponiamo nel SAM: una visita in Trentino-Alto Adige e Friuli-Venezia Giulia.

Congratulazioni! Hai viaggiato in tutte le regioni, imparando molto della lingua, della cultura, della storia e delle tradizioni italiane.

Continua questo viaggio come e quando puoi: segui un altro corso in italiano, vai in Italia per un semestre di studi, leggi narrativa e saggistica in italiano, guarda i film italiani che sono disponibili dove vivi. Soprattutto aiutaci a diffondere l'amore per l'Italia e l'italiano nella tua scuola, dove lavori, nel tuo paese, nel mondo!

Arrivederci!

Appendice A Tabelle (verbi)

AVERE e ESSERE					
Tempi semplici					
INFINITO (*INFINITIVE*)	**avere**		essere		
PRESENTE (*PRESENT INDICATIVE*)	ho hai ha	abbiamo avete hanno	PRESENTE (*PRESENT INDICATIVE*)	sono sei è	siamo siete sono
IMPERFETTO (*IMPERFECT INDICATIVE*)	avevo avevi aveva	avevamo avevate avevano	IMPERFETTO (*IMPERFECT INDICATIVE*)	ero eri era	eravamo eravate erano
PASSATO REMOTO (*PAST ABSOLUTE*)	ebbi avesti ebbe	avemmo aveste ebbero	PASSATO REMOTO (*PAST ABSOLUTE*)	fui fosti fu	fummo foste furono
FUTURO (*FUTURE*)	avrò avrai avrà	avremo avrete avranno	FUTURO (*FUTURE*)	sarò sarai sarà	saremo sarete saranno
CONDIZIONALE PRESENTE (*CONDITIONAL*)	avrei avresti avrebbe	avremmo avreste avrebbero	CONDIZIONALE PRESENTE (*CONDITIONAL*)	sarei saresti sarebbe	saremmo sareste sarebbero
IMPERATIVO (*IMPERATIVE*)	___ abbi (non avere) abbia	abbiamo abbiate abbiano	IMPERATIVO (*IMPERATIVE*)	___ sii (non essere) sia	siamo siate siano
CONGIUNTIVO PRESENTE (*PRESENT SUBJUNCTIVE*)	abbia abbia abbia	abbiamo abbiate abbiano	CONGIUNTIVO PRESENTE (*PRESENT SUBJUNCTIVE*)	sia sia sia	siamo siate siano
CONGIUNTIVO IMPERFETTO (*IMPERFECT SUBJUNCTIVE*)	avessi avessi avesse	avessimo aveste avessero	CONGIUNTIVO IMPERFETTO (*IMPERFECT SUBJUNCTIVE*)	fossi fossi fosse	fossimo foste fossero
GERUNDIO (*GERUND*)	avendo		GERUNDIO (*GERUND*)	essendo	
Tempi composti					
PARTICIPIO PASSATO (*PAST PARTICIPLE*)	avuto	stato / a / i / e	TRAPASSATO PROSSIMO (*PAST PERFECT INDICATIVE*)	avevo avuto avevi avuto aveva avuto avevamo avuto avevate avuto avevano avuto	ero stato / a eri stato / a era stato / a eravamo stati / e eravate stati / e erano stati / e
INFINITO PASSATO (*PAST INFINITIVE*)	avere avuto	essere stato / a / i / e			
PASSATO PROSSIMO (*PRESENT PERFECT INDICATIVE*)	ho avuto hai avuto ha avuto abbiamo avuto avete avuto hanno avuto	sono stato / a sei stato / a è stato / a siamo stati / e siete stati / e sono stati / e	FUTURO ANTERIORE (*FUTURE PERFECT*)	avrò avuto avrai avuto avrà avuto avremo avuto avrete avuto avranno avuto	sarò stato / a sarai stato / a sarà stato / a saremo stati / e sarete stati / e saranno stati / e

Tempi composti				
CONDIZIONALE PASSATO (*CONDITIONAL PERFECT*)	avrei avuto avresti avuto avrebbe avuto avremmo avuto avreste avuto avrebbero avuto	sarei stato / a saresti stato / a sarebbe stato / a saremmo stati / e sareste stati / e sarebbero stati / e	CONGIUNTIVO TRAPASSATO (*PAST PERFECT SUBJUNCTIVE*)	avessi avuto avessi avuto avesse avuto avessimo avuto aveste avuto avessero avuto	fossi stato / a fossi stato / a fosse stato / a fossimo stati / e foste stati / e fossero stati / e
CONGIUNTIVO PASSATO (*PRESENT PERFECT SUBJUNCTIVE*)	abbia avuto abbia avuto abbia avuto abbiamo avuto abbiate avuto abbiano avuto	sia stato / a sia stato / a sia stato / a siamo stati / e siate stati / e siano stati / e	GERUNDIO PASSATO (*PAST GERUND*)	avendo avuto	essendo stato / a / i / e

VERBI REGOLARI

Tempi semplici

INFINITO (*INFINITIVE*)	VERBI IN -are **parlare**	VERBI IN -ere **vendere**	VERBI IN -ire **partire**	VERBI IN -ire (-isc-) **finire**
PRESENTE (*PRESENT INDICATIVE*)	parl o parl i parl a parl **iamo** parl **ate** parl **ano**	vend o vend i vend e vend **iamo** vend ete vend ono	part o part i part e part **iamo** part **ite** part ono	fin isc o fin isc i fin isc e fin iamo fin ite fin isc ono
IMPERFETTO (*IMPERFECT INDICATIVE*)	parla vo parla vi parla va parla **vamo** parla **vate** parla **vano**	vende vo vende vi vende va vende **vamo** vende **vate** vende **vano**	parti vo parti vi parti va parti **vamo** parti **vate** parti **vano**	fini vo fini vi fini va fini **vamo** fini **vate** fini **vano**
PASSATO REMOTO (*PAST ABSOLUTE*)	parl ai parl **asti** parl ò parl **ammo** parl **aste** parl **arono**	vend ei vend **esti** vend è vend **emmo** vend **este** vend **erono**	part ii part **isti** part ì part **immo** part **iste** part **irono**	fin ii fin **isti** fin ì fin **immo** fin **iste** fin **irono**
FUTURO (*FUTURE*)	parler ò parler ai parler à parler **emo** parler **ete** parler **anno**	vender ò vender ai vender à vender **emo** vender **ete** vender **anno**	partir ò partir ai partir à partir **emo** partir **ete** partir **anno**	finir ò finir ai finir à finir **emo** finir **ete** finir **anno**
CONDIZIONALE PRESENTE (*PRESENT CONDITIONAL*)	parler ei parler **esti** parler **ebbe** parler **emmo** parler **este** parler **ebbero**	vender ei vender **esti** vender **ebbe** vender **emmo** vender **este** vender **ebbero**	partir ei partir **esti** partir **ebbe** partir **emmo** partir **este** partir **ebbero**	finir ei finir **esti** finir **ebbe** finir **emmo** finir **este** finir **ebbero**
IMPERATIVO (*IMPERATIVE*)	___ parl **a** (non parlare) parl i parl **iamo** parl **ate** parl **ino**	___ vend i (non vendere) vend a vend **iamo** vend ete vend **ano**	___ part i (non partire) part a part **iamo** part **ite** part ano	___ fin isc i (non finire) fin isc a fin iamo fin ite fin isc ano

VERBI REGOLARI				
Tempi semplici				
CONGIUNTIVO PRESENTE (*PRESENT SUBJUNCTIVE*)	parl i parl i parl i parl iamo parl iate parl ino	vend a vend a vend a vend iamo vend iate vend ano	part a part a part a part iamo part iate part ano	fin isc a fin isc a fin isc a fin iamo fin iate fin isc ano
CONGIUNTIVO IMPERFETTO (*IMPERFECT SUBJUNCTIVE*)	parl assi parl assi parl asse parl assimo parl aste parl assero	vend essi vend essi vend esse vend essimo vend este vend essero	part issi part issi part isse part issimo part iste part issero	fin issi fin issi fin isse fin issimo fin iste fin issero
GERUNDIO (*GERUND*)	parl ando	vend endo	part endo	fin endo
Tempi composti				
PARTICIPIO PASSATO (*PAST PARTICIPLE*)	parl ato	vend uto	part ito	fin ito
INFINITO PASSATO (*PAST INFINITIVE*)	avere parlato	avere venduto	essere partito / a / i / e	avere finito
PASSATO PROSSIMO (*PRESENT PERFECT INDICATIVE*)	ho parlato hai parlato ha parlato abbiamo parlato avete parlato hanno parlato	ho venduto hai venduto ha venduto abbiamo venduto avete venduto hanno venduto	sono partito / a sei partito / a è partito / a siamo partiti / e siete partiti / e sono partiti / e	ho finito hai finito ha finito abbiamo finito avete finito hanno finito
TRAPASSATO PROSSIMO (*PAST PERFECT INDICATIVE*)	avevo parlato avevi parlato aveva parlato avevamo parlato avevate parlato avevano parlato	avevo venduto avevi venduto aveva venduto avevamo venduto avevate venduto avevano venduto	ero partito / a eri partito / a era partito / a eravamo partiti / e eravate partiti / e erano partiti / e	avevo finito avevi finito aveva finito avevamo finito avevate finito avevano finito
FUTURO ANTERIORE (*FUTURE PERFECT*)	avrò parlato avrai parlato avrà parlato avremo parlato avrete parlato avranno parlato	avrò venduto avrai venduto avrà venduto avremo venduto avrete venduto avranno venduto	sarò partito / a sarai partito / a sarà partito / a saremo partiti / e sarete partiti / e saranno partiti / e	avrò finito avrai finito avrà finito avremo finito avrete finito avranno finito
CONDIZIONALE PASSATO (*CONDITIONAL PERFECT*)	avrei parlato avresti parlato avrebbe parlato avremmo parlato avreste parlato avrebbero parlato	avrei venduto avresti venduto avrebbe venduto avremmo venduto avreste venduto avrebbero venduto	sarei partito / a saresti partito / a sarebbe partito / a saremmo partiti / e sareste partiti / e sarebbero partiti / e	avrei finito avresti finito avrebbe finito avremmo finito avreste finito avrebbero finito
CONGIUNTIVO PASSATO (*PRESENT PERFECT SUBJUNCTIVE*)	abbia parlato abbia parlato abbia parlato abbiamo parlato abbiate parlato abbiano parlato	abbia venduto abbia venduto abbia venduto abbiamo venduto abbiate venduto abbiano venduto	sia partito / a sia partito / a sia partito / a siamo partiti / e siate partiti / e siano partiti / e	abbia finito abbia finito abbia finito abbiamo finito abbiate finito abbiano finito
CONGIUNTIVO TRAPASSATO (*PAST PERFECT SUBJUNCTIVE*)	avessi parlato avessi parlato avesse parlato avessimo parlato aveste parlato avessero parlato	avessi venduto avessi venduto avesse venduto avessimo venduto aveste venduto avessero venduto	fossi partito / a fossi partito / a fosse partito / a fossimo partiti / e foste partiti / e fossero partiti / e	avessi finito avessi finito avesse finito avessimo finito aveste finito avessero finito
GERUNDIO PASSATO (*PAST GERUND*)	avendo parlato	avendo venduto	essendo partito / a / i / e	avendo finito

The following verbs are irregular only in the tense and moods listed here. The other forms are regular.

accendere *to turn on, to light*
Passato remoto: accesi, accendesti, accese, accendemmo, accendeste, accesero
Participio passato: acceso

andare *to go*
Indicativo presente: vado, vai, va, andiamo, andate, vanno
Futuro: andrò, andrai, andrà, andremo, andrete, andranno
Condizionale: andrei, andresti, andrebbe, andremmo, andreste, andrebbero
Congiuntivo presente: vada, vada, vada, andiamo, andiate, vadano
Imperativo: va'!, andiamo!, andate!, vada!, vadano!

bere *to drink*
Indicativo presente: bevo, bevi, beve, beviamo, bevete, bevono
Imperfetto: bevevo, bevevi, beveva, bevevamo, bevevate, bevevano
Passato remoto: bevvi, bevesti, bevve, bevemmo, beveste, bevvero
Futuro: berrò, berrai, berrà, berremo, berrete, berranno
Condizionale: berrei, berresti, berrebbe, berremmo, berreste, berrebbero
Congiuntivo presente: beva, beva, beva, beviamo, beviate, bevano
Congiuntivo imperfetto: bevessi, bevessi, bevesse, bevessimo, beveste, bevessero
Imperativo: bevi!, beviamo!, bevete!, beva!, bevano!
Participio passato: bevuto
Gerundio: bevendo

cadere *to fall*
Passato remoto: caddi, cadesti, cadde, cademmo, cadeste, caddero
Futuro: cadrò, cadrai, cadrà, cadremo, cadrete, cadranno
Condizionale: cadrei, cadresti, cadrebbe, cadremmo, cadreste, cadrebbero

chiedere *to ask*
Passato remoto: chiesi, chiedesti, chiese, chiedemmo, chiedeste, chiesero
Participio passato: chiesto

chiudere *to close*
Passato remoto: chiusi, chiudesti, chiuse, chiudemmo, chiudeste, chiusero
Participio passato: chiuso

comprendere *to understand, to comprehend* (*see* prendere)

condividere *to share* (*see* dividere)

conoscere *to know, to be / get acquainted*
Passato remoto: conobbi, conoscesti, conobbe, conoscemmo, conosceste, conobbero
Participio passato: conosciuto

correre *to run*
Passato remoto: corsi, corresti, corse, corremmo, correste, corsero
Participio passato: corso

crescere *to grow*
Passato remoto: crebbi, crescesti, crebbe, crescemmo, cresceste, crebbero
Participio passato: cresciuto

cuocere *to cook*
Passato remoto: cossi, cuocesti, cosse, cuocemmo, cuoceste, cossero
Participio passato: cotto

dare *to give*
Indicativo presente: do, dai, dà, diamo, date, danno
Passato remoto: diedi (detti), desti, diede (dette), demmo, deste, diedero (dettero)
Futuro: darò, darai, darà, daremo, darete, daranno
Condizionale: darei, daresti, darebbe, daremmo, dareste, darebbero
Congiuntivo presente: dia, dia, dia, diamo, diate, diano
Congiuntivo imperfetto: dessi, dessi, desse, dessimo, deste, dessero
Imperativo: da'!, diamo!, date!, dia!, diano!

decidere *to decide*
Passato remoto: decisi, decidesti, decise, decidemmo, decideste, decisero
Participio passato: deciso

dire *to say, to tell*
Indicativo presente: dico, dici, dice, diciamo, dite, dicono
Indicativo imperfetto: dicevo, dicevi, diceva, dicevamo, dicevate, dicevano
Passato remoto: dissi, dicesti, disse, dicemmo, diceste, dissero
Congiuntivo presente: dica, dica, dica, diciamo, diciate, dicano
Congiuntivo imperfetto: dicessi, dicessi, dicesse, dicessimo, diceste, dicessero
Imperativo: di'!, diciamo!, dite!, dica!, dicano!
Participio passato: detto
Gerundio: dicendo

discutere *to discuss, to argue*
Passato remoto: discussi, discutesti, discusse, discutemmo, discuteste, discussero
Participio passato: discusso

dividere *to divide*
Passato remoto: divisi, dividesti, divise, dividemmo, divideste, divisero
Participio passato: diviso

dovere	*to have to, must*
Indicativo presente:	devo (debbo), devi, deve, dobbiamo, dovete, devono (debbono)
Futuro:	dovrò, dovrai, dovrà, dovremo, dovrete, dovranno
Condizionale:	dovrei, dovresti, dovrebbe, dovremmo, dovreste, dovrebbero
Congiuntivo presente:	deva (debba), deva (debba), deva (debba), dobbiamo, dobbiate, debbano
fare	*to make, to do*
Indicativo presente:	faccio, fai, fa, facciamo, fate, fanno
Imperfetto:	facevo, facevi, faceva, facevamo, facevate, facevano
Futuro:	farò, farai, farà, faremo, farete, faranno
Condizionale:	farei, faresti, farebbe, faremmo, fareste, farebbero
Congiuntivo presente:	faccia, faccia, faccia, facciamo, facciate, facciano
Congiuntivo imperfetto:	facessi, facessi, facesse, facessimo, faceste, facessero
Imperativo:	fa'!, facciamo!, fate!, faccia!, facciano!
Participio passato:	fatto
Gerundio:	facendo
leggere	*to read*
Passato remoto:	lessi, leggesti, lesse, leggemmo, leggeste, lessero
Participio passato:	letto
mettere	*to place, to put*
Passato remoto:	misi, mettesti, mise, mettemmo, metteste, misero
Participio passato:	messo
morire	*to die*
Indicativo presente:	muoio, muori, muore, moriamo, morite, muoiono
Congiuntivo presente:	muoia, muoia, muoia, moriamo, moriate, muoiano
Imperativo:	muori!, moriamo!, morite!, muoia, muoiano
Participio passato:	morto
nascere	*to be born*
Passato remoto:	nacqui, nascesti, nacque, nascemmo, nasceste, nacquero
Participio passato:	nato
perdere	*to lose*
Passato remoto:	persi, perdesti, perse, perdemmo, perdeste, persero
Participio passato:	perso (perduto)
piacere	*to like, to be pleasing to*
Indicativo presente:	piaccio, piaci, piace, piacciamo, piacete, piacciono
Passato remoto:	piacqui, piacesti, piacque, piacemmo, piaceste, piacquero
Congiuntivo presente:	piaccia, piaccia, piaccia, piacciamo, piacciate, piacciano

Participio passato:	piaciuto
piangere	*to cry*
Passato remoto:	piansi, piangesti, pianse, piangemmo, piangeste, piansero
Participio passato:	pianto
porre	*to put, to place*
Indicativo presente:	pongo, poni, pone, poniamo, ponete, pongono
Imperfetto:	ponevo, ponevi, poneva, ponevamo, ponevate, ponevano
Passato remoto:	posi, ponesti, pose, ponemmo, poneste, posero
Futuro:	porrò, porrai, porrà, porremo, porrete, porranno
Condizionale:	porrei, porresti, porrebbe, porremmo, porreste, porrebbero
Congiuntivo presente:	ponga, ponga, ponga, poniamo, poniate, pongano
Congiuntivo imperfetto:	ponessi, ponessi, ponesse, ponessimo, poneste, ponessero
Imperativo:	poni!, poniamo!, ponete!, ponga!, pongano!
Participio passato:	posto
potere	*to be able*
Indicativo presente:	posso, puoi, può, possiamo, potete, possono
Futuro:	potrò, potrai, potrà, potremo, potrete, potranno
Condizionale:	potrei, potresti, potrebbe, potremmo, potreste, potrebbero
Congiuntivo presente:	possa, possa, possa, possiamo, possiate, possano
prendere	*to take*
Passato remoto:	presi, prendesti, prese, prendemmo, prendeste, presero
Participio passato:	preso
ridere	*to laugh*
Participio passato:	risi, ridesti, rise, ridemmo, rideste, risero
Participio passato:	riso
rimanere	*to remain*
Indicativo presente:	rimango, rimani, rimane, rimaniamo, rimanete, rimangono
Passato remoto:	rimasi, rimanesti, rimase, rimanemmo, rimaneste, rimasero
Futuro:	rimarrò, rimarrai, rimarrà, rimarremo, rimarrete, rimarranno
Condizionale:	rimarrei, rimarresti, rimarrebbe, rimarremmo, rimarreste, rimarrebbero
Congiuntivo presente:	rimanga, rimanga, rimanga, rimaniamo, rimaniate, rimangano
Imperativo:	rimani!, rimaniamo!, rimanete!, rimanga!, rimangano!
Participio passato:	rimasto
rispondere	*to answer*
Passato remoto:	risposi, rispondesti, rispose, rispondemmo, rispondeste, risposero
Participio passato:	risposto

salire	*to get on, to go up, to come up*
Indicativo presente:	salgo, sali, sale, saliamo, salite, salgono
Congiuntivo presente:	salga, salga, salga, saliamo, saliate, salgano
Imperativo:	sali!, saliamo!, salga!, salgano!
sapere	*to know*
Indicativo presente:	so, sai, sa, sappiamo, sapete, sanno
Passato remoto:	seppi, sapesti, seppe, sapemmo, sapeste, seppero
Futuro:	saprò, saprai, saprà, sapremo, saprete, sapranno
Condizionale:	saprei, sapresti, saprebbe, sapremmo, sapreste, saprebbero
Congiuntivo presente:	sappia, sappia, sappia, sappiamo, sappiate, sappiano
Imperativo:	sappi!, sappiamo!, sappiate!, sappia!, sappiano!
scegliere	*to choose*
Indicativo presente:	scelgo, scegli, sceglie, scegliamo, scegliete, scelgono
Passato remoto:	scelsi, scegliesti, scelse, scegliemmo, sceglieste, scelsero
Congiuntivo presente:	scelga, scelga, scelga, scegliamo, scegliate, scelgano
Participio passato:	scelto
scendere	*to go down, to come down, to descend, to get off*
Passato remoto:	scesi, scendesti, scese, scendemmo, scendeste, scesero
Participio passato:	sceso
scrivere	*to write*
Passato remoto:	scrissi, scrivesti, scrisse, scrivemmo, scriveste, scrissero
Participio passato:	scritto
sedere	*to sit*
Indicativo presente:	siedo, siedi, siede, sediamo, sedete, siedono
Congiuntivo presente:	sieda, sieda, sieda, sediamo, sediate, siedano
Imperativo:	siedi!, sediamo!, sedete!, sieda!, siedano!
spendere	*to spend*
Passato remoto:	spesi, spendesti, spese, spendemmo, spendeste, spesero
Participio passato:	speso
stare	*to stay, to remain, to be*
Indicativo presente:	sto, stai, sta, stiamo, state, stanno
Indicativo imperfetto:	stavo, stavi, stava, stavamo, stavate, stavano
Futuro:	starò, starai, starà, staremo, starete, staranno
Condizionale:	starei, staresti, starebbe, staremmo, stareste, starebbero
Congiuntivo presente:	stia, stia, stia, stiamo, stiate, stiano
Congiuntivo imperfetto:	stessi, stessi, stesse, stessimo, steste, stessero

Imperativo:	sta'!, stiamo!, state!, stia!, stiano!
Participio passato:	stato
tenere	*to keep, to hold*
Indicativo presente:	tengo, tieni, tiene, teniamo, tenete, tengono
Passato remoto:	tenni, tenesti, tenne, tenemmo, teneste, tennero
Futuro:	terrò, terrai, terrà, terremo, terrete, terranno
Condizionale:	terrei, terresti, terrebbe, terremmo, terreste, terrebbero
Imperativo:	tieni!, teniamo!, tenete!, tenga!, tengano!
uscire	*to go out*
Indicativo presente:	esco, esci, esce, usciamo, uscite, escono
Congiuntivo presente:	esca, esca, esca, usciamo, usciate, escano
Imperativo:	esci!, usciamo!, uscite!, esca!, escano!
vedere	*to see*
Passato remoto:	vidi, vedesti, vide, vedemmo, vedeste, videro
Futuro:	vedrò, vedrai, vedrà, vedremo, vedrete, vedranno
Condizionale:	vedrei, vedresti, vedrebbe, vedremmo, vedreste, vedrebbero
Participio passato:	visto (veduto)
venire	*to come*
Indicativo presente:	vengo, vieni, viene, veniamo, venite, vengono
Passato remoto:	venni, venisti, venne, venimmo, veniste, vennero
Futuro:	verrò, verrai, verrà, verremo, verrete, verranno
Condizionale:	verrei, verresti, verrebbe, verremmo, verreste, verrebbero
Congiuntivo presente:	venga, venga, venga, veniamo, veniate, vengano
Imperativo:	vieni!, veniamo!, venite!, venga!, vengano!
Participio passato:	venuto
vivere	*to live*
Passato remoto:	vissi, vivesti, visse, vivemmo, viveste, vissero
Participio passato:	vissuto
volere	*to want*
Indicativo presente:	voglio, vuoi, vuole, vogliamo, volete, vogliono
Passato remoto:	volli, volesti, volle, volemmo, voleste, vollero
Futuro:	vorrò, vorrai, vorrà, vorremo, vorrete, vorranno
Condizionale:	vorrei, vorresti, vorrebbe, vorremmo, vorreste, vorrebbero
Congiuntivo presente:	voglia, voglia, voglia, vogliamo, vogliate, vogliano

VERBI CONIUGATI CON *ESSERE*

The following verbs are conjugated with **essere**. In addition, all reflexive verbs are conjugated with **essere** (for example, **divertirsi**, *to have a good time*): mi sono divertito/a, ti sei divertito/a, si è divertito/a, ci siamo divertiti/e, vi siete divertiti/e, si sono divertiti/e.

accadere	to happen	morire	to die
andare	to go	nascere	to be born
arrivare	to arrive	parere	to seem, to appear
avvenire	to happen	partire	to leave, to depart
bastare	to be enough, to suffice	*passare	to spend time, to pass by
cadere	to fall	piacere	to like, to be pleasing / appealing to
*cambiare	to change	restare	to remain, to stay
*cominciare	to begin, to start	rimanere	to remain
costare	to cost	*risalire	to climb up again, to go up again
*correre	to run	ritornare	to return
crescere	to grow	riuscire	to manage, to succeed
dimagrire	to lose weight, to get thin, to slim down	*salire	to get on, to go up
dispiacere	to be sorry	*saltare	to jump, to skip
divenire	to become	scappare	to run away
diventare	to become	*scendere	to descend, to go down, to get off
durare	to last	sembrare	to seem
entrare	to enter	sopravvivere	to survive
esistere	to exist	stare	to stay
esplodere	to explode	succedere	to happen
essere	to be	svenire	to faint
*finire	to finish	tornare	to return, to go back
fuggire	to run, to flee	uscire	to go out
guarire	to recover, to heal	venire	to come
ingrassare	to gain weight, to get fat	vivere	to live
mancare	to lack, to be lacking, to be missing	*Conjugated with **avere** when used as transitive verbs.	

VERBI CON IL PARTICIPIO PASSATO IRREGOLARE

INFINITO	PARTICIPIO PASSATO	INFINITO	PARTICIPIO PASSATO
accendere *to turn on, to light*	acceso	**convincere** *to convince*	convinto
aggiungere *to add*	aggiunto	**coprire** *to cover*	coperto
apparire *to appear*	apparso	**correre** *to run*	corso
apprendere *to learn*	appreso	**correggere** *to correct*	corretto
aprire *to open*	aperto	**cuocere** *to cook*	cotto
assumere *to hire*	assunto	**decidere** *to decide*	deciso
bere *to drink*	bevuto	**dipendere** *to depend*	dipeso
chiedere *to ask*	chiesto	**dipingere** *to paint*	dipinto
chiudere *to close*	chiuso	**dire** *to say*	detto
comprendere *to understand*	compreso	**discutere** *to discuss, to argue*	discusso
concludere *to conclude*	concluso	**dividere** *to divide*	diviso
conoscere *to know, to be / get acquainted*	conosciuto	**eleggere** *to elect*	eletto

Infinito	Participio passato	Infinito	Participio passato
esprimere *to express*	espresso	richiedere *to require, to ask for*	richiesto
essere *to be*	stato	ridere *to laugh*	riso
fare *to do, to make*	fatto	rimanere *to remain*	rimasto
interrompere *to interrupt*	interrotto	risolvere *to solve*	risolto
leggere *to read*	letto	rispondere *to answer*	risposto
mettere *to place, to put*	messo	rompere *to break*	rotto
morire *to die*	morto	scegliere *to choose*	scelto
muovere *to move*	mosso	scendere *to get off, to get down*	sceso
nascere *to be born*	nato	scommettere *to bet*	scommesso
offendere *to offend*	offeso	scoprire *to discover*	scoperto
offrire *to offer*	offerto	scrivere *to write*	scritto
parere *to seem*	parso	soffrire *to suffer*	sofferto
perdere *to lose*	perso (perduto)	sorridere *to smile*	sorriso
permettere *to permit*	permesso	spegnere *to turn off, to extinguish*	spento
piangere *to weep, to cry*	pianto	spendere *to spend*	speso
prendere *to take*	preso	succedere *to happen*	successo
produrre *to produce*	prodotto	togliere *to remove, to take off*	tolto
promettere *to promise*	promesso	valere *to be worth*	valso
promuovere *to promote*	promosso	vedere *to see*	visto (veduto)
proteggere *to protect*	protetto	venire *to come*	venuto
raggiungere *to reach*	raggiunto	vincere *to win*	vinto
rendere *to return, to render*	reso	vivere *to live*	vissuto

Aggettivi *buono* / *bello* / *quello*

Buono	Bello	Quello
m/s		
buon (un panino / un buon panino)	bell' (l'orologio / il bell'orologio)	quell' (l'uomo / quell'uomo)
buono (uno studente / un buono studente)	bello (lo sguardo / il bello sguardo)	quello (lo zaino / quello zaino)
m/pl		
buoni (dei dolci / dei buoni dolci)	bei (i figli / i bei figli)	quei (i quaderni / quei quaderni)
	begli (gli occhi / i begli occhi)	quegli (gli zaini / quegli zaini)
f/s		
buona (una pesca / una buona pesca)	bella (la ragazza / la bella ragazza)	quella (la lezione / quella lezione)
buon' (un'idea / una buon'idea)	bell' (l'isola / la bell'isola)	quell' (l'arancia / quell'arancia)
f/pl		
buone (delle bambine / delle buone bambine)	belle (le scarpe / le belle scarpe)	quelle (le verdure / quelle verdure)

I pronomi dimostrativi **questo** (*this, these*) e **quello** (*that, those*) hanno solo quattro forme ciascuno: **questo, questa, questi, queste; quello, quella, quelli, quelle.**

Numeri ordinali in cifre arabe e romane

primo	1°	I
secondo	2°	II
terzo	3°	III
quarto	4°	IV
quinto	5°	V
sesto	6°	VI
settimo	7°	VII
ottavo	8°	VIII
nono	9°	IX
decimo	10°	X
undicesimo	11°	XI

dodicesimo	12°	XII
tredicesimo	13°	XIII
quattordicesimo	14°	XIV
quindicesimo	15°	XV
sedicesimo	16°	XVI
diciassettesimo	17°	XVII
diciottesimo	18°	XVIII
diciannovesimo	19°	XIX
ventesimo	20°	XX
ventunesimo	21°	XXI
ventiduesimo	22°	XXII
ventitreesimo	23°	XXIII
ventiquattresimo	24°	XXIV
venticinquesimo	25°	XXV
ventiseiesimo	26°	XXVI
ventisettesimo	27°	XXVII
ventottesimo	28°	XXVIII
ventinovesimo	29°	XXIX
trentesimo	30°	XXX
quarantesimo	40°	XL
cinquantesimo	50°	L
sessantesimo	60°	LX
settantesimo	70°	LXX
ottantesimo	80°	LXXX
novantesimo	90°	XC
centesimo	100°	C
millesimo	1000°	M
milionesimo	1.000.000°	$\bar{M}$
ennesimo	n°	(*umpteenth*)

Preposizioni

Preposizioni comuni			
a	di	fuori (di / da)	senza (di)
accanto a	dentro (di)	in	sopra (di)
a causa di	dietro (a)	invece di	sotto (di)
con	di fronte a	lontano da	su (di)
contro (di)	dopo (di)	oltre a	verso (di)
da	fino a	per	vicino a
davanti a	fra / tra (di)	prima di	

Preposizioni articolate												
	m/s	*il*	*l'*	*lo*	**m/pl**	*i*	*gli*	**f/s**	*la*	*l'*	**f/pl**	*le*
a		al	all'	allo		ai	agli		alla	all'		alle
da		dal	dall'	dallo		dai	dagli		dalla	dall'		dalle
di		del	dell'	dello		dei	degli		della	dell'		delle
in		nel	nell'	nello		nei	negli		nella	nell'		nelle
su		sul	sull'	sullo		sui	sugli		sulla	sull'		sulle

Preposizioni con luoghi comuni	
a	*in*
a casa	in banca
al cinema	in biblioteca
al mare	in campagna
al lavoro	in centro
a scuola	in chiesa
a teatro	in città
	in montagna
	in palestra
	in piscina
	in ufficio

Preposizioni con oggetti comuni	Preposizioni con le stanze della casa
sul giornale	in bagno
alla radio	in camera
al telefono	in cucina
alla TV / televisione	in garage
	in salotto

Interrogativi

Aggettivi	Pronomi	Avverbi
Che	Che cosa, Cosa, Che	Come
Quale / i	Chi	Come mai
Quanto / a / i / e	Di chi	Dove
	Qual	Perché
	Quale / i	Quando
	Quanto / a / i / e	

	Aggettivi:	Che nome vorreste dare a vostro figlio?

Aggettivi:
Che nome vorreste dare a vostro figlio?
Quali sport ti piacciono di più?
Quanto sale devo mettere nell'acqua?

Pronomi:
Che cosa facevano per guadagnarsi da vivere?
Chi ci preparerà la cena?
Di chi è questa borsa?
Qual è il titolo di quel libro?
Roma o Firenze: quale vorreste visitare prima?
Quanti vogliono un posto in platea all'opera?

Avverbi:
Come fate a studiare per cinque esami in una settimana?
Come mai i tuoi non hanno mai imparato l'inglese?
Dove sarebbe andato in vacanza Paolo se non avesse problemi di soldi?
Perché non ci hanno detto subito dell'incidente in macchina?
Quando credi che siano tornati ieri sera?

Aggettivi e pronomi possessivi

Pronome soggetto	Aggettivi e pronomi possessivi			
	m/s	m/pl	f/s	f/pl
io	il mio	i miei	la mia	le mie
tu	il tuo	i tuoi	la tua	le tue
lui / lei	il suo	i suoi	la sua	le sue
Lei	il Suo	i Suoi	la Sua	le Sue
noi	il nostro	i nostri	la nostra	le nostre
voi	il vostro	i vostri	la vostra	le vostre
loro	il loro	i loro	la loro	le loro
Loro	il Loro	i Loro	la Loro	le Loro

Esempi:

La mia scrivania è stata costruita dal nostro vicino di casa.
(aggettivo)   (aggettivo)

Si sono ricordati del mio compleanno ma non del tuo.
                      (aggettivo)   (pronome)

Pagheremo la nostra metà delle spese appena avrete pagato la vostra.
            (aggettivo)   (pronome)

Vorresti sapere se le università americane sono care? La sua costa 30 mila dollari
all'anno.   (pronome)

Eccezione:

Con i membri della famiglia si usa l'articolo determinativo prima di un aggettivo
possessivo solo se:
(1) il nome è plurale; (2) il nome è diminutivo; (3) il nome è modificato direttamente da
un altro aggettivo; (4) l'aggettivo possessivo è della terza persona plurale: loro.

Mia madre fa delle ottime torte e mia nonna le mangia tutte.
I nostri cugini ci hanno portati a sciare e i nostri zii ci hanno fatto tante foto.
Tuo fratello Davide ha sedici anni, la tua sorellina ne ha dieci, e il tuo cugino preferito ne
ha cinque.
Vostro padre lavora molto, ma sembra che il loro padre lavori anche la domenica!

Espressioni idiomatiche con *ci* / *ne* / pronomi combinati

Ci	Pronomi combinati
Crederci Hai vinto la lotteria? Non ci posso credere! *You won the lottery? I can't believe it!*	**Andarsene** Me ne vado subito. *I'm leaving immediately.* Sandra se n'è andata dopo un'ora. *Sandra left after an hour.*
Entrarci Che c'entriamo noi con il ritardo dell'aereo? *What do we have to do with the airplane's delay?* Puoi mettere tutti i libri nello zaino? –Sì, credo che ci entrino. *Can you put all the books in the backpack?* *–Yes, I think they'll fit.*	**Farcela** Dora, ce la fai ad arrivare all'aeroporto per le sei? *Dora, can you get to the airport by six?* –Sì, Federico, ce la faccio. *–Yes, Federico, I can manage that.*
Metterci Quanto ci mettete per arrivare alla stazione? –Di solito 10 minuti, ma ieri ci abbiamo messo mezz'ora! *How long does it take you (all) to get to the train station?* *–Ten minutes, usually, but yesterday it took us half an hour!*	**Farsene** Che te ne fai di un appartamento così grande se vivi solo? *Why do you need such a big apartment if you live alone?*
Pensarci Pensaci bene, Matteo! *Think it over well, Matteo!* Ai giorni del liceo? Sì, Laura ci pensava spesso. *High school days? Yes, Laura thought about them often.*	**Mettercela** Sergio dice che non riuscirò a prendere trenta all'esame, ma io ce la metterò tutta! *Sergio says that I won't be able to get a 30 on the exam, but I'll give it all I've got.*
Starci Prestargli mille Euro? No, non ci stiamo! *Lend him a thousand euros? We won't do that (stand for / go for / put up) with that!*	**Prendersela** Siete sempre in ritardo! Ce la prenderemo con voi se perderemo il treno! *You're always late! We're going to get upset with you if we miss the train!* Credo che loro se la prendano con gli studenti che parlano troppo in classe. *I think they get upset with the students that talk too much during classes.*
Tenerci Ci tengo molto a venire al vostro matrimonio. *It's really important to me to be at / come to your wedding. / I really count on being at your wedding.*	
Volerci Quanto tempo ci vuole per imparare bene l'italiano? *How long does it take to learn Italian well?* –I professori dicono che ci vorranno almeno due anni di studio più un soggiorno all'estero! *–The professors say that it will take at least two years of study plus some time abroad!*	

Avverbi

Avverbi comuni <u>non</u> derivati da aggettivi

ancora	*still, yet*
all'improvviso	*suddenly, all of a sudden*
bene	*well*
forte	*strongly, loudly*
già	*already*
inoltre	*furthermore*
insieme	*together*
male	*badly*
molto	*very*
(non) … mai	*never*
(non) … più	*no longer*
piano	*slowly, softly*
poco	*little*
presto	*early*
purtroppo	*unfortunately*
sempre	*always*
spesso	*often*
subito	*immediately, right away*
tardi	*late*
troppo	*too much*

Come derivare avverbi da aggettivi

len<u>to</u> ⟶	len<u>ta</u> ⟶	lent<u>amente</u>
recent<u>e</u> ⟶	⟶	recent<u>emente</u>
radical<u>e</u> ⟶	radical__ ⟶	radicalmente
regolar<u>e</u> ⟶	regolar__ ⟶	regolarmente

Comparativi

Uguaglianza	Maggioranza (*più … di*) Minoranza (*meno … di*)	Maggioranza (*più … che*) Minoranza (*meno … che*)
Lisa è (**così**) **alta come** te. *Lisa is as tall as you.* Lisa è (**tanto**) **alta quanto** Luigi. *Lisa is as tall as Luigi.*	Lisa è **più alta di** te. *Lisa is taller than you.* Tu sei **meno fortunata di** lei. *You are less lucky than she (is) / than her.*	1. Confronto fra due aggettivi: È un'occasione **più unica che rara.** *The occasion is more unique than rare.* 2. Confronto fra due verbi: Gli piace **meno nuotare che giocare** a tennis. *He likes swimming less than playing tennis.* 3. Prima di una preposizione: Si diverte **più in discoteca che al lavoro.** *He has more fun in a disco than at work.*

Superlativi

Superlativo relativo	Superlativo assoluto
Maria è <u>la ragazza più simpatica della</u> classe. *She's the nicest girl in the class.* L'Hotel Gallia è <u>il più caro della</u> città. *The Gallia Hotel is the most expensive in the city.*	È simpati<u>cissima</u>. *She's really / very / extremely nice.* È cari<u>ssimo</u>. *It's really / very / extremely expensive.*

Comparativi e superlativi irregolari

Aggettivo	Comparativo	Superlativo relativo	Superlativo assoluto
buono/a/i/e	<u>migliore/i</u>	<u>il/la migliore / i migliori/le migliore</u>	<u>ottimo/a/i/e</u>
cattivo/a/i/e	peggiore/i	il/la peggiore i/le peggiori	pessimo/a/i/e
grande/i	maggiore/i	il/la maggiore i/le maggiori	massimo/a/i/e
piccolo/a/i/e	minore/i	il/la minore i/le minori	minimo/a/i/e

Verbi che richiedono la preposizione *di* prima dell'infinito

accettare	decidere	proporre
accorgersi	dichiarare	raccontare
affermare	dimenticare / dimenticarsi	rendersi conto
ammettere	dimostrare	riconoscere
annunciare	dire	ricordare / ricordarsi
apprendere	dispiacere / dispiacersi	rifiutare / rifiutarsi
aspettare / aspettarsi	domandare	rimpiangere
augurare / augurarsi	dubitare	ripetere
avere bisogno	essere (+ any adjectice)	rischiare
avere fretta	essere in grado	ritenere
avere il diritto	evitare	sapere
avere intenzione	fingere	smettere
avere l'impressione	finire	soffrire
avere paura	giurare	sognare
avere vergogna	interessarsi	sospettare
avere voglia	minacciare	sostenere
capire	negare	sperare
cercare	occuparsi	stancarsi
cessare	offrire	stupirsi
chiedere	pensare	tentare
confermare	pentirsi	trascurare
confessare	preoccuparsi	vergognarsi
credere	promettere	

Verbi che richiedono la preposizione *a* prima dell'infinito

abbandonarsi	incominciare	provare
abituare / abituarsi	incoraggiare	rassegnarsi
affrettarsi	iniziare	rinunciare
aiutare	invitare	riprendere
andare	limitarsi	riuscire
aspirare	mandare	sbrigarsi
cominciare	mettersi	seguitare
condannare	obbligare	stare
continuare	ostinarsi	tardare
costringere	passare	tendere
decidersi	pensare	tenerci
divertirsi	persuadere	tornare
fermarsi	prepararsi	venire
imparare	proseguire	

Verbi che <u>non</u> richiedono una preposizione prima dell'infinito

amare	lasciare	preferire
ascoltare	osare	sapere
desiderare	osservare	sentire
dovere	piacere	vedere
guardare	potere	volere

Discorso diretto / indiretto

I verbi più comuni che introducono il discorso diretto e indiretto sono: **chiedere, dire, domandare, insistere, rispondere.**

Questi verbi sono generalmente usati al presente o al passato (passato prossimo / imperfetto / passato remoto) nel discorso diretto e indiretto.

Quando si converte una frase dal <u>discorso diretto</u> al <u>discorso indiretto</u> i tempi dei verbi cambiano solo quando il verbo principale (**chiedere, dire, domandare, insistere, rispondere**) è al **passato** (passato prossimo / imperfetto / passato remoto).

Verbo principale al **presente: nessun cambiamento**

Discorso diretto	Discorso indiretto
Marta dice sempre: "Non mi <u>piacciono</u> gli spinaci". *Marta always says, "I don't like spinach."*	Marta dice sempre che non le <u>piacciono</u> gli spinaci. *Marta always says she doesn't like spinach.*
Marta dice sempre: "Da piccola non mi <u>piacevano</u> gli spinaci". *Marta always says, "As a child I didn't like spinach."*	Marta dice sempre che da piccola non le <u>piacevano</u> gli spinaci. *Marta always says that as a child she didn't like spinach.*

Verbo principale al **passato**: i tempi e le espressioni di tempo nel discorso indiretto cambiano

Discorso diretto	Discorso indiretto	Cambiamento nel tempo verbale	Cambiamenti nelle espressioni di tempo		
Marta diceva sempre: "Non mi piacciono gli spinaci". *Marta would always say, "I don't like spinach."*	Marta diceva sempre che non le piacevano gli spinaci. *Marta would always say that she didn't like spinach.*	presente ↓ imperfetto			
Marta disse: "Non mi sono piaciuti gli spinaci oggi / ieri / la settimana scorsa". *Marta said, "I didn't like the spinach today / yesterday / last week."*	Marta disse che non le erano piaciuti gli spinaci quel giorno / il giorno prima / la settimana precedente. *Marta said that she didn't like (lit. hadn't liked) the spinach that day / the day before / the week before.*	passato prossimo ↓ trapassato prossimo	oggi ↓ quel giorno	ieri ↓ il giorno prima	settimana scorsa ↓ la settimana precedente
Marta ha detto: "Mangerò gli spinaci domani". *Marta said, "I'll eat (the) spinach tomorrow."*	Marta ha detto che avrebbe mangiato gli spinaci il giorno dopo. *Marta said that she would eat (the) spinach the next day / day after.*	futuro ↓ condizionale passato	domani ↓ il giorno dopo		
Marta ha insistito: "Luigi, cucina gli spinaci settimana prossima!" *Marta insisted, "Luigi, cook (the) spinach next week!"*	Marta ha insistito che Luigi le cucinasse gli spinaci la settimana seguente. *Marta insisted that Luigi cook (the) spinach the next / following week.*	imperativo ↓ congiuntivo imperfetto	settimana prossima ↓ la settimana seguente		

Verbi di percezione

I principali verbi di percezioni sono: **ascoltare, guardare, osservare, notare, sentire, vedere**.
I seguenti esempi con **vedere** sono validi per tutti i verbi di percezione.

Verbo *vedere* senza pronomi	Verbo *vedere* con pronomi
1. Vedere + oggetto diretto Ho visto Marco. *I saw Marco.*	L'ho visto. *I saw him.*
2. Vedere + oggetto diretto + infinito Ho visto Marco entrare. *I saw Marco come in.*	L'ho visto entrare. *I saw him come in.*

Verbo *vedere* senza pronomi	Verbo *vedere* con pronomi
3. <u>Vedere + infinito + oggetto diretto</u> Ho visto entrare Marco. *I saw Marco come in.*	L'ho visto entrare. *I saw him come in.*
4. <u>Vedere + oggetto diretto + infinito +</u> <u>oggetto diretto</u> Ho visto Marco baciare Maria. *I saw Marco kiss Maria.*	L'ho visto baciarla. *I saw him kiss her.*
5. <u>Vedere + oggetto diretto + **che** + verbo</u> <u>coniugato + oggetto diretto</u> Ho visto Marco che baciava Maria. *I saw Marco kissing Maria.*	L'ho visto che la baciava. *I saw him kissing her.*

Nota che le frasi 2–3 e 4–5 hanno lo stesso significato.

Glossario

a cavalcioni sulla schiena, piggy-back ride 8

a condizione che, provided that 5

a fianco di, alongside 6

a malapena, hardly / just barely 6

a meno che non, unless 5

a mollo, soaking 8

a patto che, provided that 5

a picco, right below / directly below 3

a tutt'oggi, up to now / still today 3

abbarbicato, perched on top 5

abbattere, to demolish / to topple / to break down 1, 6

abbrancare, to snatch 4

abitazione l', residence / dwelling 6, 7

abituarsi, to get used to 3

accadere (p.p. accaduto, p.r. accadde), to happen / take place 1, 7

accampare un diritto, to stake a claim 7

accanto, nearby / next to 3

accendere (p.p. acceso, p.r. accesi), to turn on / to light or light up 4

acceso, heated 5

acciacco l', pains of old age 6

accidenti se ..., certainly / darnit, if...! 4

accogliente, welcoming 1, 4

accoglienza l', welcome / reception 5, 8

accogliere, (p.p. accolto; p.r. accolsi), to welcome 2, 4

accorgersi (p.p. accorto, p.r. accorsi), to become aware / to realize 1, 2, 7

accorrere (p.p. accorso, p.r. accorsi), to rush 4

acquattato, crouched down 8

ad occhio e croce, roughly speaking 7

adatto, suitable 6

addetto ai lavori l', work personnel 5

addolcire, to sweeten 5

addormentato, asleep, 2

adeguato, fitting / suitable 7

affacciato, facing onto / looking out onto 8

affamato, hungry 7

affannato, breathless 4

afferrare al volo, to grab quickly / to seize / to understand immediately 8

affezionarsi, to get attached to 2

affidato, entrusted 3

affiggere (p.p. affisso, p.r. affissi), to hang / to post 2

affinché, so that 5

affissione l' (f), posting of fliers, ads, etc. 2

affissione selvaggia l' (f), illegal posting of fliers, ads, etc., literally "wild posting" 2

affitto l', rent 7

affrontare, to face / to confront 4

aggiornato, updated 6

aggiungere (p.p. aggiunto, p.r. aggiunsi), to add 1

aggruppato, gathered 6

agire, to act / to react 2, 7

agnello l', lamb 2

agriturismo l', agritourism 3

al di là, l' (m), netherworld 7

alcuni-e, some / any 5

alcuni-e, someone / something 5

ciascun-una-uno-un', each 5

aletta l', little wing, 1

alimento l', food item 7

alito l', breath 6

all'estero, abroad 4

allagare, to flood 8

allagato, flooded 8

allargarsi, to widen 1

Alleati gli, Allied troops i.e. British and American army 2, 5

allenare, to train 7

allineare, to line up 7

alluvione l' (f), flood 2

alta borghesia l', upper class 4

altrove, elsewhere 5

amante l', lover 7

amarezza l', bitterness 3

amatoriale, non-professional 2

ambientale, environmental 8

ambiente l' (m), environment 2

ambito familiare l', family environment 6

amicizia l', friendship 1, 2

ammaestrato, tamed / trained

ammazzare, to kill 7, 8

ammazzarsi, to kill oneself 2

ammazzato, killed 4

amministrazione comunale l' (f), city government 2

ammucchiata l', heap / pile 3

ampliarsi, to expand 8

analfabeta l' (m / f), illiterate 3

anarchico, anarchist 8

andare avanti, to move ahead 6

andare in fallimento, to go bankrupt 7

andare perso, to get lost 5

andare su tutte le furie, to become infuriated 3

andarsene, to go away 3

andirivieni l', coming and going 4

anello di fidanzamento l', engagement ring 7

anguilla l', eel 7

anima l', soul 4, 7

annaffiatoio l', watering can 5

annusare, to sniff / to smell 4

ansia l', anxiety 1

anticipare, to be ahead of time 5

ape l' (f), bee 2

apertura l', opening 3

appagato, fulfilled 8

apparire (p.p. apparso p.r. apparsi), to seem, to appear 5, 7

appartenenza l', belonging 2

appassionato, enthusiastic, passionate 7

appoggiarsi, to lean against 4

apprendere (p.p. appreso, p.r. appresi), to learn 6

apprendimento l', learning 6

approfittarsi, to take advantage of 4

approfondire, to examine / to probe 1

appunto, precisely 8

aprire i battenti, to open the show 3

arabo, Arab 3

arato, plowed 6

arbitro l', umpire / referee 5

architettura l', architecture 1

ardito, daring / explicit 2

argento l', silver 7

armadio l', wardrobe / closet 4

arrabbiarsi, to get angry 2

arrendersi (p.p. arreso, p.r. arresi), to surrender 3

arricchimento l', enrichment 2

arricchire, to enrich / to develop / to enhance 1, 2

arricchirsi, to enrich oneself 6

arrosto l', roast 2

arte di arrangiarsi l', art of getting by 7

artigiano l', craftsman 1

ascella l', armpit 4

asciugamano l', towel 8

asciugare, to dry 4

asciutto, dry 2

aspettativa l', expectation 1

aspirapolvere l', vacuum cleaner 8

assecondare, to go along with someone's wishes 8

assedio l', siege 5

assenso, l', agreement 1

assenzio l', absinthe, the plant from which a liquor is made 3

assessore al Comune l', elected city official 5

assiduità l', regularity / diligence 5

assodare, to ascertain 7

assoggettare, to subjugate 5

assolvere (p.p. assolto, p.r. assolsi), to acquit / to absolve 4

assumere (p.p. assunto, p.r. assunsi), to hire 6

asta l', auction, sale 2

astuzia l', cleverness 5

ateneo l', university 2

ateo, atheist 1, 5

attacco cardiaco l', heart attack 7

attentato l', assasination attempt / terrorist attack 3

attentato mafioso l', mafia attack / attempted murder 7

attenuare, to soften, to lessen 2

attesa l', wait / delay 7

attestarsi, to line up / form up 5

attingere, to tap / to draw 6

attraente, attractive 4

attraversare, to cross 2, 5

attrezzo l', tool 6

attuale, up-to-date / current 3

attualmente, now / at the moment 6

aula l', classroom 1

autodidatta l', self-taught person 6

avanzata l', advance 5

avaro, poor / parsimonious 5

avvertire, to perceive / to feel / to warn 5, 7

avvicinarsi, to draw near 1, 6

avvilito, dejected / depressed 6

avvocato l', lawyer 7

avvolgere (p.p. avvolto, p.r. avvolsi), to wrap up 5

avvoltoio l', buzzard 1

azienda l', business 8

aziendina l', small business 2

azione cattolica l', Catholic association formed by laymen 6

bacheca la, bulletin board 2

badante il / la, caretaker 4

badare, to care / to pay attention to 5

badare a qualcuno, to care for / to listen to someone 8

bagno il, bathroom 8

bancarella la, stand / bookstand 6

banchiere il, banker 5

banco delle imposte il, tax bureau 8

bandiera la, flag 7

bara la, coffin 5

bestemmiatore il, someone who curses all the time 5

balia la, wet nurse 5

barocco, baroque 1

barriera la, barrier 6

barzellettare, to make jokes (archaic) 8

battaglia la, struggle / fight / battle, 5, 6

battersi, to fight 5

battuta la, punchline / joke 2

ben venga, may he / she / it be welcome 8

benché, although 5

bene il, good 7

bene pubblico il, public property 1

benedizione la, blessing 7

benessere il, well-being / affluence 6

bengala il (m), Bengal light / light rockets used to see a target at night 2

berretto il, cap (type of hat) 3

berrettuccio il, small beret (type of hat) 4

bersaglio il, target 7

Bibbia la, Bible 5

bibliotecario il, librarian 5

bici da corsa la, racing bike 2

bidone vetrolattine il, recycling container for glass and cans 2

biennio di un liceo il, first two years of a "liceo" (high school oriented towards the study of the classics) 7

bighellonare, to loiter about 8

biglietto di andata e ritorno il, round trip ticket 4

binario il, train track 2

birbonata la, bad trick 7

birbante il, trickster 7

blindato, armored / armor-plated 3

bombardare, to bomb / to bombard 4

borghesia la, upper middle class, bourgeoisie 5

borotalco il, talcum powder 4

borsetta la, handbag 4

bottega artigianale la, craftsman shop 1

bracciante il / la, day laborer 3

brigata la, partisan formation 2

brivido il, shiver 4

bruciacchiato, burned / dark or browned at the surface 3

bruciarsi, to burn oneself 2

bruttura la, ugliness 8

buca la, hole 2

bucato il, laundry 7

buco il, hole / hole punch 4

bufalo il, buffalo, i.e. a narrow-minded and superficial person 2

buffo, funny / laughable 1

buffone il, buffoon 8

buio il, darkness 2

buon'anima la, deceased person 7

buonsenso il, common sense 4

bussare alle casse, to ask for money 5

buttare via, to throw away 8

c'è da scommetterci, one can bet on it 4

caccia la, hunting 8

caccia alle streghe la, witch hunt 4

cacciare, to kick out / to expel 7

cacciato, kicked out / banned 3

caduta la, fall 1

calcetto il, table football / foozball 6

calzolaio il, shoemaker 6

cambiamento il, change 4

camera di rappresentanza la, parlor 7

cameratismo il, camaraderie 6

campagna la, countryside 2, 6

campana verde la, recycling container similar in shape to a church bell 2

campanile il, bell tower 8

campiello il, small square in Venice 8

campionato di calcio il, soccer championship 5

campionato mondiale di calcio il, World Cup soccer championship 1

campo di grano il, wheat field 5

camposanto il, cemetery 7

cantiere il, construction / building site 4

cantina la, cellar 5

canto il, singing 1

caparbio, obstinate 3

capillare, widespread / thorough 5

capitare di, to happen to 1

Capodanno il, New Year's Eve 5

capolavoro il, masterpiece 5

capoluogo il, regional capital 1

cappello di paglia il, straw hat 8

carabattola la, (rare) knick-knack / trinket 1

carcerato il, prisoner 6

carcere il, prison 3, 6

carestia la, famine 2

carta bollata la, bonded paper / stamped paper 7

cartina la, map / street map 8

casa di campagna, la, country house / farmhouse 8

casale il, country house / farmhouse 8

casalinga la, housewife 8

cascare, to fall 5

caseggiato il, apartment building 1

castagnaccio il, chestnut cake 7

catena di montaggio la, assembly line 6

cavaliere il, knight / escort / gentleman 8

cavalleria la, chivalry 8

cavare, to take out 5

cavarsela, to manage 6

caverna la, cave 5

caviglia la, ankle 8

ceci i, chick peas 3

cedere, to give up / to yield 1, 4

cenere la, ash 7

censimento il, census 6

cessato, ceased / finished 4

cestino il, wastebasket 2

chi s'è visto s'è visto, that's the end of it 7

chiacchierare, to chat 8

chiamare in causa, to call to testify 7

chiassosamente, loudly 8

chiave la, key 4

chiedere la mano, to ask for someone's hand in marriage 6

chiedersi, to wonder 1

chierichetto il, altar boy 6

chinarsi, to bend down 1

chiudere un occhio (p.p. chiuso, p.r. chiusi), to pretend to not see 4

chiunque, whoever / whomever 5

chiusura la, closing 3

ciascuno-a, each one 5

ciclista il / la, cyclist 2

cima la, top / mountain top 7

ciò che, what / that which (in indirect speech) 8

circondare, to surround 1

ciucca la, (dialect), drinking episode

civile il, civilian 5

civiltà la, civilization 3, 6

classe lavoratrice la, working class 1

classe sociale privilegiata la, upper class 1

coda la, tail 5

codardo, coward 7

coetaneo il, peer 6, 8

cogliere (p.p. colto, p.r. colsi), to catch / to capture / to pick up 4, 5

coinvolgimento il, engagement / involvement 3

colloquio il, conversation 6

colono il, settler 7

colpa la, wrongdoing / guilt 7

colpevole, guilty 3

colto, learned / educated 5

coltura biologica la, organic farming 3

colui che, the one who 3

combinare guai, to give trouble / to make trouble 5

commerciante il / la, shopkeeper 1

commissione la, errand 2

commosso, moved / touched 2

commozione la, emotion 7

commuoversi (p.p. commosso, p.r. commossi), to be (emotionally) moved 7

compaesano il, friend from the same village / country 8

compagnia la, group of friends 8

complice il / la, accomplice 4

comune il, city government / municipality 2

comunismo il, communism 1

comunque, no matter how / however 5

con preconcetto, intentionally 7

condanna a morte la, death sentence 6

condividere, to share 1

condivisione la, sharing 4

confine il, border 2

confiscare, to seize property 3

conformismo il, conformism / conventionality 4

confronto il, open debate / discussion 1

congegno il, device 2

congelato, frozen / petrified 7

congiungere (p.p. congiunto, p.r. congiunsi), to join 2

conoscenza la, knowledge 1

conoscitore il, connoisseur 7

consapevole di, aware of 3

consorte il / la, spouse 8

constatare, to verify 1

contadino il, peasant / farmer 2, 3, 6

contemporaneo, contemporary 1

contestare, to object 1

convenzione la, convention / practices 4

convito il, feast banquet 8

convivenza la, cohabitation 2

convivere (p.p.convissuto, p.r. convissi) to live together / to cohabitate 3

copione il, script 7

corda la, rope 7

corna le, cheating (fare le corna a …: to cheat on …) 7

cornacchia la, crow 1

corpo il, body 5

correre appresso, to run behind (i.e. to worry about) 7

cortina di ferro la, iron curtain 5

cosciente, aware 2

coscienza la, awareness 2

costola la, rib 7

costretto, forced 1

costruire, to build 2

cottura la, cooking / cooking process 2, 7

credente il / la, believer 1

crescere (p.p. cresciuto, p.r. crebbi), to grow up 6

crescita la, growth 3

cristianesimo il, Christianity 1, 6

croce la, cross 7
crocefisso il, cross / crucifix 1
crocevia il, crossroads 4
crudo, raw 3
cucito, sewn 3
culla la, cradle 4, 6
cuocere, to cook 7
cuocere nel forno, to bake 7
cuoco il, cook 4
cupo, dark 6
curare, to watch / to take care of 4
curdo, Kurd, inhabitant of Kurdistan 6
da pari a pari, as equals 8
danneggiare, to damage 2
danno il, damage, 3
dannoso, harmful / detrimental 1
dappertutto, everywhere 8
dapprincipio, in the beginning 4
darci dentro, to work hard 8
dare del Lei, to address someone formally 6
dare del tu, to address someone informally 6
dare fastidio (p.p. dato, p.r. diedi), to bother / to annoy 4, 6
dare noia a qualcuno, to bother someone 8
dare sfogo a, (p.p. dato, p.r. diedi), to give vent to 2
dare sulla voce a qualcuno, to silence someone 2
dare un parere, to give an opinion 7
darsi per vinto, to give up 6
debole di mente, feeble-minded 3
debolezza la, weakness 1
decina la, set of ten 8
deciso, determined / self-confident 6
dedito, dedicated / devoted 2
degrado il, decay / decline / deterioration 2, 7
deludere (p.p. deluso, p.r. delusi), to disappoint 5
demolire, to demolish 1
dentro, inside 2
denunciare, to press charges / to report 4
deperibile, perishable 3
deporre le armi, to surrender / lay down one's weapons 3
depressione la, depression 1
depurato, cleansed / purified 3
desinare, to dine 8
detersivo il, detergent 4, 8
di corsa, running / hurriedly 4
di gran lunga, by far 1, 5

di nascosto, secretly 4
di soppiatto, sneakily / stealthily 6
dialetto il, dialect 3
dianzi, a short while ago / just now 3
dibattito il, debate 1, 5
dietro le quinte, backstage / in the wings 3
diffondersi (p.p. diffuso, p.r. diffusi), to spread / to advance 5, 6
diffuso, popular / common / widespread 1, 2
diga la, dam 8
dinosauro il, dinosaur 1
dintorni i, surroundings 7
dio il / dei gli, god / gods 8
dipinto il, painting 5
direttissimo il, fast train 4
diritto il, right / legal right / law 1, 2, 6
diritto di parola il, freedom of speech 1
disancorato, detached 6
discutere una causa in tribunale, to present a case in a court of law 8
disertare, to desert, 2
disertore il / la, deserter 5
disgrazia la, misfortune 5
disoccupato, unemployed 2
disoccupazione la, unemployment 2, 3
disposto, arranged / laid out 2
disposto a, willing 6
dissenso il, dissent 1
dissuadere (p.p. dissuaso, p.r. dissuasi), to discourage 3
distruggere, (p.p. distrutto, p.r. distrussi), to destroy 1
divertente, fun 2
divertimento il, fun 2
divieto il, ban 4
divisa la, uniform 8
docente il / la, university professor 1
dolore il, pain 3
domestica la, maid 4
dono il, gift 3, 6
dopoguerra il (m), postwar period 2
dotare, to equip 1
dote la, gift / talent 8
dotto, learned / cultured 2
dovere il, duty 5
dovunque, wherever 5
dubbio il, doubt 1
Duce il, leader i.e Benito Mussolini, Italian fascist dictator 8
due ruote le, two wheels, i.e. bicycle 2

durare, to last 3
duro, hard / tough / difficult 2
ebreo l', Jewish person 3, 8
edificio l', building 3
edilizia l', construction / building trade or industry 3, 4, 7
educare, to raise / to educate 6
educatore l', educator / youth worker in a reformatory 6
educazione l', upbringing 4, 6
effetto serra l', green house effect 8
eleggere (p.p. eletto, p.r. elessi), to elect 5
ellenofonia l', Hellenic / Greek-speaking 6
emigrante l', emigrant 6
emigrare, to emigrate 2
emigrazione l', emigration 6
emozionante, exciting 1
ennesimo l', "n"th, umpteenth 4
entrarci con ..., to have something to do with ... 7
entroterra, inland 8
entusiasmare, to thrill / to excite 3
epoca romana, l', epoch of the Roman Empire 2
eppure, yet / still / but 5
equilibrio l', balance 5
erede l' (m / f), heir 5, 8
ergastolo l', life sentence 5
eroe l', hero 5
esame orale l', oral exam 1
esattore l', collector 8
esaurirsi, to run out 1
esercente l' (m / f), shop or bar owner 2, 4
esercitare un'influenza su, to have an influence on 8
esercito l', army 2, 4, 5
esiliare, to send into exile 6
esplosione l', explosion 5
essere abituati a, to be used to 8
essere ben accolto, to be welcome 7
essere bocciato ad un esame, to fail an exam 1
essere in grado di, to be able to 1
essere inquadrato, to be organized into / to be part of 8
essere investito da, to get hit by 5
essere originario di, to come from 5
essere processato, to undergo trial 8
estasiato, delighted / enchanted 1
esteso, vast / extensive 7
estinto l', deceased person 7
Estremo Oriente l', Far East 4

estroverso, outgoing / extroverted / congenial 1

età l', age 2

etica l', ethics 1

etnia l', ethnic group 6

evadere il fisco, to evade taxes 3

ex-cathedra (Latin), with the authority that derives from one's position 1

extracomunitario, someone coming from outside the European Union 6

fabbrica la, factory 4, 6

fabbricare, to build 5

facoltoso, well-off 8

fallito, failed 3

fama la, fame / renown 7

famigerata, infamous 3

fango il, mud 7

fantasia la, imagination 7

fantasma il (m), ghost 8

far arrestare qualcuno, to have someone arrested 6

far parte, to belong / to be part of 8

farcela (p.p. fatto, p.r. feci), to make it / to succeed (despite some difficulty) 2

fardello il, burden 5

fare a modo mio / tuo / suo ecc., to do as I / you / he / she etc. pleases 8

fare carriera (p.p. fatto, p.r. feci), to advance in one's career 4

fare il tifo, to cheer for a sports team 5

fare la corte, to court / woo 7

fare la fila (p.p fatto, p.r. feci), to stand in line 7

fare uno scherzo, to play a trick 8

farina la, flour 7

farsi intendere (p.p. fatto, p.r. feci), to make oneself understood 5

farsi mantenere, to make someone support you / to be a freeloader 7

farsi valere, to stand up for oneself 8

farsi vedere in giro, to be seen / make oneself seen in the neighborhood 7

fascismo il, fascism 1, 2

fatica la, effort / hard work 1

faticare, to toil 5

faticoso, tiring / hard/ strenuous 2

fattorino il, assistant / delivery boy 6

favola la, fairytale, 3

fecondare, to fertilize 5

fede la, faith, wedding band 1, 6

ferimento il, wounding 3

ferito, wounded 7

ferito, il, wounded person 3

fermo, still / immobile 2

ferrovia la, railway 7

ferroviere il, railroad worker 3

fetta la, slice 8

feudo il, stronghold 7

fiamma la, flame 2

fidanzamento il, engagement (pre-marital) 3

fidanzarsi, to get engaged 4

fiducia la, trust 2

fienile il, barn 5

figo (volgare), cool 4

figura eroica la, heroic figure 6

figurarsi, to imagine 5

filare, to run / speed 4

filastrocca la, nursery rhyme 6

filato, straight through / continuous / with no interruptions 4

finanziamento il, funding 5

fine sociale il, not-for-profit objective 3

fingere (p.p. finto, p.r. finsi), to pretend 7

finire per, to end up, 2, 4, 7

fionda la, sling 5, 7

fiorentino, from Florence 3

fiorentino, inhabitant of Florence 5

fiorire, flourish 5

fiorista il / la, florist 8

fiotto il, spurt 6

fisarmonica la, accordion 8

fischiare, to whistle 3

fissare l'ora, to set a time 8

fittizio, imaginary / fictitious 3

fitto il, rent 7

fitto, thick 8

fiume il, river 2, 3

fiutare, to smell / to sniff 1

folla la, crowd 7

follia la, madness 3

forgiare, to forge / to shape 5

formazione partigiana la, anti-fascist resistance group 2

formica la, ant 6

fortuna la, luck 7

forza lavoro la, workforce 3

frammentariamente, in a fragmented / piecemeal fashion 7

franchisti i, Spanish fascists / supporters of General Francisco Franco 5

fraternizzare, to fraternize 1

fregare, to swindle someone 2

fregatura la, rip off / swindle 4

freno il, brake 4

frizzante, sparkling 2

fruizione turistica la, tourist access 5

fucilare, to shoot / to kill by shooting / to gun down 4, 5

fuga la, escape, flight 2, 3, 6, 7, 8

fuggire, to flee 5

fungere da, to serve / function as 6

fuori dal comune, out of the ordinary 1

fuori, outside 2

furto il, theft 2

gaffe la, blunder / faux pas 1

galera la, jail 5

galleggiare, to float 8

gara la, competition 1, 4

gestione la, management 8

gestire, to run / to administer 2

gesto il, gesture 5

gestore degli esercizi pubblici il, owner of local shop, café, restaurant or bar 2

già, common interlocution such as "right" or "of course" 8

giacché, since 3, 7

ginnasio il, high school that focuses on literary studies 6

giocarsi una somma di denaro, to gamble / to bet a sum of money 7

giovinezza la, youth 5

girare, to go around / travel around, 3

giudice il / la, judge 2, 3, 6

giudizio il, judgment 5

giungere (p.p. giunto, p.r. giunsi), to reach / to arrive 1, 3, 7

giurare, to swear / to promise 6

giurisprudenza la, subject of law 3

giustizia la, justice 1

globalizzazione la, globalization 4

godere, to enjoy 3

gonfio, swollen 8

gran rottura di balle la (vulgar), a big pain in the neck (or worse) ... 2

grandezza la, size 7

grano il, wheat 6

granpavese, a series of flags used to decorate tall ships on special occasions 7

grattacielo il, skyscraper 4

greco, Greek 5

gricofono il, grico-speaking 6

guaio il, trouble / mess / predicament 4

guappo il, local mafia boss 7

guerra la, war 2

identità l', identity 4

idraulico l', plumber 8
Iliade l', *Iliad* 5
imbarco l', boarding / embarkation 3
imbattersi, to run into 5
imbrattare, to smear 2
imbrogliarsi, to get confused 7
immigrante l' (m / f), immigrant 1
impallidire, to turn pale / to fade 8
impastare, to knead 7
impasto l', dough 7
impazzito, insane / crazed 1
impedire, to impede / to prevent 6
impiegato l', clerk / employee 6
impegno l', commitment 2, 3
Impero romano l', Roman Empire 1
impegnarsi, to commit oneself / to
    engage oneself 2
impervio, inaccessible / wild 5
importuno, troublesome /
    inopportune 6
impossessarsi, to seize 7
impoverimento l', impoverishment, 3
impresa l', business / undertaking /
    enterprise 1, 5, 8
imprigionare, to imprison 6
in barba a (colloquiale), in spite of 4
in borghese, in regular clothing / not
    wearing a uniform, 2
in contumacia, in absentia 5
in fondo, at the bottom / at the
    heart 5
in fretta e furia, as fast as one can /
    hurriedly 8
in lizza, competing 1
incagliare, to get struck 8
incantato, enchanted 3
incarnare, to embody 5
incavolato, angry / furious 7
inchiesta l', investigation 4
incidente l' (m), accident 4
incinta, pregnant 5
incolumità l', safety 3
incontro l', meeting 7
incrocio l', crossroad 1
incubo l', nightmare 4, 6
incuriosito, curious 6
indagine l', investigation 7
indebolire, to weaken 3
industria tessile l', textile industry 4
industriale l' (m / f), industrialist 4
inerzia l', inertia 2
infermiere / a l' (m / f), nurse 7
ingannarsi, to deceive oneself 4
ingegneria idraulica l', hydraulic
    engineering 1
ingegno l', talent / intelligence 5

inghiottire, to swallow 3
inginocchiarsi, to kneel 3
ingiungere, to order 5
ingoiare, to swallow / gulp down 3
ingresso l', entrance 7
innovare, to reform / to renew 5
inondazione l', flood 2
inquieto, anxious / concerned 4
inquietudine l', concern / anxiety 4
inquilino l', tenant 7
inquinamento l', pollution, 2, 4
inquinare, to pollute 4, 7
insaponare / insaponarsi, to soap /
    to soap oneself 4
insediamento l', settlement 6
insegnamento l', teaching 1
insipido, tasteless 2
insonnolito, sleepy 8
insostituibile, unreplaceable 1
instaurare, to begin 5
intatto, unspoiled 7
interrogare, to give an oral exam 1
interrompersi (p.p. interrotto, p.r.
    interruppi), to get interrupted 3
interruttore l', switch 6
intesa l', agreement 7
intraprendere (p.p. intrapreso, p.r.
    intrapresi), to undertake / to
    embark on a project / to engage
    in 3, 8
intravedere (p.p. intravisto, p.r.
    intravidi), to glimpse / to catch a
    glimpse of 4, 6
introverso, introverted 1
intruso, intruder 6
involto l', bundle 4
isola l', island 3
issare la bandiera, to raise the flag,
    i.e. to start a battle 1
istruito, educated 6
ladro il, thief 3
laicismo il, secularism 1
laicità la, secularism 1
laico, lay / secular 1
lamentela la, complaint 3
lasciar perdere, to forget about
    something 8
lasco, (rare) loose 4
lattina la, can 4
lavastoviglie la, dishwasher 8
lavatrice la, washing machine 4
lavorare duro, to work hard 4
legare, to tie 7, 8
legge la, law 4
legittima difesa la, self-defense 3
legna la, wood 2

lente la, lens 1
lenticchie le, lentils 3
lenzuola le (pl. / f), bed sheets 8
lesivo, harmful 5
letto di un fiume il, riverbed 2
leva la, military service 2
levarsi, to get up / to take off 8
liberazione la, liberation 5
libertà di pensiero la, freedom of
    speech 4
liceale il / la, high school student 8
licenza la, paid or unpaid leave /
    license / freedom 4, 8
licenziamento il, firing / laying off,
licenziare, to fire 2, 6
licenziarsi, to quit a job 1
lieto, glad / delighted 5
limoncello il, lemon-based liquor 7
litigare, to argue / to fight verbally
    1, 7
locale il, any bar, coffee shop,
    discothèque, "joint", etc. 4
logoro, worn out / frayed 3, 5, 6
luce la, light 5
lumino il, small light 7
lungomare il, waterfront promenade 2
luogo di villeggiatura il, vacation
    place 2
lusso il, luxury 5
lutto il, bereavement / mourning 6
macchinista il / la, train
    conductor 2
macerie le, debris 3
machismo il, macho-ism,
    chauvinism 6
maestoso, majestic / grandiose 1
magari, perhaps, 1, 2
maggioranza la, majority 1
maggiordomo il, butler 7
magistero il, teaching / school of
    thought 1
magistrato il, magistrate / judge 3
magistratura la, judiciary power 3
mal che vada, if worse comes to
    worse 8
malato mentale il, mental patient 1
malattia mentale la, mental illness 1
male il, bad / evil 7
maledetto, damned 3
maledicenza la, backbiting remark 3
maledizione la, curse 3
malvolentieri, unwillingly 1
man mano che ..., as ... 6
mancanza la, lack 4
mancare di rispetto, to offend / to
    show lack of respect 7

manodopera la, workforce 4

manovale / muratore il, laborer in the building industry 5

manutenzione la, maintenance 2

marchio il, trademark 3

marciapiede il, sidewalk 1

marea la, tide 8

marinaio il, sailor 6

marmo il, marble 1

maschera la, mask 2

masseria la, typical farmhouse in Puglia 6

massiccio, massive 7

matrimonio il, marriage / wedding 2, 4

matto, crazy 8

mazzo di carte il, deck of cards 8

mediatore il, broker 7

medievale, medieval 1, 2

Medio Oriente il, Middle East 4

Medioevo il, Middle Ages 5

menzogna la, lie 3

merce la, merchandise 8

meridionale il / la, southerner 3

meridionale, southern 3

messa la, Catholic mass 5

messe la, harvest 6

mestiere il, job 5

mettercela tutta (p.p. messo, p.r. misi), to do one's best / to put in one's best effort 3

mettere a disposizione (p.p. messo, p.r. misi), to make available 2

mettere a posto, to tidy up 8

mettere al muro, to execute someone by firing squad 2

mettere in atto, to carry out 5

mettersi (p.p. messo, p.r. misi), to start (doing something) / to put on (clothing) 2

mettersi d'accordo (p.p. messo d'accordo, p.r. misi d'accordo), to come to an agreement 7

mettersi in soggezione (p.p. messo, p.r. misi), to feel uneasy / in a state of subjection 7

mettersi nei panni di qualcuno (p.p.messo, p.r. misi), to put oneself in someone's shoes 4

mezzo il, means / instrument 3

mezzo pubblico il, a public means of transportation 2

Mezzogiorno il, Southern Italy 4

miele il, honey 3

mietere, to harvest (wheat) 5

miglioramento il, improvement 6

minaccia la, threat 5

minacciare, to threaten 8

minare, to lay mines / to mine 5

minoranza la, minority 1

minorenne il / la, underage person / minor 3

miserabile, poor / wretched 1

miseria la, poverty 1

mito il, myth 5

moda imperante la, current fashion 3

moda la, fashion 3

mollare uno schiaffo, to slap 3

molo il, pier 3

mondo al di là il, netherworld 7

mondo occidentale il, Western World 1

mortifero, deadly 3

morto, dead 2

mosca la, fly 3

moto ondoso il, wave motion 8

movida la, places and activities that attract young people at night 4

movimento studentesco il, student movement 3

mucca la, cow 5

multa la, ticket / fine / sanction 4

mura le (pl. / f), city walls 8

muratore il, bricklayer 5

muretto il, garden or property wall 6

muro il, wall 2, 6

musulmano, muslim 3, 6

muto, dumb / mute 3

nascita la, birth 2

nascondersi (p.p. nascosto, p.r. nascosi), to hide 5

nascondiglio il, hiding place 5

nazione laica la, secular nation 1

nerastro, blackish 3

nessun-una-uno-un', no / not any 5

nessuno-a, no one 5

netturbino il, street cleaner 8

nicchia la, niche / tombstone 7

niente, nothing 5

noia la, boredom 1, 2

non c'è verso, it's absolutely impossible 1

non mollare, don't give up 7

nonostante, although / despite 5

nossignore, not at all (No, Sir!) 7

noto, well known 5

nube la, cloud 7

nullatenente il / la, penniless / with no property 5

nutrice la, wet-nurse 6

nutrire, to feed 2

obbedire, to obey 7

occidente l', Western World 2

occuparsi, to deal with / to be busy with 3

occupazione l' (f), sit-in / political demonstration 3

ogni, each / every 5

ognuno-a, everyone 5

oltre a ciò, beyond that 6

oltrepassare, to surpass 6

ombra l', shadow / shade 3

Omero, Homer 5

omertà l', code of silence 3

opera l', work of art 2, 5

operaio / a l', (m / f) factory worker 2, 3, 6

operosità l', industriousness 5

opportuno, advisable / timely 5

opprimente, oppressive 4

oratorio l', activity center for youth run by a Catholic parish 6

ordigno l', device 4

ordinanza di rinvio a giudizio l', indictment ordinance 3

organizzare, to organize 8

orgoglio l', pride 4

orgogliosamente, proudly 1

orgoglioso, proud 8

orlo l', edge 8

ormai, by now 6

orrendo, horrendous 4

osare, to dare 3, 5

osso l' (m), ossa le (pl. / f), bone, bones 6

ostacolare, to hinder / to obstruct 1

osteggiato, opposed 3

Padreterno il, God 7

padrone-a il / la, boss, owner 4, 6

paesaggio il, landscape 4, 5

paese di provincia il, small provincial town 2

paese multi-etnico il, multi-ethnic country 1

palazzo il, apartment building 1, 7

Palazzo il (metaphor), people in power, i.e. judges with strong political connections 3

palcoscenico il, stage 7

palo indicatore, il, pole that marks a bus stop 7

pampalunga il (rare), dummy 4

panettone il, Christmas cake 7

paniere il, bread basket 3

panna la, cream 7

panni i, clothes / laundry 7

pantofola la, slipper 4

papa il, Pope 1

paragonabile, comparable 5

paragonare, to compare 7

paratia d'acciaio la, steal shutter plank 8

pare che, it seems that 5

parere (p.p. parso, p.r. parve), to appear / to seem 5

parete la, house wall 6

parroco il, parish priest 7

partigiano il, antifascist guerrilla fighter 5

partorire, to give birth 5

pascolo il, pasture 5

passaggio a livello il, railroad crossing 4

passaggio il, car ride / passage 5, 8

passare un esame, to pass an exam

passare, to use [a cleaning appliance in a room] 8

passerella la, boardwalk / footbridge 8

passione civile la, civic passion / engagement 1

passione la, passion 1

passo [in] avanti il, step forward 5, 6

pastasciutta la, pasta served with a sauce 1

patire, to bear / to suffer 3

pattuglia la, police patrol 5, 7

pauroso, scary 4

pavimento il, floor 8

peccato il, sin 5

peccatore il, sinner 8

pelle la, skin 4

pendolare il / la, commuter 4

penombra la, twilight 6

pensione a conduzione familiare la, family-run hotel 2

pentirsi, to regret / to repent 2, 6

per giunta, moreover, in addition 3

per lo meno, at least 1

per onor mio, for my name and reputation 8

per riguardo a …, out of regard for … 8

perché, because, why, so that 5

percorrere (p.p. percorso, p.r. percorsi), to cover a distance / to go through 2, 4

percorso il, way / route / path / distance 1, 8

periferia la, outskirts 1

permesso il, leave of absence 2

perquisire, to conduct a search / a body search 7

perseguito, prosecuted 3

peso il, weight 8

pestare, to step on 2

petroliera la, oil tanker 8

piaggeria la, (rare), servility 7

piano superiore il, upper floor / floor above 7

piano terra il, ground floor / first floor 7

piano il, floor 7

pianta la, tree / plant 5

pianura la, plain 2

pianura padana la, plains of the Po river / Po River Valley 4

picchiare, to beat, to hit 2, 3

picchiarsi, to fight / to beat / to batter 1

piegare, to bend / to fold 8

piegarsi a, to give in to something 3

pietà la, compassion / pity 4

pietra la, stone, piece of rock 1, 6

piombo il, lead 8

pista ciclabile la, bike path 2

pistola la, pistol / gun 4

pizzaiolo il, pizza maker 7

podere a mezzadria il, plot of land owned and cultivated with the system of sharecropping 5

polemica la, obstacle / problem / controversy 8

poliziotto il, policeman 3

ponte della nave il, boat deck 3

pontefice il, Pope 1

porre (p.p. posto, p.r. posi), to place 8

portico il, arcade 2

portinaio il, concierge / doorman 7

posizione di rilievo la, prominent position 7

possedere, to own 4, 5

posto, positioned 5

potenza la, power 7

potere il, power 3, 4

pozzanghera la, puddle 8

pragmatico il, pragmatist 2

precarietà lavorativa la, uncertainty in the job market 4

precedente, preceding 8

precipitarsi, to rush 4, 8

precorrere (p.p. precorso, p.r. precorsi), to anticipate / to forerun 1

prefiggersi (p.p. prefisso, p.r. prefissi), to set out to / propose to do something 4

pregare, to pray 5

premere, to press against 2

premio il, prize 3

prendere fuoco (p.p. preso, p.r. presi), to catch on fire 2

prepotente, overbearing person / bully 4, 5

presa di posizione la, stance / position on something 4

presentimento il, foreboding 4

presumere (p.p. presunto, p.r. presunsi), to assume 4

prete il, priest 4

pretendere (p.p. preteso, p.r. pretesi), to demand 3, 7

prigione la, prison 6

prima che / di, before 5

privilegio il, privilege 1, 4

processo il, trial 4, 5

prodigarsi, to do all one can 6

prodigio il, miracle / marvel 7

prosciugare, to drain / to dry out 6

provare, to feel / to try 5

provvedimento il, measure / action / step 4

pugno il, fist / fistful 8

pugno chiuso il, closed fist 5

pulire, to clean 8

pulsante il, button 2

punto debole il, weak point 4

punto di raccolta il, meeting place / gathering place 3

purché, provided that 5

qualche, some 5

qualcosa, something 5

qualcuno, someone 5

qualsiasi cosa, whatever [thing] 5

qualsiasi, whatever / any 5

qualunque, whatever 5

qualunque cosa, whatever [thing] 5

quartier generale il, headquarters 5

quartiere il, neighborhood 1, 2, 7

quartiere malfamato il, bad neighborhood / slum 8

quartiere signorile il, upperclass neighborhood 7

quaterna la, a combination of four numbers 7

questore il, chief of police 3

raccolta differenziata la, recycling divided by type 2

raccolta la, harvest 3, 6

radicato, rooted / deep-seated 1, 3

radunare, to gather 5

rafforzare, to strengthen / reinforce 3

rafforzarsi, to grow stronger 8

raggio anagrafico il, age span 8

raggiungere (p.p. raggiunto, p.r. raggiunsi), to reach 1, 2

raggrupparsi, to gather / to form a group 8

ragionare, to reason / to discuss 2

rana la, frog 1

rantolare, breathe with difficulty, to wheeze 7

rapinosamente, impetuously 8

rapito, captivated / raptured 8

rapporto il, relation / relationship 3

rasente, very close / grazing 4

reato il, crime 5

recarsi to head, to go, synonym of andare 4

recitare, to perform 7

reclamare, to claim / to complain 5

redazione la, editing office 6

reddito il, income 4, 5

reggere (p.p. retto, p.r. ressi), to uphold / support 8

regime il, fascist regime 8

regola la, rule 5

regolamentato, regulated 5

regolarsi, to act / to behave 7

relatore il, speaker 5

relatrice la, speaker 5

relazione la, relationship 2

Repubblichino il, member of the fascist army during the Repubblica di Salò 5

resoconto il, summary / overview 8

restringersi (p.p. ristretto, p.r. restrinsi), to reduce oneself in size / to shrink 2

rete ferroviaria la, railway system 4

rete la, network 4, 5

rete stradale la, road system 4

riappacificarsi, to make peace 7

ribellarsi, to rebel 7

ribellione la, rebellion 4

ricambiare, to pay back / to exchange 7

ricchezza la, riches 6

richiamo il, call / cry 8

riciclaggio il, recycling 2

ricolmarsi, to fill up 1

riconoscere, to recognize 1, 5

riconoscimento il, recognition 1, 5

ricordo il, memory 3

rieccolo, here he is again 2

rifiuti i, trash / garbage 2, 7

rifiuto il, refusal 6, 7

rifiuto industriale il, industrial waste 4

riformatorio il, reformatory 6

rigoglioso, bountiful 6

rigore il, rigor / severity 6

rimanere in ascolto (p.p. rimasto, p.r. rimasi), to keep on listening / to stay tuned 2

rimproverare, to scold / to blame / to reproach 2, 6

Rinascimento il, Renaissance 2

rinfresco il, reception buffet 7

rinnovarsi, to be renewed 1

rinuncia la, renunciation / giving up 3

rinunciare, to give up 6

ripetizione privata la, after-school tutoring 7

riposo il, rest 2

ripostiglio il, closet 8

risaia la, rice field 4

risata la, laughter 5

riscoprire (p.p. riscoperto, p.r. riscoprii), to rediscover 5

risparmiare, to spare / to save 5

risparmio il, savings 2, 8

rispecchiare, to mirror 3

rispetto a, (when) compared to 5

rissa la, brawl 5

risveglio il, awakening 4

ritegno il, reserve 4

ritirata la, withdrawal 5

ritornello il, chorus refrain / the same old story 5

ritrarre (p.p. ritratto, p.r. ritrassi), to portray 5

rivendicare, to claim / to lay claim to / to assert 3

riverbero di lume il, reflection of light 6

rivolgere (p.p. rivolto, p.r. rivolsi), to turn to / to talk to 5

rivolgersi (p.p. rivolto, p.r. rivolsi), to turn to / to address 3

roba da mangiare la, food 1

romanzo il, novel 4

rosmarino il, rosemary 2

rosolare, to sauté 7

rotaia la, train track / railway line 2

rottura la, breach / rupture 3

rovina la, ruin 1

rozzo, rough / unrefined 3

rubare, to steal 2

ruolo il, role 1

sabbia la, sand 8

sacerdote il, priest 6

saggio, wise 1

saldo, unshaken / strong / firm, 1, 5

salubre, healthy 5

salvaguardare, to safeguard 3

salvia la, sage 2

sangue il, blood 8

santo il, saint 6

sapore il, flavor 7

saporito, tasty 7

saracinesca la, rolling shutters on shop doors 2

sasso il, stone 5, 6

sbagliare, to make a mistake 4

sbalordirsi, to be shocked / surprised 8

sbarco lo, disembarkation / landing 3

sbarrare, to bar 4

sbattere, to hit against 8

sbronzarsi, to get drunk 4

sbucare, to pop out 2

scacchiere internazionale lo, international arena 5

scaffale lo, shelf 6, 8

scalpiccio lo, trampling of feet 2

scambiare, to exchange 7

scambio lo, exchange 3

scambio lo, railroad track connection 4

scannarsi, to butcher, to kill each other 7

scappare, to flee / escape 2, 7

scatola la, box 3

scattare, to spring up / jump up 4

scavare, to dig 2, 3, 8

scenario lo, stage scenery / setting 1

scendere in campo (p.p. sceso, p.r. scesi), to become directly involved in 3

scherma la, fencing 6

schermarsi, to protect oneself 8

schiaffo lo, slap 3

schiamazzo lo, squall / racket 2

schiavitù la, slavery 5

schiavo lo, slave 7, 8

schioppo lo, shot gun / hunting gun 8

scia la, track, trace 7

sciacquare, to rinse 4

sciagura la, disaster / adversity 7, 8

scialle lo, shawl 3

scimmia la, monkey 4

sciopero lo, strike 6

sciupare, to waste 8

scolare / scolarsi, to gulp down / to drink avidly 4

scommettere (p.p. scommesso, p.r. scommisi), to bet 5

scomparire (p.p. scomparso, p.r. scomparsi), to disappear 3, 7, 8

scompiglio lo, confusion 3

sconfiggere (p.p. sconfitto, p.r. sconfissi), to defeat 5

sconfitta la, defeat 1

scontare la colpa, to atone for a wrongdoing 7

scontrarsi, to clash 7

scontro con la polizia lo, battle or clash with the police 3

scopare, to sweep 8

scoperta la, discovery 7

scoppiare a piangere, to burst into tears 6

scoppiare, to burst 4

scoraggiarsi, to get discouraged 5

scorta armata la, armed body guards 5

scorta la, bodyguard(s) 3

scottarsi, to get burned 2

scovare, to track down / to find 5

scrivania la, desk 8

scrutare, to scan / to scrutinize 4

scuoiare, to skin 2

scuola di restauro la, restauration school 8

se capita di, if one happens to 4

sebbene, although 5

secolo il, century 1

seconda guerra mondiale la, World War II 2

sede la, headquarters / branch / location 4

segnaletica la, street signs 8

segnato, marked 1

seguire la propria strada, to follow one's own path / ideas 7

selvatico il, wild game (archaic) 8

sennò, "se no" implying "if you don't do this…" 2

senso civico il, community spirit 2

sentenza la, verdict 1, 4, 5

sentiero il, path 2

sentimento il, feeling 3

sentirsi infastidito, to feel bothered 7

senza che / di, without 5

sequestrare, to seize property 3

sequestro il, seizure of property 3

serranda la, rolling shutters on shop doors and windows 2

servire, to be useful 4

servitù la, servant(s) / maid(s) 4

servizio di leva il, military service 2

servizio militare il, compulsory military service 2

sessantotto il, 1968: year that student and worker reform movements broke out 4

sesso il, sex 4

settentrionale il / la, northerner 3

settentrionale, northern 3

Settentrione il, Northern Italy 4

sfasciare, to take off the baby's diaper 4

sfida la, challenge 1, 5

sfidare, to challenge 4

sfiduciato, discouraged 6

sfilare, to unthread / extract 3

sfinito, exhausted 5

sfiorare, to brush against 8

sfogarsi, to let off steam / to give vent to 8

sfondo lo, background 4

sforzo lo, effort 1, 6

sfrecciare, to go fast / to dart 2

sfruttamento lo, exploitation 6

sfuggire, to flee 3

sgarbo lo, unkindness 7

sgranchirsi, to stretch out 4

sguardo lo, glance / look 2, 5

sgusciare via, slip away 8

sindacalista il, trade unionist 6

sindacato il, trade union 6

smaltimento lo, waste disposal 2

smangiato, gnawed at / eaten away 8

smarrirsi, to get lost 8

smettere (p.p. smesso, p.r. smisi) to stop / to cease doing something 3

sms l' (m), text message 2

snobismo lo, snobbery 1

soave, kind / sweet 3

soccorrere (p.p. soccorso, p.r. soccorsi), to rescue / to help 7

soggiungere (p.p. soggiunto, p.r. soggiunsi), to add on to 3

sognare, to dream 6

sognatore il, dreamer 2

sogno il, dream 2, 6

solitudine la, loneliness 1

somiglianza la, resemblance / similarity 6

sorgere (p.p. sorto, p.r. sorsi), to rise up 4, 6

sorreggere (p.p. sorretto, p.r. sorressi), to support 8

sorte la, fate / lot / destiny 7

sostenere, to claim 5, 6

sostituire, to substitute / to replace 3

sottomettere (p.p. sottomesso, p.r. sottomisi), to subjugate 7

sottomissione la, subjection / submission 4, 7

sovraffollato, overcrowded 4

sovrapporsi, to overlap 7

sovrintendente ai beni culturali il / la, executive director of public museums 5

sovvenzionata, supported / sponsored 2

spacciatore di droga lo, drug dealer 5

spago lo, string 3

spalancato, wide open 4

spalla la, shoulder / support 4

sparare, to shoot 5

spaventato, scared 4

spavento lo, fright / scare 4

spaziare, to broaden [one's] horizons 3

spazio lo, space 2, 5

spazzatura la, trash / garbage 7

spensierato, carefree 2

spettare a qualcuno, to be due to / to be up to someone to do something 4

spezzare, to break 8

spia, la (m / f), spy

spietato, ruthless 5

spolverare, to dust 8

spolveratina la, dusting 4

spopolamento lo, depopulation 7

spopolato, depopulated 4

sporta della spesa, la, shopping bag 8

sportello lo, train window 3

sposa la, bride 2

sposo lo, bridegroom 2

spostamento lo, commute / transfer / relocation 2

spostare, to move 4, 5

spostarsi, to move / to commute 2

sprofondare, to sink 8

spropositi!, absurd! 8

spuntare, to pop up / to appear 5, 6

sputare vuote sentenze, to pass judgment 1

squillare, to ring as in a bell or phone 3

sta di fatto che, it is certain that 5

sta' in gamba, expression for "Don't worry" 2

stabilimento balneare lo, beach resort / property 2

stabilirsi, to settle 6

stare in agguato, to lie in wait 5

starsene appartato, stay off on one's own 6

stendere (p.p. steso, p.r. stesi), to hang out to dry i.e. laundry 7

sterpaglia la, brushwood 8

stesura la, writing of a document 3

stima la, respect / esteem 8

stipite della porta lo, door jamb 8

stirare, to iron 7

stiva della nave la, lowest part of the ship / bilge 3

stonare, to be out of tune / to be out of place 8

stonatura la, jarring note also figurative for something "out of tune" 7

strage la, massacre 5, 7

strampalato, odd / weird 5

straniero lo, foreigner 3

strappato, torn apart 5

strato lo, layer 1

stravincere, to outmatch 1

stravolto, exhausted / worn-out 8

stridulo, shrill / piercing / jarring 3

stringersi il cuore (p.p. stretto, p.r. strinsi), to be heartbroken 4

stupendo, amazing 2

stupidaggine la, stupid action or thing 8

stupire, to astonish / to surprise 5

subire, to suffer / to undergo 3, 5

successivo, following 8

suffragio il, mass celebrated for the soul of the dead 7

suicidarsi, to commit suicide 2, 6

suolo il, ground 8

superare, to overcome 4

suscitare, to arouse / awaken in one's spirit 3, 5

svago lo, fun / amusement 7

svariato, diverse / varied 7

svendere, to sell out 1

sventolare, to wave 4

sviluppo lo, development 2

sviscerare, to unravel 1

taglialegna il (m), wood cutter 2

tagliare, to cut 5

tangente la, kickback 4, 6

tappeto il, carpet 4

tartaruga la, turtle 1

tela incerata la, wax-covered cloth 3

telespettatore il, television viewer 5

temerario, brave 5

temporale il, storm 1

tenda la, curtain 8

tenere antipatia per, to dislike someone 7

tentare, to attempt / make an attempt 5, 6

tentativo il, attempt 3

tentato suicidio il, attempted suicide 7

tenuta di campagna la, country estate 7

termosifone il, radiator 4

terra la, land / ground / earth 3

terra natale la, birthplace 3

terziario, service sector 4

tesserarsi, to join a club 2

tesserato il, club member 2

tesserino del tram il, public transportation pass 4

tessile il, textile 4

testardo, stubborn 7

testata la, headline 4

testimone il / la, witness 2

testimonianza la, witnessing 5

tetto il, roof 2, 6

ti arrangi (infinito: arrangiarsi), it will serve you right / you'll get over it 3

timore il, fear 7

tirare fuori, to take out 4

togliere (p.p. tolto, p.r. tolsi), to remove / to take off 4, 5

togliersi, (p.p. tolto, p.r. tolsi), to take off / to remove 1

toppa la, key hole 4

torace il, chest 7

torneo il, tournament 5

torto il, injustice / fault 3

tra i piedi, in the way 1

tradimento il, cheating / betrayal / infidelity 1, 2, 4, 7

tradire, to cheat / to be unfaithful / to betray 2, 4, 7

traditore il, traitor 8

tradurre (p.p. tradotto, p.r. tradussi), to translate 1

tradurre all'impronta, to do a sight translation 1

traghettare, to cross by ferry 8

traghetto il, ferry 7

tramandare, to pass down 5, 6

tramontare, to set i.e. of the sun 6

tranvai il, tram 3

trascorrere (p.p. trascorso, p.r. trascorsi), to spend time 2

trascorrere il tempo (p.p. trascorso, p.r. trascorsi), to spend time 8

trasferimento il, move / change of residency 1

trasferirsi, to move 1

trasgredire, to transgress 4

trattenere (p.p. trattenuto, p.r. trattenni), to keep hold / hold back 8

tremendo, terrible 6

treno ad alta velocità il, high speed train 2

tribunale il, courthouse 4

Tribunale il, Court of Law 7

Troiano, Trojan 5

truffa la, swindle / trick 7

tutt'altro che, all but / everything but 1

tutto-a-i-e, every / all / the whole / everyone / everything 5

ubbidire, to obey 3

uccidere (p.p. ucciso, p.r. uccisi) to kill 3

uccisione l' (f), killing 5, 6

udire, to hear 4

ufficiale dell'immigrazione l' (m / f), immigration official 3

ufficiale di stato civile l' (m / f), city clerk 2

uliveto l', olive grove 5

urbi et orbi (lat.), alla città di Roma e al mondo 1

urlare, to scream / to shout 2, 4

vagone il, train car 2

valere la pena (p.p. valso, p.r. valsi), to be worth one's while 2, 8

vallata la, valley 6

valle la, valley 6

valore il, value 1

Vangelo il, Gospel 5

vantare / vantarsi di, to brag / to boast about 4

varcare la frontiera, to cross the border 5

vascello il, vessel 6

vedova la, widow 5

vedovo il, widower 7

veglia la, wake preceding a funeral 6

veleno il, poison 7

vendetta la, revenge 5

vendicarsi, to avenge oneself / to take revenge 5

venir deriso, to be made fun of 5

verace, true, authentic 7

vergogna la, shame 6

vernice la, varnish / paint 4

versante il, mountainside 5

versare, to pour 2

verso il, line of poetry 3

vescovo il, bishop 5, 6

vestaglia la, house-dress / apron 2

vettovaglie le, provisions 5
viavai il, coming and going 5
viaggiatore il, traveler 2
viandante il, wayfarer 5
vicenda la, event / happening 1, 4
vicissitudine la, life obstacle and / or challenge 4
vietare, to forbid 1
vigilia di Natale la, Christmas Eve 7
vigneto il, vineyard 5

villano il, peasant (archaic) 8
villeggiatura la, vacation / holiday 4, 7
vinaio il, wine trader 7
violentare, to rape 5
violenza la, violence 6
viso il, face 3, 5
vita di provincia la, provincial life 1
Viva …!, Up with …! / Long live …! 8

vivibilità la, liveablity 2
vivo, alive 2
voce la, rumor 7
volto il, face / appearance 5
vuoto il, emptiness 2, 8
zanzara la, mosquito 4
zappa la, hoe 6
zeppo, chock full 4
zitella la, spinster 1

Text Credits

Capitolo 1

p. 5: Excerpt from *Il fu Mattia Pascal* by Luigi Pirandello; **p. 5:** Excerpt, "Greenpeace: dalla centrale di Montalto di castro emergenza nucleare", Terranauta, 9 Marzo 2009. Used by permission of Terranauta; **p. 6:** Valentino Zeichen, "Strati e tempi" from POESIE, 1963-2003, **pp. 326–327**, © 2004 Arnoldo Mondadori Editore S.p.A., Milano. Used by permission of Arnoldo Mondadori Editore S.p.A., Milano; **p. 10:** Excerpt from "Il pianto della scavatrice" by Pier Paolo Pasolini in *Le ceneri di Gramsci* © 1957 Garzanti Libri S.r.l. Used by permission of Garzanti Libri S.r.l; **p. 14:** From *Canzoniere italiano – Antologia della poesia popolare*, Pier Paolo Pasolini, editor, p. 289. © 1992 Garzanti Libri S.r.l. Used by permission of Garzanti Libri S.r.l; **p. 15:** "Certamen ciceronianum, il latino che vive ancora" by Edoardo Sassi from Corriere della Sera, 4 maggio 2005, p. 57. Used by permission of RCS Mediagroup SPA; **p. 19:** "Il venditore ambulante di occhiali" by Marco Lodoli from *I fannulloni*, Einaudi, 1990, **pp. 9–15**. Used by permission of Giulio Einaudi Editori; **p. 25:** "Cari Docenti, Disertate" by Roberto Cotroneo from L'Unità, 15 gennaio 2008, edizione Nazionale, pagina 27, sezione "Commenti". Copyright © 2008 by Roberto Cotroneo. Used by permission of Roberto Cotroneo; **p. 26:** Il diritto di parola from L'UNITA by Maristella Iervasi. Copyright ©2008. Used by permission of L'Unita.

Capitolo 2

p. 62: From *Canzoniere italiano – Antologia della poesia popolare*, Pier Paolo Pasolini, editor, **p. 202** (n. 94). © 1992 Garzanti Libri S.r.l. Used by permission of Garzanti Libri S.r.l; **p. 63:** "Matrimonio partigiano" by Renata Viganò from *L'Agnese va a morire*, Einaudi, 1950 (latest edition 2005), **pp. 123–127**. Used by permission of Giulio Einaudi Editore SpA; **p. 68:** L'uomo morto by Gabriele Romagnoli from *Navi in bottiglia*, Garzanti, 2010. Used by permission of Garzanti Libri S.r.l; **p. 73:** "SiAMO Bologna di L'Altra Babele" from L'Altra Babele. Used by permission of L'Altra Babele.

Capitolo 3

p. 107: Excerpt from IBN HAMDIS by Francesco Gabrieli, Mazara del Vallo, Società Editrice Siciliana, 1948, p. 23, ora in Id., Mazara del Vallo, Istituto Euro Arabo, 2000, **p. 29**. Used by permission of Istituto Euro Arabo di Mazara del Vallo; **p. 113:** Excerpt from *La Sicilia come metafora* by Leonardo Sciascia, Arnoldo Mondadori Editore S.p.A., Mardrid, 1979 p.178; **p. 115:** Cosmogonia from *Canzoniere italiano – Antologia della poesia popolare*, Pier Paolo Pasolini, editor, Garzanti, 1992: **p. 498** (n.742). Used by permission of Garzanti Libri S.r.l; **p. 116:** "Nessuno vuole le arance" by Elio Vittorini from *Conversazioni in Sicilia*, 1988, Rizzoli. © Copyright Elio Vittorini Estate. All rights reserved handled by Agenzia Letteraria Internazionale, Milano, Italy. *Conversazioni in Sicilia* is published in Italy by RCS LIBRI SPA/Rizzoli. Used by permission of Demetrio Vittorini; **p. 121:** Francesca Morvillo: una vita blindata by Renate Siebert from *Le donne, la mafia*, Il Saggiatore, 1994. Used by permission of Il Saggiatore; **p. 126:** I pupi siciliani, intervista con il puparo Fiorenzo Napoli from Radio Catania, program broadcast, 7 April 2010. Used by permission of Radio Catania.

Capitolo 4

p. 152: *La scoperta dell'Italia* by Giorgio Bocca, **pp. 451–2**, 1963, Gius. Laterza & Figli SpA; **p. 157:** From *Canzoniere italiano – Antologia della poesia popolare* Pier Paolo Pasolini, editor, Garzanti, 1992: **pp. 174–5** (n.41). Used by permission of Garzanti Libri S.r.l; **p. 158:** Dino Buzzati, "Qualcosa era successo" from SESSANTA RACCONTI, racconto n. 21, **pp. 255–260**, © 1958 Arnoldo Mondadori Editore S.p.A., Milano. Used by permission of Arnoldo Mondadori Editore S.p.A., Milano; **p. 162:** Excerpt from "Il Risveglio, monologo di Franca Rame" from Franca Rame e Dario Fo, *Tutta casa, letto e chiesa*, in "Le Commedie di Dario Fo", VIII (Venticique monologhi per una donna), Einaudi, 1989. Used by permission of Giulio Einaudi Editore SpA; **p. 170:** "Non più complici - Un segnale di cessata complicità" by Isabella Bossi Fedigrotti from Corriere della Sera, 18 luglio 2009, **pp. 1–2**. Used by permission of RCS Media group SPA; **p. 170:** "Lo scrittore proibizionista inutile - Così berranno di più e lo faranno di nascosto" by Fabrizio Cutri from Corriere della Sera 18 luglio 2009, **pp. 2–3**. Used by permission of RCS Media group SPA.

Capitolo 5

p. 196: Excerpt from "Dialetti" by Tllio de Mauro in *Bianco, Rosso e Verde: L'identit degli italiani*, Giorgio Calcagno, editor, 2005, **pp. 66–67**. © Gius. Laterza & Figli SpA; **p. 200:** Excerpt from *La "mia" Firenze* by Indro Montanelli, FM edizioni di San Miniao, 2005, **pp. 26–27**; **p. 204:** From *Canzoniere italiano – Antologia della poesia popolare*, Pier Paolo Pasolini, editor, **p. 261** (n. 263). © 1992 Garzanti Libri S.r.l. Used by permission of Garzanti Libri S.r.l; **p. 206:** "Scommettiamo che con la cultura si può mangiare?" Pubblicato da Matteo Renzi, Sindaco di Firenze, sul suo blog il 3 novembre 2010. ; **p. 207:** Caro ministro, la cultura è ricchezza by Paolo Perazzolo in Famiglia Cristiana, 22 novembre 2010. Used by permission of Paolo Perazzolo; **p. 210:** "Non c'è nessun che sia…: la storia di Menghino" by Sandro Veronesi in "Menghino (1997)", in *Superalbo: Le storie complete*, Bompiani, 2002, **pp. 311–316**. Used by permission of RCS Libri - Bompiani; **p. 216:** "A me interessa che tu sia una persona" by Oriana Fallaci from LETTERA A UN BAMBINO MAI NATO, BUR Biblioteca Univ. Rizzoli, 1993, **pp. 12–14**. Used by permission of RCS Libri S.p.A.

Capitolo 6

p. 251: From *Canzoniere italiano – Antologia della poesia popolare*, Pier Paolo Pasolini, editor, **p. 393** (n. 555). © 1992 Garzanti Libri S.r.l. Used by permission of Garzanti Libri S.r.l; **p. 252:** Excerpt by Nino Palumbo from *La mia università*, Bastogi Editrice Italiana, Foggia, 1981, **pp. 147–155**. Used by permission of Domenico Palumbo; **p. 260:** Excerpt from *La fabbrica di Nichi* by Rossi Cosimo and Vendola Nichi, Roma: Manifestolibri 2010, **pp. 52–55, 58–59**). Used by permission of Manifestolibri; **p. 264:** Canto d'amore XIV from *Canti di pianto e d'amore dell'antico Salento*, Brizio Montinaro, editor, 1994, **pp. 166–167**; Bompiani (R.C.S. Libri & Grandi Opere). Used by permission of RCS Libri - Bompiani; **p. 264:** Canto d'amore XV from *Canti di pianto e d'amore dell'antico Salento*, Brizio Montinaro, editor, 1994, **p. 188**; Bompiani (R.C.S. Libri & Grandi Opere). Used by permission of RCS Libri - Bompiani.

Capitolo 7

p. 298: Excerpt from "Degrado e peccato" by Sandro Magister from L'Espresso, September 14, 2006, **p. 32**. Used by permission of L'Espresso; **p. 300:** From *Canzoniere italiano – Antologia della poesia popolare*, Pier Paolo Pasolini, editor, **p. 362** (n. 526). © 1992 Garzanti Libri S.r.l; **p. 301:** "Non ti pago" by Eduardo De Filippo in *Collezione di Teatro*, 1966, Einaudi / republished in *Cantata dei giorni pari*, Einaudi, Torino, 1971, **pp. 466–470**). Used by permission of Comunione Eredi di Flippo; **p. 309:** Luciano De Crescenzo, from COSÌ PARLÒ BELLAVISTA **pp. 60–62**. © 1977 Arnoldo Mondadori Editore S.p.A., Miano. Used by permission of Arnoldo Mondadori Editore S.p.A., Milano; **p. 313:** Roberto Saviano, "Salvare chi deve morire" from GOMORRA.

Capitolo 8

Photo Credits

Capitolo 1

Capitolo 2

Capitolo 3

Capitolo 4

Capitolo 5

Capitolo 6

Capitolo 7

Capitolo 8

Indice

Note: Page numbers for photographs and artwork are shown in *italics*.